陈大柔／著

诗歌·小说·随笔·人生

诗意人生

世纪出版集团 上海人民出版社

目　录

跋

卷 首 语

　　我们已然身处一个挣命时代了么？满眼是行色匆匆的人群，满耳是忙忙碌碌的声音，似乎片刻的停顿都会错失时机，片刻的驻足都会错过万千繁华。

　　我们的脚步太快了，快得心跟不上了，快得没有时间问问自已：内心真的快乐吗？充盈吗？说到底，无非都是为了功名利禄在疲于奔命而已。忙忙忙！连心都亡了，剩下什么呢？

　　还记得阿尔卑斯山谷道旁那句话吗："慢慢走，欣赏啊！"其实，有时放慢脚步并不意味着落后他人，它会使我们更真切地认清追求的目标和前进的方向，更可以让我们短暂的生命不致错过绝美的风景，以致这个丰富华丽的世界成为了无生趣的囚牢。

　　那么，怎么样朋友：让我们慢下来，慢慢地走过遗憾的岁月，在"慢生活"中欣赏沿途花开花落的风景。既然，我们改变不了生命的长度，那就学会改变生命的宽度吧；既然，我们改变不了囚牢般的现实，那就索性放开去向往诗意人生吧！就像柏拉图说的那样：如果你有两块面包，那么你就用一块去换得一朵水仙花……

　　请跟我来朋友，让我们一道来开启《诗意人生》的心扉吧。当你孤寂无聊的时候，请你翻开它；当你靡情热恋的时候，请你翻开它；当你惆怅迷茫的时候，请你翻开它；当你快活无边的时候，请你翻开它；当你受挫失败的时候，请你翻开它；当你得意忘形的时候，请你翻开它。或者，当你对酒当歌花前月下的时候，请你翻开它；甚至，当你穷困潦倒痛苦绝望的时候，也请你翻开它。

　　因为，请你相信，人生的诗意不只在富足安逸的时候会产生，平凡淡泊中也会产生，甚至在失意悲痛中一样会产生。人生的悲剧性本身就充满着诗意，无论你处在什么样的人生境遇，都是你诗意人生花开花落的一部分，都是你诗意人生云飞云散的一个过程。

　　几十年过去了，当作者回望翻阅自己的《诗意人生》，眼里也不时会溢满感动和感激的泪水……

　　亲爱的读者，您呢？

卷二

听！我诗心的歌吟

卷一　听！我诗心的歌吟

第一曲　心潭影

上卷：心影

一群思乡的白鹤，将我的诗行引向雨后的碧霄。

透明的思想朦胧地挂在我的额上，犹如雾天里屋檐上的一滴水珠。

子夜，我用理智精心编织的逻辑的花环从手中滑落在尘埃，而另一些不知名的野花盛开在了我的梦境。

在旧的辙痕的积水中，我发现了一抹清丽的天空，退隐在静默鸿蒙的深处。

那一个星月寂灭之夜，你匿在风的皱褶里，潜进了我独处的小屋，并用那一面无形的旌旗熄灭了桌上的烛火，以便让我将站在虚无里的你看得更清。
我终于闭上了双眼。

琴铉上落满了寂寞的灰尘，一个熟悉的谐音从远古隐隐传来。
时空的寥廓中传来了远古的钟声，神圣的瞬间使我惘然。

在符号所构建的虚幻的场所中，人们像麻雀一样，从一个门飞进，又从另一个门飞出，回到刚刚飞来的寒夜中去。

网中的蜘蛛在深渊中结着它的梦。

揭开夜的面纱，我看到了白日里看不见的皎月的脸庞。
在小小的海螺里，我听到了尘世的喧嚣，我笑了。

站在浮泛着生与死、爱与恨的泡沫的川流旁，觉得尘世离我是如此的近又如此的遥远，我是自由的了。

夜很深，很静。咖啡酒只剩下最后一滴，琥珀色的。
月亮出来了，远远的，感觉到它的叹息。

悠长的一天唯有风叹息地走过，那斜晖里的幻影却为何不可捉摸？

在暗夜里烛照，在晨光中消隐——一颗执著、勇敢而谦逊的星，万物因你的荣光而存在。

即使时间的花瓣枯萎了，记忆却依旧爬着青藤，从被遗忘的桃核里抽出嫩芽……

我在荒凉的墓地里采了几株小草，不是想摧毁这个生命，只是想带回自己的灵魂。
当生命的帘幕拉上时，我知道，另一道门就开启了。

哦哦，你举手指了指，那洪波涌来的神秘方向，然后转身径自走去。
而我，还在朝那儿引颈眺望……

群峰的沉郁，犹如爬上了岸陆的海涛，奔腾喧嚣着。

冥空里一个幽影，温柔乡一次惊悚。

我的爱如同那静静微光里的沉默的鸟巢。

暮夏的乐音翻飞于秋叶之间，寻求她的共鸣。

当人类的心壁薄如蝉翼的时候，你我心壁的光辉就可以相互返照了。

那地里长出的许多秘密，在花凋落的时候，便悉数收回去了。

夕阳最后瞥了一眼已收获了一天的田野，在心里默默地说道：相信我会再一次升起。

圆明园废墟的石缝里有一朵野花，在曙光中迎风摇曳。

电光之中，映照出残缺的石碑和一双僧侣的布鞋……

那棵树在生长着燃烧
它的根吮着地底的油
让阳光点燃

大像人形，一人即大。

我将树拔起，将根举向天空。

风欲静，尘土自扬。

球从地上反弹跳起，而雨滴却永远坠落了。

当青烟袅袅升起的时候，火正渐渐地灭。

在我生命的门槛前，时间一边在形成，一边在凝固，一边又在化为无。

在那个黑洞里，吹出了另一个世界的和声……

身从无中来，何处染尘埃；悠然见太清，一轮明月皎。
一了即百了，何事不了了；一了接浩然，了了上大道。

一百年红尘游戏，一万里沧海逍遥；
任世态炎凉情反复，独清静潇洒度时光。

能注视我又能为我所注视的东西是什么呢？
我们所注视的又能注视我们的东西是什么呢？

不可说，不可说，"坐忘"的境界不可说。一动思，就打破顿悟的沉浸，思想家醒来，诗人却死去了。

在苍白的符号中绽开着冷寂的智慧之花。

在文字的积木游戏中，我一头钻进了思想的怪圈。当我将思想的轮子倒过来转转，我发现，在谬误的沙滩里有不少金子在闪光。

一颗敏感而丰富的心灵中，一霎与千古，人们往往是分不清它们之长短的。
一个敏捷而深邃的思想中，千里与足下，人们往往是分不清它们之远近的。

林中之路与心路，彼此的情形仿佛相似：它们都绝迹在不到之处。但也只是仿佛如此：前者可经由踩踏而出，后者则惟有通向神性的足迹而不能延展。

曾经说过，那茫茫然伫立在夜星下的秋天的生命，似乎是童龄，又仿佛是暮年，让凄凉、朦胧的星辉握着冰冷的手。

当第一缕金光渗透晨曦，未凋落的生命竟又把所有的悲泣都容纳在她绚丽的微笑里了。

但绚丽是不会永恒的，最终要变得宁静。

想想过去，我不禁淡然一笑。

也许是那缕缕如纱的层雾太朦胧，太诱人，我一味地乱闯乱撞，一味地固执向前，期待有一天能一耸身走出那层雾，看到一个不再迷蒙而光亮的世界。

其实，一切最美好的只存在于一切的流变中。

某晚夜凉如水。我望着夜空，想着：也许心里有了沧沧桑桑以后，眼睛里才会常驻一片欢喜；而一切都轻轻浅浅的时候，却总是含蓄着丁香一样的愁。

大彻大悟总是在大痛大悲之后。生命至此，是到了哪一层呢？

痛苦和孤独就像夏日沉重的麦穗。雄性的台风，在我的肩膀上刻下一道道血的印记，同时又注入一缕缕灿烂的思想，使我如同植物般颀长和成熟，动物般矫健和勇猛；而我的灵魂，便作了神明的寓所。

在返朴归真中，我洞悉了宇宙的节奏，把握了生命的律动；但在顶峰的微光里，我却不能认清我自己。

我高举着灯，却照不亮我自己。

天地两极交错的巨大反差，构成了无与伦比的雄浑意境，地球在其中按它本有的旋律运转着，另一个渺小的星球则以它的日出日落为之奏出永恒的和声。

明星点缀在无穷深邃的天幕上，借助宇宙间那一颗永远燃烧着自己的光源而闪烁。

宇宙的心脏在母亲的臂弯里怦怦跳动着。

宇宙投影于芸芸众生之身，映射于大大小小之事，使我可以领悟到它内在的节奏和奥秘。

你那万点繁星的夜空令我敬畏，在我唯一的一盏心灯燃起之时。

我摇曳着秋天的树枝，想抖落一天的星辰。

不是所有的梦都是虚空，总有一天，遥远的地方会有一朵微笑成熟。

恒河连接着此岸和彼岸。可是，人怎能奢望只要恒河之水的那一边而不要这一边以浮载起诺亚方舟呢？

当岩石被海水日渐磨平了棱角时，它便温顺地承受着海水的抚摸，伟岸的个性流失于汪洋的群体。

风在阴雨的黄昏无休止地吹着笛子，窗子格格地响，风以为是在与它合奏。

神创造了万物，他对自己的手艺感到惊奇。于是便置身于某一最得意的造物，来到万物中间，并统治他们。

夕阳在山尖留下最后一抹笔意，然后沉入思想的渊底，与地球的另一半对话。

树叶里珍藏着太阳和根恋爱的故事。

太阳总是让云彩美丽一番后才缓缓升起。

大海将旭日缓缓托起，旭日给大海披上金光粼粼的盔甲作为回赠。

天恸哭的时候，地好似情人一样默默为他吸干泪水。

在理智的屋檐上飞来飞去的燕子，欲筑起她的情感之巢。
一平如镜的湖面，一只点水的蜻蜓想进入深邃而变幻的天庭。

时间在波浪上跳舞，如同一个质点的振动，却使我们看上去仿佛滚滚向前。

在庄严的雅典娜神庙里，一位嬉皮士在香烟袅袅中端坐于神坛上。

岛屿在海里插上一柄剑，温柔的海水则日夜抚摸着为他歌唱。
闪电把剑插进乌云的胸膛，自己却永远地倒下了。

在美中寻找爱，在爱中寻找美，二者的愚蠢不相上下。

当绿枝伸进我的窗口，我愕然：生命正走向死亡。

云是天上的花朵，花是地上的云霞。

生之花蕾，使死孕育。

波浪踮起了脚尖，而把脸深深地埋进海里。

生命在时间的琴铉上跑过，奏出了它的喜怒哀乐。

世界被狭小的混凝土围成了片段，我却从狭小的窗口里伸出了橄榄枝。

生命之轨，把忧与乐，回忆与未来，此岸与彼岸牢牢地衔接：一头是我，另一头是你。

两个被沉重覆盖的字，宛如一场北方的雪，笼罩了高高的森林，遏制了湍湍的溪流。

倦游了一天的思想依傍在灯边休息，那不安分的几缕游丝仍围着灯绕来绕去，那不小心误入禁区的被化作了灰烬。

生命将时间悬挂在它的一端做成钟摆；时间在生命的判决书上一次次画上了圆圈。
我的思想在与时间奔跑，生命却希望它慢些。

无限是人延伸并投射出去的幻念，有限是人缩小并返照回来的实影。二者的极端同是虚无。

大海和天空可以填补生命的罅隙，从而被"容纳"收拢在它的空灵之中。

我的思想从空中飞过，如雁群的"一"字排开；当雁群排成"人"形时，思想便开始堕落。

词是思想的天使，也是思想的撒旦。
语言的单纯绕不出体验的海洋。

曲线是流动的瞬间；时间是历史的瞬间。
历史是对绵延流动时间的变奏的定格。

文化的皮相裹住了精神的桎梏；歇斯底里遮掩了怯弱的心灵。

建筑创造了一个符号的表象，而这个符号则是自我的副本。

永恒就像一条仿佛永远走不到尽头的时间隧道。
生命与死亡是一对逆旅，在光明与黑暗的时间隧道中川流不息。

情感表现所创造的"气氛"是有机体"生长"的介质。

让我的情感之波，濯去你理性的尘埃。

凭窗远眺的实景与视觉平面的虚幻空间受着情感的牵引。
当世界的影像在我情感的眼里模糊时，我看清了实体。

人的思想成熟而为语言，即是内心的静默。
我体验过深山老林的沉静，因而懂得你沉默的语言。
于是，我用哑语与宇宙的奥秘交流。

我反对我的时候便走不出我的世界。
思想的囚徒因不满于有限的地面，于是便飞上了天空。

天上飞的都曾在地面上爬过，这是进化。可人类的思想，叫它怎么再去地上爬？

人迹不到的悬崖峭壁，鹰却可以高居其上。

神从花篮里撒下种子，使得人间遍地荆棘。

流星是天神瞌睡时误放的信号弹。

时针的滴答声将生命抽打得伤痕累累，它自己却旋转得那么完美。

忠贞的爱情总是将被背弃的诺言藏在自己破碎的心里。

一道窗帘，挡不住帘外的好奇和帘内的心境。

"自然之象"即是"象"之载体，"象外之象"则是"道"之载体；而意境，则是象与道的统一的载体。

文化是实在的虚构，把握它靠一种无法传达的体验。但它一旦形成，便不是可以随意换洗的服装了。

传统即是过去在现在的投影，它的价值系于现在的主体身上，并通过反传统而得以实现。

学派和教派都是画地为牢，不同的只是囚禁的对象：前者是思想，后者是言行。

虚无是存在之母，存在从虚无中化生。一切的存在都是为了不存在，一切不存在的终将存在。因为，一切的在与不在无非是混沌太朴光与影的显隐。

我思，因我不在；我不在，故我思。
不在的思是在思的飘逸，在思的不在是超越。

方圆自成，规矩则无。
如果说范围的限制尚有一席回旋余地的话，范畴则画地为牢了。

我存在。我受到了压抑。我又成了压抑存在之源。——你也如是。

论断是可以的，论证却做作了。
常识是必要的，常久却僵化了。

当太阳从西方升起时，东方就成了西方。

德无道德，因为道德无道。

孔子乃一孔窥视之子。
老子乃老死而后生之子。

道德，是自由的约束；选择，是约束的自由。

有约束的自由是有道德的选择，有自由的约束是有选择的道德。

"慎独"乃是告诫人们不要忘了那张无形的社会之网。

当万物成了人的尺度时，人便成为万物的奴隶；

当人成了万物的尺度时，人便成为万物的工具。

无为而为，无意而识，无形而装，无心而至，无力成功，无欲成佛。

真在他身上；善在你行动；美在我心中。

人在思维着，通过语言；宇宙在思维着，通过信息。

语言是有声抑或无声的信息，信息是无声抑或有声的语言。宇宙的信息就是人的语言，人的语言是宇宙信息的浓缩。人的思维就是宇宙的思维，宇宙思维是人的思维的弘扬。

当人是宇宙时，语言就是信息流；当宇宙是人时，信息就是语言流。当语言与信息交流沟通时，我即宇宙，宇宙即我。

时间之声比空间的有声语言更要响亮而清晰。这不仅是因为时间一维远没有空间三维所交织成的杂乱，更主要的是它比有声语言来得更坦率：它不仅不受意识的控制，而且迟早会揭穿受意识控制的语言的荒谬。

学理的体系与范畴，像世界被分割成一块块的"田"字，口里撑着一副十字架，既吞不下去也吐不出，最终裂变为虽明晰而僵硬的东西。

永恒的疑问便是永恒的沉默。

我在沉默中乘着想象之翼，去理解过去，沟通未来。

自由是感觉不到的，是一种无的境界。来去自由，飘忽，无形式，无规律，无限大，就是天地合一。感觉到的总是形式，是规则，是方圆，便不是自由。

作家、画家大多不是自由的创造，只是在文字网和线条、色彩的屏障中挣扎，体验着分娩的阵痛，诞生的孩子注定是不自由的，因而无须重视洗礼与否。

真正的艺术巨匠所创造的自由意境是无的意境，他创造的艺术是"无"。那些无画面的画，无音符的音乐，并不是没有画，没有旋律，只是这旋律和画是无形式无限大的，它们不可能用有限的形式来表达，只能在艺术家心灵的屏幕上拓展。它无法说，只能体验。这就是艺术自由的"无"的境界。

艺术的诞生，汲取着生命精髓的养料，又以生命的延续形式保存下来，让人们返照自身逝去的生命。于是，至高的艺术属于那死亡与再生的生命转换的介质。它其实也是一种牺牲。

伟大心灵的痉挛是宇宙磅礴的感应，
不朽艺术的烛照是人格之光的映射。
伟大心灵与不朽艺术的璧合是宇宙人格的丰碑，
磅礴宇宙与人格之光的照应是心灵艺术的真义。

以自己的缺陷去弥补人类的缺陷，是艺术崇高的使命。

诗歌在所有的艺术样式中值得骄傲的恰恰是它最先、最内涵丰富、也最全面地保留了时代和现实生活中情感的投影。

当我无能将我的思想说出时，我就将我的思想化作旋律。

在时空无数的情境中弥漫着我的孤独和爱欲。当我的心壁感受到它的压力时，诗与歌便喷涌而出。

音乐用它所创造的虚幻的时序，并且通过生命体验的张力而造成的基本幻象，在情感的弦上震颤着流过。

白日以它的喧嚣淹没了这小小星球的沉默；而夜晚，又以沉默来掩饰它的喧嚣。

我的心，便在这朦胧的沉默里，倾听着从我自由灵魂里流泻出的微明的歌声。

蜃楼的光华亦开始在我的诗心里制造出万象。

当我们在一瞬间，突然感到了摇曳的树丛，迷蒙的远山，檐下的飞燕，道旁的虫蚁，都成为我们生命整体中的一部分，我们的生命又成为世界整体中的一部分，而世界又成为浩渺宇宙的一部分，我们的直觉突然窥视了以往求之不得的宇宙奥秘的统一性，感受到了博大精深的宇宙之爱，那么，我们不啻是超脱了尘世间的一切纷争和苦难，我们的灵性也升到那至纯至洁的唯美世界。

美是缺陷，是缺陷的发现，是缺陷发现后的弥补，是弥补的不足；
美是弥补不足的遗憾，是遗憾的体验，是遗憾体验的平衡，是平衡的失去；
美是平衡失去的忧郁，是忧郁的投射，是忧郁的投射的光影，是光影的离合；
美是光影离合的颖悟，是颖悟的缺失；美是无。

诗是沉默的，惟有爱才能让她开口；爱是沉默的，唯有美才能让她开口；美是沉默的，惟有诗才能让她开口。当诗永远缄口时，爱和美便要哭泣了。

我的在街上游荡、在梦里逍遥的诗人的激情呀，你的主人正提着理性的鞭子在家里等着你哩！

理念归为一，艺术导向多；多是一的前提，一是多的普及。

科学需要理解，艺术则要误解：
科学的理解四壁皆明，艺术的误解别有洞天。

人类应当时时拂去覆盖智慧的创造的尘埃。否则，人类智慧的创造便会成为人类智慧的死亡之谷。人失去了所创造的，才获得了再造的契机。

用片片心灵之境去拼凑圆融的宇宙，这就是科学。

真理之川从它谬误的河床上流过，总不免带点儿泥沙。

当我真理在握时，我在自欺欺人；当我蒙在鼓里时，真理就在我的身边。

我在世界的源头渴饮着真理之川，回到尘世后排出了谬误之源。

当我浑身挂满耀眼的珠宝时，我的心却在里面一点一点的腐烂。
当我沉到苦难的渊底时，我反倒因踏实而变得坚强起来。

思想的风车一旦系上了黄金就永远也转不起来了。
精神一旦被物质的锉子锉平，它就永远是物质的了。

皇帝的爱妻是虚伪，金钱只不过是他的宠妾。

商人的好记忆犹如一座贮藏丰富的仓库，连创造的场所也占用尽了。

当我穷到只剩下一条装满人民币的钱袋时，我便成了最富有的白痴。
事实上，这世界白痴最富有。而我心则四壁皆空。

当两双欲望的手过紧的拥抱在一起时，就成了两只想甩也甩不掉的戒指；
当一个人贪图虚荣过甚时，一条忏悔的项链便沉重地吊在了胸前。
二者本质上是一致的，相辅相成的；并且总是那么美轮美奂地炫耀在众多不同性别的尤物身上。

梦说出了醒着的人不敢说出的话，醒着的人只好说他敢说的梦话。

对美丽的谎言，我总是像牛吃草那样从胃里倒出来再细嚼一番，并从中汲取养料。

传播谣言，可能体现出一种潜在愿望；而害怕谣言，则距谣言一步之遥矣。

一个满口脏话的人，他的口便成了众人的痰盂。

让我们用博大的情怀宽容弱者，用怜悯的幽默宽容小人。

在谈判桌上微笑的人，每一丝笑容里都闪烁着匕首的寒光；
在谈判桌下握手的人，每一根手指都恨不能迸发出掐死对方的力量。

弓正因为被奴役，它才要去射杀自由。

镣铐想仰望一下自由的天空，却沉重得抬不起头来。

玩弄权力杠杆的人，他的心总是被碾在这权力的轮子之下的。

猫总是在同它的猎物游戏一番后才把它吃掉。

猫儿在为主人看守盆里的鱼时，担心着会被老鼠偷吃掉。

云借了太阳的光芒做成了绚丽的衣裳，却嘲讽阳光的朴素。

乌云奸污了太阳后为她流泪了。

翅膀是为了飞离笼子，可人类却先发明了笼子。

人跟神一样，救人容易救己却难。

田鸡的鼓噪使我想起了假道学先生空空的教条。

当一个人难于言表而终于启齿的时候，真话便开始伪装了。
一旦舌头误入撒谎的歧途，它就永远的迷路了。

当世界上充满了智者，愚人就成了安琪儿。

人类的历史往往由小丑打扮，偶然也往往成了必然。

刀鞘在摇晃着刀柄，高喊：瞧我多锋利！
但不管狗叫得多凶，百灵鸟随意的鸣叫也比它动听。

疲倦是懒惰的情妇。

上帝的愚蠢在于：他自以为走下神坛后仍有权杖自保。

当你的善掉进了黑暗的枯井，你须得用全部的恶去打捞它。
作恶容易因而赎罪就难。

当一个赌徒输到拿自己做赌注时，他就赢了。

当我为了安慰一颗绝望的心而撒谎时，我的想象如同风车，舌头却如同磨盘。

戴上面具的笑，是真心而且轻松的；摘去面具的笑，是虚假而且僵硬的。
哭正相反。

灯火怀疑星星偷走了它的光明。

炉火可以燃起漫天的乌云，正如疑云可以遮蔽一天的繁星。

妒忌最怕拉开距离。当被妒忌的对象高悬在头顶时，它便仰起头来，一脸的崇敬。

路啊，你已被众人踩踏，为何还要彼此拥挤？

风筝摆脱了线的牵制，便连同它的高傲重重地栽到地上。

善取蚍蜉之力者必憾山。

帆想阻止风前进，风便连帆带船向前推去。

一束鲜花，既是失败者的骄傲，也是成功者的悲哀。

用华丽的辞藻塞满格子，就如同皇帝的龙袍免不了绊他的步履。

当我的幻想将我举得和星星一般高时，我却是那般渺小。

我在原地打转，因为我把时钟当成了时间。

他向光明寻求出路，却在黑暗中找到了归宿。生活里无处不充满着卡洛因的荒诞和逃避。

狂风中的乌云就像乌云密布下的羊群四散奔逃，却逃不过它自己雷雨的袭击。

陵墓无窗的墙虽然是建立在地上并充满了阳光，但它们意味着沉寂和死神的统治。

人在"有涯"中盼着"无涯"，在"无涯"中祈望"有涯"。

世界微笑或忧伤时，人爱她；
世界失笑或哭泣时，人则躲避她了。

生是死的体验，死是生的证明。
生者的恨和死者的爱，都让我珍惜。

我将爱普及众人，而将恨留给我所爱着的人。

当我们叩响生命之门时，死亡在里面匿笑；
当我们关上死亡之门时，生命在里面哭泣。

太阳一掉进海里，黑暗便趁机连海也遮蔽了。

当青烟傲慢地上升的时候，那最阴暗肮脏的地方已开始欢迎它的降临了。

当你将鞭子举向弱者的时候，请让你的良心免遭抽打。

当你向那些陶醉在酒精中走进沼泽的人高喊危险时，世界会相信你吗？

当银幕前的观众被喜剧逗得前仰后合时，你的眼里却蒙有一层淡淡的忧伤。
因为你发现：银幕中并不比生活本身更可笑，无常的人世远甚于无常的梦。

稚童用他小小的竹篮去河边打捞月亮时，他的童心就像皎月一样的美丽清纯。
他只不过是为着好玩，并不懂得怎样用狡诈将月亮捞在手中。
大人呢？

梦里，他一手抓着黄金，一手捏着权柄；
醒来，他一眼瞧着枯叶，一眼瞅着浮云。

人生本是一场杂耍，恋爱只不过是其中惊险的一段。恋爱者无一不在希望
与失望的夹角间游移，不同的仅仅是夹角的大小不同。——人生又何尝不是这
样呢？

一个拄着拐杖，一个点着盲杖，走着不同的路径，向着同一个目的地。

在某一情结处，他们交汇了：他背起了拐子，她指引着瞎子，又朝着那个方向，走了一段人生的路。

于是，大地上，卧着一个沉默的"人"字……

思想因生命的早晚而彼此陌生，或者貌合神离，这就是所谓的"代沟"。

人若"作茧自缚"而不被他缚总还是可幸的；不幸的是人只能集体地"作茧自缚"。

在宇宙的大门前，人类的悲哀不在于打不开锁，而在于拿着钥匙却找不着锁在哪里。

人对于人生的无知远甚于鱼对于水的无知。

对于我们所赖以生存的环境，若能像鱼对于水虽无知而自知，该多好！

如果说我们每个人都有生存的权利，那我们每个人更有死去的权利。能否光顾这个尘世是你我无法选择的，但人类特有的理性却完全能够对自己是否要离开这个尘世投票。我们即使不珍惜自己的生命，也要珍惜这一选择的权利；否则，这天赋之权将使我们的生命变得毫无意义。

当我把莫须有的罪名强加于人时，我是有罪的；

当我把莫须有的勋绩巧取豪夺时，我是羞辱的；

当我的罪名与勋绩交织时，我是忏悔的。

人生的内涵应当是完整的。倘若硬要"忍痛割爱"，总有一天会感到一种莫大的缺憾。

当我的一个欲望满足时，这满足又生出另一个欲望来了；而当我的爱满足时，爱使我退隐到世界最小的一隅而满足。

当我来到生命的岸边，便开始泅渡时间之海；而当我泅渡过时间之海，便踏上了生命之岸。

时间像一条绵延无尽的画廊，一段人生便是这画廊中的一段。
时间又像一个硕大无朋的器皿，将人生的一次次经历悉数地载入。

人生把我们编进同一部书里，书页使我们隔离。

人类如同森林中长出地面的树；而人与人的关系，则如同地下的根。

人生如同双轨，当我驻足凝望时，它总是指向两个相反的方向。

是今天连接着昨天和明天，还是未来串起了过去和现在？
而我们每一刻所拥有的，只是昨天的过去。

分娩，意味着生命的成熟，这是一种壮丽的裂变。
在裂变中，假如生命之锤向我砸来，我将以自己的血肉之躯去迎接。

痛苦这把利刃，一面刺伤了我的心，另一面又掘开了冰冻的厚土，生长出一颗新的灵魂。
这灵魂过去所有的泪滴，都仿佛变成了朝露：从黑暗的眼中洒落，又被黎明的抚摸拭干。
于是，我以在这悲剧性的尘世为乐。

失败，是人生的不幸，却也是生命力量的佐证；而成功，则往往是对自然绝对力量的臣服，为自己暂不入墓而签订下的一份屈辱的契约。

是包容而不是排斥形成了大海；
是排斥而不是吹捧造就了大山。

对弱者和强者来说，碰壁都并非坏事：弱者可以在碰壁之后认识到自己的极限，从而恪守规范安于一隅；强者则可以打破壁垒，从而使灵性在时空上得到扩张和绵延。

对于那些身陷不幸而灵魂臻至伟大之境的人来说，他将以不幸作为自身的燃料，来驱动他那伟大的灵魂。在牺牲的火光中，他成了天国的幸运儿，高蹈于俗世的醉生梦死之上。

珍珠用血泪凝铸成一颗热烈而痛苦的心，隐含在贝壳里谛听四方的脚步。

岛屿是大海的伟人，那些渺小的波浪，在他的脚下踮着脚尖。

太阳以耀眼的光芒掩饰身上的黑点，星星以无声的热闹宣示天国的孤寂。

常常，我耐得住孤独，却耐不住寂寞。孤独中我可以制造朋友，而寂寞，则往往使我感到空虚无聊。因而，我的心灵总少不了情感的润滑剂，而情感则少不了友谊的喂饲。

常常，希望有人来访我的小屋，任何人，任何人，帮我抵制从四面八方涌来的寂寞。然而，不是任何人都能为我排遣孤独的：尽管来了一屋子人，我仍然孤独。

孤独的时候，把心高高地翘起，泪水在上面流淌，自己时时看到，却永远掉不了。

孤独的时候，发怒不需要气候，所有爱我的朋友，在浑然不知中被轰走；独坐窗口，懊悔伴着泪水：我希望有朋友。

孤独的人，心里装满了无数的梦；梦拥挤的时候，总想随梦一起消融。

孤独的人，不愿回到清凉的家，也尝不出草莓的香甜，只是把红红亮亮挂在窗口，屋里全是装饰……

孤独是灵魂的永恒的放逐，却又走不出生命之圈。

哦，美丽的孤帆远影，在汹涌的生命洋面上颠簸着。

天才的孤独在于他在俗世的淫威面前太脆弱，他的不幸又在于思想的指针太灵敏。因而，天才的眼里总蒙着孤独的泪水，沉默浸透了他的灵魂。

一个有坚强信念的孤独者，必定是一个精神上甘于离群索居的自我放逐者，一个内心走向虚静永久的自我漂泊者。

有时候，我孤独的心会像蚕蛹那样蜷缩在迷蒙的光线形成的茧壳里，用大鳌紧裹着自己的灵魂，谛听着自我的梦呓。

有时候，在我孤独而寂寞的心底，铿锵着思想的跫音。

在这宇宙间，有一个沉默无言的牧人，有着这样一种魔力：他可以将无数意念和精神的梦幻像羊群一样，赶到一个神秘而辽阔的草原上去放牧。

两个年轻的肉体之爱，有如晨间之雾；而孤独的神秘，有如夜间的幽暗，是伟大而深远的。

白天，我笑傲人世，在芸芸众生中醉卧；

夜晚，我点上心头风雨飘摇的灯，独自兼程。

当我跋涉到再也无力迈步时，我期望并且相信：世界会向我走来。

在岸边，我看见江心里摇摇欲沉的小船上拥挤着人群，我忽而"杞人忧天"起来：我们所赖以生存的这个小小的地球，不正是茫茫宇海中的一条小船么？

蜂蝶为花儿传递着甜蜜的爱，又采走了爱的甜蜜。

我呢，我伸出了一只真诚的手，却得到了一颗赤诚的心的回报。

我是幸福的了。

有时候，我的孤独会非常的空虚，空虚得像一枝芦苇在风中飘摇；

有时候，我的孤独会非常的充实，充实得像夕照里沉甸甸待割的麦穗。

有时候，我的表面波澜不惊可我的内心却如同翻江倒海；

有时候，我的内心静若处子可我却表现得像一个戏谑的巨怪。

我的灵魂，你在索居中跟我一起受苦，一起长大，一起衰老，所以我更爱你了！！

生命是死神唇边的微笑，我是生命苦难的微笑。

生活吾师，我以我胸臆中的痛苦向你证明：我永远是你的弟子，永远地崇敬你，且让我的泪水永远地环绕你并洗涤你。

我将一切的快乐葬于斯世，而带去我所有的哪怕最小的痛苦，以无愧于你向我描绘的天国。

假如夜空中有一颗星命定是我的位置，那么，在我的生命之火熄灭时，我会欣然升腾而潜入其中，放射我生命的另一种光芒。

让死神在阴影中永恒吧！

要成为那崇高的，我渺小而无能；但我的寸心之爱，却能够明彻天穹，转动起太阳辉煌的巨轮。

夜啊，请让我在爬上峰巅见到光明前，引领我进到那沉静的山谷里，将我的智慧和真诚成熟为我的奉献，将我的每一朵微笑都成熟为一个婉丽的梦吧！

我犹如一只作茧自缚的蚕，那些吐出的丝是我一笔一划写下的文字。我在春风得意的闲暇时光里用溢美之词编成的花环，是供我在挫败的孤寂日子里戴的。我知道，这日子在掌声响起时就为期不远了。

那透过梦的密林幽幽传来的笛声，可是我已然逝去的岁月？
那穿过梦的荒原渐渐远去的跫音，可是我即将步入的未来？

我知道，会有那么一个风雨飘摇的夜晚，我的油灯将要燃尽，我将不再在尘世岁月的河流上停泊，也不再为缅怀过去的时光而哭泣……
那么，我的未知的主啊，让我怎样的来就怎样的去吧！

我的主，在我日子终了向你报道的那一天，你将看到，在我挂满勋章的胸前也是那般的伤痕累累呢。

珍珠是痛苦缠绕着沙粒而建造起来的宇宙；那么，这心的荒岛是用什么建造起来的呢？

心总是在泅渡大海，灵却一遍遍触礁。

独自轻拢心上的枯草，用自己的信念和热情点燃，任泪水滴落，写下一篇篇坚忍的誓言。

当我穷困到没有什么东西来填补我痛苦的罅隙时，我将用我的歌声来填满我生命的空白。

我的心合着拍拍舐岸的波浪的节奏，拥着这宇宙间绿色的岛屿，为她唱一首孤寂的生命之歌。

让你的心在缓慢变幻的云端小憩片刻，在欢快跳跃的溪前停留片刻，在轻轻颤动的枝头驻足片刻，那么，无论是暴风骤雨还是阴霾密布，你的心便都会如同在慈母怀抱里吮吸的婴儿那样，平静安详而且甜美了。

时光好似潮汐般昼夜嬗递。一个又一个月光如水或细雨霏霏的夜晚，我总是静静地独坐灯下，在心的默想中与自己交流，回忆人生长河中的一些浪花、飞沫、岛屿，还有那裸露的巉岩，和那弧形的海水一次次冲刷的沙岸……

我尽情地啜饮宇宙流泻在我唇间的泉水，犹如吮吸着从钢琴中涌流出来的一串串妙音。

君不见滚滚江水东流，巍巍青山依旧；君不见灯红酒绿，白骨空楼。
空自空来空自去，君心若不愁，心自悠悠，心自悠悠。

怡然，恬静，淡泊，爱泽一切；咫尺之间，却容纳了辽阔高远的天空。这就是我心小小的愿望。

我们可以置身于无神的宇宙，我们却无法生存于无爱的宇宙。如果我们是可憎的，我们有什么理由去憎别人；如果我们是可爱的，我们就不可能不爱别人。

此刻的我，正犹如一只漫天飘舞的雪原上的飞鸟，在寻找着昔日的归巢。

一天，我在黄昏的旷野里信步，不经意遥望天边，瞥见那宛如滴血的残阳，在勾了些青黛山形的天幕上挣扎，我的心竟不能自拔地融了进去，身不知化散何方……

我总是暗自诧异：心灵的痕迹又怎能常驻不去？若干个春秋以后，也是这样的季节，也是这样的黄昏，当断断续续的音符因某种契机再次萦萦悬浮于你的小窗时，你还会百感交集么？你还会不知所措么？你还会感伤动容么？你还会浮想联翩情不自禁么？

记得小时候，我吃过一片薄荷冰糖。
很久以后，我含着它，一片苦涩又一片淡淡幽香，
等待着雪花，等待着雨季，等待着驼铃叮当……

常常，在丁香浮起的月夜，在雨打芭蕉的雨帘里，在万籁朦胧的和弦中，我

谛听着自己心的寂吟，仿佛有一种隐隐的哀愁在荡漾，在荡漾……

我在夜雨中执拗地走着，直到我盲目的愚顽将我引到你的门前；
然后默默地等待，直到你应允了那个前世的秘密的誓言。

让我把爱托付给你，一如把梦交给夜。
可是，我醒来了，又醒来了，你为何总是在我忧思的心头酣睡？

像是高山清泉搜寻杯中流星的倒影，
像是田间乡河期待清晨过路的牧笛，
我静坐石畔遥望你的来处，
你的背影在我身后拉成世纪。

啊，在那绿草下面，埋藏了多少美妙的记忆……
如果我能读懂，我就该洞悉那一次次花开花落的秘密。

看天上的星星无数，地上的道路无数，梦里的梦无数。可我的生命中却为何有这样的一段空白？没有爱，没有女孩。梦里的空白，天上的空白；路正长，廖无踪影的空白。

一次一次地，一个身影举着一盏灯从我的窗口亮过；
一次一次地，我在窗口凝望着一天的星斗；
一次一次地，我从一天的繁星中寻觅着属于我的那一颗；
一次一次地，属于我的那一颗星灯从我的窗口亮过……

我知道世间有许多的可遇而不可求，这就是所谓的缘分。
惟有在可遇可求的刹那，美才会现出真身，缘分也才会定格。

假如我能与你擦肩而过，只那么偶尔一次，只那么匆匆一眼，在江南幕着雾与雨的夜色里，便能寻你独行的身影和你的眼睛。

也许就在今天，就在今晚，就在此刻，有一座蓝色的小木屋为你敞开它一直深闭的柴扉，你将意外地获得一份你寻觅已久的珍贵礼物。

如果我进不去你的小屋，那就让你进到我的梦境。
当我的梦在花朵里开放的时候，我知道，我的爱开始在果实中孕育了。

你的眼波：混沌初开时天宇间第一道闪电，
你的双唇：雨后清丽的虹，
你的微笑：DREAM。

愿你有一间自己的小屋，小屋里有一张自己的书桌，书桌上有一张洁白的信纸；
愿你的诗飞出你的诗心，越过那扇窗棂，唤来飞鸟、落叶、流云，飘入你的窗棂，在那张洁白的纸上驻足。

当你把空杯举到我的唇边，亲爱的，我唯一能报答你的，就是为你注满感激的泪水。

距离太远，亲爱的，我既看不见你也不能吻你；那就让我的歌声远涉重洋，凭借着思念之翼穿越爱的屏障，去回应你的呼唤，并抚慰你的孤寂。

请将你的手搁在我的额际，在我的额上印下你那默祷般的宁静与甜美，以平息我心头快要决堤的汹涌，使我在你面前变得理智些吧！

我思想的珊瑚静穆，情感的草茎疯长。我的灵肉之躯，一直从仓颉夸父的须发间奔驰下来，倾泻向每一扇爱过我和为我所爱的窗口。

我所忆起的只是你的诗，你的梦，你的泪花，你的笑容。
我把她们拥在心里，像拥着温热的火炉，去阳光里，在那棵等待的树下，静静地握过这漫长的冬日。

那一方魂牵梦绕的纱巾，如同那夕照中的晚霞，缓缓地滑落到山谷里去了。亲爱的，从此我们将在日晒雨淋之中，相携着攀援。

若是你我真的能在那一个梦里寻着我们的乐土，我们的家园，让我们永不分离地做一对神仙伴侣，我们何不驻足在那里，再也不要回到这喧嚣庸俗、遍地荆棘的滚滚红尘。

当我载满沉重生活的小船载你不动的时候，我的生命，我甘愿下船做你的纤夫。漂泊是我的伴侣，我并不奢望船儿靠岸时将你留住。

你说你读不懂我的目光——但愿你不要读懂！就像允许我伏在你的胸口无声的抽泣。
本不该懂另一个海域的潮汐，我只想遥望着你，泪流满面。
沉默也是温暖，沉默也是柔情。

我去追寻那梦中的身影，在梦里的沙漠跋涉；
而一觉醒来，我不相识的，却在我的身边。

我用情爱编成的网兜，采满沉沉的花果送到你的面前；
你指着网兜上一处裂痕，花果便顷刻间散落了一地。

时间漫长而灰色，我开放着，开放着，孤寂地等待；
但那一天你终于吐露了那一个我等了又等的字时，我的心却像含羞草般的收拢了。

当我伤害你时，我的爱，请你原谅，我并不知道；
当我明白过来时，我就要赫然退缩了。也请你原谅，我爱！

　　既是分手，为什么还要回头？！让你眼里的那一份失落，永远，永远定格在我失落的心头。

　　请潇洒地走，既然是注定的缘分，就注定了我永远孤独的漂泊。

　　很久很久以前，有一个伤心的小女孩在不知涯岸的海边上喊：回来哟！回来哟……

　　很久很久以后，从若有若无的彼岸传来了一个老了的小男孩时隐时现的回音：哟……哟……

　　又过了很久很久，大海从自己的深处托起了两堆象牙般的白骨，在沙滩上静静地躺着……

　　破碎的镜片是否还能重现昔日的倩影？
　　悔恨的泪水是否还能浇活凋谢的花朵？

　　当泪滴落在沙滩上，便再也溶不进波浪。
　　当忧伤和绝望撕裂了爱情的蓝天，悔恨的洪水就漫上了她的双眼。

　　假如死亡弃了爱，爱便找到了永恒；
　　假如虚伪欺骗了爱，恨就会寻路而来，并且嫁给它。

　　一个为了刺而摘玫瑰花的人，他是为了什么而爱的呢？

　　得到即意味着失去；追求即意味着拒绝；繁花缀满反倒会压痛树枝——这是爱情永恒的悲剧性所在。因此，我的朋友，不要因为丘比特是盲目的，你就裹住骏马的双眼疾驰。

　　一个婉约的开始，也许就是结局的幕启了。

　　恨你，乃是我的爱不会转弯的缘故；
　　而我在恨的深处，仍保有着那只爱过的气球。

它怕你再去吹它，又希望你再去吹它。

假如不得不告别，我的爱，也请你转过身来，背着辉煌的夕阳站成一帧剪影，并举起你不很轻松的手——这样的告别，不啻是一个苍凉而美丽的姿态。

不知是你的努力不够，还是我的心闭得太紧，你没有叩开。一声沉重的叹息滑过我心，你的足音远了。

我知道天底下没有不散的筵席，爱没有错爱，也不一定要有结果。

而那一份挥之不去的淡淡的美丽的哀愁，却永远地留在了易感的心头。

我以为是很遥远了，可在我记忆锦盒的底层，仍有那一次永远抹不去的痕印。

放大的光环最初逼合了微睁的目。隔一圈模糊的栅栏，有疏枝横斜。那褪色的苍白的衬底，懒云徜徉着的，是天空。

枯叶在背后坼裂，耸尖的草芒，离析着黄涩与淡青。

让大地在旋转中直立着下沉，树林外，流水漫过枯草的蔓菁。

这是黑夜里关于白天的梦境？抑或是梦的碎片遮掩不住的失色的黎明？

人生是无数个若即若离的驿站。当我就要在一个无名的小站永远地作客时，那与我同一车厢，并与我在一起谈笑和交流过的旅伴，将要继续他的天涯之行。

也许，其中有一位我曾为之伤过心落过泪的，此刻，她正独自坐在窗边，饮泣着向我回报。

你那深沉的蒙着忧郁的眸子里噙着如许的怀恋犹如夏风里飘零的几片溅湿的叶子滋润着我的旅程。

现在的我，在许多烦恼时，常看这张与海的合影。

在用心去体会的许多的瞬间，仿佛风声涛声，一切都依旧如相逢在昨日……

今后的我，将不再向你倾诉我的痛苦，无论梦里还是梦外。

我只静静地注视你年轻的面庞青春的欢笑，在心中为你祈祷红玫瑰般的幸福，为那情系蓝天的梦，和那永远不再回的仲春的偶遇。

我漂浮在梦的韵律之上，经过歧路百出的旅程，来到一座光明的岛屿，将你的泪水注满我的酒杯，孤独地、静静地品尝。

难道，这世上没有一处能收容他的爱情？没有一片丛林？没有一泓清泉？没有一席蓝天？

但他仍然有爱，地老天荒的爱，纵使面对虚无，纵使毫无回报，纵使遭受阉割……

于是，悄然涕下的他开始流浪。

笛子落在了尘埃。

不甘蜷缩在世界的一隅，心便迈入未知的茫茫夜雾，云游于浩宇的秘境。

怀着一种冷艳的热情，欲要寻找那无人知晓的命运，哪怕品尝到的是某片死水。

渴望永不回头地去向遥远的异域，于是，啊！——"故乡日已远"渐次在心头涌起……

我的歌啊，你轻盈的翅羽，将飞向何方，又将在何处安息？

我知道，热血总有一天会凝固，生命总有一天会终止，歌声也总有一天会沉寂。

但，我亲爱的读者啊，相信你无论生长在哪个民族，哪个国度，哪个世纪，我的哲思，会深刻在你的额际；我的微笑，会蔓延在你的唇翼；而我的歌，会从你年轻的心头永远地唱出。

啊啊！！一首孤魂漂泊的歌……

也许，一百年后，在你易感的心头，会有她的归宿。

下卷：情潭

第一乐章　萌

初初的恋心　宛如一只悠悠的木筏　在尘世的喧嚣中翩舞　在波涛的峰谷间浮沉

假如哪一天　她飘到了你的岸边　假如你愿意　你可轻轻地乘坐上去

她将载你向一个无人的又光明又迷蒙的小岛　沉入寂然永久的秘密之中

渡　口

黎明初初

你托第一道霞光

送来第一份请柬

叠印在我的额上

于是

旭日升起的时候

我赶到了

寂静的寂静的渡口

一

芦苇　荡

笛　飞扬

牧童折下一管芦苇

静静地在心底里谛听

芦笛的悠扬

来自何方？

二

婴儿沉入了梦乡
头枕在母亲　胸脯
起

　　伏
在爱的河床上

　　　　　　远航

三

久久地　屏息
低低地　垂首
提着空花篮
匿在你必经的道旁
多想　月华如水时
会有一支
一支夜来香
多想……

四

白雪皑皑
你我　在窗上
呵一呵　再
写一个　爱
是
枝头　地底
藏匿的
绿
意

五

你新绿的枝条　颤颤的

探进我夜读的小窗
在那一行诗上
划上了一条
意味深长的
破折号——

六
海里有一个漩涡
旋转我不系的小舟

你的心也是个漩涡
旋转我整个的宇宙

七
我的枕巾　有
一朵兰花　可
如许多的泪痕清露　却
不能使他摇曳轻吟

我的心中　也有
一朵睡莲　可
任凭我千呼万唤　她
总是长眠不醒

八
子夜
我播下了梦的种子
而在晨光里
我采到了心造的幻影
一半在半空里翩舞

另一半　仍在
迷蒙　的
DREAM

九

一把蓝花伞
两个人　都
湿了一半
而那不湿的　是
距离

十

眼的
边沿　我窥见
梦的痕迹
你的双眸
两幅黑色银幕
一个演喜剧　一个演悲剧
主角
每天每天
总在我梦里
流连

十一

又弯又长
一条孤寂的山路

我用清脆的足音
叩响着空谷

十二

车辙的积水里　我看到了
一抹晴空里的一朵微笑
一朵微笑里的一层深义
于是　我背负起全部财富
背负起初恋
沿
　　浅浅深深
　　　弯弯曲曲　的
　　　　　辙印
　　　　去远方
　　流
浪

十三

细细　细　雨
隔着　我　你
雨歇
你藏在了七色里
还是下吧下吧
我可以沿无数根细绳
攀援　向空蒙
　　　　　　向虹
　　　　　　　向你
雨真的下了　我
又茫然四觅
不见了　伊人踪迹

十四

一只悠游的白鹤

在微波里
与自己的影子依洄

一只啼啭的黄鹂
在山谷间
与自己的回音对歌

一个孤寂的旅人
在……
与一颗孤寂的心……

十五

不见　你的身影
只闻　你的匿笑
"远在　天边　近在　眼前"
天边？那是一抹流云
眼前？那是一面壁镜……
"呀，可怜的！　我　在你的声带里　在你的瞳仁里
在你的心坎里　瞧瞧那面镜子：我　就是你！"

十六

默默无语的　成荫的
菩提　你为何直指天空　而不
指向前方？
我是一个陌生的过客匆匆　想找到
梦里熟识的那一座朦胧小镇
梦外熟悉的那一扇无眠窗棂
可你为何总也默默　只把
溶溶的月色透过密密的枝叶
描上我身？

十七

你的歌

摇动了　一碧流水

晃动了　一天繁星

于是　星星化作音符的精灵

溪流的五线谱上韵律优美

我的心也开始按节奏悸动

深深地　深深地陷入你歌的网中

十八

若明若暗的星芒里

心

总有一道隐隐的痛

不即不离的岸边

眸

总蓄一眶涩涩的泪

一切纤微的深处

情

总是弦弦紧绷

永恒和谐的梦中

爱

才舒展开婴儿的笑容

十九

早就想　给你写封信

却找不见纸　笔

找不见我的诗情

只依稀窥见　庭院里

一株丁香的疏影

从清晨到正午到暮阴

我托阿波罗　在花枝间
给你写了　一封长长的信
愿丁香开在你的梦中
这信　便是这梦的灵峰

二十

愿你　到我的沙岸漫步
心潮正悄悄溢向岸边
悄悄在你裸足上依洄流连

愿你　到我的梦里逍遥
轻梦正悄悄煽动彩翼
悄悄在你衣褶里飞来飞去

愿你　到我的歌声里寻找
妙音正悄悄吹出笙箫
悄悄在你孤寂的雨夜浅吟

二十一

夜
温柔地
温柔地合上
我的眼睛　再
打开我
心的窗棂
在那边的深邃和无穷里
我　觅见了
你　轻灵的倩影

二十二

我将情愫偶发的火花　点亮　我的心灯　在一处僻静的池塘上　放航　自己退隐到一荡芦苇里　等待

失望地　等待……不期　朦胧中　一位少女顶着水罐　款款而来

她看见了　那盏孤独的　漂泊的　灯　惊叹道：呀！　谁将自己的灯浮在这池塘？她见无人响应　又大声喊：喂　主人！　夜已深了　不要忘了收回自己的灯呐

于是　我走出了芦影

"姑娘"我说"这盏灯的主人已然忘记了……也许　他期望着　你把它取回"

她端视着我　好久好久　但那里分明写着一脸的真诚……她明白了　轻轻地　摇摇头：我　已经有了　一盏……

她走了　但刚走两步又折回到凄然木立的我的身旁　从衣袋里掏出一支红烛　一盒火柴：喏　拿去　我的朋友　我的兄长　好好守护你的心灯　不要让它灭了……那一天　会来的……

那一天　会来的——我依了　这位素昧平生的　少女的劝告　每天每天　将我的心灯　在那幽静幽静的池塘上　放航

二十三

童女　失聪的童女

旭日东升　你　向着朝阳　放歌　声似银铃

夕阳西下　你　向着夕暮　轻吟　那么婉约

浮云凝固了　一切的一切　都在向你侧耳倾听　连那森林里喧嚣的　猛禽　也　敛声屏息……

哦哦！我的童女！　你　为世间的一切　歌吟　可什么时候　什么时候才能听到　从自己唇间流出的　曼妙的乐音？

二十四

为什么总是泪水盈盈

为什么总是心神无宁

为什么开花的日子还会感叹

为什么雨季里总是那么伤心

为什么你总在我的梦中萦绕
为什么你总让我阵阵心悸
为什么不知不觉就喊出你的名字
为什么要不顾一切在不知涯岸的海上航行

为什么为什么我不知道
不知道不知道为了什么
真害怕哪一天我知道了什么
便从此再不想知道不想什么

释　冰

一场大雪　恍惚
如履薄冰
战战兢兢　有点儿
害怕——太阳出来了……

怕什么?!　若是
你溶化　无非
我跌落　你的
波心

第二乐章　爱

　　爱有没有历史　有没有开头结局　有没有程序模式？不！　　爱是不可到的境界　只是一个象征　一页幻景　宛如月夜里松林斑驳的光影

　　正因此　一代又一代的人们才秉着无悔的贞信　非要步入这翩然羽化之境　非要去其中攫取虚无的幽秘

　　几乎所有的人　并不知何时　在何处　这世界上会出现一个"她"？　　但　纵使要把苍穹的圆顶撞它个窟窿　纵使半残的翼子要永远在炼狱里振悸　他也是要去寻觅并找到"她"——去找回前生失落的另一半的自己

　　迟早会有这么一天　你将把千百回梦里编织好的花环　以及深深浅浅的金丝银线　一圈一圈地　缠绕在她的身上

古　井

一不小心
我的心
跌进了你的眸子
那口
脉脉的　黑色的　年轻的
古井

一

你若是一支红烛
我就是　那一扇模糊了光与影的
　　窗棂

你若是一扇窗棂
我就是　那一条在雨夜里伫立的
　　小巷

你若是一条小巷
我就是　那一串一串徘徊流连的
　　足音

你是粼粼湖水
　　粼粼波光里的
　　鳞鳞星辉

你是恬静梦幻
　　恬静枝头上的
　　恬静玫瑰

你是清凉雨后
　　清新天穹上的
　　清丽彩虹

你是泱泱大海
　　泱泱潺潺时的
　　那一泓温馨

你是孤寂雨夜
　　孤寂灵魂描出的
　　朦胧倩影

你是深邃子夜
　　深邃眸子里的
　　流星痕迹

你是轻轻伸手

轻轻触碰时的
　　指尖的颤栗

你是慈爱母亲
　　慈爱怀抱里的
　　婴儿的呼吸

你是圣洁的心用
　　圣洁的泪写下的
　　圣洁的秘密

三

你是一帧剪影
白昼　你总定格在一瞬的永恒里
　　　　像脱壳的蝉那样寂静
只有到夜晚　我踽踽独行的时候
才从万籁的脉搏里听到你呼吸的颤音
从繁星闪烁里感受到你笑意的温馨
我明白了　这喧嚣的尘世上我并不孤单
我有一位最美丽最美丽而又永恒的旅伴

四

啊！在喧嚣的尘世间
我竟觅得了这片净土

倒影憧憧的池塘；伸进水中的　乱发似的根须；宛如衣针般纤细的蜻蜓；在一平如镜的水面上　溜冰的水虫；带刺的白色野花；蔓延丛生的小草；藏匿在密枝高处的鸟啼；间或　一两声不甘寂寞的蛙鸣；还有　还有那荷塘里　一个忽隐忽现的倩影……

我在红尘里苦苦寻觅的一行诗啊！
原来　她竟幽隐在　这轻吟浅唱的永恒里

五

你是一幅无墨的画
夕暮里
我总要倚上桥栏
遥望你的窗口
看灯点亮你的画框

你是一支无声的歌
轻梦中
我总要去那片青林
静静地静静地谛听
我心底的歌吟

你是一行无字的诗
夕阳西下时
我总要闭门独处
细细地细细地品读
那山顶上的一抹晚霞

六

白日的喧闹在黄昏时候倦了
风儿在海上打盹
叶子在密林休憩
小鸟也唱完了最后一支歌
夜　开始降下帷幕
而这时　我的心幕才徐徐开启
　　　　我的歌声才四处漫溢

去那静静的鸟巢里
去那花蕊的密室里
还有摇曳着繁星的天庭
天庭深处一帘幽梦的你

七

当岁月修长了你的素手
当怀中浮漾起你的酒窝
当我解散你的发辫遮住你的双眸
当你恬静温柔地紧贴在我的胸口
哎呀！　　这时
花蕊的眼里正噙着夜露
万籁的歌声也宏纤毕闻
世间的一切乐音都倾泻在两颗
　　　翱翔的心上
皎洁的月光开始把你我轻轻浮托
　　　轻轻浮托到至爱的天堂

八

我爱！
我是你轻波里的一点浮萍
　　随你的涟漪而荡漾
　　随你的荡漾而轻吟
假如　　假如哪一天你会干涸
我的魂儿啊！
　　　魂儿也将随你一道沉入地心

我爱！
我是你银河里的一颗星星
　　在你清辉的阴影里闪烁

在你幽梦里微笑
假如　假如哪一天你得以再造
我的魂儿啊！
　　魂儿也将随你一道捏碎重塑

九

房屋久置了会坍毁
牧笛久置了会喑哑
友谊久置了会淡薄
快乐久置了会弥散
人世间的一切
没有一样能在久置中永存
除了　我的爱

我的爱啊！尽管
在你年轻又美丽的时候
把我的一片真心和纯情
毫不介意地弃置在十字路口
尽管　你现在又老又丑
但只消你轻轻一声呼唤
我仍会立即到你跟前　一如当初

我会用牧笛吹散你眼里浓重的阴影
我会用快乐消弭你额上痛苦的皱纹
我不朽的居室将安顿你衰老的躯体
我不朽的恋情将使你永远地美丽年轻

只消　只消你轻轻的一声呼唤

十

你的年轻便是我的衰朽

你的镜子里是我的丑陋

你富有时我最最贫穷

你欢乐时我悄悄饮泣

当有一天　你的镜子碎了　鬓染风霜

我从远方流浪到你低矮的小屋

神气活现地跨进门槛

神气得像个帝王　可是我

亲爱的　我仍旧甘做你的奴仆

我将把你破碎的心一片片从风尘里捡起

　　把你半残的茅屋当做我余生的金殿

十一

我把你在沙滩上写下的名字

镌刻到我记忆庙宇的廊柱上

当海水一遍遍冲淡那个字时

我的泪却将它洗涤得格外晴朗

我把你缀在发辫上的那朵花

移植到我四季如春的心上

当寒风一片片撕裂它时

它却在我的心田里怒放

十二

我解了缆的纸船

在你滂沱的泪洋里

摇晃

假如哪一天它倾覆了

那就请你

在你的心海深处

冷藏

十三
让我摇荡你
摇荡你的秋千
寂寂中秋夜
心
藏愁结千千

让我抖散你
抖散你的发辫
密密青丝间
情
似秋雨绵绵

云飞雪落的故事
二十年！
我的执著
写下了
一本一本
云飞雪落的故事

只为
二十年前
你说了
一句一句
云淡风轻的话

第三乐章　怨

　　可是　为什么　人们总要追求那不可得又得不到的？像一群玩火的稚童那样在火堆边缘跳来跳去……于是　这人世间便平添了数不清的歌与泣与恩恩怨怨。

　　在爱的栅栏外探首张望时　爱是何等的楚楚诱人！而在发动了千百次围城并突进后　方知城中那座富丽堂皇的宫殿里　原来藏匿着大大小小的巷弄陷阱　还有深深浅浅说不清道不明的幽怨忧恨

　　然而　却是很少有人再能撤退城外了　来时的路已然迷失　在横越旷野时　在暮色苍茫中……谁能言明　其中的摧折有多大　怨有多深？

　　听我说朋友：在爱情中　恨与爱恰似一对孪生姊妹　二者源于同一个泉脉　在汇成了快乐的梦幻的瀑布后　跌进的是同一个深度……

无　涯

记得
洁白的雪地上
有过两行洁白的脚印
而今
一行已然融化
孤独
正走向无涯

一

当我终于走出了夜的长廊
告别了　无数梦的异乡
寻思怎样唱"我的太阳"
太阳已然照临　我的额上

尽情的沐浴
闭上晶莹的泪眼

夜幕却悄悄地　　悄悄地合上

拖着长长的影子
又一次走进夜的长廊　梦的异乡

二

我是大海　亲爱的
你就是沙岸
我一遍又一遍　低吟着
漫上你温柔的胸膛
却为何不能
将浪花　我的爱之贻
别在你的襟上？

三

流星
划一道弧线
却到不了
你心的边沿

假如
我的爱是如此的短促
那就让爱燃尽　永恒
陨落

四

走　看海去
　去
　　看
　　　海

呵！真的
海　总是看不厌……
可难道
你至今也未看出
　你身边的
　　海？

也有
　急流
　澎湃
也有
　宁静美丽的
　港湾……

　　　　　你
　　　　难道
　　　至今未看出
　　沉浸涌溢着你的
　　无边无际无始无终的
　　　一往情深的
　　　　　　海

　　　　　五
我远离了家门　才忽然想起　忘记了点灯
你回来时　妻　别忘了把灯点上啊！
火柴在窗台上　油灯在灶间
"我就知道　爱　你总是这么疏忽"

我匆匆而归　却把最珍贵的　迷失在郊外

不要流泪　妻　我这就回头去找　我受不了你的凄楚
怎么　你手里捧着什么？！　你在哪儿捡到了我失落的……
"我就知道　爱　你总是这么疏忽"

六

我是旷野里的
一株小草
为跋涉了又跋涉的你
设立的路标
那一年　那一天　那一个清晨
困顿惘然的你
从我身边匆匆而过……
呵！那碰落破碎的
不是晶莹的露珠
那是我的心在为你饮泣
一段前生期盼了又期盼的尘缘
便从此风干

七

一日一日的　我终于在你的眼睛里看到了
湛蓝的大海　大海上悠悠的天空　天空中飞翔的小鸟　还有那飞鸟的归巢……
可你　你却突然地走了　带走了那双眼睛　载着我一切的眼睛
于是　大海　天空　归宿　还有那支永恒的歌　一切都随你远去
沉没在一片孤寂无垠的空茫里
无声无息

八

玫瑰是你的青春
彩虹是你的丽梦
融雪是你的泪

柳丝是你的怨
而我　我一无所有
如同
一座火山
默默了千年

56

九

迷雾里
一无所视
谁料你递来的
竟是一支无心之烛
一阵狂喜　一阵心颤　一行烛泪
都滴进并淹没在了
无边的黑暗
依然……

十

每一个夜深人静
我总要抱起竖琴
温习我的爱情　怎奈
我不谙乐谱　总是
拥暖了琴弦　凉透了心
但我还是每天每天
拥着竖琴
弹奏我的惆怅　抚摸我的忧伤

十一

我只要　你梳妆盒里
一封信　我的　心
再不想让它　成为你

回忆时　甜蜜的阴影

多少年来　它如同宝石载进小舟

在岁月狭窄的川流上漂流

多少年　它好似哑然无声的珍珠

蛰伏在你黑暗牢笼的贝壳

如今　我要捣碎贝壳　小舟

我要我的心重见天日

愿上帝保佑你!　不要

突然想起它的珍贵　并且

永不追悔

十二

流泪的梦中

请把你受伤的左手扪你的心头

再把你哀怨的右手捂我的胸口

看你我心的律动

可有什么两样?!

而那怦怦的颤抖

更好似荒原里悸动的

一把燃不尽的野火

十三

曾有一个时期　在你轻盈的心海深处　航行过一首浪漫的小诗

可等你读懂了这首诗的含义　诗心却早已焚烧殆尽

晚了　太晚了　我的爱!

曾有一段岁月　你朦朦胧胧的侧影　被当作圣洁的偶像崇拜

可等你彻悟了它的价值　诗情却早已冰冻枯竭

晚了　太晚了　我的爱!

十四

我知道　此刻你定然坐在
那一片幽密丛林中　星芒下　等
一张仅能容纳两人的
石凳　那一天我俩偷偷搭成
夜拉下帷幕　星空越升越高
越升越高　蓦然　我惊觉失落了
那双时常轻握的温柔的小手
于是　若有若无的
幽辉中　你寂然地凝视
前方　有一颗青藤缠绕的柏树……

呵！我爱　不要怨恨
我：一个哀怨的妇人……
不要等了　不要等了　我的
爱呵！从你的记忆中　抹去
那一条幽径　那一片丛林
还不要忘了　走时推倒
那一张石凳

十五

曾盼望秋天来临的日子
不是盼望成熟　或者衰败
不是喜爱黄叶飘零　满地
西风渐起　夏天
已离去在冷冷的雨中
曾经的热望却
渐冷渐落
我在夜色中问候你
用一盏灯　一支笔

西风在我紧闭的窗外

静静呼吸

帘幕低垂　隔断所有

逃逸的灯光

与侵袭的寒意

记忆飘散在如水的日子里

静夜中忧伤别离

用一种怀疑　一点怨艾

可知西风中有无限的温柔与凄寂

我心的悲哀付与西风

而你的温暖留给自己

十六

迷失了往昔的那段情愫

我不怨　我以微笑的泪眼相送

恋魂　仍一如初时那般清纯

像一颗轻盈散落的蒲公英

飘于　你的衣襟

此去长路遥遥　爱呵——

你可以抖落风尘抖落往事抖落日月

只是不要把它抖落　抖落在

半路的荒冢

十七

我高举我的心灯

照亮你踏上爱的新程

而夜幕里的我　却

让泪水模糊了双眼……

十八

淡淡的小花
停在
　　　远古的天空
独自
　　　是一本闲置的书

心的荒原上
风卷起书页
有意无意间
翻出江南的雨图
乡愁
　　　淋湿了小花
散下许多花瓣　　点点
　　　在半空

独自
是儿时的那支短笛
偶然地捡起
风尘久已蒙住
有一个声音
　　　依然回响
再不褪色的
　　　往昔……

第四乐章　悔

　　每个人的一生都是一部厚重的书　每个人内心都幽隐着美丽而哀怨的故事　可是　每个人都找不到他可以一无顾忌向之倾诉的读者　因为　谁也不敢细细地翻寻和抖漏自己不堪回首的往昔

　　也许　这世界上　最好的读者只有一个：故事的作者——他惟有向他忏悔　在那一个个夜深人静之时　在那一个个年年都会到来的雨季　他都会细细地回味那份美丽　同时　细细地品嚼其中的悲伤和悔恨

　　也许有一天　你会突然想起：这爱的悔恨和悔恨的爱　正是你一生中最美丽　最难忘　最难再　也许是你一生中唯一的一次深深的　牵动你每一根神经纤维的　痛彻肺腑的爱

最后一页

默默

翻着

一页一页

旧时的

日历

默默

回味着

一件一件

云飞雪落的

往事

只因缺了

清纯的

最后一页

爱与怨

怎么也连接不到

今天

一

枝头　悠悠一片落叶
大地　微微一声叹息
风又卷起　落叶
投进潺湲的　小溪
流动中　彼此讲着
各自的故事：
一个是过去
一个是未来

二

我不知风从哪个方向吹来
便打开了朝东朝西朝南的窗口
然后敛息默坐
心底的波澜不绝如缕
夜鹏展开了漆黑的双翼
扑喇喇从东西南涌进了小屋
忍着泪将朝东朝西朝南的窗户关上
俯下头缓缓地走向临北的窗口
一道闪电蓦地眩我眼目
一只青鸟从窗边掠过

三

这扇门紧闭

风起了　云飞了　雨下了
"开开门　开开门"我轻声哀求
你却一声不吭　沉默
——这是最严厉的拒绝啊！
电闪了　雷鸣了　雨如注

"开开门　开开门"我大声喊了
你仍缄口无声　沉默
——这是多无情的拒绝啊！
我再也忍不下去了　撞门而入

可屋里　屋里空无一物

四

大海　一遍又一遍抚摸
巉岩那铁石心肠
终于有一天　岩石风化……
于是　我也日复一日
用盈盈的热泪
浇灌他铁石的心肠……
终于有一天　他垂下了高傲的头颅
却已是　白发苍苍
蹒跚着　我又一次走上沙滩
面对　永远年轻永远浩渺的大海……

五

我说我恨你
是为了把你忘记
为了把那一个一听就心颤的字
抹上一层浓云
可是　我怎么才能
怎么才能欺骗自己——
当一股浪潮退下
　一股更大的浪潮
　爬上了海岸……

六

是你用泪

注满我的空杯

我怕回家时端不稳杯子

便小心地灌进我的水壶

谁知久置的水壶已漏

到家时只剩下了一滴

我闭着眼喝下了

顷刻　泪又注满

我的空杯

七

镜子里　我见到了我的影子

湖面上　我见到了我的影子

夜色中　我见到了我的影子

可　为什么　在白昼

我的影子却要藏匿　悄然无迹？

一个声音在我耳边响起：

"爱得如同烈日　影子还会有吗？"

我不信　哀哀的茫然四顾

苍白的灵魂　分泌出了苦涩的泪水

滴落在血色的黄昏

八

问君　问君：

还记得夏日风轻

还记得月夜剪影？

如今　如今

你一去杳如烟云

辜负了初初的纯情

影子　影子！

怎能忘断桥依依

怎能忘渡口凄迷

而今　而今

我是个天涯浪儿

惟有在梦里还你

九

假如我能缝补一颗破碎的心

我愿在你身上化解我整个的生命

抽我的骨作针　筋作线

再将我殷殷的血　一滴滴地注进

只要　只要能缝补一颗破碎的心

十

淅淅沥沥的秋雨

隔断了一帘春情

更有那远寺的钟声

吹送了半残的幽梦

只留下一缕缕轻烟

抛向虚空　抛向虚空

蹉跎了你的岁月

破碎了我的青梦

十一

让我们交抱着

交抱着往轻波里跳

涤净这尘世无尽的烦恼

让我们依偎着

依偎着朝幽梦里跑
化解那人间无边的寂寥

可是　往哪儿 往哪儿
才得消纳人世一切的欢欣
才得倦倦恋魂永久的逍遥？

十二

我的双手
可以拉起　绷紧的纤绳
　　　　托住　北大荒的落日
却为何　托不住
那细细的忧伤　无形的惆怅

我的双手
可以拦住　湍湍的溪流
　　　　留住　嘀嗒的指针
却为何　留不住
那乍现就凋落的　美丽时光

十三

当我携着我的爱悄悄来到你的身边时　你正用花枝专心致志地编织
我咽下涌至唇边的话　走了　带走了我的初恋

当我携着我的爱悄悄来到你身边时　你正深情地唱一支歌　一支忧郁的歌
我咽下溢出眼眶的泪　走了　带走了我的至爱

如今　我的爱已像云霞一样飘散四方　我的灵肉已随那片片浮云而去　无欲无怨

不期　我们又在断桥邂逅

尚未等我开口　你双手捧着我失落的爱（一只花环和一支歌）问道：
说说　这回你带来了什么呢？

十四

你曾附耳低语
我们的日子常常是雨
而今　这个冬天不再是雨季
在我的身后
枯草掩藏了湖畔的足迹

杉树林在草地
晒着长长的影子
小路依然熟悉
我们看见过很多次的
那只木船
倾斜在干涸的溪底

风是流体
干燥而严厉
所有的枯叶再次破碎
如同我的唇
褪尽颜色
在你残留的吻里
飘零一地

夕阳掠过长堤
掠过远山的峰波　掠过你
黄昏化作白色的水鸟
从我们头顶飞去
美丽的　永远是回忆

十五

我是那断线的风筝

云海里

像一只无舟子亦无渡客的纸船

云浓得像梦

梦轻得像风

载着云飞雪落的怀念

乘薄暮里涩味的海风

去向一个能牵住断线的荒凉的岛屿

重寻那透明而寂寥的故踪

等 待

1

再吹不响我的心笛

海螺已躺在尘埃

海螺躺在了尘埃

再听不到波涛的澎湃

2

街灯已经熄灭

黎明还没到来

黎明还没到来

伊人仍在等待

第五乐章　悟

　　我的朋友　也许　此刻你正恋心初萌　抑或正爱得忘了宇宙的存在　也许　你已又累又倦　正悄悄地泣血饮泪　怨恨不迭

　　请你细听我的朋友：无论如何　你爱过　在梦的摇篮里酣眠过　在泪的浴盆里浸泡过　总是美好的　总是值得你珍惜值得你怀念的

　　生命由错误堆积而成　无怨的青春　似一泓没有活力的止水　无怨的爱　似一支没有变奏的歌谣

　　青春的怨恨　是一丝丝轻烟　一缕缕幽梦　爱的怨恨　是一颗颗流星　一圈圈涟漪

　　相信吧！将来的某一天　只要你用清纯的手撤除岁月妄加的障翳　那初初的纯洁　如酒的青春　和无瑕的美丽　便会重现

　　终有一个白昼　你会在山的那边捡到一颗燃烧过的陨石　终有一个夜晚　你会在心海中掬起一轮碎过的圆月

来时的路

月下沙滩
亮出了孤独
一串脚印
深深浅浅

曙光初露
却再难寻找
来时的路
曲曲弯弯

这前者是恋后者是爱
在这不绝如缕的
相思海边？

一

记得当年　你莫名的泪
时常在瞳仁里打转
子夜的露珠
在荷尖上震颤

而今　岁月将风霜
染上你的鬓际
苍苔
匍伏在井台的边沿

二

昨天　我以泪
洗涤我的伤痕
今天　我用微笑
裹住我的泪水
这美丽的笑　宛如
雨后天穹上的
一道彩虹

三

啊！我爱
你额上的纹路
分明是
笑的涟漪　和
沧桑岁月里的
忧的隐痕

四

你说有一袋　红豆

我只要其中的　一颗
愿我选中的　是你的
爱心
而不是　你那飘渺的
爱情

五
你
一会儿在我的泡影里
一会儿在我的梦里

泡沫的升起是灭
梦的沉处是海

六
在沙漠里跋涉的
　理性的
　　幽微的
　　　驼铃
把爱的清音
　遗挂在了
　　沙漠边的
　　　青林
返回的时候
　只带回了一具
　　思想的
　　　骷髅

七
思想的骆驼队

尚没有找到生命的绿洲
达达的马蹄声
早已从草原上飞驰而过

八

在一切方面　人们总想成为君王
惟独在爱情上　为什么
甘愿做一个奴隶去追求　凄惶？
人生并不太短促
所求索到的　为什么
不是无花果
就是如昙花的开落

九

我的欢乐　是
生生的爱
我的苦痛　是
静静的寂
我把爱与寂并列成双轨
载我
驰向窎远的异乡

十

假如　注定要分手
那就　握一握　笑一笑
分手　像那潺湲的　小溪
平静地　分流
无怨　无悔　连一丝阴影
也带不走
生命是何等的短促　不久

（终于有这么一天）
我们都将重新汇合　在
浩渺永恒的大海……

十一

故事的结局已经编好
第一滴泪水也已启程
却忽然忘了是为了怎样的一个缘由
我往回细细探寻
在那样一个仓促而又炎热的夏季
梅雨浇湿了我泛黄的头发
拂去镜面上的雨花
春季的你只是如云影掠过
往日的悲喜　如颗颗断线的珍珠
看不明　也永远
串不起

我想这是个自寻烦恼的故事
想改编结局
想冲淡夜夜熬红的双眼
想让橘黄的灯笼罩日益消瘦的面颊
却发现笔尖流泻的
字字句句　都是你那
上苍赐予的　淡淡的笑意

十二

小时候
母亲为我的无礼流泪

年轻时

我为恋人的无情泣血

老了
又为儿女和逝去的青春暗垂

原以为年少时的泪最纯真
到老方知母亲的泪更圣洁

于是　一切的泪都化作淡淡晨曦的宽容
一切的宽容都如同初春时融雪般的泪珠

十三

人生的悲苦
在于终于能挥霍自我的时候
寻求他人留下的足迹

人生的艰难
在于通晓一切幸福与痛苦的哲理之后
依旧走不出深锁的庭院

人生的凄凉
在于只有沉浸在悲苦之中的时候
才猛然想起许多幸福早已在不经意中流逝

人生的无奈与美丽
在于当你驻足于十字路口的时候
无法跨越时空探寻未来的土地

人生的潇洒
在于能够静静地观赏他人手中属于自己的芳草

然后拾起众人的讥刺与惋惜踏上一条依旧望不见芳草的山路

人生的目的
在于为心爱的水仙花寻一缕千百里路之外
暗淡的阳光

人生的结局
在于你凝望着无数流星掠过曾踌躇的路口
没有一丝泪滴

十四

当白昼最后一道微光消遁时
黑暗便将一切都藏匿在它披风的皱痕里
当晨曦撩开寂历的夜幕时
旭日便把自己火红的心整个儿献给大海

十五

是那样盈盈的一泓秋水
载不起心头的一朵玫瑰
那就把那片思念的云捎上吧
云端上
一只衔花的小鸟从天涯里飞回

是那样涩涩的一捆芦苇
点不燃灵灶的熊熊火焰
那就把火种在冰心里珍藏吧
冰山上
一支烛光也叫人温暖无限

是那样万般无奈的马蹄声声

找不到一处倦倦恋魂的归宿
那就让希望流浪到海角天边吧
海角上
一座蓝色的小木屋在依洄起伏

十六

不是所有的撞击都进出火星
不是所有的纯情都得到回报
不是所有的回报都能弥补过失
不是所有的弥补都能抚平创伤
不是所有的隐痛都能宣泄倾诉
不是所有的倾诉都来得及倾诉
朋友啊！——
假如今生今世　我做了一件无法弥补
也来不及倾诉的错事
那就请你相信并等待　来生来世
我幽隐的怨诉　和加倍的报答吧！

十七

不是所有的书都有开头结尾
不是所有的梦都能美始善终
不是所有的心事都拥有读者
不是所有的读者都洞烛深义
不是所有的机遇都成幸运
不是所有的不幸都最最不幸
朋友啊！——
假如哪一天　恋魂倦倦的我
在集市上从你的眼前匆匆而过
没有来得及读懂你写在脸上的心事
请不要恨我不要恨我罢　因为

最不幸最最不幸的　应当是我

不是所有的爱都需要等待
不是所有的等待都需要时间
不是所有的时间都会流逝
不是所有的流逝都会成为过去
不是所有的过去都通向未来
不是所有的未来都是彼岸
朋友啊！——
假如我的列车误点
错过了你等待着的小站
那就让我伫立在泱泱的彼岸
泂望你的绿汕
永远永远

摆　渡

我将一炷心香点燃
虔诚地供奉在佛的座前
请佛俯听我一年里的忏悔
还有一千年积淀的心愿
求佛把我三百六十五次揉碎飘零的心
摆渡到如泪水一般温柔甘醇
似海洋一般恬静美丽的彼岸
那是生与死交汇处的神的故居
是你千年前就为我设计好的家园

卷一　听！我诗心的歌吟

77

多余的话

多余的话，不看也罢。我只是想说一句：《心潭影》的问世，是作者的一个时代的过去。

触发我出这一诗集的，是在一个暮春的傍晚。刚刚经历了生活巨变复又情感剧痛的我，备了一下午的心理学课，忽发意念要将沉睡已久的《爱翼》拿出来翻翻。看着看着，一首首小诗仿佛一根根引线，牵动着曾经牵动过我的一道道纤细的神经，觉得让这些纤细的感情沉睡了这么些年也太委屈它们了。感情，尤其是心之一隅的感情，虽有着自私性和隐蔽性，但它的交流会因共鸣而扩大很多倍。

《心影》(原名《禅意微语》)是作者历年来或坐忘或云游的偶思遐想。诚然，万物恒旧，惟人的眼光折射常新。语言又何其狭隘，便是我这"心影"，亦不过是力图用心通过有限的语言，去追寻或捕捉大自然内在的音响，或力图与大自然交响共鸣。也许，一些片段早已为前人用不同语言重复过，而又要被后人所重复。但仔细想想，宇宙人生真是宏大得很呢！再伟大的人物，也不过是揽住了宏大宇宙些许飘忽不定的气韵而已……

我记得尼采说过："反题（Antithese）是一道窄门，错误最爱经过这道门悄悄走向真理。"我以戏谑式乃至叛逆式的反题来追求真和善，又倾注全部的真情挚意来追求爱和美。我想，这两者并不矛盾。

《情潭》(《爱翼》的易名)，是作者心灵上空的UFO，我想也是全人类心灵上空的UFO。它们主要是我在1984年到1988年期间写下的，后陆续添了几首。最让我吃惊的是，几年里写下的小诗，竟如此的格调一致。

爱是一口古老的井，井里有迷人的月影。生命中有不能承受之重，更有不能承受之轻。人生本是一场"围城"式的逆向平衡运动，在轻与重、冷与热、灵与肉、明与暗以及喜怒哀乐、酸甜苦辣之间……在一个人身上，它表现为孤独；在两个人身上，它则表现为互相的吸引、征服与折磨……而这却是"情"最悖理又最迷人之处。

我以为，在一个日益显得刚性的社会里，柔情不啻是一种最好的平衡和调剂。遗憾的是，我不是一个出色的歌手，不是一个做诗的人。因此，亲爱的读者啊，请用你的赤诚，你的满腔子热血，来与我、与千千万万个我歌哭与共吧！千万不要冷静地读我，否则，我要赧颜了。

我也曾自问过，也曾怨过、恨过，这一个"情"字……我终究是离她不开。只是，现在她的内涵和外延对我来说更渊博些罢了。在某一特殊地方，对她我是更加执著。这是我的悲哀，也是我的快乐。

是的，理想主义者应该永远没有归宿，永远漂泊（我曾想把这本书题名为《飘·漂》）；理想主义者也不怕歧路百出。生命由错误而堆积，无怨无悔的人生是没有的（否则更不完全），因而生命的错误更其美丽。身居尘世，眼望天国，平静地走着自己并不平坦的路，拥有过的再不记起，没有过的也不要忘记，既不求伤悲的内容附丽于美丽的形式，也不求伤悲的形式注入美丽的内容……

是的，我悲哀而又快乐，成功而又失败，就为这，我独自一人，静静地，隐忍地，想了一年。

需要说明的是，我的"心、灵、情"（《心路》《灵河》《情殇》）三部曲问世以来，收到海内外千余封热情洋溢的读者来信，许多读者都说摘抄了不少，甚至因购不到书而将借阅到的几乎全抄了下来。在这一诗集中，我特意收录了"心、灵、情"三部曲中的几个片段，以谢热心的读者。

还要明告读者的是，这本诗集中有我四个特殊的女友（严格地说该是我的学生，她们都叫我老师），留下了几段不平常的心迹。

多余的话，不看也罢。总而言之，作者的一个时代过去了；也许，一个新的时代就要来临。

陈大柔

1994 年 2 月 24 日

于杭州求是书院

第二曲　童心集

当我把我的爱付之言语时，我感到言语是贫乏的；

当我把我的爱托给摩挲时，我感到手是冰凉的；

当我把我的爱溢露瞳仁时，我感到目光是忧郁的；

只有当我童心返照，我的爱悄然潜入时，我才惊觉我的爱的天地居然如此丰富、广阔，我的爱的情感竟是如此纯真、炽热。

于是，我懂得了：童心，是纯真的爱的泉源。

我和我的世界

妈妈，当你俯下宽大的脸盘跟我亲嘴时，

我便什么也看不见啦，只看见旭日初升时的慈祥。

妈妈，当你亮开清脆的嗓子教我唱儿歌时，

我便什么也听不见啦，只听见淙淙潺潺的溪流。

可是，为什么，妈妈，当我惹你生气的时候，

却从你愠怒的脸上，看到了慈祥；从你责备的语调里，听到了音乐？

小雪人

我不冷呀，妈妈，你干吗要一件一件为我添衣裳？

真正冷的，是那露台上的小雪人，她浑身赤裸，站在风口上，我们应该把她抱回家。

不要阻止我，不要阻止我，妈妈，你不看见她正冷得发抖？！

噢，妈妈，小雪人怎么流泪啦？只有当你狠狠训斥我时我才会流泪的。可是，我没有骂她呀，连一点轻微的责备都没有，一点点也没有……

不是的，不是的，妈妈，你说屋子里太暖和，她热得浑身冒汗——不是这样的！那流的都是虚汗，她一定是冻病了。

求求你，妈妈，快帮我把身上的风衣脱下来，披在小雪人的身上……

啊，妈妈！小雪人不见了，不见了……

我不知道什么地方惹她生这么大的气，伤这么大的心，连再见也不说一声，便独自悄然离去，地上流了一大摊泪水——

那泪水真多呀，妈妈！

瞌睡虫

妈妈，我就要走啦
瞌睡虫已经悄悄爬上了我的眼皮，张开了翅膀
我就要骑上它的背飞走啦
飞向你常跟我说的，没有人到过的，神秘而遥远的地方

我要走啦，妈妈，快告诉我，要我给你捎回点什么？
奶油蛋糕，泡泡糖，洋娃娃，还是一件漂亮的衣裳？
不管你要什么，哪怕是天上的月亮
我也会摘给你，一如你满足我的愿望

喂，瞌睡虫，别急呀，再等一会儿，只一会儿，让我妈妈想想
妈妈呀，急死我啦，快说吧，我等不及，实在等不及啦
快说吧，哎呀，干嘛——老是含笑不答？
我等不及了，我先走了，妈妈，咱们到梦乡里再慢慢商量

爱的自私

呀，妈妈
你怎么

坐在了爸爸的膝上？
那膝是我的呀
你的膝也是我的
你们的一切都是我的
因为，我是你们的一切

呀，妈妈
你干嘛
要坐在爸爸的膝上？
干嘛要
惹我伤心和失望？
我过去是多么爱你
因为我知道你最爱我，只爱我

呀，妈妈
你坐在了爸爸的膝上
却把我孤零零丢在一旁
不过我很乖
不哭不闹，有泪也不轻洒
当我从梦中睁开眼睛
看见你坐在了爸爸的膝上
我就重新闭上，重返我的梦乡
当我从我的小屋窥见到
你坐在爸爸的膝上
我就抱起我的洋娃娃
让她也坐上我的膝，摇荡……

呀，妈妈
你干嘛
你怎么坐在了爸爸的膝上？

我不知道，我不懂
但我都看见啦
唉，你真自私呐——
妈妈……

爱之真

呀，爸爸！
你好糊涂，你怎么
让妈妈坐在了你的膝上？
这多难为情——
妈妈不小了呀！
难道，你还要惯她，哄她
像我一样？

爸爸笑了
点了点我的小鼻尖，回答：
小不点儿，你也学会妒忌啦？
这不是惯，也不是哄
这是真……嘻，怎么跟你说呢？
就像你需要蛋糕，需要蜜糖
需要妈妈一样……
在没有你之前
我就这样了
有了你，更应该一如既往
不过，我的宝贝，你不用担心，不用失望
即使在这片刻的时光
我们的爱也会倾注到你的身上——
你是我们爱的维系，爱的结晶呀……

我摇摇头
大人的事
真……复杂！
不过，妈妈
你累了，你困了，或者……
你就坐到爸爸的膝上吧
我再也不说你自私
再也不妒忌你啦

我怎么撒不起娇来啦？

呀，妈妈
我是什么时候
什么时候学会撒娇的？
是那一个星光灿灿的夜晚
我要你用蒲扇
扑下飞绕在我们头顶的流萤？
还是
我吵着非要你摘下星星不可？

可是，我今天怎么啦
怎么啦？
我怎么撒不起娇来啦，妈妈？
当我将小学毕业证书和成绩报告单递到你手里
我怎么撒不起娇来啦？
那成绩单多么令人满意，尽是五分加星
我多想再撒一次娇，最后一次，可我撒不起来啦

呵，妈妈，不要那么瞧着我
不要用眼睛询问我，更不要用眼睛鼓励我

反正，我一点也撒不起什么来啦
仿佛，我觉得我将要失去什么
又似乎将要得到什么……
呵，妈妈，我不知道怎么回事，真的
假如……假如你也曾有过这个时刻
那么
请你告诉我什么原因吧，妈妈

鸟和鱼

呀，妈妈，那飞在半空的
是鸟么？
那既看不见也抓不着的空气
是怎么
托起它高高地飞翔的？

呀，妈妈，那滑在水中的
是鱼么？
那迁流无定的水
是怎么
浮起它逍遥自在游戏的？

妈妈的怀抱

孩子把头倚在妈妈的胸口，起伏
像一只小舟，在浪的峰谷间颠簸
年轻的母亲笑微微地看着，看着，忽然间
她想起孩提时把一片柳叶放进荷塘的游戏……

瀑　布

溪水……乳汁……

瀑布——瀑布——

妈妈，你总是给予，总是给予，

来吧，来吧，

让我们一起来品饮这自然母亲的乳汁，

并坐上去，像你抱着我溜滑梯一样地坐上去……

风　筝

飓风习习，我将风筝放到了天上，在那朵朵乳色的云彩下飘荡。不，也许它正受着那悠悠浮云的亲吻和摩挲呢！我把它放到了天上，自己却在地下仰着酸疼的颈脖，无限羡慕。

于是，我便牢牢抓住一根纤绳，以便触摸到些微的欢乐。

我紧紧地抓住纤绳，紧紧地抓住欢乐不放，一丝儿没有听到风筝的哀怨：我宁愿放弃这受人牵制的欢乐，踏踏实实地在地球上行走……

起风了。我赶紧将风筝放飞到天上。我牵着纤绳在田野里奔走，与那漂游的浮云赛跑，我赢了：一片片的乌云被甩在了后头。

忽然，云朵化作一阵雨点。风筝猝然摔落在地，不成模样。

看着目不忍睹的残骸，我心里好不悲伤，仿佛摔碎的是我的小小的梦，我的幻想：早知你会破碎，我干嘛要那么傻，把你放到天上……

牛郎织女

呀，奶奶，你多自私，只顾自己去边疆探望爸爸，却把我丢到了乡下，丢在了外婆家。

我陌生呀，我吃不下呀，我睡不安呀。晚上，我硬拉着外婆出门，去找妈妈。

夏夜。晚风将那灌浆的稻香四处飘洒。青蛙在田垄边咕咕地叫，也许它也正在呼唤自己的妈妈。

繁星满天。弯弯的月牙儿在池塘中静静地漫游。这夏夜是多么的静谧、迷人，一切都笼罩着朦胧的光华。

不知为什么，我有点怕，便靠紧外婆往前走。为了安慰我，外婆给我讲了一个故事。

外婆指了指天上："看见吗，那一颗最大最明亮的星，那是牛郎星座；那两边的两颗小星星，是他用箩筐担着的两个孩子。"外婆把手移了移。"那边，一颗不大的血红血红的星，是织女星，她遥望着自己的两个小亲亲，哭红了眼睛……在他们中间，那一条白带子似的许许多多的星，像一条河流，那就是银河，被王母娘娘用簪子划出……"

听完了外婆美丽动人的故事，我入了迷，不知不觉地跟着外婆往前走，往前走。忽然，我停住了脚步，拉住了外婆，问道："外婆，天上的星星那么多，我是哪一颗？"外婆指了一颗离我们最近的小而明亮的星星，说："呶，就这一颗。记住，当你长大的时候，它就变成了最大最亮的星座。""那你呢？"外婆勉强笑了笑，残缺的门牙微微颤抖。她指了指那遥远得几乎看不见的一颗星。"呀，怎么这么暗哪？"我说。"它老了，不久就要陨落，它在发出最后的一点光热。"我一心想着自己，一心想着那将要变成最大最亮的星星，压根儿没听清外婆发颤的声音……

不久，我跟着外婆兜村一圈，又回到了外婆家的小屋。我不哭不闹，安安静静地上床睡觉，整整做了一晚美丽动人的梦。

呀，妈妈，你多自私：刚刚探亲回家，就赶来乡下要带我走。我不走，我不走。

妈妈纳闷了，看看外婆；外婆纳闷了，看着我；我皱了皱翘鼻子：不告诉你们，我的秘密可不能泄露——我要在这儿每天每天看着我的那颗小星星，看着它变成一颗最大最亮的星座。

我要在这里等到下一个七月七，那一天，我将偷偷地钻进外婆的瓜棚，窃听牛郎织女鹊桥相会的恒永的恋歌。

常春藤

"呀，哥哥，你瞧，这棵是什么树？"

"常春藤。"哥哥答。

"这棵呢？"

"老槐树。"

"呀，这棵常春藤的手臂真长，它这么弯弯扭扭地绕在槐树身上。它干嘛要这样呢？"

"它就是这样生长的。"哥哥答，有点不耐烦。

"不对，"我说，"你怎么这么糊涂，它是在撒娇呢！"

哥哥噗嗤一下笑了，点头称是。

"可是，"我又问，"它干嘛老是这样缠着呀？上次我到植物园来散步的时候，它就是这样的。槐树不累吗？"

可是哥哥反问道："你想想，我的弟弟，当你撒娇的手臂久久地绕着妈妈的颈脖的时候，你说妈妈会不累么？"

走　路

噢，我的孩子，你干嘛要这么迫不及待，迫不及待地要下地走路呢？是妈妈的怀抱不温暖，还是妈妈的手臂不柔和？……那么，你干嘛偏要这么迫不及待呢？

噢，我的孩子，你知道妈妈是怎么想的吗？她在想：要是此刻我的妈妈向我伸出双手，我一定会扑过去，紧紧地依偎在她的怀里，再不松开……孩子，不要笑你的妈妈，虽然她的念头实在可笑。她走的路太多，她实在太累呀！

噢，我的孩子，人生路迢迢，将来的路有得你走的呢！……当心呀！我的孩子：阡陌纵横，荆棘丛生……唉，我的小宝贝，我的小小命芽儿，你这么摇摇晃晃，踉踉跄跄，怎么不叫你妈妈担忧：你的这双细腿，在未来漫漫的人生之路上，能够久负得起你的身躯和头脑吗？

噢，我的孩子，别急，别急，这就让你走，放你在地下走。可是，我的孩子，你何必要这么迫不及待呢？

永远不要长大

呵，我的孩子，你在盼着自己快快长大呢。虽然你什么也没有说，但你把你小心眼里的一切念头，一切都明白无误地写在你的脸上啦——

当你贪婪地盯着蛋糕欲拿不敢的时候，当你在商店橱窗前流连忘返的时候，当你咬着笔尖，仰望着辽阔高远的天空，和天空上几抹悠悠浮云的时候……

可是，我的孩子，你知道妈妈怎么想的呢？妈妈在想：孩子，你何必要长大呢？永远做孩子该多好呐！是的，你一定不会同意，一定会觉得奇怪。但是，我的孩子，大人们的确都是这样企望的——

当我们常常为衣食住行操心而看到你们无忧无虑的时候，当我们心有烦恼却不得不强颜欢笑而看到你们喜怒无常的时候，当我们在人生的舞台上不得不充当角色而看到你们是天真烂漫的小观众的时候……

够了，孩子，哪怕是一小点理由，也足以令我永远不想长大。你现在是不会理解的：你既不愿理解也理解不了。不过，我相信，当你到了我这样年龄的时候，当你也成了孩子母亲的时候，你一定会重复我这句傻话，问道："呀，妈妈，人为什么要长大呢，要是永远不长大多好呐！"

但是，我的孩子，那时，我能说什么呢？——那时我也许早已银丝入鬓了……

母亲的生命

你降临时的第一声啼哭，我的孩子，你远征时最后消失的足音，我的孩子，你所有的音容笑貌，都已镌刻在母亲的心头。

不要回头，我的孩子，向前走，向前走！在你出世时，不，在我怀孕时，我就想到会有，而且盼着这一天：这一天你将远离家门，去为你崇高的理想奋斗。

不要回头，我的孩子，向前走，向前走！纵然是天涯海角，也不要回头。你已在妈妈的心底永存；而你，当你功成名就，你只要举首凝视明月（那时我也一定会凝视的，我天天都在对它翘首），你就会让妈妈与你分享欢乐。

妈　妈

我玩够了，我困乏了，我想睡

那么，妈妈，你为什么非要在灯下工作到深夜呢？

我喝足了，我吃饱了，我想睡

那么，妈妈，你为什么掀了掀米缸盖就拿起米袋出去了呢？

我穿厚了，我温暖了，我想睡

那么，妈妈，你为什么还要一针一线地忙着织毛衣呢？

妈妈走近来，拍了拍孩子的睡意朦胧的脸蛋，笑道：

不为什么，我的孩子，因为我是——妈妈……

贝壳的用途

一群孩子在海边用贝壳玩够了游戏，便在沙滩上坐了下来，静静地望着那海水呢喃着爬上沙滩，又悄然退下。

突然，他们中间的一个男孩子说道："要是这贝壳是钱，想想看，我们将怎么去用？"他边说边翻来覆去地看着手中的一只美丽贝壳。

"贝壳不是钱！"一个小女孩断然否定道。

"可是，我爸爸说，大人们最早就是把它当钱用的。"男孩坚持着。

"好吧，就当它是钱。"一个孩子说，"我要用它买一打冰淇淋，然后在我哥哥面前一点一点吃掉，——他昨天买了冰淇淋，一点儿也不肯分给我吃。"

"如果它是钱，"另一个孩子说，"我马上就去商店把我最喜欢的玩具买到手。我妈妈是个财迷，一点也舍不得花钱，说什么又贵又不好玩……"

"要是贝壳真的是钱，"一个大一点的孩子仰望着高远的天空，悠然神往地说道，"我要用它买书，买好多好多的书，比我爸爸的书橱里的还要多，然后，我再造一个大大的图书馆，你们都可以来当我的读者……"

"要是它能变成钱，"一个小不点尖着嗓子说，"我就用它买一架钢琴，像我在音乐学院念书的阿姨那样，用指头敲打出一支一支好听的歌来。"说着，她的脸上露出了甜甜的笑靥。

"即使贝壳真的是钱，"一开始反对的女孩子说道，"我可一点也不在乎；我要用它们串成项链，在妈妈劳累了一天睡着后，轻轻地挂在她的颈脖……"

长 大

呀，妈妈，
当你为门前的一株幼苗浇水时，你总把我同它相比，
当我看到哥哥背着书包嚷着要上学时，你总说我还不懂事，
可是，当我已经跟门前的老槐树（影）一般高，
当我比（八）哥儿还要懂事的时候，
你还会说我小，还不赶紧给我缝制一只小书包么？

小水沟

妈妈，这里有一条小水沟，
一步之遥的小水沟。
可是，我过不去，怎么也过不去。
这不能怪我，
你给我的腿太短，
你给我的力太弱。
我过不去，妈妈，这可怎么办呐？
妈妈笑了："算了，你还小……"
不，我不，
我偏要过去——瞧！
我不是从你臂弯里飞过来了么？

孩童把戏

我自己不好，不小心摔倒了
你不要回头，妈妈，不要回头
我会很快爬起来，不声不响，追上你

可你干嘛偏要回头呀？
于是，我尖利的哭声划破了宁静的空气

我自己不好，不小心摔倒了
你不知道，继续朝前走
我很快就爬了起来，不声不响，追上你
呵，妈妈，你只要替我掸掸灰尘，千万别问：哪里摔疼了，我的宝贝？
可你干嘛偏要问呀？ 于是，我哭啦，白白浪费泪水和感情地哭啦

孩子与母亲

哦，我的孩子，你对你妈妈的话，为什么这般说一不二的？你父亲是你们学校的校长，我对他是可以发布命令的，而你，我的宝贝，又来命令我——可你是多么听你老师的话呐！
我的小亲亲，我的小小命芽儿，你对你的母亲怎么像司令官一样的？

哦，我的孩子，你怎么这么娇滴滴呢？比你小的孩子抓你的头发，抢你的玩具，你是不哭也不闹的；可是，只要我稍稍使个责备的脸色，只要你威严的命令迟一点实行，我的宝贝，你便用你的哭声来揪我的心，揪你母亲的心。我的小亲亲，我的小小命芽儿，你怎么娇嫩得像一支凤仙花？

"我怎么知道呢，妈妈，这该问你——我不是天生就懂事的呀！……"

小天真

夏天，一个星期六的傍晚，小天真和妈妈一道去植物园散步。
林阴茂密的植物园幽静极了。小天真一跳一跳地跑在妈妈的前头。
突然，他停下了：他看到了一棵大树下有一顶圆圆的花伞，半掩着一条石凳上的一个叔叔，一个阿姨……小天真好不奇怪地回到妈妈身边，正要开口，妈妈一把拉他转向了另一条小径。

"妈妈，"等到妈妈拉着的手一松开，小天真忍不住问道，"他们在干嘛呀？"

"不干嘛，"妈妈脱口而出，接着又加补一句，"总之……不好。"

"妈妈过去也不好过吗？"

年轻的母亲一愣。天上的一朵云映在她的脸上。她摇了摇头，然后看着天上。

"那，他们现在干嘛要这样呢？"小天真要打破砂锅问到底。

"你看，"妈妈说，"那一朵云一变，就变成了一个孙悟空……"

小天真没有改变话题，继续说："我将来也要像妈妈一样，做个好孩子……"

母亲终于嘘了一口气。她将目光从天上移到了孩子的脸上，微微一笑。小天真看到了妈妈的笑脸，他也笑了……但——

他又哭了：一只漂亮的小狗挡住了他的去路……

小大人

妈妈，你的孩子真不听话。他以为自己是独生子，便到处任性，撒娇。瞧，他哭闹啦，因为你打了他，因为他捏泥人把一件新衣裳涂满了泥巴。他以为这是他的权利，你不该干涉他。

唉，妈妈，要是我，我可不会这样。因为，我知道，当我睡熟了，你会拖着疲惫的身子，去星光下，洗净一大盆脏衣裳。

妈妈，你的孩子真坏，他不但不听话，还要偷懒。为了你那掸灰尘似的轻轻一巴掌，他哭闹不休，不吃不喝，用绝食来向你报复。看到你脸上频添愁色，他居然暗暗得意。他怎么得意得起来呢？

唉，妈妈，我可绝不会这样。因为，我知道，当我进入梦乡，你曾千百次将自己皱纹渐起的脸，悄悄地贴上我的脸庞。

童心爱欲

一天，妈妈说：喏，孩子，把这钱拿去，买你想要买的东西，这是你每天帮妈妈扫地的奖赏。

我不要，我不要。妈妈，你不要为难我啦：当我长大了，当我懂事了，当我晓得了你为我十年的幸福生活花费了多么大的心血，付出了多么大的代价，那时，妈妈，你叫你的儿子用什么来偿还呢？

又一天，妈妈说：来，我的孩子，为了你一直是个乖孩子，为了你的进步，我要给你一个吻。

啊啊，妈妈，我真幸福，真幸福！——这给我十个国王我也不换的母爱……但是，在此之前，妈妈，请你回答我：

童心的爱欲是了无止境的，你能填满他贪婪的爱欲的沟壑么？

童　话

哎，妈妈，妈妈，什么叫"童话"？童话是不是孩子的话？那么，我跟你，妈妈，我跟你讲过那么多的话，都可以称得上"童话"么？

怎么，妈妈，你怎么摇头了呀？难道，只有那用铅字一个一个排出来的，封面精制的小册子才称得上"童话"么？可那些写书的人，都不小了呀！是不是可以把他们叫做"大孩子"、"老孩子"呢？

嗨，妈妈，准没错：童话就是孩子的话，我曾经跟你讲过好多好多你都没有写下来，没有装订成小册子，没有将它们拿到书摊上去卖掉，换回两个美丽的白雪小公主……真可惜，妈妈！

芦笛·海螺

呀，妈妈，我生日那天你会送我什么好礼物？
一管精致的长笛？
我不要，我不要——
我和我的小朋友在江边游戏，
采下一杆芦苇也能吹出曼妙的笛音来的。

什么？——一架钢琴？
嗐，妈妈呀，你误解了你的孩子啦：我不是嫌笛子不好呀！
干吗要花那么多钱去买钢琴呢，一只小小的海螺就足够了。

什么？——钢琴能奏出溪水叮咚，而且能模仿大海雄浑的呼啸……
可是，我不也能从海螺中真切地听到阵阵涛声了么？
真的，妈妈，我真的听到了，你别那么冲着我笑——
我不是在你腹中时，就听到了你对我爱的呼唤了么？

精 灵

妈妈，当你对镜梳妆
你知道我在哪里么？
那两颗对着你瞧的瞳仁
就是我居住的水晶宫殿呀

妈妈，当你漫步在花丛
你看到我的影子么？
那用光与影在你衣裳上描画的
正是我与你嬉戏的杰作呀

妈妈，当你在我的枕边哼起小夜曲
你听到我的声音么？
那一个个奇妙的音符串起的旋律
正是我用你的心笛吹奏的呀

妈妈说：知道知道，我的宝贝
你不啻是在我的瞳仁里，我的歌声里，我的心里
你还在我的精神里——你不正是我的精灵么？
当我第一次幽微至爱便孕育了你。

写 诗

当第一丝曙光越过那山的缺口透进了窗帘，

孩子的眼睛被照亮了。他像往常一样，亲切地叫道："爸爸妈妈。"

妈妈看了看隔壁门缝的灯光，轻柔地对孩子说：

再睡一会儿罢，小淘淘，你爸爸正在写诗呢，不要打扰了他。

桌上，一顿精美的午餐已摆了一个时辰，母子静静地等待着。

肚子开始叽里咕噜地向他的小主人提意见了。于是，孩子便走向烟雾弥漫的里屋，说道：爸爸，吃饭了。

父亲应了一声，却不见动静。孩子又大叫了一遍，但立刻被妈妈止住：

嘘，淘淘，你爸爸正在写诗呢，不要打扰了他的诗路。

临睡前，妈妈又一次走进了孩子的小屋，把蒙在孩子脸上的被子掀开，再把一只小手掖进毛毯。

母亲走了两步，又回头，俯身在孩子的脸蛋上，吻……

忽然，孩子在梦里说道：不要打扰我妈妈，我正在写诗呢……

年轻的母亲先是一愣，接着便轻轻叹息一声：啊，真的，他真的在写诗呢！

杰　作

（父亲看着孩子，看着，握在手里的笔渐渐滚落到纸上……）

呵，你多幸福，孩子，无忧无虑。可是，你知道爸爸的辛劳么？他累极了，筋疲力尽，再也拉不动手中的犁啦。你爸爸走的路太多，负荷太重，再也无力笔耕了……

（孩子瞧着父亲，瞧着，一张小脸先是困惑，迅即开朗起来……）

呀，爸爸，你这么大了，还这么傻：稿纸费了一张又一张，墨水涂了一行又一行……干嘛呢？别再干那个傻事了，爸爸，和我一道来玩儿吧，折飞机叠纸人，用棒冰棍儿数数，或蒙上眼做瞎猫捉老鼠的游戏……那时候，爸爸，你就会发现，每一个游戏都可以写出一百首顶呱呱的诗来……

（父亲看着孩子，看着，忽觉一道灵光从眼前掠过……）

哦哦，我的孩子，你的爸爸真傻，他何苦要在干巴巴的文字游戏中去寻诗觅句呢？在他的面前，不正有一首完美无瑕的诗吗？这样一首栩栩如生的杰作，古今中外可曾有谁作的出来呢？……可是，我的儿，你能告诉爸爸：你写诗的秘诀何在呢？

（孩子先是摇摇头，后又点点头，简单的一句话，让父亲豁然开朗，喜极而泣……）

嗜，爸爸，你好糊涂，我正是你，正是你和妈妈的杰作呀！

母亲的诗

孩子，当我看到你捧着我写给你的诗专心一意读的时候，我仿佛变成了你，我的父母写给我的诗便在耳边萦绕……那已然是几十年前的事了，可美好的感觉依稀就在昨天。

孩子，你也会长大的，倏忽之间你就会像你母亲一样大了。你也会为你的孩子写诗的。当然，你一定要先看看妈妈为你写过的诗。那时候，孩子，你就不再会像现在这样夸你母亲的诗写得有多优美了，你一定会惊叹道：哎呀，妈妈，你这哪里是诗——这不分明是我小时的日记嘛！

是的，孩子：母亲的诗就是她的宝贝日记。

母亲的歌

你在我的心里，在我的心里——我的歌！

你在我的心里，当我寂寞的时候，当我忧伤的时候，你在我的心里，我的歌。你用无形的手指，拨动我的心弦，唱出了我的落寞，唱出了我的忧虑，你把我什么都唱出来啦，于是，我便感到了慰藉，快乐。

你在我的心里，在我的心里——我的歌！

你在我的心里，当我爱的时候，当我的爱无所附丽的时候，你在我的心里，我的歌。你用无声的音符，编织无声的旋律，唱出了我的爱，唱出了我心底的秘密，并将之融进仲夏迷人的月色，于是，我的情感便得到了升华，寄托。

你在我的心里，在我的心里——我的歌！

儿童世界

噢，我的孩子，当我将我的心割开一道口子，试图透过这扇殷红的窗棂瞧你时，我发觉所能窥视到你的世界，只是小小的一隅。

噢，我的孩子，为了更多地透视你，我拼命打开了回忆闸门，虽然它闭塞已久，难以开启，我还是努力着，努力着……

唉，我的孩子，你是快活无边的，你怎能想到你母亲的伤心失落呢：她用尽了心思，可总也回不去了，回不到那纯净的、天真烂漫的儿童世界去了。

睡吧，我的彻夜不眠的星

迷人的夜色多么恬静，星星在天上眨巴着眼睛。
忽然，一支短笛吹开了窗棂，吹醒了酣睡的小鹰。
他坐起来，侧耳谛听，然后对妈妈说道：
"妈妈，这不是爸爸，不是爸爸……怎么，妈妈，你脸怎么红啦？这不是爸爸呀，不要理睬他……"
年轻的母亲一声不吭，拉灭了电灯。她把儿子紧紧地搂在怀里，但脸仍向着窗户，向着那悠扬的笛声。
不久，那支短笛也没入了夜的沉默，又忽然在远处的村头吹响了忧郁的歌，孤寂的旋律为母亲起伏的胸膛里发出的叹息伴奏。

迷人的夜色多么恬静，月亮在云海里航行。

窗外的竹林被风爱抚得发出了沙沙的声音，仿佛是谁的脚步声由远而近。

这脚步声从母亲的心弦上掠过，她侧耳倾听，但失望地摇了摇头：她什么也没有听清。

忽然，酣睡的小鹰从梦中惊醒，紧紧地抓住妈妈，急切地说："听！妈妈，你听，那是爸爸的脚步声，那是爸爸的声音……"

"喔，我的宝贝，我的彻夜不眠的星，那真是你爸爸的声音呢，"年轻的母亲拉亮了电灯，在孩子脸上亲了又亲，"让我们打开电灯，照亮你爸爸的前程，让他永远向着光明前进。闭上眼睛吧，我的宝贝，我的彻夜不眠的星。你爸爸已经走进村庄，走进院子，走过这扇窗棂，他正在轻轻地推房门……睡吧睡吧，我的彻夜不眠的星，梦乡里，我们就可以会见你爸爸那魁伟的身影……"

信

妈妈，你相信么：你的孩子会给你写信了……不过，妈妈，让我们先勾勾小拇指：我写给你的信，你不要忙着看，一封也不要看……

好吧，妈妈，如果你同意了，从明天起，我就不再用彩笔在地上乱画，在墙上乱涂了，我要关起我小屋的门，认认真真地给你写信，写好多好多美丽的信。

当我学会第二十一个拼音字母"S"的时候，我便给你写了整整二十一封信了。接下去，我还要写。但，妈妈，不要看，你尽可以展开想象的翅膀，一封也不要看。

你不要奇怪，妈妈，不要问我"为什么"？等我长大了，等你老了，我会拿出成打的信来，一封一封地、一个字一个字地念给你听……它们将抚平你额上每一道皱纹，洗涤你鬓边每一根银丝。

假如我……

假如我变成了浮云，妈妈，你不要因我的飘逝而忧伤。我不会远去的，不会的。总有一天，我会滴流进你等在屋檐下的木盆里的。

假如我变成了星星，妈妈，你不要因不知哪一颗是我而焦心。当黎明来临，我就是那天幕上高悬的唯一的星。不久，它就会翩然降落，复归进你的心房。

假如我变成了小鸟，妈妈，你不要因我高飞而怅惘。当你孤寂郁闷，当你思念远方的爸爸，我就会飞回在你窗口的枝头，为你悄悄吟唱。

纵使我变成了影子，妈妈，你也不要因我无形而失望。当夜幕徐降，你便能在幽辉中触摸到我——那亲吻你脸颊的月光。

1984 年 5 月至 10 月

于济南空一招、靖江公花园、杭州植物园

第三曲　自然对话

1

流水：引导我罢，长者，引导我到你在恬静的梦中向我昭示的异乡，我将以我一脉柔波悄悄地从她的门前流过，并倾尽我涌动的生命之流，做成绿环圈住她家所在的村庄……

河床：向前罢，年轻人，沿着我额上开阔的沟纹向前罢。我已为你们牵好线，就等你沿着这条线路走去啦。在那个村头岸边，渴饮的她正等在柳树阴下。千万别忘了：她一手抚着你落地前托云霞赠她的一方玫瑰色纱巾，一手拎着待汲的水罐……

2

舟：因了你，我感到了浮，感到了沉，感到了风，感到了浪，只要你永远用翡翠般的绿带绾在这地球的腰间，我便永远在这绿带上航行。

河：因了你，我感到了深，感到了浅，感到了力，感到了量，只要从你数量的多寡和速度的快慢上，我便可确切地知道自身的价值。

3

闪电：我的旅伴，为什么我偶尔打亮手电探路，你总要发出沉闷的喘息甚至怒吼呢？

雷：还是让我们默默前进罢，我不忍目睹这黑暗的深渊，和夜幕遮掩下渊底的无数丑恶。

4

影：呸！你这虚无，你这骗子！我忠心耿耿地跟随我的主人，而你，却让你的主人时常备受破灭的苦痛的煎熬……你这贱货！

梦：呸！你这空虚，你这奸臣！我千方百计为我的主人觅得一隅憩息的绿坪，而你，却见风使舵或长或短愚弄你的主人……你这下流坯！

5

树：你这樵夫的帮凶，你这残酷的刽子手，难道你还要利用我来武装你的同类，以便进一步屠戮我的同胞吗？

斧：我的朋友，当初你帮你的主人将我冶炼，为什么没想到会有这么一天呢？

6

搓板：人们雕刻我的皮肉，原来是为了惩罚你呀！

衣物：人们派你来一层层地剥我的皮肤，原来是为了自己的皮肤洁净。

7

灯：我是暗中的光。

影：我是光中的暗。

灯：是我制造了你。

影：是的，是你揭露了你自己。

8

直尺：来罢，随我去寻觅宇宙的边缘。

圆规：我的一足已被人们定死，他们自己脱不开这个星球，便使我也局限在这个圈内。

9

土地：我将你拥进我的怀抱，并非是你死去，而是在寂渺中孕育我的生命。

种子：哦，我的母亲，是你用乳汁使我获得新生。

10

弦：你用你宛如婴儿般的手指，抚摸我绷紧的心弦，使我震颤，使我奏鸣，时而如诉如泣，时而洪流奔泻……倘若没有你，恐怕我不比铁丝更受人的器重。

琴弓：啊，我的伴侣，我的爱，倘若没有你，丘比特怎么会将金箭架在我这支弓上……

11

眼：风沙中我拼命挣扎

　　忧伤时我木然呆立

　　花蕾旁我笑脸洋溢

　　如果雨水溢满我的心怀，有时我任其流淌，更多的是强行咽下，浇灌我

　　的心田……

泪：风沙来袭，我为你洗涤

　　痛苦来袭，我为你洗涤

　　愉悦来袭，我为你洗涤

　　纵使你把我咽下，我仍为你洗涤，洗涤你的心灵，变得更为纯洁……

12

雪：飞扬，飞扬

　　尘世茫茫

　　哪儿是我人间的旅站

　　哪儿是我栖息的地方？

江：飞扬，飞扬

　　轻轻地，轻轻地落在我的波上

　　待你览尽我的水晶宫殿

　　我再把你送回你的天堂

13

天空：孩子，你是在我无尽的泪水的浸泡中生长的呀，我的孩子，你什么时候才能长大呢？

虹：母亲，这是孩儿为报答您的辛劳敬献给您的花环，一俟这花环弥合了缺口，我的母亲，你的孩子就长大成人了。

14

电：我是一头凶猛的野兽啊，人们怕我，回避我，与我绝缘，我纵有千钧之力，却被缚在一根细细的金属囚笼里。

灯：来罢，我将使你与人类相依为命。

15
朝：我将走向光明，走向希望，走向未来……
暮：来罢，我便是你光明和希望的未来……

16
暮：我走向的是黑暗，是沉寂……
朝：而我正是从黑暗和沉寂中孕育出来的呀……

17
钟：我是金钱。
人：不，你是积聚金钱的工具。
钟：我是生命。
人：不，你是延长生命的法宝。

18
蜂：你是我生命的寄托，你是我事业的源泉。
花：没有你，我将无以向人们奉献我生命和事业的精华。

19
鸡：喔喔，可怜我囚在笼中，有翅难飞。
鸟：啾啾，我们都是这无边无形的宇宙的囚徒。

20
海：我是辽阔无比，桀骜不羁的庞然大物。
岸：看你何以逃脱得了我这条绳索？

21
言语：你是我的救星，我的神明。

沉默：我为你感到害羞。

22

太阳：我是有限的，我是渺小的，我不过居于这宇宙的小小一隅。

井：谁说我渺小，我可以装得下大大的月球。

23

泪：当你第一次拨开我心的闸门，恐怕从此再难关闭了。

忏悔：当你流出了第一滴时，我早已是泪流满面了。

24

爱：你是我的一面放大镜。

恨：你是我的一面显微镜。

25

死：我的末日，便是你的末日。

生：我是永恒的。

26

天空：我的一队小小的漂泊者呀，你们将留下怎样的足印呢？

雁群：我们把大写的人字描满你这张无边的白纸，以使这个世界的万物之灵时刻不忘自己的人姓。

27

旭日：呵，我的爱，为什么无数次了，可一与你接吻总叫我羞赧得面红耳赤呀？

大海：亲爱的，这就是为什么我们的爱永恒无限，我们的情光景常新的缘故呀！

28

真理：当我穿上各色适时的衣装，你总是赞不绝口；可当我裸体立在你的面前，你却大惊失色，何故？

谬误：倘若你愿意穿上时装，我可以任意裁剪我的思想；可当你什么也不愿穿时，我便束手无策了。

29

窗户：呀，你怎么把你柔嫩的小手贴在我凝满水气的脸上？
绿枝：春天来了！

30

心：深邃而高远的蓝天啊，愿我的方寸能容纳下你小小的一隅。
蓝天：高尚而伟大的心呵，哪儿是你的底哪儿是你的边呢？

残汁与蜜

我一滴一滴地品饮着生命的残汁。
你大口大口地咬嚼着青春的甜蜜。

你，一个少年，刚跨入青春的门槛，领得一袋蜜饯，毫不吝惜地大把大把掏吃。
我，一个老者，已进入垂垂暮年，每一滴流汁都在缩短我生命的旅程。
少年见我向他投去与其说羡慕莫如说焦虑的目光，便慷慨地掏一把蜜举到我的面前。
"不"，我摇摇头，"行将入木的人品尝青春之蜜味同黄连，我只是……希望你珍惜……"
尚未等我说完，少年便大笑而去，一边走一边得意地吹响口哨，从生命的口袋里大把大把地往外掏蜜。
呵，少年，我也曾有像你这样美妙的时光，只是一旦觉悟而蜜已掏光……

少年大口大口地嚼着青春的甜蜜。
我一滴一滴地吮吸着生命的残汁……

1985 年 2 月 11 日至 15 日
春节期间于靖江老家

第四曲　别

太阳！永恒的太阳
在那云雨之上……

——题记

1

我们三三两两
点缀
过去若有若无的记忆
彼此淡淡的微笑
感谢我们曾经在一起
直到我们席地围成圆圈
才发现是一个　人生的
句号
该走了
往四面八方散去
构成了几个省略点……

2

我愿你
常记起江南

下雨时记起江南
多树阴的江南
多亭台的江南
处处都有
任你避雨的流檐

燥热时记起江南
多湖风的江南
多细雨的江南
长椅上面
晾过我们的傍晚

我愿你
不要记起江南

早晨不要记起江南
太俊秀的江南
太诗意的江南
只会给你
添一层若失的怅然

黄昏不要记起江南
太纤弱的江南
太多情的江南
溶溶月色
会照你无眠的窗扇

我愿你，我愿你
我该怎样说清我的祈愿
让我们快乐地向前吧
会有一个路口
如同昨日之江南

3
（1985 年 8 月写于赴美前夕）
再会了，我的朋友，我的欢乐

我就要走了，浪迹天涯
茫茫异国，可还有这既往的友情？
我的心留下了，就埋在这静谧的窗台前
享受你呼吸的暖和与温馨
即使葡萄的叶儿枯萎
记忆却依旧爬着青藤
每天呀，我看你浇水
浸濡于笑意盈盈
感谢这不会凋零的
属于我们的一片绿阴……

4

艰难地移动着，两只脚是那样的沉
几步摇晃，几步辛酸，几句小诗行
偶尔还飘落几滴泪珠
月光下，几句小诗洗得晶亮晶亮

这是默默的告别么
几多徘徊，又几多回想

何尝不想，再亲亲那绿色的叶
何尝不想，再对小路诉诉衷肠
天幕，那朵朵云絮一面印满了银色的月光
而另一面却刻满了思恋，惆怅

轻轻地，取下那白色红底的小牌
然而，胸前却别上了一轮月亮

5

何须把酒临风

何须阳关三叠
就让我们握一握手
告——别

为追求青春的价值
为不负金色的年月
就让我们挥一挥手
告——别

这才是男子汉的离别

悠悠千古
有多少次离别
就有多少支缠绵悲戚的歌
我们？不！
既然选择了风雨兼程的人生
就应该将每一次离别
都化作壮丽的诗页

只要站在同一片蓝天下
相遇的心，会
永远沸腾重逢的喜悦……

6

归便是别　别亦是归
别悲伤　归忧愁
别是一只渐空的杯
归来盛满溢泪的酒
别是一根萦萦的线
归来放飞是旧日的歌？

悲亦为欢　哀亦为乐
谁能啜饮那纯净的欢乐
归，归，归？
别！别！！别！！！

归便是别　别亦是归
别去遥遥　归来悠悠
别是一条渐枯的溪
归来载满沉重的舟
别是一只远行的鸟
归来复栖哪枝柯？
来亦匆匆　去亦促促
谁能在何处稍许驻留？
去方唤　来处促
别！别别！！
归！归！！归！！！

7

记得那次离开你，
芳草萋萋，是一个夏。
我笑一笑，挥一挥手，
一条小路寂寞地通向另一端。

空空的去正如空空的来。
彩虹的梦也跌落在了山谷间。
作别了你，作别了迷离的日子，
夕阳姗姗已经落在山那边。

8

像那默默流走的小溪，

似那悄悄逝去的时间，
我的朋友
你的离去，竟会这样无声无息？
一下漫不经心的挥手，
一声苍白的再见，
难道就把过去和未来永远截开？

呵，不！我的朋友——不！
假如你是那默默的小溪，
我的友谊，会化作一缕轻烟，
谦卑而执着地尾随着你；
假如你是那逝去的时间，
我的友谊，会像一瓶纯正的美酒，
你将使她溢出愈来愈醉人的醇香……

9

你说：我要离你远去
踏上遥遥的行程
纵然我习惯了愁绪纷繁的旅行
这一次却是更加寂寞凄凉……

呵，听我说我的朋友：
你没曾看见过纷纷的落叶吗？
它们飘向的
　　　是大地的胸膛
有轻风为它柔情歌唱
一直伴它到生命的尽头
你没曾看见过潺潺的小溪吗？
它们奔向的
　　　是大海的怀抱

有白云对它远远凝望
音乐也在它心底缓缓流淌……

呵，你听，你听！
汽笛已在鸣响
那么，去吧朋友
再不要流连观望
别忘了你曾说过，
把回忆留给未来
一如把梦留给夜……

10

也许，你我是第一次相逢
　　然而，相识何必曾相见
也许，你曾在我的心里
　　道是，相见时少别却难

临别时，朋友
　　莫道："假如……"
生活中会有多少这样的别离
　　愿我们记住，每一个"假如……"

11

别了
大学时代

你，我，他
只不过是茫茫大海的一只船
也仅能点缀它的浩瀚
撑起你的小帆吧

不要因为你只是那么一点
也许你比它更伟大
那是你凌驾了它
那是你在它的平面之上
相信我，朋友
我们都将是小舟的主人

要离开的
但不会忘记

12

别了，友人
离别时刻就要来临
让我再一次紧握你手
述一述我心底的衷曲：

人海茫茫
感谢上帝偏爱
我得幸会与你
使我得一知己

我的友人，你还记得
在冰峭的暮冬的黄昏
在寂寞的黛色的深夜
你我袒露各自的胸襟？

我的友人，你还记得
在万难的逆境中
你我共同品尝、容忍
人生的冰激与柔情？

我的友人，你还记得
在我彷徨迟疑的时候
是你伸出坚强的臂膀
携我共赴人生之旅？

别了，友人
愿我有歌长留此间
赞美那天赐的恩宠——
友谊，地久天长！

13

命运
曾把我们
编进同一部书里
用顽强的探索　和
年轻的希冀

仿佛昨天
情谊的诚挚
还漾开在我唇边的笑意
分别的遗憾
却已融化在你沉默的理解里

啊，分别——
我也只有默默无语
且把这五彩的记忆
编织成一串绿色的诗句
与你交换人生的意义

14

车窗前，你在向我微笑，
你相信我读得懂你的笑意。
你轻轻地挥挥手：
"走吧，你先回去。"
真的，我真想掉头跑去，
我希望汽笛在此刻鸣起，
虽说我知道我会后悔，
可我怎么能控制自己？

尽管我对自己说：
"没什么，我们已习惯分离。"
你不是也说了吗？
"别离的泪还未抹去，
心已在憧憬着相聚……"
但我却不敢看你的眼睛，
任目光茫然地越过你，
落在你身后的车箱里。

哦，不用再说那说不完的祝愿，
这已写在信笺上，
我知道了，有那么一行诗
已久久地刻在你的心扉……

15

我的魂儿是活着的幽灵
我赋予你，没有时间的限制
你别怕夜晚，浓雾，或者大雨
我就在那里——

你来了，可又走了
还有许多你一样的他
曾踩着我纤弱的肩头
踏着我轻柔的躯体
我以赤诚的胸怀拥抱你
又默默地相送——

我真想唱一支歌，我的生命！
也许你会前来倾听
也许你能记起你生活着的世界
我的芳香，我的幽影
也许你没有认出我
就从我身旁匆匆走过
我会悄悄地瞅着你
那熟悉的脸庞和远去的背影

16

初夏，植物园。
一群诗人文豪、主席经理
相聚在林阴树下……
年轻的朋友在集合，
准备出发！

春已经过去，
秋还没到来，
无法播种也无法收获。
是——吗？
那，我们弹起吉他吹响口哨
做个游戏吧。

朋友，让我们每个人都
假想一个年龄，
去大自然里寻觅自己的影子。

我上天山摘雪莲
　你登长城采枫叶
　　他去南国寻红豆
未成年的小弟弟，小妹妹，
校园，也是一座迷宫……
你也去
　寻一棵小草
　　一块花石吧，
让我们在公证人——时间的面前
交出自己的答卷，
看谁能取胜：
准备——出发！

音乐响了，
快，快去觅自己的梦。
"多少次天涯别离
今日难得又相聚……"

17

　（昨晚，我梦见自己变作一只小鸟，彷徨在雾色笼罩着的海面上。朦胧中，我看见了一只刚启航的古帆船悠悠地行驶，且又连连地回首顾盼。沿着她身后的浪迹，我听见了帆的自白——）
　　　　听浪声不绝的翻响
　　　　有如听我自己昔日的记忆
　　　　往日我曾寝卧在大地的柔臂上
　　　　而今后却只能等待时光回首的造访

道一声别了，南流的云
道一声别了，绯色的梦
道一声别了，温馨的恋
在碧空开阔的时候，我将
远航，远航……

虽然，
雾把一切化为乌有
虽然，雾把海变得空茫、野迷
但，
我还是要道
道一声别了
因为，
在大海与天际的交界线上
有一个绿色的韵意……

再道一声别了，不为其他
就为这雾的飘洒，不为其他
就为这浪的舒放
我该为你唱一首弯曲的渔歌
然后，也不为别的
就为这迷茫的思寻，真的
就为这执著的求索
我也该启航，启航……

18

车队过去
钢轨张开一千条挽留的手臂
自某一个车站　某些

怔忡的目光
于是遥遥地隔开了　那些
招摇翻飞的手臂
以及那些淡淡微笑着的
记忆
遥遥隐淡而去的
许多关于植物的童话　春天的传说
以及关于泪或血
现实或梦想
翻来覆去的谈话

而离别的忧郁已升起于
那班晚点列车的汽笛
那么就豪迈地启程吧
走过　那些多雨的城市
然而把街灯
把街灯数遍之后
轻柔地　轻柔地
抚平飘散开去的留恋的长发
也抚平一些愤懑
一些创伤
一些不可理解的诉说

倘若离别意味着孤寂
就让离别走进那饱满的旷野的风
围拥一切生命的旋律
镇定而从容　无需怀念
更不用追忆那些苍白的惆怅
在另一个清晨
在那个遥远的纬度

重温原野如星般的绿色希望

19
让我歌唱着从你身边走过吧

纵使我们无限裂解
　　向天　向海　向滑行的时间
纵使把我淹没的现在
　　转身将我背叛
　　　　分散到世界去
　　　　　　分散到世界去
趁脚步声还在黎明时的海水中闪烁着火焰
趁移动的街还没最后挂满樯帆
趁时髦男女还没把咖啡店布置到人行道
出发吧！朋友
我们将在一个落雨的早晨
兼程

让我们在空间炸裂并覆盖世界
在陌生的土地上高扬起我们青铜的头
我们将重新塑造自己的名字和思想
在海浪上描绘我们的宏愿
壮阔而辽远
啊！那响彻漫长东方黎明的笑声
预示我们的未来吗？
还是想为我们这奇异的时代
制造一宗庞大的遗产……

让我歌唱着从你身边走过吧

像远行的雁

飞离开自己的巢——

这别字上的一个"刂"

曾从我心底

调出了几串泪珠

　　　几阵哭喊

什么滋味，却说不上来……

这别字上的一个"刂"

曾从我心尖

勾起了几抔酸楚

　　　一腔依恋

我才知道，别有多难，多难……

可我渐渐地悟出

离别的美感

别后的思念愈是苦得发麻

第二次重逢

两片焦渴的唇

才会擦出火花

别后的恋情积得愈深

心灵的第二次碰撞

流出的泪，溢出的爱

才能成河，成海！

捧着离校手续单

我轻轻地呼喊：别了，母校！

在为我送行的楼外楼餐厅

擂着同窗的胸膛

我结实地吼了声：别了，朋友！

大男儿当横行天下
难道你不感到眼下天地太窄？
即使捐上一腔热血
也要别得壮烈，豪迈！
这别字上的一个"刂"
能将我们的万般离愁割舍
这别字上的一个"刂"
将支撑起我们事业的未来！

啊！没有壮别
哪有前程的开端？
没有壮别
哪有英雄的风采！

21

弹指挥间，春秋四载如行云流星；回首往事，朦朦胧胧似虚无缥缈中。老和山下，梧桐树底，破阅万卷书。求是学风，曾育多少英才。

驻足冥思，别辛勤师长；雄心勃发，坦荡胸怀，谈笑间锦程轮现廓明。同学聚会，地久天又长。悲欢离合，南北东西，一樽水酒征尘。

22

星移岁移，月洁星洁，一朝矢志，百年求索。喜荷花映日又千里，恨桂子飘香未三秋。今朝别去，心在报国；昔日携手，意为济邦。

忆武林形胜，易触灵机；想"求是"园深，难尽佳景。学今人古士驰舸学海，虽涉浅域不知苦冗；仿鸿鹄苍鹰振翅云山，纵入青霄也应扶摇。水虽流水，青春未央；山自青山，风华正茂。去者如烟云逝去，唯留一段浮想寄幽情；来者似滚雷奔来，宜借万声霹雳壮宏志。志在四方，情岂一乡！

长欲八月中秋向钱江涛头学弄潮，自应当水击从此千里浪；也曾二月早春入西湖镜中试泛舟，早醒悟沉醉岂是百年计。楼外楼，更上一层楼；山外山，且越万重山。风物宜放眼量，前程固遥；造化自孕胆略，事业必竟！

23

他就要到 P 城去工作了。最后一次向朋友道别。

他对他说：P 城的天气寒冷，注意保暖。

她对他说：一路平安，多多保重。

他也对他说：到 P 城后，别忘了给我写信。

我呢？我伸出手臂去紧紧地拥抱他，把自己盈眶的泪洒在他的发上，脸上，衣上……

24

我赞美团聚，因它与赤诚相伴；我称颂分离，因它与深沉为伍。

别情会把那遥远的思念镶嵌在真诚的笔尖；别情会把那缕缕情丝缠绕在困厄的心头。

别，把人们相聚时的欢欣化作常注入心田的涓涓细流，也把人们相聚时的疏忽变成常让人自责的内疚。

别后有一片眷念，爱的思索，心的渴求。

别后有友谊的深入，爱情的升华，知识的求新。

愿别将路之隔变成心之系。人类美好的生活旋律定会在这离别曲中更趋完美，谐和。

25

聚了散了，散了聚了，聚散二字，倒是让人弄得不明白了。

相聚虽好，又何不欣然相别？天涯各一方，任清风拂面，享独处之怡。

不，不用叮咛嘱托，你那默默的目光让我压抑，相处四年，当已知彼此性情，我自会珍重。

不，也不要写信，你的牵挂让我沉重。世间沧桑，人际沉浮，岂是你我能够左右？

那就，再见……在明月星空之下，在风急雨骤之夜，偶尔……回忆我吧，那是一段逝去的故事，内中有那么一个人物……

26

我不知道自己会有牵限——是无法述尽的咏叹。

在大千世界，在别日紧临，我进入那颤栗着心热的圈环————一个整体，却即将扩大至无限，无限到再没有形、没有影？

往昔曾有过漂泊的时光，此刻已风流云散；我却只记得某一天，镶嵌着那一个圈环的一抹金黄闪光，仰向天空灿烂的彩虹，无尽止地溢光流彩。

清风吹拂过来，过去，承载着无限的友情，周围响起了歌声——"心心相印"。圈环开始舞蹈激腾，随着各自眷眷的浪纹，扩展开去，开去……

我走了——

告诉我你那永远没有出口的话，为我打开行程的大门，此刻，我什么都看不见，只有一串亮亮咸咸的露珠，闪耀在草尖，吻着我赤裸的脚。

我走了——

两条腿就是我的路标，踏上这草长得深深的小道，在曾匆匆围聚的圈环里却已留下我的心，重重叠叠，抽芽绽苞；也始终终端详着你——我的朋友，从头到脚。

蝉声叫走了夏天，夏天带走了你。可明年再不会有知了在那大树上做窝了么？而你，就这样走了。

墙角下，曾经开着一朵紫色的小花。

该不是梦也曾如这花一样安详、恬静。雏鸟从窝里探出头，望着缓流的云河，听妈妈唱歌。

阳光透过窝边的叶落到地上，就像小学生作文里的句号。

如果我没记错，走的时候，你没有说起再见，也没有回头。

我甚至不知道这世界是否很大，你是否真的走得很远很远？

那么，永诀就这样写在了血红的晚霞上了么？这可一点也不壮观。

呵！等到沉思封锁了记忆，等到平静占据了心灵，等到我的眉不再习惯于皱起，也等到欣喜和忧郁成为抽象而不再具体——

那时，我会忘了一切，不单忘了我，也忘了你。

可此时，我还能听出汩汩河水倾诉着那个故事……
让阳光进来，让生命出去。

28

夜色，月光。

沿着属于我们的小路，他像往常一样走来了，带着一样熟悉的呼吸，踏着一样坚定的步伐。然而，今天与往常不一样，没有了我的歌唱，他的笑语，默默地我们走着。

我曾经多么希望他留下来啊，就像这夜和月一样默默相伴，没有了蓝蓝夜空，月光就会变得黯淡了。可他却一定要考到那个研究所，他说："那才是我的天地。"

他转过头来，凝视着我，似乎想说什么，我仍旧埋着头，数着步子。

又沉默了一会儿，他终于说："明天……"

明天？明天太阳就会升起来，月亮就要和夜分离。不过说实话，一天之中我最喜欢的是早晨，因而也特别喜欢他的那句话："月亮下的欢乐只属于小我，阳光下的欢乐则属于全人类。"他是去寻找那欢乐的吗？我忽然觉得自己也许是太狭隘了，就如同月亮害怕黑夜离去，紧紧地拽住他的衣摆一样。月亮和夜空相伴是美好的，然而为了曙光的到来它们必须分离，因为它们要履行自然赋予的责任，而我们呢？

我的心怦动了，似乎觉得自己渺小得就像月亮对于夜空一样，他是不是这样认为？我悄悄望了他一眼，正遇上他的目光，仍与往常一样热烈、真诚。

月亮移动着，我知道，她忍住了与夜分别的感伤，却也含笑走向明天，去迎接曙光的到来……

29

从未想过，会有这样一次离别在不远处悄悄地等待。我们曾约好了一起去采枫叶，可是，秋天还没有来，你却要远行了。

或许，我将不去车站为你送行；或许，我将没有机会同你握别。送行的人太多了，你注意不到我；说再见的人太多了，你听不出我的与别人的不同……

我想你将在月台上寻找，你将把头探在窗外，直到你的身影消失。

送行的人会很多，送行的人当中没有我。

但是不要紧，你说过你将思念我，（我也这么想，不过我还没来得及告诉你。）你说你将在夜阑人静时悄悄地等待，直到遥远的地方一朵微笑成熟……

哦，我不知道，真不知道，那么多人当中竟有一个你；你是从解冻的冰河里淌来的么？你是从缤纷的落英中飘来的么？你来得太怯生生了，我没有注意到你。

那时我不知道，真的不知道。

直到昨天，当太阳点燃了黄昏的时候，你从那么多人当中走了出来，我看懂了你会心的笑！

于是，我们相约：秋天来到时，一起去采红叶。

秋天还没有来，你却要远行了。

不过，我想我们都不会失约，我想我们将仍然在秋天的早晨，登上高高的山顶，采一束火红的枫叶。然后，去邮局，寄一封超重的信……

……

从未想过，会有这样一次离别在不远处等待。

秋天还没有来，秋天终会来的。

——给 Y

30

我终然没有再回头。

难道噙着如许怀恋的泪水，还能再对视那深沉蒙着忧郁的眸子？心已沉落在无限的空茫里。而我，终然没有再回头。

风还是昨日的徐徐，月还是昨日的皎皎，可人呢，却已不见了昨日的潇洒，我不相信，总也不信，我们将要分离？且忍住裂心的撕痛，一任苦涩泪眼的迷离，晶莹的泪滴，洒落在缀着往事的幕里。

图书馆阅览室的汗水，池塘边长椅上的争论，植物园内绿色的幻想，千岛湖里蓝色的憧憬……太快了！四载光阴，如伴着疯狂的节奏，把离别也撞得匆匆！

狂跃的音符，搅动着本不平静的空气，可它终究排不开笼罩在心头的愁绪。渐空的酒杯，颤动在手中，眼里的晶莹，犹如荷叶上的珠子，滚落了，重又溢满了空杯，那般透明，但愿似你的心；而映透的，竟是那扑朔的追忆……

"爱就是充实了生命"，而那被充实的，便酝酿着对事业执着的追求。请原谅我的固执：我要去，去实现绿色的幻想，去描绘蓝色的憧憬。纵然是缠绵的离愁，也挽不回我的执着……原谅我，原谅我没有再回头。

来亦匆匆，别亦匆匆，一如这湍急的河水，没有遗憾的时间，叹息也是枉然……向着明天，向着明天，朋友，我们毕竟还年轻。

恋恋地，我把一个难以了却的心愿，坠落在护校河的波里……

31

她不在挥手之间，更不在某个以她为名义的庆典之中。就像一曲终了，如梦、如烟；也许，过了很久，又一处，又一年。她仍在回旋，跨越时间、空间，从未中断。从这连续的曲调中，我感到了不连续的情感，一种岁月，一种形象的远去、飘逸……

沉闷的空气，一成不变的节奏，往往会使人困盹、迟缓。工作才刚刚开始，却也习惯了，一杯清茶，几张小报，满腹哀怨。偶然，一段轻曲，降下细雨点点，酸楚、凄凉，万般离愁迎面扑来，我禁不住敞开胸襟，难以抵御的亲切呼唤——我的浙大！我的初恋！

神奇的音符，别样的心境，一样的伤感："也许我并没有失去什么，但却感到缺少？"漫不经心的八小时那么呆板，宽敞的单身宿舍那么空寂，一日三餐那么乏味，充裕的业余时间那么涣散。难道果真像漫画上那样——拼命地攀援而上，轻松地顺坡而下，世界竟这样简单？人生竟这样随便？呵！不，生活本身是不会重复的，似水、似云，归去来兮，刻骨铭心！

万水千山，一去不返！依然，我们依然：钟情不了，纯真一片。别，别说再见……我期待着，期待着重新唤起，我的激情，我的进取，我的节奏，我的夙愿！

32

离别是暂时的，合作是永久的。

朋友，当您遇到困难时，别忘了我，因为我时刻准备着，时刻准备为朋友排难解忧！

朋友，当您成功时，别惦记我，因为我有强烈的意念，时刻朝着自己的目标努力着！

别为一时的离别伤感朋友，让我们携起手来——合作！

33

老而又少，和而又离，山呼情长，无不泣然——别！

浪花千叠，附丽中流的人生，幽隐着多少个令人长叹的"别"——断桥残雪的漫步，西湖碧波的荡漾，六和塔顶的眺望，也许永远只与我在梦中相聚，呵，相见时难别亦难——浙大，求是园，母校！

然而，别又贯穿于生命的始终：没有与母体的分离，又焉有风华正茂的你我；没有生命的坟墓，又哪来从猿到人的进化？掬一把泪水，捧一串相思，献给你，献给她。路漫漫兮，吾将上下而求索；人生自古谁无别，留取业绩照汗青。噢，我有一个别——一个大写的"别"！

亲爱的我，亲爱的你，亲爱的她，亲爱的师长和浙大，我的注目礼永远向着你：

"莫愁前路无知己，
天下谁人不识君。"

34

你们要走了？可我的脑海里还清晰地印着你们初来时那兴奋的红润和激动的微笑，印着你们探索的眼睛和刻苦的追求，还有那咬着笔杆，眉心打着问号的天真而成熟的钻劲……我的耳边还回响着昨日植物园里的朗朗笑声，文艺晚会上生机勃勃的歌声，还有对人生思索的争论声……

是呵，你们怎么会走呢？在浓香郁郁的桂花树下，在绵绵的樱花丛中，在茵茵的草地里，在护校河边的长椅上，不是还留着你们的开怀的笑声和殷殷的低语？不是还留着你们思维的问号和青春的烦恼？

呵，四年的光阴，一千四百六十个日日夜夜，怎么竟会是"弹指一挥间"？不！我执拗地相信，你们不会走的，你们的梦魂会时时萦绕在母校的身边，你们从母校随身带走的求是精神会化成创造发明的彩色花环又奉献给你们亲爱的母校，更还有，你们中的一部分同学，像小鸟一样，经过蓝天的考验，又会扑扑地飞回母校，成为硕士，博士，我们将又能在一起争论，笑闹和拼搏！

呵，我们不用告别，浙大校友的心是永远相通的，浙大的学生从来不会分离，尽管今天，我们暂时各奔了东西……

35

我的母亲常常用警告的目光指出我脸部缺少笑容，每每当小客厅里坐着她的来宾，而我又恰恰回家时，她就用这样的目光看着我的眼睛，这时候，眼睛确实是会说话的，但我往往"反馈"得太迟缓，或许是那小客厅实在太小，总之，我非得到走过了人们的视线区外，才领悟到应当——笑，于是，我回过头去，迎着希望看到笑的眼睛，努力地从脸部肌肉的夹缝中挤出一个藏着不怎么甜美的笑。笑容不是从心底发出就保存不住，我得赶在笑容冻住之前转过身去进入自己的领地。对着靠墙的重得要命的书橱，窗前太小的桌子，静静地躺在那里的木床，默然无语的凳子，我想说，朋友们，我回来了！你们，永远不会因为我缺少笑容而离去！其实，我本来就不是不会笑的人，比如现在，我就在笑，把真正的笑的祝福送给每一个不一定非要我笑的真正的朋友们。

36

这是我喜欢的，一双如梦的眼，几分迷离，几分轻快，扑朔着，两只高飞的鸟，捉不住却把思念牵引。

这是我眷念的，一头如云的发，几多像水，几多像雾，飞泻着，一条远挂的瀑布，够不着却把渴望湿润。

心儿露出来了，伸出利爪，去抓飘渺的香烟。嘴唇只能紧闭，两个被沉重覆盖的字，就像一场北方的雪笼罩了高高的森林，遏制了湍湍的河流。

夏风中飘落了几片浅湿的叶子。

驿站上，呼啸着等待你的列车，你要随它远去吗？

两根乌铮铮的铁轨，把忧与欢乐，回忆与未来，此岸与彼岸牢牢地衔接，一头是我，另一头是你。

远行的人与送行的人在依依告别，然后汇进一条缓缓流动的人流。

是挥手的时候，你洁白的帆儿也要驶进这弯弯曲曲的河流中，随着这列车的声音远去，远去。

而我不能随你远去。啊！这才是别，这才是别，这才是别……

37

去吧！去吧！无可奈何的情丝，和那情丝缠绕的无可奈何的别离。

无可奈何的别离？是酸，是甜，是苦，人们总是无法言清，谁都有自己的思念，谁的思念都像一朵飘逸的云，在苍穹里自由自在，被无形的风吹来，吹去。

我不知如何忆起，因一切从未出过我的记忆。或许，那笑，那嗔，和那一遍，又一遍不知如何流出的泪，又填进我的记忆。

或许这是别离，天各一方，隔着几千几万里……

酒醉时，我将那一切难言的话散溢……

……我们相约，某一天，该去寻觅！

某一天，该去寻觅。寻觅一切，却不敢，寻觅心中的秘密。随便找些话说吧，苦涩的风吹过人为的禁区。

我们都羡慕流浪，似乎流浪才能找寻那流浪着的秘密。或许远方有洁白，或许天空中飞翔着没见过的青鸟，还有，远方，天边，飘荡着那一朵思念的云，和云下海的气息。

该去寻觅——为了那无可奈何的别离。

该去寻觅——为了心之流浪和无法找寻的心之寓所。

38

哦！怎能忘，怎能忘我曾那么绝情地离别了自小生长的乡土，黄土铺的路，黄泥筑成的屋，还有那条浑黄的小河……不知什么时候，一片神奇的彩云，那迷人的精灵闯进了我的梦，诱惑着我，驱赶着我，要我去为它追逐……

于是，我向着这乡间黄色的一切轻轻挥了挥手：别了，黄屋、小河，为了那片神奇的彩云，我要远行！

（到处流浪，踏过荒原，越过山冈，他来到小镇。）

哦，这座我印象中永也抹不掉青色的小镇，两边爬满了青苔的高墙下便是卵石上的"嗒嗒"声从东墙弹到西墙久久地回荡。我百无聊赖，心如古井。啊，无思无想多么清明恬静。

可是骚动的精灵仍在纠缠，于是我又轻轻地挥了挥手，别了，青墙古巷，为了那片神奇的彩云，我要远行！

　　（到处追寻，衣衫褴褛，遍体鳞伤，他来到都市。）

　　哦，难忘啊难忘，这座多彩喧哗的城市：人们从那一格格混凝土盒子里钻出钻进；黑色的大道，红色的灯火；还有蓝的男人，绿的少女；熙来攘往的人们你看我，我看你。在人流中我追来逐去，多彩的城市中却丢失了旧日的梦。

　　可是，那个该死的精灵却不罢不休，我心中依然有一片彩云在游动。于是，我又挥起了手：别了，大道，人们，我要远行！

　　哦，无知的浪人，可怜的疯子！你看啊，彩云就在前头，你就要陷入彩云氤氲的氛围了，可是，可是，你的面容为什么如此冷漠，你的眼神为什么如此迷离，你又为什么，为什么把双手举过了头顶？

39

轻轻地拥着你拥着我的爱情

忘了时间忘了世界也忘了你我存在

恍惚中碰了垂柳婀娜一阵颤动

抖落露珠晶莹冰洁莫邪你的泪

猛然里忆起拥的是冷的衾

身旁没有了你匆匆地你走匆匆

凭谁处听夜曲低回心浪悠吟

藉着冷艳的月光回味起旧情景

徒然里充溢着别后的怅惘

这怅惘是一张网一张黑色的网

网住了思绪网住了记忆的流苏

就是要寄去遥远的思念也万般不能

缤纷的思绪像流云像织网的线

无奈何哪是开头哪是结束终难知晓

披着惠风和着霞光走进了我期待中的世界

踏醒了沙漠中锁住孤寂的小屋

为了淌血的心灵你微微发颤的失态
为了月光下的欺骗你淡然的笑容
为了存在的价值你黯然的沉思
一松手把命运之楫赋予了你
残留的记忆便在你的彼岸蓄满诗瓢

不想想起偏想起终也逃不了那张网
不愿别离偏离别说这是命运的安排

真想掏出埋在旷野荒丛里的心
系在轻曼的风头随你匆匆地离去
以二十岁的稚气荷起扬子江畔的纤绳
用白皙的纤手去捞起北大荒的落日
为了向世界索要应有的和弦
在不会生长的土地上望出绿阴

没有说再见说再见也只是欺骗
信封里装的希望只能遗留在梦中
在这黑沉沉的夜之幕下
最难掩住的是那别后的怅惘

这怅惘是一张网一张黑色的网
蓄满了苦涩的离愁蓄满了沉重的希望

40

我那平静的港湾般的心
风是进不来的
我的冷峻我的沉稳
饱含了那跳荡在旋律上的音符
默受了那扣人心弦

却扣不得我的心弦的旋律

浪的号歌只是一片模糊的记忆模糊的喧闹

我以我强健的肌肉飘洒的黑发

自慰自庆平衡的心平衡的身姿

而……

这掩饰着心中的叹息心中的忧伤的微笑

这荡漾着雄心壮志的呐喊

——二十年后再相会

却掀翻了我构筑的城垣构筑的宁静

于是，我便相信了

这神秘的力量的巨大诱惑

这昔日从来未感到过却在一天天接近的天真

别，别用这样的眼神瞧着我

别，别用这样的目光盯着我

微笑着握个手留个影签个名吧

你的笑他的笑我的笑

只有此刻才配让人珍藏让人难忘

风摇动你的裙裾她的秀发

风拂动你的肌肤他的脸庞

阳光照着我们这一辈的风流这一辈的狂傲

阳光照着我们这一辈的创造这一辈的个性

才是生命线的自然上升悲欢的真正所在

才配中华黄色的肌肤东海碧清的波涛

狂风中舞动的纱巾充满自信蓄满自强

匆匆中说出的心里话将蒙上路途的灰烟

去新的疆域开拓新的领地探索

别

别只是空间单调的空间

记得这一瞬，咱们以后再互祝酒互洗尘

跋

朋友，我无需加上"诚挚的"，友谊，我亦无需冠以"纯真的"，这对于我们的朋友来说都是心照不宣的了，否则，他便称不上我的朋友。

那么，别离呢？是的，我也用不着多余的表白，因为我的朋友们已为它奏出了一阕恢弘的交响曲……于是，便有了这本什么也不像，什么也不是的集子，一本以"别"为同题的小集子，我愿意并且希望所有的人能喜爱她，能欣赏她，但我想惟有我的朋友能读懂她。

总有一天，这本孕育于我的朋友们心头的集子，会赫然出现在我的书桌上，逸散着油墨的清香。我捧得不忍释手，随后掩卷冥思……1985 年 6 月 23 日，天堂林园的一隅，一圈且歌且舞的青年头顶之上曾照临过一圈圣洁空灵的光晕……哦，我的散之四方的友人，你们中许多虽然彼此只是初次见面，你们中许多虽然彼此还素昧平生，但愿这本小集子把你们的心维系一起，但愿你们在今后漫漫的人生旅途上，亲如兄妹，情同姐弟，相携相爱，一道奋进！十年，二十年后，我们有幸再一次聚首在植物园，就着茵草席地成圈，读着这本小集子的诗句，那又该是何等的一番情景，何等的一番心境！

为了这本小集子常读常新，我曾是那样地苛求于人，可临到自己提起笔来，千言万语涌至咽喉却挤不出半个字，犹如千军万马忽遇隘口是一个也出不来一般。那么，就让我这篇小文，算作我对我的朋友们的别前别后的别语，并借此机会，将这本集子荐献给那些羁旅流连，那些风雨兼程，以及所有爱着和被爱着的人们。

相携相爱，天下皆我。

陈大柔
一九八五年中秋于浙大

补记：1985 年 6 月 23 日于杭州植物园欢送八一级毕业文友聚会后，笔者请每人以"别"为题写一首诗，自费油印成册以纪念。与《别》集序号对应作者分别为：1. 刘涛，2. 李曙白，3. 田锻，4. 姚亚夫，5. 毛建一，6. 刘晓林，7. 王颖禾，

8.章晓梅，9.罗卫红，10.马建青，11.沈翙，12.吴叶青，13.何薇，14.刘颉，15.周绮敏，16.周玲，17.陈涛，18.陆鉴良，19.王晖，20.陶松锐，21.杨海狄，22.周鸣浩，23.王国飞，24.邓蓉，25.李菁容，26.朱韵丽，27.陈萍，28.王宇，29.王玲，30.汪礼伟，31.赵梦梅，32.姚诚杰，33.朱荣康，34.陈旭明、孙小琴，35.张侯渌泠，36.孔琳，37.田宝柱，38.任少波，39.宣兴茂，40.张颖琪。许朝晖为《别》写了一首《去向新天地》词曲，为笔者用于《心路》中。笔者难以言表与学生加朋友的别情，仅写了"题记"和"跋"。今日再读，仍令人感慨万千，故作为诗意人生的精彩片断收录于此。

卷二

看！我人生的小说

卷二　看！我人生的小说

第一部 涉世

第一章

　　噢，上帝！能够创造的女人是跟你平等的；而你还领略不到她那样的欢乐：因为你没有受苦……

　　元旦，呀！你岂非意味着新的生命的诞生，意味着太阳被她染红的朝霞托起，意味着历尽严冬的光秃秃的枝条上开始催发幼芽，意味着万物的脉脉情愫的萌动……

　　公元1958年的这一天，万能的造物主又恩允一个小小的生灵从他的母体中分离出来，让他踏上人生的漫漫旅途，用大自然赋予他的一切感官和细胞去感受人世间所有的喜怒哀乐、酸甜苦辣。

　　人生——它从何开始而又寂灭于何时？谁也说不清。也许是从父母诚笃的相爱开始，也许是从母亲的怀孕开始，也许是从我们在母亲腹中急不可耐地舒展四肢而使母亲感到阵痛开始……不过，我知道，当母亲在阵痛后分娩，当接生婆剪断了母子间血肉的纽带，当婴儿第一次尝到这人间的痛苦而发出第一声啼哭的时候，才开始了独立的人生。

　　呵，可怜的人！你这是怎样的"独立"呀？！虽然你的肉体独立了，可你的精神，你的生活，你的生存能够真正独立吗？即使是你的孩童时代不得不依赖父母是理所当然之事，可是在这个有着契约和负有义务的社会，在这个为了缓和种种矛盾而表面上驾于社会之上的国家，在生活于这个国家中天性勤劳善良、却也不乏自私嫉妒的人们中间，你还能大声地叫喊"我独立了"吗？当你不是一个强者，而生活的海洋猛烈地颠簸你的生命之舟，使你的心紧紧收缩的时候，你还顾及到祈求独立吗？难道你生命诞生之日的第一个反应不是微笑而是啼哭还不能给你足够的启示吗？

这一天正好是星期三，与这一年的最后一天相同。母亲的第三个女儿，搀着她的弟弟，一个是五年级学生，一个是三年级学生，飞快地走出城北小学校门，一路蹦蹦跳跳、咭咭呱呱地向家中跑去，似乎预感到他们的一个小同胞即将降临。

但是，当他们刚一跨进中间厅屋，便忽然停住了脚步——妈妈在房里低声呻吟着，妈妈可是再苦再累也从不哼一声的。两个孩子便侧身贴在房门两边，凝神屏息地听起来。

母亲的呻吟声越来越大，越来越频繁，最后几乎是在叫喊了。不懂事的男孩先是惊恐，随后是惊讶，随后又变为惘然——家里出了什么不得了的事啦？忽然，他用力撞开房门向里冲去，但随即就被站在房门口的大院邻居，一位七十多岁的人们叫她"前头奶奶"的老太婆赶了出来。

"去去去，小鬼螺丝，不要乱钻。"前头奶奶一边笑着一边往外推满脸老大不情愿的男孩，只大两岁的姐姐以她女孩特有敏感似乎意识到什么，也笑了起来。

"姐姐，姆妈为什么要喊啊？"男孩由于害怕而变得口吃起来。

"也许……是我们的弟弟在喊吧……"女孩说完扮了个鬼脸。

"不，是姆妈在喊，"男孩不服气地说，"姆妈在喊弟弟出来。"

这时，婶婶在屋里尖声大叫起来："一个胖小子，一个胖小子！"

趁着屋里一片忙乱的当儿，姐弟俩很快地闯入了屋子。但是，他们立刻又惊呆了：他们看到了地上的一大摊血污，以及涂满了血迹的剪刀等利器。最不可思议的是，大人们面对血淋淋的场面居然还坦然地大声说笑着。虽然母亲不再叫喊，但这只能更增添他们幼小的心灵上的莫名的恐惧，于是，这两个昏头昏脑的孩子尖声叫喊着逃出了这间可怕的屋子。

接生婆小心地用温水擦洗婴儿奶膜似的皮肤上的血污和粘沫，再用洁净柔软的褴褛裹上，然后去帮着冲西黄给婴儿喝了清火败毒。这当儿，母亲叫婶子将初生的婴儿抱至她的面前。

　　呵，她的孩子！一个小时前，这哇哇叫喊的蠕动着的肉团还是她自己，转眼间，她的生命已一分为二。世界上除了伟大的母亲，有哪一个不朽的艺术家能创造出如此活泼泼的杰作呢？呵，这是她的孩子，她的骨肉，她的心的光明，她的活的快乐，她的生的希望，她的整个的生命，她的迟到的爱，她的全部的财富……为了这个小生命的诞生，母亲忍受了多么大的苦痛呐！自从怀孕起，母亲便一直病到生产，连喝一口汤都会呕吐出来，接着又吐黄水，吐绿色的胆汁；就连昨天晚上，母亲还在忧虑着自己另一个小生命的安危中吐了整整一夜。终于，她用自己的痛苦孕育和生产了快乐，并且，是一个男孩！可以想象，在我们这样一个有着几千年悠久传统的重男轻女、多子多福的国度里，一个盼子心切的四十开外的妇女，生男孩该会给她带来多么大的欣慰啊。多少回她在心中默默祈祷菩萨保佑，多少次她不惜高价买篮子挂在房门口，而今出生在网兜里的果真是儿子，怎么能不叫可怜的母亲抛却了一切的痛苦而笑逐颜开呢。

　　母亲的眼眶渐渐地润湿了。她抬起久病而羸弱的身子，呶起嘴唇举向孩子白嫩的脸蛋。但一滴泪水却先于嘴唇滚到孩子的嘴边，她慌忙伸手要擦，又迅速地缩回手，抓起枕边的一条毛巾——但已经晚了，天性的求生本能使婴儿吮吸起来。可他的小嘴蠕动了几下，便啼哭起来，未开的小眼裂开了一条细缝。这世界给予这小生灵的见面礼竟是如此的吝啬——他第一次感受到的是痛苦，他第一次品尝到的是苦涩。

　　母亲啊，你眼里流出的为何不是蜜汁而是苦水呢？

　　人生啊，命运之神是否暗示了你的这一儿子命定要遭受一番劫难呢？

　　就在这天晚上，这个新生婴儿的小哥哥用认认真真、歪歪扭扭的字体，向正在黄浦江畔一所中学教书的父亲写了一封短信：

　　亲爱的爸爸：妈妈为我（也为您）生了个胖宝宝，是男的……

第二章

岁月流逝……人生的大河中开始浮起回忆的岛屿。先是一些若有若无的小岛，仅仅在水面上探出头来的岩石。在它的周围，波平浪静，一片汪洋的水在晨光熹微中展布开去。随后又是些新的岛屿在阳光中闪耀。

我的孩提时代和在母腹中的生活一样，早已遗忘于幽隐之中。不过，当我坐在母亲的身旁，聆听着母亲——回忆这些往事的时候，当我偷偷凝视着别的母亲哺乳婴儿或自己怀抱牙牙学语的孩子的时候，我的脑海的屏幕上便一连串显示出我生命史一部分的前尘影事。并且，这真真实实的事迹仿佛不是发生在还不具有意识和思想的我的过去，而是今天重新开始经历……

据说我的祖上曾是书香世家，到了祖父一代，由于祖父的几个兄弟成了鸦片鬼，渐渐地家境贫寒。而我的祖父又是个书呆子，要不是有一个精明强干的祖母，我们家恐亦难免走上穷途末日了。我的祖母是一个矮小而强悍的女子。她一生生了八个子女，活了五个。为了身后给他们每人都置办田产，她苦心经营着祖上分下的三、四十亩田地，平时省吃俭用，一个铜子会掰作两半花销。到了节日，她为了优待儿子，竟也舍得用一大半红萝卜等杂粮、一小半米糁合起来，烧顿饭让他们享受一番，而自己则和女儿们在一旁喝稀得能照见屋顶的汤粥。女儿们从不敢有一句怨言，唯有含泪偷偷地从哥哥的碗里分一些米饭尝尝。在奶奶这样勒紧裤带的节俭持家下，日子确实比别的弟兄的家庭要过得好，并慢慢地新添置了几十亩田产，并把一些全家人实在种不过来的田地租出，过着小地主式的生活。这个好胜心极强的女人，一个铜板一个铜板地积，一张票子一张票子地存，梦想有朝一日买下几百亩田，以跻身大地主的行列。可是，她做梦也没有想到，她所苦心积存的一叠叠票子，会在土地改革中被当作废纸一样地糊窗；更不会想到，她如此一心为子孙造福，而子孙反倒因此遭受了多么深重的灾难呀！我——一个她没有见过面的孙子，曾在那茫茫无边、走投无路的混沌岁月，多少次泪流满面地咬紧被头，痛恨这个一辈子辛辛苦苦而埋下祸根的祖母，多少次诅咒那几十亩自己未得丝毫益处却为之承受天大冤屈的田产。那时候，我的幼嫩的心灵不知道也不可能知道，我和我全家所遭受的磨难，并非祖母一人之过，畸形的历史也有它相当的责任。

虽然祖母贬低几个女儿，但望子成龙的心却使她做出了一个明智的举动：自己再苦再累，也要把儿子一个个栽培成有学问有本领的人。她的大儿子并没有辜负她的一片苦心，几年后便同陈毅等人一道去巴黎勤工俭学了。当他功满业成，回国当教授后，便负责资助二伯去巴黎深造。我父亲排行第三，原计划等二伯回国后由他资助出国留学，谁知这一美好的计划被一件意外之事化为泡影。

二伯去巴黎商定好由大伯母每月按时汇钱给他。一年多过去了。但是，有一个月，伯母不知为何没有寄钱。二伯迫于校方催索，除身上的单衣外，其余一切统统卖光了，仍不见家中接济，最后被校方赶出了校门。饥寒交迫的二伯流浪街头，在一个雨天昏倒在屋檐下面。警察把落魄潦倒的二伯从泥水中拖起，用一碗开水把他从昏迷中灌醒。命运之神终于听到了这位孤苦伶仃的浪子的呻吟，使他在某一巴黎港口不期而遇了几位善良的中国船员。他们将气息奄奄的二伯藏在煤舱里渡回了祖国。回国后，大伯旋即介绍他去西北某大学教书。长期的漂泊和内心的忧愤，已在二伯身上潜伏了严重的疾病，他想先回家调养数月再赴任。谁知那几日大伯母亦刚好回家乡。她见了二伯，像久别重逢的亲人，给他炒了蛋饭，端在二伯跟前。二伯摇摇头，不吭一声，粒米未沾。他没有问一声不寄钱的原因为何，第二天一早便悄然离去。两个月后，从他就职的那所大学传来了二伯的噩耗。二伯的死激化了整个家庭的矛盾，原来一个平静安逸的大家庭开始了分化和动荡，原来精打细算的经济条件也似乎一下子困难了许多。于是，我父亲只得中途辍学，去一所私塾学校执教。同年，与一个无锡粮商家从小娇生惯养的独女结为伉俪。他们的结合谈不上什么爱情，父母的旨意对他们来说就是定命，他们是在洞房里第一次相识的。他们隆重盛大的婚礼之日，也就是我母亲终生苦难之始，命运决定了他们要为这片刻的欢乐付出大半生的苦痛的代价。

就在这一年，我父亲的表兄弟同几个鸦片鬼，手持大刀和木制假手枪到祖母家抢劫，将我母亲结婚的几箱陪嫁抢得精光。尽管他们化妆成蒙面大盗，我父亲还是认破了跛足的表兄。一听说我父亲要去法院告他时，他的无赖老婆便敲破自己的头颅，满脸血污地冲进祖母家中，反咬一口，诬陷我父亲杀人。从小在深闺中长大的我的母亲被这样的泼妇吓坏了，苦苦地求我父亲送他家一笔钱了事。不想从此他家反倒记恨在心，几十年后，称心如意地在我的父母及他们的下一代身上施加了残忍的报复……

唉，我真的不情愿多费笔墨来重新勾勒这段已成为过去了的尘雾般的往事，因为我既没有直接经历又没有直接感受。然而，这段故事却有意无意地与我的命运紧紧地维系在一块，因此我既不能忘记又不能忽略它们，否则我短暂一生的历史将会显得更不完整。啊，我该怎么样感谢你呢——命运之神？倘若你不能一丝不苟地忠于职守，在我上述的经历中哪怕有些微的偏差，那么，我想我今日恐怕会面目全非地站在你的面前，听候你的审问了罢。

我的父亲是一个性子暴烈，刚正狷介，到老也不懂人情世故的倔汉。我至今还难以想通：他从小是在怎样的一种环境和教养下酿成这种性格的？如果一个人一生能不受复杂的社会关系的干扰而以事业为乐的话，那么，我的父亲将会在他的平面几何、立体几何的无穷尽的线条里享受到至死也享受不尽的无穷乐趣。事实上，他在年轻时便表现出他的敏捷的思维和数学才华。他创造了一套直观的几何模型，许多复杂的边角关系在这套模型下居然意想不到的简单，一个模型能像做游戏一样巧妙而神奇地同时解决好几个问题，曾在上海展览时为同事们推崇备至。然而，他在人与人之间的关系处理上却远没有他求证几何题那样的思路敏捷，而是如同几何题本身那样的刻板。他在求解人生问题上亦像求证几何题一样地越简单越好，并不管这种简单会给日后带来多么复杂的烦恼。他俨然是一家之主，不喜欢别人，尤其不许母亲有什么相反意见。在那整日里心烦意乱的岁月，他会动辄打骂母亲。曾有多少次，当他举起巴掌落在含着泪水一声不吭的母亲身上的时候，我真想扑上去撕咬他，保护我的母亲。父亲很宠我，极少向我发火。但有一次，我可能是太过分了一些，终于惹得父亲向我举起了巴掌，我也就此领教了他的巴掌的分量：举起是那么高，落下是那么轻。后来我发现，他对母亲也不过如此。突然间，我不知怎么倒可怜起我的父亲来，似乎体会到那些微微的压在他心头的难言的隐痛——一个坚决不愿向人低头的人，却为了儿女不得不向人低头，有什么比这更可悲更痛心的呢？亲爱的读者，我希望我的这几句话不会在你的脑中留下任何成见，以后你将会看到一个世界上稀有的不通世故却异常善良的父亲的形象。

我的母亲——啊，母亲！我该用什么样的词汇，来描述你这样一位伟大而慈悲的形象呢？虽然你从小锦衣珍肴，却为了一个家庭的独立而忍辱负重、受尽凄楚，到老还习惯性地将掉在桌上的一粒米拾进嘴里；虽然你也曾上过几年女子学校，共和国成立之初当过几年义务教师，却为了抚育儿女而做了一辈子家庭妇女；虽然你现在羡慕年轻的妇女们在政府和人民之间的契约范围内精神自由，个性解放，痛惜当年自己没有继续深造，投入社会的洪流……但在那几十个艰难的寒暑春秋，你从不叹息一声，默默地承受着自己所作出的巨大的牺牲。你一生由于善良而显得忠厚，由于忠厚而显得老实，由于老实而显得懦弱。为了儿女的前途，你忍辱负重，甚至不惜舍弃做人的尊严而向人下跪磕头。然而，这丝毫也不会降低你天性的高贵和人格的尊严，丝毫也不妨碍我体验到你坚韧的毅力和倔强的个性。倘若没有你这种毅力和个性，那么，我至今很可能依然彷徨在痛苦的理想和严酷的现实之间。你用血，用泪，掺和着乳汁哺育着你的儿女，你用默默无言的行动教育了你的儿女，你把你的幻想描绘在他们身上，你把你的生命延拓在他们身上。在你的面前，再不懂事的孩子也会很快地懂事起来，再顽劣的孩子也会变得温顺，再忤逆的浪子也会变成孝子，再痛苦的事情也会裹上一层糖衣……呀，母亲，我的母亲！当我要用我的心来赞美你的时候，我感到人类丰富的语言是如此的贫乏，那么，就让我将世界上所有的语言都熔于一炉，为你浇铸出两个最光辉、最崇高的字，那就是——母亲！

出生后第三天，我睁开了一双无神的眼睛，微启这两扇通向宇宙的心灵的窗户。以往，我只是通过母亲的双眼去感受世界，感受虚无；从今天起，我要用自己的双眸去接触事物，了解世界了。

外面，天空蔚然而高远。一道阳光透过窗格玻璃倾泻在我的小脸上，我的眼睛因忍受不了这阿波罗神派来的天使的抚摸，闭上了。我想，我在第一次开眼的时候大概不会察觉到这个世界上缤纷的色彩，但一定能感受到阳光的温暖，因为我马上又睁开了两只小眼，白嫩的脸上露出了甜甜的笑意。要是现在有人对我说，这个世界上只有阳光没有乌云，那我决不会相信。但我怀疑在我的意识还是白纸一张的时候，所写下的第一句话确然如此，否则为什么在我长大后，会面对翻滚的乌云苦闷彷徨而仰天长叹呢？

我看到了这个世界，这个世界使我产生了需要。人类的第一个需要是空气，第二个需要便是母亲的乳汁。我躺在母亲温柔的怀抱，一只灵敏的小鼻子嗅到了通过她胸脯散发在衣襟上的香醇。我的小嘴触动了母亲的撩开衣襟的乳房，于是，母亲的乳头便塞满了我的一张贪婪的小嘴。

我吸呀吸呀，使足了全身的力气，却吸不到一丁点奶水。我失望了，大声地用啼哭以示抗议，用尖利的哭声来震颤母亲本来已经绷得过紧的痛苦的心弦。呵，母亲，我知道你不会责备我的，因为你知道我拼命地吸取你的乳汁，与横行在这个世界上榨取大地母亲乳汁的寄生虫是有本质区别的：前者是渴求，后者是强盗。

母亲一声不吭。她咬着牙忍着痛让自己的孩子继续猛烈地吮吸。终于，一股生命的流汁浸润了我的嘴唇。我不哭了，用一只小拳按住母亲温柔的乳房，两个腮帮急速地一翕一鼓，脸上露出了甘美的笑靥。这笑在母亲的心田里埋下了幸福的种子。她低头在我的脸蛋上印下了一个长长的吻。

我面世的几天就这样过去了。我第一次睁开眼便见到了阳光，感到了温暖，我脸蛋第一次接触到的是吻，深厚的爱，有谁在他降临尘世的初始比我更幸福呢？但不久，命运之神便有意无意地把我推向茫茫的苦海，要我在汹涌的浪涛的沉浮中学会搏斗，以期将来能游到生命的彼岸。诚然，要不是我在大海中尝遍了海水的苦涩，历尽了搏斗的艰难，又怎么能体会到我的生命最初的幸福，以及站在生命的彼岸回首背后那浊浪排空的无边大海时的惊心动魄的快意！

第三章

不管是谁，只要她用自己的乳汁哺育过我，我就要称她妈妈。

海边。风和日丽。一堵堵碎玉似的浪花，轮番地化作白色的泡沫，呢喃着爬上沙滩，在光洁而松软的沙滩上留下亲吻的印痕，然后无声地退下。

母亲抱着我走到海边。她轻轻地把我放在一只小小的长木盆里，准备在大海里为她初生的孩子举行洗礼。浴巾留在沙滩上了。但就在她转身去取的当儿，一股退下的海浪急速地将载着我的木盆冲入海里。母亲见状大叫一声，向海面扑去。几乎同一时刻，一道利刃般的闪电从长空直刺海底，突然间风浪大作，整个海面漆黑一团，母亲的哭喊声被震耳欲聋的雷鸣淹没了。

小木盆剧烈地颠簸着，沉浮在汹涌的峰谷之间，漫无目的地漂泊在茫茫无边的海面上。

不知是否有神灵的凭附，总之，这只小木盆始终没有倾覆在这埋葬了无数船舶的海底。我在其中渐渐地长大起来……

忽然，小木盆不见了，我骑上了一根麦秸。麦秸承担不起我全身的重量，于是我开始下沉。海浪不住地向我劈头盖脑地打来，我张大嘴想呼吸，却喝了几口又咸又涩的海水。我无规则地拼命挥手蹴脚，整个身子还是往下沉，往下沉。我的脚底和头顶是一片浑浊的不定型的液体的世界。我感到窒息。此时小木盆又奇迹般地出现，将我重新托上海面。而一当我稍稍缓过气来，小木盆又变成了麦秸，我重又被抛进海里，大口大口地喝着咸得发苦的海水。又是小木盆将我救起。如是几次三番。我失望了，虽然我拼命在生与死的急流上奋力拼搏，不甘束手葬身海底，但面对这茫无边际、激浪滔滔的大海，自己也只得听凭它的摆弄。我绝望了，信心和勇气即将丧失殆尽。突然，一个排山倒海的巨浪袭来，将我高高地托在它一泻千里的浪峰之上，刹那间又将我抛上了一个覆满绿荫的岛屿……

当我在人生的海洋中经历了第一个回合的搏斗，精疲力尽地踏上小岛休憩的时候，第一晚便做了如上的梦。

　　一开始，我不明白这梦的内蕴。但不久，我便越来越清晰地弄懂了它的寓意，更常常暗自惊讶它竟能如此惟妙惟肖地吻合我一生的经历。人们常常轻易地用"做梦"两字来否认对方的现实性，却不知梦也具有实现的可能性的启示，尤其是在一个人一生中面临新的抉择或转折的关头，它所启示的可靠性更大。因为梦里的想象利用醒来时的最后记忆作为它的建筑材料，当我们的大脑储存了大量的信息，睡着后，一部分仍在活动的大脑会紧张而自觉地把这些信息高度地概括、集中，并作出判断，但因梦里的判断缺乏逻辑的语言，于是使用奇妙的形象寓示出来。……我母亲一生做了许许多多的梦，有些梦竟是相当灵验，这在以后我要将这些灵验的梦逐一叙述出来。这些梦都是母亲几十年后一天内跟我讲的，她讲述时神情严肃，虔敬之至，仿佛她的每一个梦都受到了神灵启示。我如实地记了下来，丝毫不加修饰。虽然这些梦都很平常，没有什么过分荒诞离奇的情节，却如此完满地预告了当时即将发生的幸和不幸。当然，我也知道母亲还有许多可怖而无稽之梦没跟我讲，因为我常听见她梦中哭泣和喊叫，总要别人连叫几声方得醒来，醒后还心有余悸，叹息不已。我小时也常因此被母亲带入莫名的惊恐之中。

　　常听人们说：一个人达到了顶峰，他很快就要走下坡路了。我不知道自己至此是否已达到了幸福的顶峰——阳光，乳汁，爱……但不管怎么说，我出生后不久便向深渊走去。下面是奔腾咆哮的大海。我生活的小木盆便第一次被打翻在海里……

　　刚刚出生了一个月，我便把母亲的乳汁吮吸殆尽。母亲衰老了，憔悴了，她少得可怜的血浆再也变不出洁白的乳液供我营养了。其实，我又因风寒而拼命地咳嗽，不时地满脸憋得通红。母亲请接生婆来为我诊治。岂料接生婆居然说我吃伤了，一再关照母亲不要给我吃得太多。没过两天，我的嘴瘦尖了，小小的面颊上叠满皱纹，活像一个小老头，更像一只小猕猴。母亲看看情况不对，便到处托人为我找奶妈。

　　奶妈没几天便找到了。这天夜里，母亲用披风把我裹得严严实实，让院子里的一位友邻四姑奶奶，同着我的三姐一道，把我送至我的第一个奶妈朱凤英家中。

　　也许是我饿坏了，总之，整整一个晚上，我通宵紧紧地将脸贴在奶妈的胸脯上，竭尽我全身最大的力气没命地吮吸着，并且不时地大声咳嗽。这一来可把这位刚做母亲的年轻女人吓傻了，她几次试着将我移开她的怀抱，可只要我的小嘴一滑离奶头，便立刻哇哇大哭起来。刚刚吸收的乳汁又使得本来虚弱得只能喘息的我增添了不少叫喊的力量。为了不妨碍家人的睡眠和邻居的安寝，这位小母亲不得不轮换地用奶头来堵住我的嘴，用不住流出的乳汁来淹没我的哭声。她一边烦躁得恨恨地骂我"小畜生"，一边暗暗地发愁自己原先两个鼓鼓的、丰满的乳房会不会一夜之间被我吸得干瘪下去。

好容易才熬过了一夜。天还蒙蒙亮，这位原想挣两个活钱的小女人便气喘吁吁地把我送回家中。

"你家小鬼瘦死人了，又咳得厉害，吃起奶来更是不要命……我不敢带了，你另找人带罢。"她一边将我塞进母亲的怀里，一边结结巴巴地说道。

母亲接过我，她对我凝视了好一会，一双哀愁的眼睛渐渐浸满了泪水。

"凤英，求求你……他是好久没吃奶的缘故罢了……下次就不会这样了……"母亲停了一停，又说，"奶钱我加倍给你，再买点补品……"

"不了不了，说什么我也不敢带了，"朱凤英急忙打断我母亲的话说道，满脸的雀斑由于涨红了而更显得清晰，几乎粒粒可数，"昨天的奶钱我也不要了，就算我白喂好了。"说完，她便匆匆离去。

傍晚，三姐放学回家，母亲将准备好的十只鸡蛋、一斤红糖交给她，让她给朱凤英家送去。这一天，母亲搂着我默默流了一夜的泪——呵，苦命的孩子，你能长大吗？

第二天，父亲从上海心急火燎地赶回家中，匆匆看望了我和母亲一眼，便又要赶回学校，因为星期一上午他还有课。临走，父亲抱着骨瘦如柴的我，难过地说："我的儿，我下次回来也许看不见你了……"父亲走了，同父亲一道回家的大姐留下了。她患有严重的心脏病，去上海住院治疗。虽然病未痊愈，但她仍执意要留下来照顾家中，照顾母亲和我。

我终于活下来了。大难不死……而且，我会笑了。我舞动着两只小手，抓着空气，抓着阳光，抓母亲的头发和衣襟，抓姐姐们辫子上的蝴蝶结，并且对这一切微笑，对世界微笑。婴儿的微笑是天使的欢乐最出色最动人的反映啊！这样纯洁的微笑也引起了我的亲人们的微笑。他们抱我，逗我，爱护我。每天一到钟点，早就守在一旁的大姐便马上冲好奶粉、奶糕或葡萄糖水，一口一口地喂我。他们把我视为自己生命的一部分，视为她们欢乐的无穷的泉源，并且比赛着各自想出一些荒诞离奇的情节来表示对小弟弟的爱。殊不知她们这些大大的宠爱，又一次险些丢了我小小的性命。

这一天，大姐说我又哭又吵又拉屎又拉尿，真够烦人的，不要我了，她把我用一条小被裹好，用绳子绑在一张阔矮凳上，要去放在路口让人家捡去。三姐先不同意，后被大姐如此这般地咬了一阵耳朵，便笑着一声不吭，只有哥哥大声叫着要去告诉妈妈。这当儿大姐和三姐便将绑着我的凳子放在后门外的一条小路上，三姐离开时还将嘴里一块糖吐进我的小嘴里，然后她们折回，躲在门边，看有没有行人将我"领走"。第一个人过去了，只在我面前稍稍停了一下。第二个行人匆匆走过。第三个行人过来了，她先看看我，随即俯下身把我抱起。这时，埋伏在门边的两位姐姐真以为有人要抱走她们心爱的弟弟了，便呐喊一声一齐冲了出去。但她们一跑到我的面前便吓傻了：一整块糖梗塞在我的喉咙口，我的一张小脸被窒息得由紫泛白，两只眼睛瞪得吓人的大。两个女孩子一时吓得没了主意，只会呜呜地哭了起来。多亏那位好心的过路人，赶紧把我抱回家中，用开水不住地往我嘴里灌，那块该死的糖才慢慢化小了，帮我渡过了一大难关。从那以后，我的三姐纵然有满满的一口袋糖，却再也不敢在我嘴里放一块了。

不久，母亲又为我找了第二个乳母。这一个乳母已是中年，寡妇，膝下有两个孩子，堂上还有一位亡夫的老母亲，经济非常困难，几乎没有提什么条件便收下我吃奶。家庭的担子沉重地压在这位虚弱的妇女的肩上，她的瘦削的脸颊上常常失去血色。她整天寡言鲜笑，两只手不闲地帮这家那家洗洗缝缝，靠此来支撑快要倾塌的家庭。然而，尽管家贫，她却格外地孝敬她的婆婆，热爱自己的孩子，但也并非因此而冷落别人的孩子，偏爱自己的孩子。她那没有丝毫泯灭的淳朴善良的天性使她将自己的母爱的光辉普及所有的孩子。她给我和她的儿子一视同仁地喂奶。每当她先喂自己的孩子时，她的婆婆就会在一旁叮咛几句：

"平儿，别忘了留一只奶让他家孩子吃，别人也是因为饥了饿了才请奶妈的呵！"

乳母听后，一声不吭。由于缺少营养，她的奶水不多。她的孩子每次喂奶后总要因为吃不饱哭一阵子。孩子的哭声撕裂着母亲的心。她将孩子贴在怀里默默地哄抱一会儿，一双哀愁无神的眼睛默默地凝视一会儿，然后换上我，默默地撩起另一边衣襟，用那只没有吃过的乳房喂我。渐渐地，在母亲和姐姐们的精心照料下，在乳母的细心哺育下，我长胖了。

啊，乳母——妈妈！我奔涌的血管里掺和着你的乳汁化成的血液，我的生命因了你的爱抚而能延续至今。现在，我长大了，我多想站在您的面前，为您抚理如我母亲一样的鬓边白发，亲切地叫你几声"妈妈！"为我那一次在您面前的忘恩负义行为而深深地向您忏悔……原谅我吧，妈妈！那时我还只有七岁，还不懂得血乳交融的母爱的珍贵。当你带着与我同龄的穿着破衣服的弟弟来我家看望我时，我却陌生地躲到母亲的身后。母亲将冥顽的我从身后拉出推到您的面前，要我叫您"妈妈"，可……我为什么只叫您"阿姨"呢？为什么呢？！这件事至今忆起还令我汗颜，为我这次的忘恩负义行为后悔不迭，羞愧不已。待我稍懂人事，欲寻访你们时，你们却早已杳无音信了。

呵，妈妈，我知道凭您那宽厚和仁慈的秉性，定然不会计较我的过失，可是——如今您在哪儿呢？

第四章

孩子的生命蕴藏着巨大的能量和无穷的精力，只要外界按照人类生长的规律给予他们些许的照拂，他们便会生气勃勃地日益茁壮成长起来，不仅是他们的四肢日益延伸，他们的脑袋也会借助于各种感觉器官日臻成熟。

现在，我的眼睛已能够把我的母亲和其他人区别开来。当我一见到母亲便高兴得两只小手直摇晃，仿佛要张开双翅扑入母亲的怀抱。当我在摇篮里翘起头，翻过身，爬起来时，我便像一位得胜的将军似的朝面前的一切微笑。我的发音器官也不只仅仅发出单调的哭声，它开始咿咿呀呀、含糊不清地迸发出人类最初级，也最必不可少的词句："妈妈"，"吃"，"尿"。虽然我并不懂得这种简单言词的意义，却已经很明了它所起的效用，从我娇嫩的嘴角轻轻吐出的每一个字都会像司令官一样的威严有力。

在母亲和宇宙的怀抱中，我和世界上的一切有机生命共同生长着。只要人类不违背宇宙的主宰和客观的规律，人们就会顺利地在各自生命之树上摘到甘美的生命之果。然而，千百年来人类不断地窥探到无穷宇宙的零星的奥秘，便自以为掌握宇宙了，为了显示自己是万物之灵，便以主观凌驾于客观之上，把自己脑子里的幻想描绘成现状，并不惜一切代价去建筑他们荒诞的海市蜃楼……就在这时，如我一样年幼的共和国，竟然平地刮起了一股狂热的"共产"风，它的旋转的迷雾席卷了九百六十万平方公里大地上的每一片土地，把我们的国家推向了第一个经济危机的边缘。而我——这个国家的一个小公民的真正苦难也就自此而始，他一生的命运的沉浮也就从此紧紧地与这个国家的命运联系在一起。

就在我刚刚跨入正常生活之途的时候，"大跃进"开始了。一时间，一切都在跃进：钢铁在跃进，粮食在跃进，人们的思想更是在不断地超越历史，飞速跃进。大家将完好的铁器敲碎，送入熔炉，以显示出"跃进"后的钢铁产量的急剧上升。报纸用特号新闻报道了世界上前所未有、也永远不会有的亩产一万斤粮食。人民公社砌起了"万里猪场"，集体养猪。人们在砸碎了自己的锅铲后便吃起了公共食堂。学生在校实行"四同"，婴儿一律送进托儿所，家中一切多余的家具统统充公……一切都在跃进，一切都在共产，极少有人去想一想如此的跃进有没有可疑的荒唐之处，更没有人想一想这种荒唐之举会带来什么恶果。

那时候，母亲是一个居民小组的组长。不知是家庭妇女使她的头脑简单呢，还是由于不在其位不知其难的某些原因，她对一切总是那么挚诚，认真，积极。她不是通知居民到自己家中领取粮油票证，而是一户一户地亲自送到各人手中；每次居委大扫除，她总是一声不响地一个人把一条大街打扫得干干净净；当居委会动员上交"废"铜"废"铁时，母亲搜遍了家中所有的铜铁器皿，最后连橱上装饰的铜片也敲下来一齐交公；当居委会号召大家积极参加"大炼钢铁"时，母亲每晚将我哄入梦乡，半夜里摸黑去郊外一块荒地上加入敲碎一种砂石的群众中去（天晓得这种"矿石"除了耗费许多的煤炭外还能不能炼出钢铁来），母亲因体衰力弱，便出钱请力大的男人来代她为国效劳；当居委会动员大家将多余家具交公共产的时候，母亲除了留下几件少得不能再少的家具外，连唯一的一顶衣橱也叫人抬走，甚至把家中一张老式雕花的红木床也叫人拆走，多亏那些工人怕麻烦手下留情，不致使全家睡在地板上；而当"共产"风刮过，母亲却眼睁睁看着别人将自己的财产"认领"了去，竟然不敢理直气壮地向别人要回……

呵，这就是您吗——妈妈！这就是您的善良，您的忠诚，您的厚道，您的无用吗？可是，在您这样的盲目热情的行为面前，我——您的儿子——又怎敢对您这样的赤胆忠心作半点的评论呢？虽然从表面上看你吃苦受累，失去的多于收入的，可是你的灵魂却得到了很多很多，虽然很少有人从内心赞道你，甚至在你忘我地捐献家具时有人嘲讽你"干嘛这样积极"，但你又何曾希求过什么庸俗的溢美之词呢？你对一个小得不能再小、既无权又无利的为他人服务的居民小组长的头衔，就已当做别人对你真诚的信任而感激不尽了。啊，妈妈。——这就是你！再也无需我多说什么，你已经用你的行为替自己唱了一曲高尚无比的赞歌。

可是，妈妈，您不会想到（不，您也不会相信），人的欲望是多么奢侈而了无止境，它可以吞噬包括他自身在内的世间的一切。尤其是那些毫无修养而又自视甚高的小人，他们会把你的忠厚混同于无用，会把你的自我牺牲当作得寸进尺的阶梯，你无私地给予他们一点他们会向你索取更多，而当向你什么也索取不到的时候便会将你一脚踢开，全然不顾过去的情义。不久，您将要被毫无道理地撤去小组长职务，被毫不手软地摘去这顶为您珍视的、用劳累和汗水保持的桂冠，如果您连这一点也想不通，怎不叫您百思不解而痛苦地发出徒然的叹喟呢！

这一天，母亲把我送进托儿所。当时我正出痧子，发高烧。母亲好不容易才将我哄睡。她默默地站在我的小摇篮边，久久不忍离去。但是，到时间了，她必须去人民大会堂开会。母亲多想把我带去呀！但不行。上次曾带去了，我拼命地在会场里哭，影响了那位尊严的领导的发言效果，将母亲雷雨般地斥训了一顿。为此母亲的眼泪不知流掉多少，不是为自己，而是为自己的孩子。

今天，县委书记又在会上大讲特讲什么"大跃进"的伟大意义和历史意义，讲什么几年内赶超英美，讲什么"速度就是灵魂"，什么"亩产一万斤"，什么"深耕深翻，挖地三尺"，什么"人有多大胆，地有多大产"，什么"不怕做不到，只怕想不到"……但是，天晓得，他自己对这种吹毛求疵的讲法抱有多大的信心？虽然他自己吃穿不愁，但周围不断发生的稀奇古怪、近乎荒谬的现象他总也有所耳闻目睹。其实，在他的内心深处，对目前的盲目跃进多少是有怀疑的，正如当时所有的稍通事理、有问题不敢提出的中国人一样。他是领导，头上有一顶既如紧箍咒又胜似护身符的乌纱帽……唉，我真想不通，我们具有悠久历史和灿烂文化的中华民族，这样的睁着眼睛说瞎话，盲目迷信，盲目服从，盲目行动的坏作风，是从哪一个朝代发端的呢？

但是，尽管台上人讲得振振有词，台下的听众却越听越腻烦了。这些听众大多是些目不识丁、头脑简单的小老百姓。然而，凭着人的一种本能的直觉，他们也感到了目前许多事情的不合理和任其发展的严重后果。当然，在强劲的宁左勿右思潮的侵袭下，谁也不愿意公开吐露自己灵魂深处的思想。虽然平民百姓不愁丢掉乌纱帽，却也担心平白盖上一顶"右派"的荆冠……于是，有人开始打起了瞌睡；有人不耐烦地来回翻着报纸；年轻一点的妇女一边纳鞋底、织毛衣，一边想着还未做完的家务琐事；而一些好管闲事、以打听奇事为乐趣的老头及老太，则凑在一起，唠唠叨叨地低声交谈着一些马路新闻：某某人家淘气打架啦，某某人家失窃啦，某某人因有外遇而夫妻闹离婚啦，等等。忽然，一位老太婆低下声来，用她那掉了一半牙齿的干瘪的嘴讲出一件奇闻：有一个农民不幸养死了"万里猪场"的一只猪，社里为了严厉地惩罚他这种"破坏集体荣誉"的行为，要他为这只死猪穿麻衣戴重孝，然后备棺木郑重其事地将猪下葬。周围的听众都吃惊得瞪大眼睛，不住地咂嘴：这真是一桩天下奇闻！另一个老头说了一件更为骇人听闻的惨事：乡下有一家托儿所，由于孩子出痧子没人好好照顾，四十几个小孩最后只剩下两个幸免……

母亲此时正在忧心如焚地惦记着她的孩子，听到这里，她"嚯"的一下神经质地站了起来，随后离开座位向外走去。城中居民委员会主任花流凤从后面追了上来。

"你上哪儿去？"她厉声地问我母亲。

一贯谦卑而又惟命是从的母亲一下愣住了。她想了想，说："我上厕所。"好容易才忍住不叫自己掉下泪水，但一进厕所她就再也忍不住了，一个人在厕所里拼命咬住双唇抽泣起来。

十分钟过去了。为了不引起别人的怀疑，母亲撩起衣角用力擦净脸上的泪水，又回到了会场的座位上。但是，她什么也听不进去了，一个比一个可怕的念头在她的头脑里闪过，耳边不断地响起她孩子沙哑的哭喊声：

妈妈！妈妈！！妈妈！！！

孩子在痛苦中哭喊妈妈……孩子在抽搐……孩子停止了动弹，一张嘴在有气无力地喘息着……孩子昏厥过去了……孩子奄奄一息了……

忽然，母亲情不自禁地"啊"了一声，同时直挺挺地立起身来。

"你怎么搞的，你还想不想当组长啦？"花流凤走到母亲跟前，生气地压低声音说道，口气明显地常有威胁性。

母亲狠狠地瞪了她一眼，她浑身筛糠似的颤抖，几乎不能自持。痛苦和胁迫使她陡然间变得勇敢和坚强起来。她再也不能控制自己，大声喊道："我要孩子！"猛然推开面前的居委主任，疾步向会堂出口走去。

母亲这突如其来的举动，震动了整个会场，大家都回过头来瞧她。但母亲什么也不顾了，她一离开会场，便飞快地跑到托儿所，一句话不说，抱起她的孩子就往家跑。回到家里，她将门严严实实地闩牢，然后躺在床上，把她的儿子紧紧搂进怀里，一张泪脸牢牢地贴住儿子的腮帮，嘴角不住地颤抖，用尽全身力气却又几乎没有声息地喃喃说道：

"我的儿子，我的儿子，我只要有你，只要有你……"

第五章

日子像流水般逝去。在这生命的暗流中，旧的生命死亡了，新的生命在萌发，年轻的生命走向衰老，幼小的生命走向年轻……忙忙碌碌的人们对过去的一天谁也不以为意，过去了一年也就当过去了一天，只有当刹那间走到人生的边缘，面临无底的深渊而猛然回首时，才会始觉自己竟然走过了曲曲折折、坎坎坷坷的漫漫路途，后悔自己刚刚来到还没来得及好好观赏大千世界，细细了解芸芸众生，就要匆匆离去……

一年，三百六十天，弹指一挥间，过去了。我不懂得什么叫痛苦，虽然这一年是在苦难中度过。我终于活下来了，这就是我的幸福，却不知这幸福正是用双倍痛苦的代价换来的，并成倍地压在我母亲的肩上。但，也许这正是我幸福的原因罢：一个人从小在糖缸里泡大，也未必见得幸福。

不管自然界和社会发生多么大的翻天覆地的变化，一个人只要活着，生命运动的规律就会不断地使他生命体新陈代谢，不断发展和成熟他的器官和肢体。慢慢地，我学会了走路，先借助于两手，然后仅用两腿。但大人们总不放心，她们用长长的围巾将我拦腰托起，然后抓住两头跟在我后边牵着走，并且总是在平坦的路上。每当妈妈或是姐姐这样把我放到地上，我便快活地舞动两只小手，向前倾倒着身子，蹒跚而行。有时，我对大人们的牵制非常反感，不时地想把腰间的毛巾扯去。我那时只知道尽情体验一个人脚踏实地位移的乐趣，却不知道从此我就要用我的两腿走完多么遥远艰难的人生路程；也不懂得一个人虽然有腿，却并不是什么地方都能走通的道理；更不会想到有这么一天：在我走过了几十个冬夏春秋的历程，累得精疲力竭、甚至走投无路的时候，我会多么怀念彼时由母亲小心搀扶，无忧无虑地走在坦途之上的日子呵……

两岁的我，虽然长得不很壮实，却也娇小清秀，尤其是我的一张甜美的小嘴，像鹦鹉一样，乖巧，见谁就叫，见谁都亲亲热热，并不认生，因而深得家人和邻里的怜爱。家中每当有什么好吃的东西，总是先满足我的胃口，尽管我那从小宠惯了的尚不懂事的哥哥满肚子的意见，但在我的面前他也只得暗暗地咽回口水，而在背后偷偷地将姐姐的份儿占去吃掉。每天放学回家，哥哥和三姐做完作业，哥哥照例去舞他那根一端用墨汁涂黑了的"金箍棒"；三姐先坐在镜子前摸一会儿她那一头长长的发辫，然后便搀我外出玩。

三姐非常喜欢我，称我为"我的小弟"。我呢，因了她那两条长长的柔软的辫子，也对她很有好感，叫她"好姐姐"。她对自己的一头乌发尤为得意，常常在镜子面前一坐就是半个小时，慢慢地细细地边欣赏边梳理。她先用木梳从头顶将发向两边分开，再将每一边分成匀称的三小股，然后将这三小股编织成一根细长的辫子，最后在尾梢用橡皮筋扎住，再用粉红的绸带打上一个漂亮的蝴蝶结。她经常会仰起头来摇晃脑袋，于是，她背后的两只粉红色蝴蝶便随之舞蹈起来，我则在她身后跳跃着努力想捕捉住这两只美丽的蝴蝶。三姐老会用那辫梢在我的脸上我的脖子里拂来拂去，逗得我咯咯地发笑。这时候，我便会爬到她背上，将她长长的发辫绕在她圆润的颈脖子里，嘴里说道："我把你绑起来。"最使我高兴的，是她每次洗过头发之后，一头黑色的牛油似的乌发便披散在她的肩头和背后，如同黑色的瀑布一般。那时，不待她的头发撩开，我就会将自己整个脑袋埋进这黑色的帘幕中去，嘴里快乐地叫道："我躲起来了，你们再也见不到我了。"

人们总喜欢把自己的爱好加在自己所爱之人的身上。我的三姐就是这样。有一天，她突发奇想地要为我扎辫子。但不成：头发实在太短了。她便耐心地等了几个月，将我头顶上桃子般大小的一块留长了头发，也像她一样地用蝴蝶结缚住，并且每次总要把那根红绸带抹得平平整整。倘若蝴蝶结变皱了，或是小辫子不翘了，她会不厌其烦地为我重新扎好。她有一个妹妹了！她便带我到处去玩。她拖着两条长长的辫子，穿着一身白底细花的连衫裙，我呢，穿着背带裤，摇晃着头顶上的桃子辫，手里抱着一个布娃娃。就这样我们俩到处串门：她的朋友家，同学家，熟人家。每当别人问起，三姐会洋洋自得地把我称作"我的妹妹"，边说边抚弄我头上的她的杰作。遇到调皮的、或者跟她一样天真的同学，他们会毫不留情地揭穿她的西洋镜："嘻，什么妹妹——男孩子！"这时，三姐便会大生其气，几天与那个诚实的朋友不理不睬，但不过两天她们又会重归于好了。大人们总是诚心诚意地当面夸她的妹妹如何如何漂亮，如何如何有趣。这时她会骄傲地偏起脑袋，说："嗯，怎么样？"平时她听惯了别人夸她长得漂亮，她自己也觉得确实如此，常常一个人对着镜子端详自己一张可爱白皙的瓜子脸。要是听说别人如何如何漂亮她会老大的不舒服，但她毫不妒忌别人说我漂亮，甚至乐意别人说我比她长得俊。她连上厕所时也总要把我带上，似乎怕别人发现了她什么秘密。时间一长，我只要想出去玩，就会一连声叫道："好姐姐，我要尿尿，好姐姐，我要尿尿。"于是她便会把我带出去，百试不爽。她从电影中看到清朝人后脑勺上拖着一条长辫子，竟然突发奇想地宣称将来我的头发会留得比那更长。但是，不久，她的美好的遐想变成了泡影。

这一天下午，三姐放学回家，照例先在镜子面前坐下，嘴里一连叫了我几声。没人回答。她问母亲母亲回说大姐带我出去玩了，三姐并不在意。吃晚饭了。她刚端起碗，听到老远我叫她的声音，便丢下碗出去接我。但她在门口愣住了，两只本来就够大的眼睛瞪得更大地看着我，好像不认得我似的——我头上的辫子被剪掉了，刚剃了个小平头回来，天太热，我头上生了一个大疖子。等三姐醒悟过来，泪水已淌满了一脸。她到母亲跟前大哭大闹着，罚母亲替我将辫子原样装好。等到她哭够了，闹累了，知道无法挽回了，便赌气绝食，一个人躺倒床上，憋着气流了一夜的泪……

这些都是儿时的事了，现在，我已成长为一个堂堂须眉。但是，当我像儿时一样端了张小板凳坐在头发花白的老母亲膝下，睁大一双童真的眼睛听她忆起那回味无穷、令人心醉的往事时，总会感到心驰神往，流连忘返，犹如从那遥远而幽深的地方发出的一道甘泉，潺潺地、源源不断地流淌进我快要龟裂的心田……是的，在这个世界上，只要有了一个温暖的家庭，谁没有甜蜜地度过这一段幸福的孩提时光呢？谁心灵的底片上没有感光过这样的虽然层次还不甚分明、但格调已十分明朗的孩提事迹呢？

这些日子，一切的艰难困苦都由母亲一人承担着，我和我的哥哥姐姐们是快乐而幸福的，因为那时我们还小，还不懂得忧愁——唉，要是我们每个人能永远不要长大，永远不懂得什么叫做"忧愁"该多好呐！但是，不久，厄运又悄悄地张开了它那一双乌黑的翅膀——三年困难时期开始了。

中华民族有着悠久的历史。她自黄河流域的摇篮中诞生以来，上下几千年，已开辟了几百万平方公里肥沃辽阔的疆土，在这生息不已的艰苦创业中，育成了他们勤劳、勇敢、善良、忠诚的优良品德。然而，另一方面，我们多灾多难的祖国却不断地受到血和泪的洗礼，至今还没有根除那种轻信、盲从、走极端的心理状态。原因何在呢？也许我们的祖国确实太古老，像一只古老而巨大的磨盘，质量太大，惯性（还是惰性？）惊人，从一个极端滚向另一个极端时，既难以启动又难以停止。然而，有一点却是毋庸置疑的，倘若睁着眼睛瞎指挥，倘若把想当然的"真理"凌驾于客观规律之上，倘若为了固执己见而不顾一切地推行想入非非的那一套，则最终必然会受到客观规律的制裁。而正是这种违背客观规律和历史发展规律，加上人为因素造成的社会信息正反馈引起的"大跃进"、"共产风"，以及一些"兄弟国家"的投井下石、趁火打劫，使我们年幼的共和国差点走到经济崩溃的边缘。

家庭是社会的一个分子，一个细胞。如果一个人的大脑不正常，他的整个机体就会出毛病，组成他身体的细胞就会遭殃甚至坏死。一个国家的灾难必然地要把它的重负分担在每个家庭的身上，落实在每个人民的肩上。但是，这是怎么样一个灾难啊：跃进过了，共产过了，由吃饭不要钱变得没有钱吃饭；于是，大家勒紧裤带，忍受饥寒。为了生存，人们从喝稀汤转而挑野菜、挖树根、摘树叶、剥树皮，进而吃一种山上的风化的岩石粉末（"观音粉"）以充饥，吃后脸面浮肿，瞳孔涨大，拉不出便来……在那艰难的岁月，多少人消失在死亡线上，谁也顾不了谁，幸存的只是在水深火热之中苦苦挣扎，在旦夕祸福之间默默祈祷上苍……

在这样芸芸众多的祈祷者里，有一个最虔诚的，她就是我的母亲。那时，家中的一切经济来源全靠父亲一人教书的收入。父亲除寄一些钱给在江阴县中上学的二姐作生活费用外，自己再留一些少得不能再少的饭钱和少不得的烟钱，其余统统寄回家中。因此，刚开始的时候，母亲还能用这点钱买些价格奇贵的面粉、麸子回来，烧一锅稀粥喝。由于我一出娘胎便经受苦难，便也并不觉得生活多么清苦。只要家中伙食稍稍改善一下，或是母亲偶尔从街上买回一、两个淡味的、发黄的烧饼，我会快活得直叫嚷。

这一天中午，母亲正在向粥锅里放麸子，我因为玩得又累又饿，便在一旁静静地看着。忽然，我的瞳仁放大了：我看见了有几块麸子没有及时搅拌而结成了疙瘩。这浮在水面上不断翻滚的小团子使我想到了那香甜的馒头，于是我的嘴角不知不觉地挂上了口水。

"妈妈，今天吃什么啊？"我问妈妈道，一边用手背抹掉口水。

"好宝宝，你乖，妈妈给你弄疙瘩吃。"妈妈拉了拉嘴角勉强笑道。

"噢，吃疙瘩了，噢，有疙瘩吃了！"我高兴得跳了起来，一边拍着小手一边跑出去：我的小小的心胸似乎一下子承受不了这样的快乐，想找人分享分享。

我走出厅屋，来到院子里。同院的比我大一岁的小男孩，正跟他的小姐姐陆怡一块，蹲在地上用心观察着什么。我走了过去，很自得地向他们点着头说道："我家今天吃疙瘩了。"两个孩子似乎一下子被我这句话吸引住了，一起回头看了我一下。但也许地上的一条蠕动着的毛虫和一大群围攻它的蚂蚁更有吸引力，他们又回过头去一动不动地看它们的殊死搏斗了。我并没因此减少一丁点兴致，我太高兴了。于是，我走到了院子对面的赵奶奶家。

七十多岁的赵奶奶骨瘦如柴，宽阔的额骨和两只眼睛下面的骨头都高高地突出，瘦削的腮帮已叠满了皱纹，脑后还盘着一根长长的花白的辫子，但她身材高大，腰板硬朗，衰老的身躯还残留着年轻时高大结实的痕迹。她孤身一人，有一个女儿在乡下，日子过得很贫苦，并不常上城来看望母亲。我母亲每次上街总给她带回点小菜，每天给她送一瓶开水。她待我母亲也很好，将每月吃不完的粮票油票送给我家，当她女儿从乡下带来蕃芋、地瓜什么的，总要送一半给我母亲，说是送一点让我尝尝。当我一出现在她家门口，她便过来把我搀进去。

"我家今天吃疙瘩了。"我一进门便没头没脑地说道。

"哦，真的吗？"赵奶奶故作惊异地问道，也像我一样地偏起脑袋，那口气那神情显得比我还要天真。

"哎——"我故意拖长了声调，边点头边双手合掌贴在小脸上。

"能让我也尝尝吗？"赵奶奶问。

于是，我便十二分真心诚意地过去拉她的手，嘴里不住兴奋地叫道："去呀去呀。"但赵奶奶终于借故一件小事推托了没去我家，我的童真的心还为此遗憾了半天。

吃晚饭时间到了。母亲把我抱坐在一张长桌前的木椅子上，随后便给我用勺子舀了一碗稠得不能再稠的稀粥，几个没有化开的麸子疙瘩浮在碗面。我一边快乐地咂着嘴，一边用小勺子在碗里搅了几下。当我捞起一个疙瘩，向着它吹了几口冷气，就要往嘴里送时，突然又停下了：妈妈没有动筷，只在一旁向我注视着。于是我真心诚意地叫道：

"姆妈，你也吃呀！姆妈，你也吃呀！"

"哦，哦，妈妈也吃，妈妈也吃。"母亲一边答应着，一边端起碗把勺子伸进锅里。不知怎么，我一下子全身紧张起来，小勺子举在半空，两眼毫不掩饰地盯着粥面那几只孤零零浮着的疙瘩团。当母亲的勺子一碰到那几个疙瘩，我便不由自主地叫道：

"留一个给我噢，姆妈，留一个给我噢。"

母亲虽没有朝我看，但我的神情她一定全然察觉。她故意大大方方地舀起一个疙瘩，又巧妙地让它从另一面滑回锅里，勺中光剩一点粥汤。但这骗不过我的眼睛。我幼稚的心头顿然生起了由快乐而发出的撒娇、任性的心情，便慷慨地从自己碗子舀起一个疙瘩，送到母亲的唇边。唉，可怜的孩子，小小的私心既希望自己多吃一点，对母亲的爱又希望与母亲共享欢乐——这两者都发自你狭小而纯洁的内心啊！

"好乖乖，你自己吃罢，妈不饿。"母亲推辞道，几点晶莹的泪花在她眼里闪光。

"不，我要姆妈吃，我就要姆妈吃。"

"好，好。"母亲缓慢地张开嘴唇，两滴热泪随之滚进我的小勺里。突然，她一下子咬住勺子，张开两手用力把我拉进她的怀里，紧紧地搂住，把一张抽搐的脸埋在我的肩上。我被这种意料不到的情景吓坏了，用两手紧紧抱住母亲的腰，一动不动地躲在她的怀中……

虽然那已经是几十年前的事了，但彼情彼景依稀在目。今天，当母亲跟我忆及此事，从她那掉了牙齿的嘴里学我当初的模样，戏谑地说着"姆妈，留一个给我噢"时，我虽然笑应着，鼻子却一阵阵发酸。

这样困难的日子没过多久，年轻的共和国内忧未艾，外患又起：我们跟"社会主义老大哥"闹翻了……倘若跟着别人的指挥棒转，倘若靠别人的怜悯和施舍过活，倘若别人打个喷嚏自己就得感冒，那么，这样还称得上"国家"么，还有什么"独立"可言呢？于是，"老大哥"龙颜大怒，撕毁合同，撤走专家，致使大批大批正在组装的机器成了废铜烂铁，——啊，我可怜的祖国，多灾多难的祖国，你正与你的儿女一起经受苦难和不幸呢！

国家越来越困难，人民也随之越来越困苦。物价昂贵。父亲寄回来的钱已只能买一些青菜和少得可怜的米面。早上，母亲烧一大锅开水，上面撒一层爆米花，再放点麸子和盐当粥吃。她总是将上面一层舀给我们，自己吃下面的。每当母亲从邮局取回父亲的汇款，赶忙到粮店买回一点米面的那天，也是我们家最欢乐的日子：母亲在这一天总要给我们做一顿丰盛的"团子"吃。所谓"团子"，不过是用剁碎了捏圆了的菜团在面粉上滚几下，但对我们来说已绝不下于帝王口中的山珍海味了。

可怜我小小的脆弱的身体，怎禁得住如此饥饿的煎熬，不久便得了青子病，满脸浮肿，气息奄奄。我经常饿得哭喊，嘶哑地嚎啕大哭。泪水不断地灌进耳朵，以至患了中耳炎。结果是，我保住了一条小命，丢掉了一只耳朵。几十年来，这一只耳朵给我带来了若多的不便，至今已几乎听不到尘世的喧嚣，流水潺潺，花鸟啁语了……也好，这样，我就可以用一只耳朵去接受形形色色的噪声，而另一只耳朵，则可永远倾听自己内心深处的纯真美妙的回音……

这一天，母亲不知从哪里搞到一只鸡蛋，正在将瓶底的油全部倒出来为我煎荷包蛋。我站在一旁贪婪地看着。谁知蛋还没有煎好，我忽然浑身发抖，两腿发软，倒在地上闭过气去。母亲吓坏了，此时锅里的蛋已煎好，再不铲起就要枯了，母亲舍之不得，便急忙用铁铲去铲，但由于两手抖得厉害，将蛋掉落在地。母亲的心碎了，她心一横，把手里的铁铲和碗掷之于地，抱起我就往医院奔去。

经过医生们的全力挽救，母亲又把我从死神的怀里夺了回来。我醒来的第一句话便说："妈妈，我饿。"母亲忍住泪水，用颤抖的声音安慰我道："噢，乖孩子，回去妈就给你吃。"我不依，大声叫嚷着要吃。母亲急得没了主意，因为她认为我这样大吵大闹对我虚弱的身体是很有害处的。母亲求救似的望望医生，问道："我们现在能回去吗？"一位男大夫守在我的床头，穿着长长的白大褂，他从深度近视的镜片后，用怜悯的眼光看了看我可怜巴巴的母亲，轻柔地说道："别着急，再观察一会儿。"母亲一下控制不住自己，发起急来："不行不行，孩子饿坏了，我们得走！"但她立刻就哑然了，意识到自己的失礼，随即又连声谦卑地向大夫道歉。是的，她的焦虑，她的苦闷，向谁宣泄呢？向谁宣泄呢？！母亲的烦恼只能压抑在心头，母亲的痛苦只能往肚子里咽呵！

就在这时，三姐出现在病房门口。我家离医院并不远，但她已是跑得满头大汗，大口大口地喘着气。她在病房门口靠了靠，镇定一下自己，然后一声不响地走到我身边，将捧在手心的两只冒着热气的肉包子递到我的手里。一只肉包子上沾着泥屑，也许刚才三姐跑急了摔了一跤，但我顾不得这些，大口大口地咬了起来。

等我吃完第一个包子，肚子里觉得充实了些，便抬起头来看看母亲和三姐。我似乎觉得，三姐看着我咬着包子时，正悄悄地咽着口水：她也不过是个孩子啊！突然，我发现了什么似的，大声叫道：

"好姐姐，你的辫子呢？"

三姐摸了摸脑后已经剪得很短的凌乱的头发，勉强地笑了笑，没有说什么，一双大眼睛和长长的睫毛上却噙满了泪水。这时，母亲又忽然想起还没有挂号和付医疗费。她又把口袋里的钱都翻出来，还是不够。正当母亲犯愁的时候，三姐默默地从衣袋里掏出仅剩的一角五分钱，捧着递给母亲，双手微微颤抖。母亲没有伸手去接。良久，母亲突然扑过去抱住女儿，母女俩当着众人的面抱头痛哭起来：两颗备受痛苦和辛酸的心现在又重新合二为一，互相倾诉，互相抚慰，互相感应着……

后来我才知道，——啊，我的好姐姐呀，要是当时的我像现在一样的懂事，而我又知道了你为我作出如此巨大的牺牲，我一定会抱着你哭着说道：我宁可饿死，也决不要你为我失去你唯一值得骄傲的、给了我许多欢乐的一头乌发……

第六章

一个人，或者，一个家庭遭受劫难，必然是各种因素的合成。但我至今仍解释不了：这些因素是一种超乎寻常的力所撮合的呢，还是自然的偶然巧合呢？就在这"国"、"家"困难的时期，我家对门搬来了一户新邻居。俗话说"远亲不如近邻"，我和我的全家都快快乐乐地欢迎新邻居，谁会想到其中会不会潜伏着巨大的后患呢？

我们住的院子原是一大户人家，呈"U"字形，南面是入口，租住着八户家庭。我家租住的面朝东的房子是解放后被改造的几间阔气的厅堂，中间是中堂，两边是厅屋，屋梁都是合抱方交的粗大木料，上面雕刻着菩萨之类的东西。中堂有六扇雕花的木长窗为前门，长窗外是宽敞的长廊；中堂的另一头是开关时发出沉闷的咿呀之声的两扇厚重的后门，外通两家菜地。原来我家住北边的一间厅屋，新邻居搬来后，住南边的一间厅屋，中堂两家各一半合用。

新邻居一家共十一口人：夫妻俩和九个孩子。做父亲的看上去很慈祥，很冷静，亦很少说话，需用两句话说清的事他也只肯吐出两个字，这种性格贯穿了他一生。一年四季，每天傍晚或中午总是一杯白酒，一碟花生，戴着一副老花眼镜，垂着长满花白头发的脑袋，一声不吭地独饮。他只要略微翻阅过一些凭主观臆想出来的"哲学"书籍，那么，他一定会告诉你：这就是他的生活哲学。

老天帮助撮合的婚姻，往往是一个老实巴交的男人配一个泼辣能干的女人，或是暴躁刚直的男人配一个善良温顺的女人。（有人说这是上帝根据审美观，为了和谐协调所致）这个一声不响的男人的老婆，就是一位精明强悍的女人。她四十岁出头，看上去也不过三十几岁，个儿不高，如果不是眼睛离嘴巴远了点，那相貌也可说风韵犹存。这女人有一双小小的但炯炯有神的眼睛，两只玻璃似的眼球老是那么上下左右地滑来滑去。尤其是她那天生包含有三寸不烂之舌的两片极薄的嘴唇更为厉害，从里面连珠似的滚落出来的言语一套一套的，令我有时怀疑她真能讲上三天三夜，而且听起来似乎也不无道理。因了这张利嘴，多少人对她退让三分。但如若在与邻居闹矛盾时，对方一时性起，偏不让她，她往往也能以曲求伸，在暂且撤退时最后说上一大堆讥讽的话，使对方听了倒觉与其受这话的气，还不如让她为好，更不知暗地里要为这表面上的优势付出多大的代价，吃多大的苦头。在这个"两马"相提并论的年代，这个生孩子越多越光荣的年代，这位再生一个孩子就会当上"光荣妈妈"的女人，除了用她的一张利嘴为人处世外，还凭了这张利嘴严厉地管教孩子，使得每一个孩子都对她产生一种敬畏之心，纵令在他们也做了爸爸妈妈后仍还俯首帖耳地听从母亲的训斥，敢怒而不敢言。这种用凶狠的棍棒教育所达不到的教育结果，常常令我暗暗称奇。如果不涉及她个人利益，她天资聪颖的脑袋也会凭了天性中善良的成分给别人出一些好主意好点子。倘若她能够上学深造，把她全部的智慧用于正义和道德的话，这个出类拔萃的女子也许会有所成就——我至今还时常闪过这个念头。要不是她后来利用自己的歪才来谋害我和我的全家的话，我至今也许会对她怀存某种程度的敬意的。几十年后，我们一家经历黑暗进入光明，我在大学里忽闻她几小时之内突然死亡的不幸消息，这时，所有受过她欺侮的人都在合掌感谢上苍的恩赐，而我，却有一种总也摆脱不掉的由强烈的恻隐之情而发出的哀悼，一连为她叹息了几天。

他们全家搬来的这一天，我们家正在包馄饨，菜馅是韭菜，青菜，外加几根油条，但这对我们来说可以举行一次丰盛的节日般的宴会了。母亲和姐姐们在裹馄饨，哥哥在一旁专心致志地用一块木板雕刻岳飞像。我也要插手帮裹馄饨，说什么也不肯离开，觉得哪怕摸一摸皮子也会少流一些口水。

临到中午时，他们全家都来了。由于他们静悄悄地走着，也因为我们只一心包馄饨，到了他们走上长廊前的石阶时母亲方才发觉，赶忙迎上前去。他们一家子是排着队来的，母亲领头，右手抱着一个最小的女孩，左手拎着一只沉甸甸的旅行包，后面跟着七个孩子，从小到大依次排队前行，大一点的孩子手里拿着篮子、脸盆等家什，最后是父亲和他的十七、八岁的大儿子，他们拉着一辆板车，上面堆满了家具。母亲跑过去与他们寒暄的时候，我也赶紧跑了过去，靠在母亲的身旁，微笑着瞧和我差不多大的一大群孩子，心里满怀喜悦：我将有很多小朋友了……

吃午饭时，母亲给他们家送了两大碗调好佐料的馄饨。

对门姓余的新邻居总算安顿下来了，全家挤在一间屋子里。白天，父亲上班，四个女儿上学，四个女孩在家靠母亲，大儿子中途辍学，进到他父亲所在的那家酒厂挣钞票去了。这样的家庭自然非常困难，但当家的女人很能干，白天有时出外找一些零活，晚上回家踩缝纫机，帮酒厂缝纫布袋，日子倒也凑合着过得去。

九个孩子都是以启排名。最大的男孩叫余启愚，今年刚十七岁。他本来在学校里是一个很好强也很好学的学生，老师甚至当他父母的面预言过这个孩子将来有出息，目不识丁的父母为有这样的儿子着实骄傲了一阵子，而他自己也常常在梦中编织理想的花环。然而，严酷的现实却打破了他的美梦：他必须去劳动挣钱，以维持这样一个庞大的家庭生计。在与书本告别的那天，他伤心地痛哭了一场，但没有用。开始进厂时，他埋头工作，虽在酒厂却滴酒不沾，回家后照顾弟妹，为父母分忧，并且还偷偷地拿着过去的教科书看。但是，在这充满矛盾的生活之中，他痛苦极了：一方面是理想的世界在他的脑海里虚构着；一方面是社会上的那种庸俗、懒惰、嫉妒、见利忘义、吹牛拍马、利欲熏心在污染着他，侵袭着他。他整个的灵魂都被这样的夹板夹住，难以自拔；他独自挣扎了好一阵，但没有人来引导他，解放他。他不是神，现实生活中许多活生生的事例使他耳濡目染，对他潜移默化。人天性中的善与恶往往易于滑向恶的一面。他天资中秉承了他母亲的聪颖，但当一个人滑下堕落的深渊时，他的天赋也就变成了加速堕落的润滑剂……不久，他便将课本扔得不知去向，专找一些淫靡的小说看得津津有味。二十岁生日那天，他找着一个理由，尝试着喝酒了，没多久便变成了大碗大碗的"海量"酒徒。为了填补心灵的空虚，他开始模仿着书上追逐和调情异性。为此，他受到过厂里的警告处分。他表面上老实了，规矩了，但他内心的那种邪恶却一刻不停地在隐幽处发酵和膨胀，将来会有一天，时机成熟，这股邪恶之火便会勃然腾空，毁他所能焚毁的一切和他自己。当我一想起十几年后他的兽性和他的下场，我的心和握笔的手都要为之发抖。不过，在他的一生中，他对父母始终孝顺，待人接物也显得彬彬有礼。但这只是表面的现象，这并不是他的天性中善的发扬，只不过是他的天性中恶的盾牌而已。

九个孩子中，第六个女孩余启琳最得父亲的宠爱，而恰恰又最失爱于母亲。她如今九岁了。四个姐姐都上了学，她真羡慕姐姐们背着书包，上学放学，又念课文又唱歌，还不时地带着她们的同学到家里来。她鼓足勇气向妈妈提了几次上学的事。但妈妈总是不耐烦地说家里没钱，况且几个小妹妹还得她带；爸爸便赶紧过来安慰这个可怜的、眼泪汪汪的爱女，答应她明年一定送她去上学，这个女孩子就马上破涕为笑了。在几个孩子中，琳琳最缺少那种儿童的自私心计（而年轻的父母们都喜欢自己的孩子表现出那种自私的本能，他们从小教唆孩子，并以此为乐），再加上她感情脆弱，心头小小的苦恼不能尽诉而常常流之于泪；所有这些，都构成了父母亲对她感情截然相反的缘由。她的小同胞们经常欺侮她，而母亲的偏心更助长了这帮小淘气鬼们的专横；尤其是余启钰，虽只比我大几个月，肚子里的鬼点子可不少。她仗着自己是会跑路的孩子中最小的一个，处处占强，看到琳琳手里拿什么好玩的或者好吃的，便嚷起来，再不给便撒娇地坐在地上，两脚扫地，母亲非但不呵斥他，反而认为这孩子将来长大了会跟自己一样的厉害而加以偏爱。这时，母亲便不管三七二十一，要琳琳让自己的妹妹，琳琳只得眼睁睁地看着妹妹乐不可支地享受着本来应该属于她的东西。有一次母亲不在家，启钰硬要琳琳给她一样东西，琳琳偏不给，启钰无可奈何，但记恨在心，等母亲一回家，便突然大哭起来，说姐姐欺侮她，打她，直到母亲拍了姐姐几巴掌才算了事，心里更得意了。在这样一个家庭中，小琳琳便尝到了不公的滋味。她从不敢像一般儿童那样撒娇地嚷出自己想要的东西或想说的话，唯有在父亲喝酒而周围无人时，才嬉笑着爬上爸爸的膝头，一边让爸爸颠着，一边在他的耳边悄悄说几件自以为有趣的事，稍稍满足在她的年龄理应满足的童心。即便如此，有时被母亲碰见了，便会板起正人君子的面孔，说道"疯丫头"，琳琳便会很快地敛起笑容，赶紧从父亲膝头上滑下来。

　　然而，我的母亲却非常喜欢这小女孩，认为她天真、诚实，而且在她们姐妹八个中长得最漂亮，一张洋娃娃似的脸。如果不是妹妹们常要从她怀里抢去的话，她会整天抱着布娃娃。我也很喜欢她，因为我也很爱抱布娃娃。她受妹妹们的欺，我不但不欺她，有时还听她的话，她快活极了，待我像亲弟弟。有时候，她教妹妹们数数，可妹妹们根本不听那一套，她一赌气，便过来亲热地教我，气气她们。她一边掰我手指一边数，当十个指头数完了，再重掰第一个指头数"11"时，我老要数成"1"，怎么也改不过来，这可叫她伤透了小小的脑筋。只见她忽闪忽闪的大眼睛倏地一亮，竟掰起我的脚趾头数"11"，叫我母亲在一旁看得直乐。琳琳有时候吃什么东西也偷偷地分一点给我，这倒并不是说她有多么的大方和豪爽，主要是想在别人分享她的果实时能从一种优越感中得到更大的快乐。当然，只要能够，我的母亲有时避过她姐妹的眼目悄悄地给她一点什么，我可毫不在乎，当着众人的面给她这给她那，引得那帮小馋鬼大为妒忌。有一天，我母亲要到后门外的一块菜地种豆，不放心我一人在家，便把我放进立车，并拿了一块雪片糕交给琳琳，要她帮带带，哭时给一两片糕哄哄我。琳琳很乐意地答应了。等我母亲种完豆回家，看见她正空着两手不知所措地站在哭得鼻涕眼泪满脸的我的旁边。当我母亲问她雪片糕是不是给我吃掉时，她顿时羞得满脸绯红，想要逃走。我母亲非但没有责怪她，还为她这种小小的不诚实和大大的诚实感动了，又从屋里拿出仅剩的半块雪片糕，分了一半给她……好多年后，我们都长大了，懂事了，她还几次向我提起这些可笑的往事，引起我内心一种说不出的、蒙胧模糊的感动。可怜她命运多舛，在后来动乱的年头遭到了非常的不幸，如今一想起这些，我也不免为这冤家之女洒一掬同情之泪……

在我们院落的老邻居中，除了我们前面提到的赵奶奶之外，还有几户人家。一家姓田，屋子与东面赵奶奶家并排，主妇被大家叫做三姑奶奶。她自己没有孩子，带来姐姐的孩子做儿子，取名田艺，正在高中读书。田艺沉默寡言，喜欢独自思考，尤其对美术有一种炽烈的偏爱，这种执爱充实了他的心灵，却也使他吃了不少苦头，以至改变了他的一生。

门朝南的一家姓翟，跟我家有什么样的亲戚关系我至今也还搞不太清。老夫妻俩有三个儿子一个女儿，他们跟着最小的儿子生活，其余都在外地工作。男的很清高，很爱整洁，不大说话，却经常不管人家乐意不乐意，对一些他看不惯的言行用老的伦理道德规劝几句。他的内人却很精明，能说会道，并且俨然有一种旧家主妇的气派，规矩旧礼非常讲究，凭了与我家沾亲带故的关系，不时地对我母亲的治家加以一些并不合适的干涉。

西北角的一家姓陆，男的叫陆军，复员军人，在我家新邻居的大儿子余启愚的酒厂当副厂长，把部队里那套铁的作风一点不改地带进厂里。他待人正派老实，工作兢兢业业，为人不拘私情，因此得罪了不少同志朋友，但因为我们的社会实在少不了这样的人，因而还能暂时保住他的地位——一朝风起云涌，浊浪排空之时，这样的人便会首当其冲。他的妻子叫胡梦云，虽三十几岁了，但风韵不减，不过并不像一般女子那样以自己的姿色为资本卖弄风情，要男人们对她们俯首帖耳，百依百顺；相反，她非常体贴自己的丈夫，用她那并不高明的烹调手艺尽量把饭菜做得又及时又可口，只要得到丈夫一声无心的称赞，她的心便会抹上一层蜜。她把自己的命运紧紧地跟他连在一起。她有一个丈夫最不习惯的习惯：爱好梳妆打扮，搞一点小小的发型，穿两件鲜丽但也不算太花哨的衣服。尽管丈夫看不惯，这样温柔贤淑的妻子却是难得，也就没什么可过于挑剔的了。他们有两个孩子：大女孩陆怡今年十岁，一副天使般鲜丽的脸蛋，穿着红衣服红裤子，如同一朵在枝头迎风舞动的玫瑰；小儿子伟伟今年五岁，胖胖的脸蛋也怪逗人的。姐弟俩好得不能分开，一个人的身形便是另一个的影子：吃饭要同一把勺子，睡觉要同一个枕头。虽然怡怡老要在母亲跟前撒娇，对待弟弟却像小母亲似的仔细周到。他们的母亲经常坐在窗口，一边梳理头发，一边透过帘幕的一角，对着这两个上天送给她的安琪儿微笑。谁也不会相信，家破人亡的灾难怎么会降临到这个小小的、幸福的家庭头上呢？

在我们家的对面，靠东南角的"U"字形口，住着一户母女俩。母亲叫秦守璜，女儿叫黄旭。秦守璜身材很矮小，背已被生活的磨难压弯了，眼角嘴边都爬上了皱纹，但她圆圆的脸，圆圆的眼睛，连她的鼻子、嘴也是圆圆的，使这个五十几岁的老妇亦形同小孩。她胆子很小，最怕打雷，就像我母亲最怕碰上老鼠一样。——因此我怀疑，是否所有忠厚善良的人都会有一种怕处，直至老死？——只要电光一闪，她便赶紧躲进房中，把门窗关得密不透风，并且捂紧两耳，自以为只要听不到声音便万事大吉了。也像我母亲一样，她有一颗善良忠厚的心，她一生最大的遗憾就是当初放过了她女儿的父亲那样的"混账东西"。她的丈夫姓"黄"，女儿还在母腹中时，行医的丈夫便狠心地丢下妻子和自己病重的老父，借口去了天堂杭州另觅新欢。当秦守璜听到丈夫又要结婚的消息，气昏了，足不出户的她居然下了狠心，搀扶着气愤得呛咳不止的公公赶到杭州去找丈夫。她本打算当面责问他，如果必要去法院打官司，至少要把他生命垂危的父亲丢给他管。但到杭之后，丈夫向她咬牙切齿地咒骂那些"造谣中伤"的"无耻之徒"，又一把鼻涕一把眼泪地向她诉说行医挣钱的艰辛，再赌咒发誓地"坚贞不二"，于是，本来心就不硬的她的心就更软了，居然相信了那一大篇漏洞百出的鬼话，还倒过来责怪那些"多嘴多舌"的闲妇，又百般地安慰他的辛苦，然后心甘情愿地同着奄奄一息的老父亲重返故里。二三个月里，丈夫寄回了一两次少得可怜的"生活费"，但等到她快要临盆和父亲病危时，他却杳无音信了。她没有力量再与恶抗争了：新的生命已在她的体内不耐烦地蠕动——这既使她懊恼惶惑、又使她怀着无限奇妙与幻想的生命。——不久便生下了一个与她成比例的细弱女孩。

　　谁也搞不清她是怎样熬过这些现代一般产妇们最幸福最舒服的日子的，产后不足月，她便挣扎着出外寻活计做，免得饿死。尽管贫困到了极点，尽管丈夫如此的忘恩负义，她也没对他的在重病中的老父冷眼相待，天性的善良和"三纲五常"使她对公公始终如一的孝敬，常常使垂危中的父亲感动得老泪纵横。人们虽然钦佩她这种牺牲精神，却天性的贫嘴也不免要在话中加点佐料：什么"守黄"啦，什么"守亡"啦。秦守璜全然不顾，其实也顾不了这些。当老人含恨瞑目后，母女俩便相依为命。她出去做粗活，做短工，帮佣，做香烟小贩，为几家开水铺挑木屑，所挣来的一点可怜工钱除了生活外还得付女儿的学费，她是宁可挨饿也要及时将学费和最基本的学习用具置备好，一心指望着女儿跳出苦海。女儿要利用空闲来帮母亲抬木屑，但她坚决不要。有一次，黄旭瞒着母亲，偷偷地用自己女孩家柔嫩的肩膀挑了几担木屑，当她骄傲自得地把所挣来的钱一个铜子不少地交到母亲手里时，母亲竟责怪了她，说她想偷懒，不用功学习，但明知说这种话毫无道理，又倒过来向女儿请求原谅，于是，母女俩抱头痛哭一场。女儿没有辜负母亲的期望，发奋用功，终于考上了由国家负担一切费用的师范学校，终于使母亲老有所依。她喜欢在人前唠唠叨叨地数落她女儿这也不是那也不是，其实是引起别人的赞扬，倘若谁随口应和，她便会老大的不高兴，以更大的热情去反驳人家，同时反驳自己。在我所追述到的这个年月，黄旭已去学校学习，家中只她孤零一人。秦守璜与我母亲同是忠厚老实人，但她不像我母亲，被别人欺侮了只往肚里咽口水，谁恼了她她可是要发作出来的。可她天生不是一个淘气妇，也不知如何用尖酸刻薄的话来刺伤对方，那一连串说出的抱怨话不仅无力，甚至使人觉得好笑，当然也就没人放在眼里。

　　两个矮小懦弱的女人，非常庆幸能今生相遇，能互吐苦水互相同情，俨如一对同病相怜、肝胆相照的姐妹。在我刚诞生母亲缺奶的时候，她很热心地帮助寻找奶妈，并多次冒着风寒抱我去蔡家送奶。对此，她如今呶着凹瘪的嘴絮絮叨叨地讲述这些往事，讲述她如何劝慰我的为我命运担忧垂泪的母亲，如何几次三番地预卜我将来一定会吉星高照，一定会有出息，连那次年轻的奶妈吓得一大早就抱我回家的时间，以及我将屎尿拉在她身上几次都记得清清楚楚，因而她开玩笑地说我是她的"半个儿子"，现在要回报她。我总是恭恭敬敬地用心听着，点头称是。——呵，难道你不正是我的母亲？难道不正是有许多像您这样平凡而伟大的母亲以血泪相哺才使历经磨难的我得以生存至今吗？是的，对于母亲的恩惠我是要报答的，并且是竭尽菲薄之力也难以报之万一的。我将要在心头为我的母亲们建筑起一座高耸而永恒的石碑，并刻上不朽的铭文。

　　我们小小的院落里，还有一个虽最无足轻重却又是我不愿意忽略的女性。她就住在我家与陆家相夹的一间又阴暗又潮湿的长方形小屋，是将原来的走廊隔出来的，大约只有六、七平米，发霉的被褥几十年也难见一次阳光。她是一个精神不正常的瞎女人。她没有名字，从小卖到这座房子的主人家当丫鬟，来时恰逢春天，而这户屋主姓陈，于是，就给她取名陈春喜。她当丫鬟后不久便瞎了双眼。但她经过几十年的磨练，已能像正常人那样穿衣、吃饭，她能走几十里路下乡，并能很稳当地到井边吊水到河边洗衣，这在当地被看作是一个不可思议的奇迹。记得儿时我的院落里几个孩子，经常淘气地学着这个可怜的瞎女人的样子，蒙上眼睛走路，可往往走了不到十步，不是跌倒就是撞在墙上。谁也搞不清她究竟经历了多少个严冬酷暑，并且，谁也不敢当着她的面议论她的年龄。她年龄"十八岁"，永远十八岁。即使在几十年后，人们私下议论她大约五十几岁了，她还说自己是十八、九岁的"黄花女"。如若谁一不小心说她"看不见"或"年纪大"，她会毫不留情地站在这个倒霉人家的大门前臭骂半天。有一次，余家一个亲戚带着小孩来串门。那小孩嘴巴挺乖，见人就叫，当陈春喜走过他身边时，便响亮地叫她一声："奶奶！"气得她跺脚咒骂，要那个嘴乖的孩子立刻滚蛋，从此不准再来。

　　解放后，城中居委会照顾她，贴钱让她每天在附近的县政府招待所一天三顿领饭吃。如果几天吃不到荤菜她是要骂的，要是午餐菜是肥肉或粉丝，她会边骂边将菜统统泼掉，因为她"从小吃好的吃惯了的"……这都是好多年以后的事了，可怜在这个饥荒的年月，她也不得不偷偷到别人的鸡窝里抓鸡食填肚。她很好俏，日子稍一好转，她便省下救济金去买一些发夹或假戒子。只要谁家收音机一响，她马上会靠过去用她一副音质很好的嗓子尖声怪气地哼唱。她每天天刚蒙蒙亮便起床（起身时间比钟还准），到公园里去做眼保健操，并时常从外面带回一些莫名其妙的药水回家，涂眼睛，梦想着一旦眼睛复明便可去当舞蹈演员或歌唱家。但是，她并不傻。当人们过分夸她的眼睛如何如何好时，她会很不自然，赶忙把话岔开。仲夏之夜，人们在星空下的院子里纳凉的时候，她经不起大家三句话一捧，便当众像鸭子似的扭摆起来，不过，当有人竟耻笑着要她把衣服脱光跳舞时，她会立刻停下来，如同将要遇到强盗似的双手紧紧捂住少得不能再少的衣衫，悻悻地躲开了。她曾被一个来县政府招待所开会的衣冠禽兽玷污过，并且生下了一个男孩。由于她无力抚养，小孩刚满月便被送进了育婴堂，她自己则被人利用着当奶妈替他人挣钱。尽管她不准别人提起此事，尽管别人也渐渐地淡忘，但这一伤痕，却像刀刻一般在这可怜的女人心上永难磨灭。在这样一个精神失常的瞎女子身上，不难发现不少自然流露出的天性的善良。她非常同情和照顾我的母亲，以往，她经常问我母亲要开水喝，但自从我母亲瘫痪在床后，她便从未再要过。她养了一只又一只小猫，她宁可自己饿着肚子也要让猫吃饱。有一次，她无意间踩死了一只刚生下不久的小猫，她以为是踩伤了，便将小猫放在自己的被窝里暖着，自己一整夜动都不敢动。三天后，她才含泪将死猫捧出屋子，走了出来，谁也不知道她将那只可怜的小猫葬在哪里……人们嘲笑她，戏弄她，殊不知他们是在嘲笑和戏弄自己；人们只说她精神不正常，殊不知自己比她的精神更不正常；人们只为她瞎眼的不幸表示同情，殊不知这也许正是她的不幸之大幸，因为她没有让世上更多的丑恶侵入自己的心灵之窗。她尽可以在冥冥中幻想着美好的事物，并将她那天性中善良的部分在尘世中充分地发挥出来。

读者诸君，我已经不厌其烦地将我院子里的每个邻人一一介绍给了你们。也许在你们的眼里，这都是些卑微的不足道的小人物，但请你记住他们。他们组成了这个小院落的有机整体。这个小院子不仅是社会的一个缩影，是社会的温度计，而且它本身就是一个小民族，一个小中华。他们各自心中潜藏着的爱与恨、高尚与卑劣的品性，都在随着时间的推移而滋长，随着历史的发展而变化，随着社会的动荡而隐露。到了一定的气候，这些品性会一下子爆发，演出一幕幕或骇人或悲壮的故事。那时候，这些卑微的小人物也许会在你的脑海里留下永难抹去的印象。

第七章

　　世上的万事万物，既在同它的对立面搏斗，又在向它的对立面发展。旧事物表面上在竭力为自己的生存而奋斗，骨子里是在拼命地自我否定，为新的事物创造动因和条件，当否定之否定完成后，一种新的事物便不知不觉地展现出来，替代了旧的事物，完成了"异化"的结果。

　　年轻的共和国终于经历了三个艰苦的寒暑，像一个孩子经受了一场大病，虽然大伤元气，但没有解体却也证明了这个孩子的机体内蕴藏着巨大的生命力。在施展了一个个日日夜夜疯狂的折磨之后，瘟神开始收敛了，但三百六十万平方公里的大地却留下了满目疮痍。当人们从思想上真正看清了盲目的"大跃进"、"共产风"的荒谬之后，他们的肉体已经是备受创伤。人们的声音沙哑着，两眼充满了血丝，双手暴满青筋，佝偻着身子喘息，唯有那凸出的双眼和瘦削的双颊显示出这个民族的忍辱负重、刚强坚毅的德性，和他们不屈不挠、追求和平幸福的伟大心灵。此时，这个亿万民族的首领——中国共产党，也开始下决心纠正"左"的错误，并根据"八字方针"着手进行全面调整，使之符合客观经济规律。人民重新紧紧地团结在她的周围，犹如流浪的孩子重新找到了自己慈爱的母亲，他们虽然有许多理由抱怨她，但对爱对光明对未来的渴求使他们更加坚定起超脱豪迈的信心，同心同德地建设起自己千百年来多灾多难的家园。国家开始好转了，经济开始好转了，生活开始好转了，人们疲惫的脸上重又浮泛起笑容。谁也不相信自己灵魂深处的盲目的意念并没有彻底清除，更不会想到，几年后，当愚昧与盲目相碰而发出的火花竟会爆燃起来一场燎原烈火，使他们用几年辛勤的血汗建设起来的家园又差点付之一炬。

　　在那艰难的岁月，人们只为着自己的衣食而操心，奔波，忙碌，一种共同的紧迫感使大家都能彼此忍让，和睦共存。在这些日子里，我家与余家都相处得很好，两位母亲彼此谦让地称对方为"师母"，在一些小事情上也都能互相照拂，难得改善两顿的饮食，也能互为分享。但是，当生活的重担稍微减轻一点但还未完全解除时，那位精明的"余师母"便开始算计起住房问题来了。她先看好了乡郊的几间空房子，时常在我母亲面前说那里如何如何好，后来就干脆劝我母亲搬去住，并热情地表示愿帮助搬运家具。我母亲嫌那儿离学校太远了，而且那里人烟稀少也不安全。母亲心里什么都明白，但宽厚的天性使她没有勇气反问那个女人一句：你自己为什么不去住好地方呢？母亲什么也不说，只是笑笑，并不放在心上；她用自己的本分来希望别人本分，用自己的善良来比拟别人善良，以为过一阵"余师母"会放弃这个念头。

但不久，竟不知从哪个角落里刮起了一阵阴风，说我母亲想赶走余家独占三间大房子。起先我母亲还不以为意，也不作什么分辨，希望这个误解会自行消失。然而，这阵怪风却越刮越大，并从我们这座小院子周围向外扩散开去，而且越说越离奇。一些不明真相的人便责备我母亲太不像话，几个好心人便来向我母亲探问究竟。这是我母亲万万没有想到的，她一下子不知怎么办才好。她开始跟那些以打听别人的烦恼为乐事的闲妇们解释着，分辩着，竭力想澄清，可是越澄清越浑浊，最后竟成为实有其事。一些人当我母亲的面都表示同情，说："我们也不信会有这样的事"，可一转身，他们却更起劲地传说着，添油加醋。只有秦守璜笨拙地帮助反驳这些谣言，咒骂造谣的"畜生"。我母亲累了，口干舌燥，便去找"余师母"诉说。"余师母"似乎很同情我的母亲，她愤愤不平地骂了几句那些造谣中伤的"混蛋"，又安慰我母亲，叫她不要理会那些鬼话。我母亲竟天真地相信了，并情真意挚地向她说了一大堆感谢的话，把她视为知己。与此同时，有几个经常去余家串门的奶奶们也来关心母亲了，她们如出一辙地对我母亲表示同情，并好心地劝我母亲搬走了事：这样谣言岂不是不扑自灭了？！……多好的主意！……但我母亲坚定不移。她表面虽然较为懦弱，灵魂深处却有着一种异常倔强的性格。她能为了家而忍辱负重，含垢忍辱，但同时，她也能为了家而咬着牙坚定地肩担着巨大的压力。正因母亲的这种坚毅的性格，才使我们家度过一道又一道难关；而我现今有时比谁都柔弱，有时比任何人都坚强的性格，多多少少是受了母亲潜移默化的影响，是母亲的血液在我的体内流淌所致。

这实在叫余师母失望，她没有达到自己的目的。

有的女人一旦想出了什么坏主意，便要下定决心不择手段地实行，不达目的不罢休。这时她那原先的欲望已降到了次要的地位，而人类那先天的恶性的固执已不可遏制地在心头蠢动，使她变得偏执迷狂，结果，不是殃及他人便是祸及自身。"余师母"就属于这一类女人。她看看软的不行便来硬的。没几天功夫，居委会主任花流凤便成了她家的座上客，又是请茶又是打蛋，不久居然结拜为姐妹。拿了人家的手软，吃了人家的嘴软，再加花流凤那次开会后便一直心怀不满，她便以领导的身份要我母亲让房子。怎奈母亲硬是不从，一时也奈何不得。

机会终于来了：政府要将一批城镇户口下放农村。羊群总是拿最温顺的一只开刀。"拔劳力"的第一个目标便是我的家。他们先是找我母亲谈话，要她主动带头申请去农村，并一口保证事成后一定榜上有名。我母亲既没有像有的人那样跳到居委会大吵大闹，也没有点头答应。居委会便召开大会小会，将我母亲叫去，对她进行轮番施压。

母亲一向知道父亲的脾气，尽量避免去惊动他。但她的肩膀实在担不住这日益沉重的压力，她多么需要有一个坚强的依靠啊！一念之下，便写了封信将此情告明父亲。当信一滑进邮筒，她又后悔不迭。

父亲接信后，便心急火燎地从上海赶乘当天夜班轮船转道江阴回家，匆匆忙忙什么也顾不上带，只拿回一袋政府为照顾知识分子而发给他的十几斤黄豆，他自己连一颗也没舍得吃。到家已是第二天下午，父亲没顾得及歇息片刻，便逼着母亲同到居委会去，压根儿不听母亲商量商量再说的话。居委会里只有一位退伍军人老杨在，他在我家的"下放"问题上持保留态度，对我母亲的过分忠厚还有怜悯之心。父亲也不问明情况，上前便要同他讲理。老杨要父亲写一份申请照顾留城的理由材料，我父亲一听反而大生其气。

"什么照顾不照顾，这是理所当然的事，你们只会欺辱忠厚人，我是国家教师，你们管不着……"

父亲理直气壮地在居委会大声叫嚷着，他不去想一想："当然"的并不成"理"，有理也并不一定"当然"，其结果，将仅有的几位好人也推到了自己的对立面……这可急坏了一旁的母亲，她一边向老杨连声道歉，一边低声哀求父亲要他快走。父亲好不容易怒气稍息，正要回家，岂料在门口迎面碰上花流凤，又一时怒火中烧，说了一大通"欺侮"之类的话，最后指着母亲的鼻子，喝道："你就配给他们欺！"说完撇下母亲一人，独自怒气冲冲地回家了，却不知泪流满面的妻子还得替他忍受双倍的辱骂和呵斥。

晚上，余怒未消的父亲又冲着心都快碎的母亲发了一阵子火。母亲一个字也不敢说什么。我被姐姐们紧紧搂着躲到大床的后边。当时我既害怕，又满肚子委屈：难得回家的爹不仅没有一点亲热的表示，还对妈发那么大的火——可是妈妈多好啊！我吓得晕头转向，只把脸深深埋进大姐的两腿之间。大姐一边紧紧地抱住我，一边和三姐咬住嘴唇悄悄抹泪。

等父亲发完了火，心头轻松了一点后（他不知道他的烦恼已添到了别人的心头），他便说要回学校去，这鬼地方他实在蹲不住了，一天也蹲不下去了（可他的妻子和儿女要蹲啊！），说着便要收拾行李。母亲一声不吭地帮他整理行装：早知道这样，还是不回来的好。

第二天一清早，睡梦中，我觉得脸上被什么东西刺了一下，朦朦胧胧地睁开眼睛，便看到了父亲那满嘴的拉渣胡子。我立刻又闭上眼睛。

"乖儿子，爹爹要走了，跟爹爹再见。"父亲俯身在我耳边轻声说道。

我只装做没听见，硬闭着的眼皮不住地颤动。

"小弟，听话，跟爹爹说声再见。"母亲也在一旁说道。

我偏不依。父亲轻轻叹息一声，走了。

中午吃饭的时候，母亲问我早上为什么不跟父亲说声再见，我嘟着嘴，一声不吭。母亲温柔地责怪了我两句，返身去房里取出一盒玩具饼干，说是父亲为我买的。我愣了一愣，便一下子扑过去，将那个稀世珍品紧紧地抱在胸前，什么不快全忘得一干二净，小小的心灵只感到无比的温暖和快活——啊，爹爹是喜欢我的！他给我买了多么贵重的礼物呐！我想起了早上竟没有跟爹爹说声再见，又后悔了。

几天后，母亲做了一个怪梦，梦见一大一小两只白鸡，肚子被人扒空了吊在天井里，绳的一端系住鸡的颈脖，另一端居然系住——空间……鸡冠仍然通红，只是全身可怜巴巴地发抖……这梦是母亲几十年后跟我讲起的。她一生做了大大小小、许许多多的梦，有些梦竟然相当灵验，这以后我会将一些灵验的梦逐一写出。这些梦都是母亲在我一再追问下一天之内告诉我的，绝不会捏造，而且我也从未在她面前表示过要根据她的回忆录写书。我如实地记之下来，丝毫不加修饰，更不愿多造一个。从这些梦中，你可看出并无多么荒诞离奇的情节，却又如此地预示了当时即将发生的幸和不幸。当然，我也知道母亲还有许多可怖而无稽之梦没跟我讲，因为我经常听见她在梦中哭泣和叫喊，要别人连叫几声才能叫醒来，醒后还心有余悸，叹息不已。

对这种不祥的怪梦，母亲非常担忧：我和三姐同属鸡……但是，她最担愁的事终免不了发生了——居委会开始对我全家实行断配供应粮。

起先，母亲还坚持着苦苦挣扎。她向秦守璜和赵奶奶各借了二十块钱，买回二十斤米，一粒一粒地数着下锅。在过去的几年极艰难的日子她也没吃过"观音粉"，现在倒偷偷地去孤山掘回拌麸子煮吃，不给我们知道。有一次，我无意间发觉母亲正躲躲闪闪地在吃什么，便出其不意地过去叫她："姆妈，你吃什么好东西呀？"母亲想把碗藏起来已来不及了。她沉吟了半晌，一声不吭，我就更加怀疑了："我要吃，我要吃。"母亲先是不肯，后来见我越吵越凶，犹豫了一下，用筷子挑夹了一丁点送到我的嘴里。我刚用舌头舔了一下，便"呸呸"地吐了干净，好像沾了一嘴的泥土。"你吃药啊？"我用手抹着嘴边没吐掉的观音粉，皱着眉头问道。母亲那蜡黄的、浮肿得泛光的脸上露出了一丝苦笑，说："嗯，吃药……"这些日子，我每天最高兴的是母亲发给我二十粒黄豆，哥哥则比我少多了，而姐姐们则几乎没有。我有时真弄不明白为什么她们从来不向母亲要，但小小的自私心理又觉着这样更好：我可以吃得时间更长久些。虽然母亲饥饿得时常晕倒，但她仍尽心地照顾着儿女，并且还得出外到处求情。二姐的一个中学女同学的嫂嫂章纪清是县城公社委员，为了求这个女干部帮忙，母亲便巴结地答应帮带她刚断奶的宝贝儿子。这位母亲却常常心安理得地忘了给孩子送饭，于是，我母亲便取出那只越来越少的米袋，给孩子煮一点稠粥。每当这时，我会无例外地站在那孩子的身旁，一动不动，如果运气好，还可以尝到一点吃剩的米粥。

这样的日子实在熬不过去了：要么是饿死，要么是屈服。母亲狠了狠心，选择了后者，做出这种选择是痛苦的，但至少这样总还有一条生路，一线希望。母亲尽管表面上难得显露，但在她内心常常默默地希望和祈求。可她怎么也没想到，就在这样一个决定一家人前途和命运的关键时刻，她又与另一个没有认清面目的女人做了一次危险的交易。为了找一个不下乡的理由，公社委员章纪清出主意说最好乡下没房子。但在刚解放那会儿，在不劳动不得食之风盛行下，父亲匆匆从上海赶回家，去乡下老家分了自留地，并造了一大两小三间屋子，要全家到乡下去劳动，幸亏母亲坚持不肯，为此被父亲痛骂过几次。房子暂借给父亲的一位表妹白彩云住；我们前面已经说过，她的哥哥曾经装扮成蒙面大盗冲进祖母家中抢劫过。她的丈夫在解放前是地下党，为国捐躯了，她有一个女儿陈希晖在县城中学当图书管理员。母女俩都是党员，又是烈属，在农村大队小队都有一定的势力。

借住前是她们来求我母亲的,与她家隔墙而住的堂弟患有精神病,常常发作起来舞着菜刀要杀她们。现在,我母亲去求她们,希望她们能帮忙隐瞒一下。母女俩先是一口答应,然后面露难色,说这样无凭无据,乡亲们怀疑起来不好办,接着要我母亲写一张假凭据。走投无路的母亲巴不得她们愿意,感恩戴德地写了一张假凭据给她们,写明以一百元钱将房子卖给白彩云,并由我父亲的妹夫从中做证人,在凭据上签名盖手印。当时昏头昏脑的母亲什么也不顾了,倒是证人看得清楚,劝我母亲在假凭据上添上一句:"尽白彩云一眼",意即她一去世假凭据作废。假凭据一到手,母女俩便在生产队造起了舆论。也凑巧,这时恰好花流凤外出开会,由公社指派章纪清来城中居委代理主任工作。新主任立即郑重其事地派人到生产队调查,证实了我家乡下没有房子,且白彩云又暗中指使一些人反对我家去乡下:"多个青虫坏棵菜,他们下来分我们的田,分我们的口粮……"最后决定只将母亲和我户口下放,在没房子情况下可暂住城里。这一决定事先是得到我母亲同意的,当时她认为自己反正老了,我还小,也许将来会有什么变化,先救下哥哥姐姐再说。也许是上苍对我母亲深切的怜悯吧,最后果然应遂了我母亲的心愿,却也为那张遗患无穷的假凭据吃尽了苦头……

这期间,母亲有一晚做了个梦:一边是一堵高不可攀的居委大墙,一边是一条陡峭的深沟,之间是一条只容一人通过的狭路。母亲攥紧我手贴着墙向前移步,唯恐一不小心跌进深渊。居委大墙的门紧闭着。不远处有一座活动的独木桥,桥的那边便是农村。村民们正头顶烈日一边在晒场上打麦,一边参差不齐大声地唱歌,并抬起汗水淋漓的脸向我们笑……

母亲总算松了口气。她写信将此事告明了我的父亲,立即便收到了回信。父亲在回信中又大骂了一通,说母亲是败家子,他辛辛苦苦用血汗建筑起来的房子竟被她拱手送给人家,骂母亲懦弱,胆小,懒惰,怕劳动——下乡就下乡,怕什么?!如果全家都下去了,那些居委会的混蛋不就欺侮不到了吗?母亲看了信,虽然心里一阵阵心酸,但她咬咬牙,不吭一声,不掉一滴泪水,也不写只言片语为自己辩解和诉苦,她默默地承受一切的苦难和不幸,承受亲人的错怪和怨气。

过了一天,母亲又收到父亲的信。他后悔自己太不近人情了,请母亲原谅,并笨拙地安慰了一番,对她含辛茹苦地把孩子拉扯大表示感激……母亲哭了,她怀抱着父亲的信整整哭了一夜。一个人在受到屈辱和挫折时,他可以忍受,可以不屑一顾，他会变得很倔强；但是，当一个正经历着磨难和痛苦的人在得到他的亲人、他的朋友的理解、帮助和鼓励时，他知道自己的不幸在另一个不幸的心弦上震颤而产生共鸣时，他那渴求同情和抚慰的心会像阳光下消融的冰雪，再也抑制不住包藏在内心的无限悲忧而哭泣了。

第八章

最难受的痛苦就是儿童第一次发现别人的凶恶：他以为全世界的人都在迫害他，没有一点儿依傍。真是什么都完了，完了！

至此，我的一家才真正走到四周围茫然无边、古树森森的沼泽地带，面临着随时都有泥潭覆顶而又不得不走下去的险境，每个人都忍不住发抖了……

然而，这最危难的时候也是我最安全的时候，这最不幸的日子也许是我一生中最幸福的日子。因为在这样的非常时期，母亲和姐姐们除了自身最起码的防备之外，更多的是关心他人和这个脆弱的家庭，各人都将自己全部的爱毫无保留地奉献出来相互温暖，而这一片爱的光辉最后总聚焦在我的身上……

当粮食稍稍宽裕一点时，母亲便偶尔烧一两顿米饭给我们吃。母亲诳我说碗底的米最能使人聪明，因此我最喜欢吃碗底的米，连哥哥的碗也会舔得干干净净，至今我还保持着把饭碗吃得一粒米都不剩的习惯。吃面条时，三姐骗我说吃下肚的面条越长长得越高，比大年三十夜爬长窗还要灵，我便小心翼翼地一根一根吃，再麻烦也不肯弄断。有一次我将哥哥的帽子扣在我戴帽子的头上，哥哥便说我要长驼驼牙了，并说长出来的驼驼牙除非用钳子拔掉，不然会戳破嘴皮，我一听便吓哭了，连他后来安慰我都没用。哥哥便又生出了一个鬼主意，说只要将两顶帽子反戴一天就没事了，我认认真真地将两顶帽子翻过来一起戴在头上，谁也别想让我摘下来，坚持戴了一天，全家也就乐了一天。其中最开心的数我哥哥，他将此事在他的初中同学们跟前一连炫耀了几天，说他的弟弟是如何如何对他言听计从。

三姐这时初中毕业在家，因家境艰难没能继续求学。当然，她为此事哭了几天几夜，饭不吃，水不喝，只一个人把头埋进被褥，她"再也没脸见人了"。但当她知道流尽了泪水也无济于事，知道母亲比她还要伤心后，她凄惨的心便渐渐地平静了下去，将痛苦压缩进心的一隅。

她有一个小学同学，在照相馆工作，两人同病相怜，要好得如胶似漆，各自互渗着一种少女的纯洁而朦胧的爱情。不知三姐打哪儿搞来的钱，还是通过别的方法，她说要带我去照相。我高兴地叫呀，跳呀，甚至淘起气来，谁都管不了；但只要三姐说一声"不带你去拍照了"，或者只要做个眼色，我童稚的傻劲便立刻偃旗息鼓——虽然我自己不知道，但我此时确已能控制自己了，已能为了达到后天的快乐而压抑住先天的童真了——我一个劲地在三姐跟前好姐姐长好姐姐短地巴结她，生怕她突然变卦。

这一天终于来到了。但当三姐搀着我手推开照相馆那两扇富丽堂皇的玻璃弹簧门时，我一下又害怕起来：我产生了一种神秘莫测的感觉。先前，我也曾对镜子感到过好奇和迷惑，因为我的两只不能后顾的眼睛居然看到了自己的形貌，不过我觉得是安全的。夜晚，我的身影居然被灯光照在墙上，这也曾使我感到十分有趣，它不仅使我变成黑乎乎一片影子，而且或长或短地善变，有时还会变成个丑八怪。但无论镜子里的还是墙上的身影，都不能随身携带，而姐姐们的照片却是放一张在身边随时都可以瞧见自己的模样，我小小的心想不通其中采用了多么高妙而复杂的魔法，也许会在我脸上涂一层颜料后压进模子……在摄影室内，那个比我姐姐大不了多少的女摄影师把我抱骑到一匹小木马上，穿着花布连衫裙的三姐曲起一膝蹲在我旁边，一手扶膝，一手轻轻搭在我的肩上。荧光灯呼啦一下子亮了起来，我们被罩在强光之中，刺得叫人睁不开眼睛。摄影师把头埋进那架高大的被黑布围住的摄影机里摆弄了一番，随后手里捏着一根与摄影机相连的橡皮管的一头，对我们说道："开始了，笑笑！"我不知怎么开始了，紧张得要命，两手死死抓住木马的耳朵，生怕摔下去。女摄影师拿出一个能做出怪模怪样并能发出孩子般尖声的玩具来引逗我，我正想弄清她手里拿的什么时，几盏灯又一齐灭了。"好了"，三姐边说边要抱我下马。呀！这多有意思。我又留恋起来，竟赖在木马上不肯下来了。

还有一件事是我至今记忆犹新的。有一天，我翻开哥哥的笔盒，取出他削铅笔的刮胡子刀片玩，不小心在手指上划了一下，并不觉得疼。但那一道白痕渐渐地渗出一条红杠来，我不知道是血，当时更想不到是血，因为我平常吃下的和排泄的东西都不是这种颜色。我虽然开始感觉有些难受但并不叫唤，好奇地去给母亲看。不想母亲一见便大惊小怪起来，又是包扎又是问我疼不疼，于是我"哇"地一声哭了，而且越哭越疼，越疼越哭，弄得母亲没了主意，直到煎了一个荷包蛋吃完才算了事。从此，我便知道了血是殷红的，并且是人身上宝贵的东西，同时也产生了见到血就害怕的心理，当然更不懂得在神圣的场合它就应无私奉献的道理。也就从这时候起，我特别喜欢吃一种菜，这菜能烧出血红的汤来，母亲说喝那汤最能补血。

的确，这段时间对我来说是最安全最幸福的日子，如果没有外界的干扰和破坏，我可以长久这样快乐地享受下去。但命运注定我的一生永无久长的安宁——当然，现在我知道了，并非命运独独对我一人有此偏颇，实则每个家庭都有一本难念的经，每个人都有自己难言的隐衷，无论他是平民百姓还是帝王富翁。

如果不是事实，我至今也不会相信：凭三寸不烂之舌，假的会变成真的，谬误会变成真理……难怪在大跃进时亩产万斤会登报而无人质疑。读者诸君，请不要一笑了之，当今天我将此事告诉在校的大学生时，有的人报之讥讽的一笑，有的人沉吟不语。一笑的并不说明他有多么聪明；而有人在沉吟后说道："要是今天报纸上登出亩产万斤并大肆宣传的话，或许我也会相信，因为我对农事一无所知……"我听后不禁对他肃然起敬，从这朴实的言语中我意会出了他没有说明的含义深刻的话语……但不幸的是，我不相信的事却应验到了我摇摇欲坠的家庭的头上。

当我们一家互相依傍着靠在唯一剩下的火炉旁取暖以熬过漫漫冬夜的时候，竟有人会来将火炉中即将燃灭的柴薪抽掉，并诬告说偷了他们的木炭——有人接连写信到我的乡下老家虹兴大队，说我父母亲在城里打人骂人，将一条街的人都打遍了骂遍了，坚决要求把我母亲搞下乡去。这并非什么耸人听闻的谣言，因为每一封信白纸黑字，且都加盖有居民小组长的私章。提起这位居民小组长，至今我闭上眼还能清楚地记得她那一副丑陋的嘴脸：一张又黑又瘦棱角凸出的脸，两只爆起了的白多黑少的眼珠，阔大的嘴巴满镶金牙，已被香烟熏得黄不拉几，说起话来比鸭子叫还难听，任何一个猥琐的男人都没有她那样令人厌恶。当初，正是这个女人和余师母串通一气，拼命地挤掉我母亲的小组长职务，自己取而代之……然而，公正的读者啊，我不想在此再为我可怜的母亲作说明辩解，我相信任何一颗公正的心都会做出公正的裁判……

起先大队干部还不大相信会实有其事，他们对我母亲的为人也约略知道一些，怎禁得一封封信源源不断，他们开始将信将疑了，便决定调查一番。如果他们向秦守璜，向赵奶奶，还是无论哪一个善良正派的人作调查，都会澄清事实，可他们偏偏找了两个余家的同党。一个很干脆地说"听说过……"，另一个还有一点廉耻之心，只以一笑作答，但不置可否的一笑往往被人理解为含蓄的认可——事情就这样清楚了——于是，乡下便开始催我和母亲下乡，幸好白彩云别有用心地相助，才以乡下没房子为由让我们仍住在城里，而母亲必得每天下乡劳动。从此，备受精神折磨的母亲又同时遭受了无情的肉体的摧残。母亲每天一大早起床，烧一大锅菜饭，包括我们中午吃的在内。她一吃早饭便带上一饭盒下乡劳动。冬天饭凉了无处热也就忍着饥寒，夏天几乎喝不上凉开水……尽管别人对她要求并不过高，但生性高洁的母亲决不肯求人照顾自己，无论刮风下雨，她每天总按时走几十里跑去乡下参加劳动。久而久之，母亲患了"美尼尔氏症"，经常晕倒在田间和路上，多少次被一些善良的人扶送回家，她却连人家的姓名都不知道。这时，疾病已经悄悄地侵袭到她的肌骨，但母亲既不知道也不愿承认，仍旧坚持着，一声不吭，虽累得快要躺倒了，回家后又继续操劳起家务，还关心地问她的孩子中午可曾吃饱？唉，在这段时间里，我却差点儿为心都快揉碎了的母亲惹下一件大祸，我多不该啊！

俗话说：老实人吃亏，忠厚人受欺。虽然这绝不是人类生存的法则，却是人类社会在一定历史时期的普遍现实。如果黑格尔所说"现实的就是合理"的话是正确的，那我真弄不清是否世界上所有"合理"的都是违反生存法则的，都应该推翻的？而且，这种自私刁钻、恃强凌弱的恶习，不仅是成年人有，许多在恶劣的环境下生长的幼小心灵也会不同程度地被唤醒起这一天性中的坏成分。而这种天性过早地运用于我的身上，使我从小便强烈地痛恨人类的这一恶习，从心底萌发了扶弱除恶的心理。

父母的行为是对他们的孩子不自觉而又最见效的教育。既然余师母不把我的母亲放在眼里，既然他们用不着尊重我的母亲，则对我也就可以肆意欺侮了。这种欺侮在我的母亲下放后，便日益公开和明显起来。我几次含泪告诉母亲，希望得到大人的支持和依靠。谁知母亲却呆呆地看我好久，把我搂在怀里，讷讷地说道："乖孩子，不要去惹他们，躲远点……不要再给妈妈添麻烦了……"母亲说这些话的时候声音微弱，脸色苍白。我实在不理解母亲为什么要这样。然而，家庭的贫困使我早早地就感受到爱的珍贵，虽然我并不懂得爱的确切定义。我是深爱我的母亲的，因此我尽量照着她的话去做，尽量不给她惹麻烦，即使这样我要付出不少童年的欢乐和忍受不应有的屈辱为代价，我也心甘情愿。小小的我便懂得了忍气吞声，强咽苦水，而这苦水也就悄悄地滋养着我幼小心灵中的爱和恨，总有一天它会忍无可忍而爆发出来。

这一天，眼见得天快黑下来了，母亲还没有从乡下回家。三姐和哥哥去大会堂看电影去了，大姐一人急得团团转。她实在忍不住了，便叫我千万不要走动，急匆匆走出去接母亲。

大姐走后，我一人呆在屋子里感到十分寂寞，便走到天井里去。这时，余家的几个小女儿正跟来她们家玩的两个小男孩在天井里抓一只飞绕在他们的头顶的金色硬壳小虫。他们气喘吁吁地抓了半天都没抓着。当我一跨下天井的石阶，金龟子正好飞停在我的衣襟上，我一把抓住了。金启钰要我把小虫给她，我偏不给。一群孩子呼啦一下把我团团围住，其中一个男孩子对我下"最后通牒"，如果他数到三再不给可要不客气了。在他数"一"、"二"时，我将那只抓小虫的手死命地握紧，等他"三"一出口，我猛然地把手伸到他的面前，大叫一声："拿去！"这帮小暴徒虽然胜利了，但拿到的小虫却再也飞不起来了。

他们将小虫子放在地上用手指翻来覆去地剖了一会儿，小虫确实死了。这下可恼怒了这帮小坏蛋。他们重又将我包围起来，大声嚷叫着，要我赔他们的金龟子。一边说一边你一推他一搡地在我身上乱抓。我哭了，几个小坏蛋先稍微收敛了一下，但眼见得我的哭毫无作用时，他们倒更加得意地捉弄我，一种儿童的残忍心似乎觉得欺侮一个比他们弱小的孩子比玩一只虫子要更为有趣。余启琳在人圈外面大声叫他们住手，并威胁说告诉妈妈，可他们根本不听她的话，余启钰干脆回应她的姐姐说："你去告诉吧，你不怕挨姆妈打你就去告诉好了。"

过了一会儿，那个大一点的男孩子又想出了一个坏主意：要我趴在地上，让他们像跳山羊一样地从头上跨过去，以此来补偿我给他们造成的损失。我孤立无援地看了看周围，无可奈何地屈从了，求饶地说只来一回，他们答应了。等着这帮小坏蛋一个个从我头顶上爬过去后，我从地上站起来，接连向天上吐了三口唾沫，据说如此这般我就不至于因被他们跨头而长不高了，相反可以把晦气全加到对方的头上。这一来他们觉得自己吃了亏，还要重新来过，我坚决不肯。他们便一齐动手将我掀翻在地，并往我衣领里灌泥土。我只得又含泪答应让他们再跨一遭。

大一点的孩子都从我头上跃过去了，最后轮到余启钰。由于她矮小好不容易才爬上我的背，但她故意不快点从我低垂着的头上滑下去，倒反而坐在我的背上，装出一副小公主的神气，一边不停地勒着我的衣领，一边嘴里像吆喝牛马似的尖声叫道："驾，驾！"其他几个孩子则又跳又叫地在我们四周转圈子，其中一个孩子恶作剧地大声嚷道"撒尿撒尿"，一群小魔鬼笑得更欢了。羞辱、气愤和激怒一下子涌上我的心头，而我幼小的心灵又一下子容纳不了这样的怨愤，于是就一齐爆发了出来。我什么也不顾了，身体像一只憋足了劲的弹簧一样倏地蹦起老高，将强压在我身上的小坏蛋一下甩出去老远。

小妖精怎么也不会想到突然间来了个嘴啃泥，大概跌得不轻，她坐在地上耍赖地大哭起来，两腿拼命扫地。但我一点都不怕，站在那里，握紧拳头，牙齿咬得咯咯地响，准备随时跟任何一人拼个你死我活。当时的神气大概确实怪吓人的，因为那帮胡作非为的小坏蛋都吓愣住了，谁也不敢动一动。小女孩看看她的哭闹一点也不顶用，便抹抹眼泪，爬起身回家去向母亲告状，一走进房门便故意放声死命大哭大嚷起来。

她的母亲一阵旋风似的从屋中冲了出来，嘴里不住地叫着："谁敢欺侮，谁敢欺侮！"在一旁的孩子都一齐狐假虎威，指着我说："是他，是他！"于是，这位做母亲的便不由分说地上前来揪我的耳朵，为了庇护自己的孩子而不惜凌辱别人的孩子。我拼命地摇着脑袋，想从她的手中挣脱，就在这时，突然响起了一声轻微而痛苦的声音：

"怎么啦？！"

恶女人好不尴尬地松开了揪着我耳朵的手。我一回头，瞧见母亲和大姐已站在我的身后，便大叫一声："妈妈！"像遇着了大救星似的扑进她的怀里。母亲两眼直望着对面的余师母。但这个女人非但不解释，而且凶狠地将小女儿推到我母亲跟前，说道：

"你看看，你儿子把启钰的嘴都打破了，还有没有教养……"

的确，那个还在抽抽搭搭哭着的小女孩的下嘴唇有了一道血印。"是她……"我正要分辨，忽然被母亲可怕的脸色吓愣了，我这支笔是无论如何也表达不出当时那双眼睛的瞬息万变来：由凄楚，变悲，变忧，变怨，变怒……猛然间，母亲整个的身子抽搐了一下，随即我的脸上便挨了一记重重的巴掌，周围响起了一片幸灾乐祸的哄笑。亲爱的读者，你们可以想象得到，我被母亲打得发愣，气得发昏，仿佛整个的世界都在剧烈摆动，仿佛我的脚下刹那间裂开了一条无底深渊，而我正向着它的底部滚落下去。——啊，母亲，你好狠心哪，你从来也不过是轻轻地拍一下我的屁股，今天为何下得出如此重手？！

"给伯母赔不是。"母亲有气无力地对我说道。

这个世界竟然有如此的道理？！而且是从我最亲爱的人的口中说的，我纯洁无邪的小心灵怎么也想不通，我恨透了！我要逃！但我被母亲一把拉住了，她一定是怕我跑掉。我感到无救，绝望，便歇斯底里地发作起来，一边跺脚一边大叫，还咬母亲的手，扯母亲的衣服。——啊，原谅我吧母亲！你生我，却不能使我得到欢乐！你爱我，却没有力量保护我……可是，我不是为了受气受辱才来到这个世界上的，并且，一个人在懂得他应当默默忍受强暴之前，对如此的人间不公，一个孩子无论如何是受不了，受不了的，母亲！我不管你心头有多少苦楚，也不管你肩头有多大重压，只要我受了委屈，我就要一点不留地发泄出来，而且是蛮横无理地向你发泄——除了你，我还能向谁呢？——忍着罢，忍着罢，我的母亲！等到你的孩子大了，等到他懂事了，他会一并向你忏悔的……

好大一会儿，我还跟母亲胡搅蛮缠，说什么也不认错，余师母冷漠地从鼻孔里哼了一声，把她的孩子们都吆喝回家去了。母亲和大姐把我往家中拉，我不从，发疯似的大叫：我要讲理！可是，我又讲不出道理。母亲的手不住地颤抖着，她已经劳累了一天，也许从早上到现在滴水未沾；要不是大姐的话，她一个人是绝不能把我拉进屋子里去的。

一进屋子，母亲立刻判若两人。她无限慈悲无限温柔地为我抹眼泪，叫我不要哭，问我打得疼不疼，并叹息着说实在是万不得已……我一概不听，我恨她，恨世界上所有的一切，一切的人，好人居然会做坏人的帮凶！自己最敬爱的母亲会对卑劣的恶人卑躬屈膝，为什么，为什么？！想着想着，又忍不住眼泪，便轻轻骂一声"坏妈妈！"溜过去爬到床上用枕头蒙住脸，任凭泪水流个痛快。爱，是儿童的天真的需要，这不仅是母爱或兄弟姐妹的爱，而是一种人人之爱，宇宙之爱，一种博爱。我发誓，如果将来能够，我一定要努力博爱。但是在这个世界上，这是多么的难啊……

半个小时后，母亲端了一碗面条来到我的床跟前，这是特地为我煮的。我不吃，决意绝食。母亲将碗放在一旁的茶几上，坐在我的身边；她也不吃不喝。大姐几次过来请母亲吃饭休息，母亲都一动不动。她想试着拉掉我的枕头，我却抱得更紧。过了好长时间，我泪哭干了，气也消了，心里舒服些了，便偷偷从眼睛上挪开枕头，看看母亲是否走了。但母亲仍坐在床沿，在无声地掉泪。我突然可怜起母亲来，而大人的眼泪尤其使我受不了。我掀掉枕头，活动一下身子，便爬起来，伸出小手去为母亲揩掉鼻梁两边的泪珠，叫母亲不要哭了，我今后听话了，再也不惹事了。（至今我也解释不了，小小年纪的我怎么会做出这样的举动，因此只好归结为爱的天性和本能。）但是，母亲的泪越揩越多。我突然过去扑进母亲的怀里，母亲便将泪脸贴紧我脸，嘴里不住说道：

"可怜的孩子，苦命……孩子……"

于是，我幼嫩的心叶上便裂开了一条缝，第一次灌进并感觉到这又咸又涩的泪水。

这便是我给母亲惹的一场大祸。这在现今也许算不了一回事，但在当时，哪怕一点小小的风波，也很可能颠翻这只我们一家人乘坐的既无舵又无桨的小船……

然而，即使我母亲如此谦卑，如此低头，如此忍气吞声，仍不能叫那些人半点心慈手软，一个要将我一家全部赶下乡的阴谋正在暗地里筹划和施行着。

第九章

　　二姐从江阴县中高中毕业了。她报考了大学，很自信地在志愿表里填上了南京大学天文系。这几乎是不可思议的事，首先她的政治条件就不够要求，为此老师曾几次找她谈过，极为明确地向她指出这一点。可是，一个天真烂漫尚未涉及尘世的少女，心头不知充满了多少奇妙的幻想，如何听得进这莫名其妙的道理。她执拗地非填南大天文系不可，弄得老师们一个个为这个深得他们喜爱的优才生摇头叹息。班主任老师写信给我母亲，指望她能劝住自己的女儿，可怜母亲自己也被搞得七零八落、昏头昏脑，怎么也集中不起精神来顾及此事。

　　二姐回家来等放榜。每当母亲问她考得怎样，她总是故意耷拉着脑袋，从嘟起的小嘴唇里挤出两个字："不好。"母亲没说什么，只轻轻地叹了口气，于是她便咯咯地放声大笑，直笑到捂着肚子倒在床上。她不知道也掩饰不住自己的兴奋心情，这个充斥着凄惨的家庭的头上整日里荡漾着她轻松愉快的歌声。她不理解母亲的痛苦，不理解家庭的不幸——干嘛老皱着眉头？！太阳不是一样地照在每个人的头上吗？她将一个个妙不可言的梦编织成花环统统套在自己光洁的颈脖上，用自己涂上色彩的想象幻化出一条铺满鲜花的道路，这道路通向她不可知的未来。未来怎么样？她多少次含笑地摇着头否定一个比一个更扑朔迷离的设想……"啊，那就让它快来吧，"她的一颗少女的跳动的心在大声呼唤着，"快来吧！"

　　还在学校里那会儿，这个省重点中学的学习尖子便对未来充满了无限的憧憬和希望。我无须多费笔墨叙述她各方面的进步，单凭那个唯成分论和血统论盛行的年代，她能入团，并当选为团总支书记便足以说明问题。她无论对什么工作总是有十分力气使十二分的劲。班级劳动，抬土时别的女生都嫌她装的太重而借故不跟她搭档，她便赌气拿起一根扁担两只畚箕独自挑土，而每次装的土比别人抬的还多，常常肩头上半月红肿难消。她的学习似乎并不过分刻苦却成绩总是名列前茅。同学们对她既崇拜又觉奇怪，千方百计要从这个"女才子"的口中套出学习秘诀，这便轮到她觉得奇怪和好笑了，她觉得这是极自然的事情，就像财迷们见钱眼开而能过目不忘一样。她发起组织了一个学生气象小组，自制了一套气象仪，使这个土法上马的气象小组声名大噪。她曾多少次在读到她心中的偶像哥白尼被教会处置烧死的那段文字时掩卷流泪，又多少次幻想着能自制出伽利略天文望远镜啊……无定的风，变幻的云，宏观美丽的大自然，高远深邃的星空……

宇宙如此的无穷无极，浩渺无际，而我们每个人又是多么微不足道，渺若芥子。在千万年人类历史的长河中，有人胸怀博大欲探索宇宙的奥秘，有人鼠目寸光想独裁人类地球。后者不择手段地给前者加上愚昧和盲目的镣铐，致使整个宇宙在愚蠢的意识支配下绕地球转了一年又一年……终于，人们承认了地球是太阳系的一颗行星，而太阳系又包含在银河系之中，银河系只不过天宇的一隅……宇宙究竟有多少个银河系，或者根本就不可计数？星云是如何在时间和空间的土壤中萌发？凝聚？毁灭？轮回？地球是怎样地游荡在荒无人烟的宇海，它上面的生命是一个孤独的种类吗？人类何时能移居其他星球，"UFO"上的生命何时来地球作客？如此等等，有多少玄奥莫测的真理在等着人们的智力开发，撩拨着每个好奇生命的心弦。啊，天文学是一个多么神圣而是崇高的事业啊！当你深知自身的渺小，当你用心胸去包容永恒无垠的宇宙的时候，你自己也会变得永恒和无限了……这个女孩子正是在这样无穷的想象和向往中度过了金色的中学时代，现在仍一如既往地神往着，期待着……

高考放榜了，许多人都拿到了录取通知书，她没有。她心里一点都不慌，她有许多理由可以笃定心。但当重点高校录取通知书发完了，开始发普通高校的录取通知书时，她坐立不安了，心里七上八下，整天紧张得要命，甚至不敢打听：在被证实之前至少可以存在希望。于是她暗自编造了各种各样的理由自我安慰，仍然翘首以待。在证实了她落榜的最初几天，她似乎还不相信，昏头昏脑地又等待了两天，她才绝望地大哭了一场。什么理想、事业、前途，构筑了十几年转瞬化为乌有，这样的打击对一个从未遇到挫折、自尊心极强的姑娘来说，实在太猝然太残酷了。

怎么办？怎么办？！二姐向母亲哭诉，可母亲只会陪着流泪；四周孤立无援，仿佛是站在孤岛上，周围是茫茫一片大海，她无法达到那光明的彼岸……这时，她想起了母校，想起了老师——对，请求老师帮助。晚上，她在油灯下写到深夜，一封沾满着痛苦和呼救的泪水的信写成了，厚厚的一叠，叫谁看了都会动心。在失去自制力和正常思维能力的情况下，她又接着写了一封信给招生委员会，异想天开地恳求他们让她上学。写完后，天已快亮了，她长长地吁了口气，昏昏沉沉地倒在床上，一直睡到第二天下午。当她重新读了这两封信时，心里则充满了疑虑、空虚和渺茫。但她坚持着将写给老师的信投递进了邮箱，而将另一封信撕成碎片。

老师很快就来了回信，告诉她他们派人去招生委员会问询过，她的政治条件远远达不到"三代红"的要求。但老师在信中鼓励她，叫她不要灰心，经研究决定破格让她回校复读一年，下次高考时慎重填表，学建筑，学地质，只要不是尖顶科学和政治条件严格的学科都行。老师的信又燃起了她的希望，在她乌云密布的心头透进了一线光明。她拿着这封信去找母亲。

但是，当她走到母亲面前的时候，母亲正对着手里的一封信愣愣发呆，看见她来了赶紧把信藏到背后。她看见女儿给她的信后一声不吭，只无限悲苦地望着女儿，眼眶里注满了泪水。二姐感到母亲的神情不大对头，心里怦怦跳个不停，似乎感觉了什么不祥的预兆。在她的再三催问下，母亲默无一言地把那封信给了她。

信是父亲寄来的，既简单又明了：不同意她继续上学，赶紧找个工作。信中举了两点理由：一来家庭经济困难，二来在城里有了工作，房子就住牢靠了，不用担心再受欺了。至于一个年轻人对知识的渴望却只字不提……二姐没等看完，便将信掷回母亲怀里，躲到大床背后去了，无论母亲过来怎么劝说，她一句都没听进，一个字都没听清。啊，完了完了，命运是多么的无情无义，整个世界都联合起来压迫她：外界的自不必说，连自己的亲人也这么不理解，不帮助，不关怀……在极度痛苦中，她又给老师们写了封信，觉得他们胜过自己的亲人。

极度的痛苦既可使人麻木，又可使人清醒。几天后，二姐从痛不欲生的麻木状态中渐渐醒悟过来。她开始从那虚无飘渺的幻境中步入到现实世界来了，比较能用现实的眼光去打量她自己，打量她的家庭和打量社会了。不看犹可，一看就几乎使她从一个深渊掉进了另一个深渊：她的家庭仿佛是一株从根部被挖空了泥土的树，和她自己足踏的土地一样，每跨一步都是那样的艰难费力，而且随时都有跌倒的危险……此时此刻，这个小小家庭，是多么需要每一个成员都能具有自我牺牲的精神，同舟共济，患难相助啊！她忽然之间感到惭愧起来，并对自己的私心感到内疚和自责。可是……可是，追求理想和向往未来是每个人的权利呀！这些矛盾心理纠缠着她，无法解脱，唯有深深地陷入灵魂深处，烧灼着她，啮咬着她，使她常在梦中惊醒。

不久，她的老师从学校特地赶来我家。他的学生的遭遇不仅使他深为同情，也使他感到极为怜惜，他决意要做通家长的思想工作。母亲对老师的亲临关怀感激万分。此刻她正感到力不可支，心头有无数的苦水无处倾诉，现在遇到了这样的好人，她再也忍不住了，便一股脑儿地全都抖落出来。老师认真地听了，觉得事情很棘手，并不那么简单。但他仍动员母亲让她的女儿能有一个继续求学的机会：他说他非常了解他的学生，对她的聪颖敏捷都很珍视，他答应给她免费，在经济上鼎力相助。母亲被他说得泪流满面，心里矛盾万分——哪一个做母亲的不希望自己的儿女有出息啊！这时，好久没有发生的幻听又在她耳边产生了效应，一个幽远而深厚的声音在冥冥之中对她说着话，指示着她，使她的一颗懦弱的灵魂顿时坚强百倍……

"老师，那就让她……"

"不！"母亲的话没讲完，就被二姐从床背后冲出来打断了。刚才她一边偷听着老师和母亲的对话，一边用拳头堵着嘴压抑住哭泣。"不，"她又说了一遍，然后转向她的老师，故作平静而嘴唇却在剧烈地颤抖：

"谢谢您老师。我对不起您，辜负了您一片……"

她再也忍不住"哇"地大哭一声，迅速地重又躲到了大床背面。老师走了，带着无限的惋惜和遗憾。二姐躺在床上两天没起身，不吃也不喝，只将她那本厚厚的毕业赠言簿、相册、及一个在生活和学习上得到她帮助的刚考上了大学的同学的来信，紧紧地、紧紧地贴在胸口……

根据当时的政策，高中毕业生可以由政府直接分配工作。在这样一个特殊环境下，由于我们每个人都可以想象得到的原因，二姐被分配到离城很远的一个偏僻的乡村小店当售货员。至于这种极不公正而又不得不服从的分配，我的二姐从云端一下跌落进泥潭的心情如何，读者更可以想象得到，我就不多赘述了。

三姐原在拉链厂做临时工，二姐分配工作后，她即被厂里以不成理由的理由解雇了。失业，焦躁，在家等待……不，这样等待下去只有死路一条。不能指望母亲了，（她对母亲太了解，太同情了。）家中其他人更帮不了忙。唯一的生路只有自己去闯。这个未成年的女孩子由于早涉世故而变得早熟，由于苦难的磨练而变得刚强。她不是没有过自己的幻想，不，她有过的！那幻想虽没有二姐那么的高远，却更富于现实的气息和色彩。如今，这幻想并没有完全泯灭，时不时地像流星一样从她的心头划过。她知道抓不住它，于是就不去白费力气，唯将幻想巧妙地交替编排，以暂时满足她那渴求的需要，同时鼓起勇气与恶抗争。她打听到工业局、人事局、劳动局、靖城公社下放办公室等部门与分配工作有关，便天天跑去这些单位，有时甚至到这些部门的领导的家中，苦苦哀求，以泪感化。

与此同时，城中居民委员会通知三姐和另外几个城镇户口的无业青年去居委会开会，动员他们自愿报名去农村（此话听起来颇矛盾：既然自愿又何必动员？但我不过是将历史如实写照，既不能歪曲也不能改正），而重点对象是我的三姐。他们表面上说是自愿，不强迫，骨子里在加紧逼三姐报名。三姐死也不报。开会的时候，总有一书记员在旁等着记录，只要谁哼一声，便是白纸黑字，然后欢送下乡。因此，每次开会时会场总是死一般寂静，谁也不敢开口。可怜每开一次会这几个青年都在难熬的沉默中紧张得汗流浃背，结果是书记员合上一字未写的记录簿宣布散会，明天再来。就这样，三姐白天开会，晚上到相关干部家去恳求工作。

三姐的这种不请自来、一趟又一趟的登门纠缠，自然会引起一些人的不满。遇到他们心情不佳或消化不良的时候，不是借故推托没空，便是干脆让家人回说不在家。有时三姐去了，正碰上人家围坐一桌吃饭，主人便毫不掩饰地皱起了眉头，而太太少爷小姐们则更加明显地嗤之以鼻，冷冷地说上一句："讨厌！"逢此三姐便知趣地站在门外，耐心地等他们把饭吃完。常常这一家子也就为了泄怨，把一顿饭拉成三顿吃。当然，也有人可怜这个女孩子，深表同情，愿意帮助，却总又爱莫能助，鞭长莫及。但不管怎样，三姐坚定不移，决不后退半步，她豁出去了——当一个人处在旦夕祸福或性命攸关之时，谁还顾得上什么体面和脸皮呢？

实际上，每一次的冷遇都在她年轻的心灵上划上了一道道印痕：那冷若冰霜的脸，那拒之门外的闭门羹，那令人难堪的明嘲暗讽，甚至廉价的同情和怜悯，这一切都叫她受不了，每次回家都要偷偷地哭一场。这一切都是偷偷地瞒着母亲的。母亲虽不了解内情，但女儿的悲苦感应起了她更多的悲苦。她几次三番要女儿向她诉说，痛痛快快地对她哭一场，这样她女儿的痛苦会减轻一些。但女儿坚持不说，一个字也不说：这样既增加母亲的痛苦又无济于事……

日子这样一天一天地捱着过去了，过一天好比过一年。不知是感动了上帝，还是当官的良心发现，或者是当事人被这个女孩子不屈不挠的毅力所感化了，觉得与其耗费这么大精力被她纠缠，还不如做一件举手之劳的善事来得更省心，总之，三姐的工作总算有着落了。她被分配到县五金厂当合同工。不过据知内情者透露，此事实非简单，几经波折，也花了一定代价。我对此详情不知，也就难以详叙了。

就在这天下午，三姐双手捧着一张决定她一生命运和前途的证明书，战战兢兢地回到家中，当着全家人痛痛快快地大哭了一场。

三姐尚未去厂里上班，又值哥哥初中即将毕业，所有的恶势力都一齐对准了这个忧思体弱的少年……。两个姐姐的前车之鉴，把他吓坏了，他一边担着沉重的心事一边拼命地读书，吃饭，走路，班级活动，家务，所有的时间他都把心思扑在书本上，甚至在梦里背诵课本。成绩固然不错，但身体一日日差下去，他全然不顾，更听不得母亲的劝告，有时甚至会对劝说他的母亲发火，实则是借以排泄掉一部分积淤的胸闷。家庭的艰难他是看得出的，但他不明原因何在，母亲也从未跟他说起。于是，他便根据一些表象，把姐姐们不能升学的主要责任归咎于父母，并在一次不知何来的怒气发作时，威胁母亲道："如果不让我上学，我就去死！"

全县准备举行一次中学生数学竞赛。他全力以赴地拼搏，内心既充满自信又担心得要命。谁料在考前的傍晚，他突然扁桃腺发炎，高烧达四十度。他满脸通红，浑身大汗淋漓，仍不肯离开书桌，手里死死抓住书不放。那天天完全黑了，母亲才拖着疲惫的步子回家。家中的情形使她大为惊骇：书仍然摊开在书桌上，旁边一盏小油灯忽闪忽闪摇晃着快要熄灭的火苗，因高烧昏迷的哥哥跪在地上，如捣蒜地向四周不住地磕头作揖，三姐又惊恐又无措地跪在一旁嘤嘤抽泣着，我更是拼命地嚎啕大哭……连日的辛苦，家境的凄惨，精神的重荷，无边无岸的痛苦，一下子随着血液涌向母亲的心头，她当即休克了过去。幸亏这时大姐回家，慌忙到院子对面叫来了秦守璜。这位老妇人并不比孩子们镇静多少，她也吓坏了，过了一会才想起叫没了主意的大姐三姐快去请医生来，她自己留下来给我的母亲抹胸顺气。谁也不敢设想，要是医生不来或者来晚了的话，后果将会多么严重。母亲渐渐苏醒过来，不久便沉沉睡着了，她已经累到了极点。医生给哥哥打了一针青霉素，又让他服了两片安定，一会儿他也睡去了。这一夜谁也没吃晚饭，全家在悲伤和恐骇中熬过了一夜。

　　第二天，哥哥的烧还没退尽，他仍决计去参加数学竞赛。母亲没能起床烧早饭，他便干脆连饭也不吃，喝了一碗白开水就出发了。现在他已下定背水一战的决心，反倒一反先前那种患得患失的心情，如同一位胆小的军士面临不战则死的枪林弹雨而豁出了勇气一样。这种心情使他得到了极大的好处，在竞赛时能坦然自若地将自己的天赋一展无余。竞赛结果在意料之外又在情理之中：他得了第一名。那天他满面红光地捧回了奖来的钢笔、本子、书，堆了一桌子，给这个哀愁包围着的小小的家庭增添了一阵子小小的欢乐。哥哥尤其喜欢那一套精致的绘图仪器：绸面小盒子内有松软的绒垫，圆规、三角板、量角器等各有固定的位置。那只小巧玲珑的铜圆规最得我的青睐，它的一条腿不仅可以换成各式各样，而且底端尖头部能向里折成一定角度，可以很方便地画出小得如同一点的圆来。我爱不释手地玩了一会儿，哥哥就视若至宝地珍藏起来。若干年后，我又把它找出来为我的学习效劳，最后在那"知识越多越反动"的年代丢失了，至今想起这样具有家庭历史纪念意义的东西，心里还不胜遗憾呢。

　　就在这时，发生了一件事，使这个家庭刚刚松弛了一阵的心弦又绷紧起来。我的哥哥本来同田艺相当要好，两人经常在一起看书下棋，在这个令他们两人都感到窒息的世界上，他们仿佛找到了知音，如同亲兄弟一般互相交述着那些连自己的家人也不公开的少年的呓语，他们觉得他们的命运和性格是如此的不同而又如此的相像。正因此，他们才在对方的心境中照见了自己，并且感到了又新奇又迷离，于是就越发增添了他们各自的吸引力和依恋之情，甚至远胜过对异性的爱恋。

　　一天，放学后他们再次途中相逢，便一道回家。在小院子门前的一口古井旁，一只不知被谁用瓦片砸过的大蛤蟆正四脚朝天躺在路中间抽搐着。当时我的哥哥刚好手里拿着捡到的一截短竹竿，田艺便向我哥哥要了去，打算将癫蛤蟆挑到路旁的菜田里去，谁知一用力，不偏不倚掉进了古井。两个少年都同时惊叫了一声，正想到井口去看看，恰好碰上余师母拎只吊桶来打水，两个孩子吓得赶紧溜掉了。那个蛤蟆还没死，浮在水面，正好被余师母吊了上来。于是她便大叫大嚷，说有人故意想搞臭水井，让大家吃了中毒，而凶手自然就怀疑到田艺和我哥两个人的身上。

　　起先，两个孩子谁也不吭一声，谁也不肯出卖朋友。后来，风声紧了，似乎确定就是我哥哥干的，母亲急了，晚上一到家便追问哥哥。哥哥先闭口不言，等到母亲眼泪都急出来时，才简单地说不是他搞的。母亲大概急糊涂了，连夜便去小组长家里申明蛤蟆不是自己的儿子弄到井里去的，但她也没说是田艺。岂止这话被歪曲地放大到田艺的母亲耳朵里，把她气得发抖，出于一种母亲的本能，她马上就骂我母亲"恶人先告状"、"猪八戒举钉耙——倒打一耙"，并谎称他儿子亲眼看见我哥哥将蛤蟆扔进水井的，她当时肯定是气昏了。但这气话立马产生了效应：人证物证俱在岂容我母亲狡赖？更其荒唐绝伦的是，不久，我的母亲竟成了教唆犯。

这口古井供周围几十户人家日常饮用，它被污染理所当然地会遭到群责和众怒，不明真相的人们众口一辞地谴责我的母亲和哥哥，其中还夹杂着一些被人蓄意炮制的中伤言语：既然他从小就这么胡作非为，放浪流气，难保长大后无恶不作……渐渐地，这种造谣中伤的目的便日益明显了：这样的小坏蛋还是早一点下放农村为好。

唉，人言可畏，可畏的人言。并且，这时连为自己辩护也成了罪孽：既然大家都认定了，申辩无异于坚持作恶。且不说这些弱小的女人和孩子，世界上有多少刚强的人照样被流言蜚语压垮了啊！面对这种莫须有的罪名，以及由这种罪名而引起的风波，我们全家都吓得目瞪口呆，唯有各自悄悄抹泪；幸而这时彼此还能互相依靠，互相信赖：母亲相信她的儿女们是诚实的，因为她从没教过他们撒谎；儿女们则深责自己给母亲带来了烦恼，但他们用不着担心母亲会怀疑自己，因为他们从小就知道，矢口否认做了错事会使母亲更痛苦……

谁也不知道，这时候除了我的一家痛苦之外，还有一个人的痛苦并不在我们之下，这个人就是哥哥的少年密友田艺。少年一旦觉悟到自己给朋友带来的罪过，他的忏悔是真诚的，彻底的，刻骨铭心的。几天来，他一直处在进退维谷的境地：他既没有勇气揭发自己（那样做无异于揭发自己的母亲），又如同泡在滚沸油锅里一样痛苦不安。他好不容易才鼓起勇气跟母亲告明了实情，可母亲却为了顾及自己和孩子的声誉，求他不要张扬出去。他先还自己欺骗自己，认为事情一阵风就过去了；岂料事态越来越恶化——他的朋友，他的一半的生命，为他活着的爱人，不仅要为他背着黑锅，而且要因他而葬送了自己的前程。这是多么的残酷啊！熬过了几个辗转反侧的不眠之夜，经过了多少次思想激烈的拼斗，实在经受不住这种良心的重压了，便决定去找我的哥哥忏悔——只要他爱人一句话，他决意毫不犹豫地为他去死，并且设想着一个又一个生离死别的悲壮的场面，独自感动得泪水盈盈……

田艺就怀着这样的心情走近我家。但到了门前的石阶上，他又犹豫了，胆怯了，独自在门外踌躇了许久。这情景都被我三姐看在眼里的，但她不屑去跟他打招呼，可田艺老半天在门外徘徊，又使她心里发烦。她气恼地推开门去问他干什么在我家门外走来走去。田艺先抬眼看了看她，然后嗫嚅着说道：

"我……我……"

"他不在！"三姐狠狠瞪了他一眼，转身就走，进屋后把门关得山响。

与此同时，田艺无意间瞥见一双少年又怨恨又忧郁的眼睛，正躲在一扇玻璃窗后边盯着他看啊！这个少年的心都碎了，他猛地转过身去，眼泪立刻滚落在地，他迅即就逃回家中。

这个忧郁的，内向的，寡言的，多情的，可怜的，冤屈的少年啊！这个多么需要爱人又多么需要人爱的少年啊！从此，他便被他唯一的知心朋友，他心中热恋的偶像拒之门外，整日浸泡在无底的忏悔的泪水之中。他唯有深深地自责，内疚，后悔，却一点不知他的清白无辜，一点不晓他和他的爱人都做了那帮谗妄小人向撒旦祭献的牺牲。直至几十年后，时间磨平了心酸往事的棱角，这两个少年时代的密友才在一次交谈中恍然大悟。他们握手言和了，但他们为之付出了多少欢乐，多少友谊，多少代价啊！

看来我哥哥下乡是在所难免的了，不然既不能满足阴谋的欲望，又不能平息"民愤"，居委会每次开会必点到我哥哥的名字。母亲到处奔走求告毫无结果，她累了，绝望了，但实在挡不过儿子的哭诉，一点也不存希望地作了最后一次努力……章纪清似乎也被母亲的巨大的痛苦感动了，答应同她一道去主管文教的副县长那里帮说说情。

这位副县长叫古仁道，中等身材，肥大的鼻子，厚厚的嘴唇，稀疏灰白的头发整齐地向后梳着，深灰色中山装的风纪扣也扣得端端正正的，显得又和蔼又庄重。据说他年轻时曾在某所高等学府学习，秘密地加入了进步组织，闹学潮时被国民党追捕过，后逃到山区参加了游击队。因此，他在这县政府里也算是一个知识分子出身的干部。他耐心地听完了我母亲对他的哭诉，沉吟了半晌，才慢吞吞说道：

"大嫂，这件事恐怕不好办，这样的情况不止是你一家啊……"

刹时，我的母亲感到眼前一片漆黑，双腿发软，她的力气用尽了，只从嘴角极轻微地吐出几个字："求求你，救救孩子……"随即"嗵"地一声跪了下去。

（啊，亲爱的读者，我的母亲跪下了，为了孩子，她跪在了地上——我的心碎了，一个儿子的心碎了！我多愿意让你们看看我这只握笔的手在如何剧烈地颤抖，我多愿意让你们听听我母亲跪下的刹那间大地发出的痛苦的呻吟啊……）

面对此情此景，在一旁的章纪清也忍不住帮着求情道："古县长，你就想想办法让他儿子继续上学吧，他在这次全县数学竞赛得了第一名呢……"

"什么？！"古县长马上睁大了眼睛，竖起了耳朵，如同一个猎人一下子收紧了全身的神经，"数学竞赛……第一名？"

"是的是的。"母亲急促地叫道，仿佛在灰蒙蒙一片中抓住了一线光明。她仍然跪着，一面仰着头瞪着古县长，一面用不停抖动的两手去解开腰上的衣扣，掏出那张视若生命的奖状，双手捧着举向她面前的救星。这张奖状她随时带在身边，也曾向几个人出示过，毫无用处，现在她几乎忘了。

"起来起来，大嫂。"古县长一手搀起我母亲，一手接过奖状。官场的他消失了，此时仿佛只有一位艺术家鉴赏家，被一件偶尔发现的艺术珍品所吸引，所陶醉，脸上不知不觉露出的微笑使他两只眼梢的鱼尾纹皱叠起来，显得那么恬静和慈祥。但不久，这皱纹一下子跳到了双眉之间，像跟谁生气似的自言自语道："啊，一个人才，一个人才……！——不能埋没……"他转向我的母亲："大嫂，你先回家罢，奖状留在我这里……"

母亲不解其意，又千言万语地恳求，非要听到县长的明确答复不可，古县长只和蔼地说一句"放心吧"，让章纪清搀扶着我的母亲离去。待跨出县委大门，母亲才恍然大悟，大声哭喊着："好人哪，好人哪！"泪水纵横了一脸。

古县长没有背弃自己的诺言：我的哥哥没有被下放，顺利地升入了高中。他救了一个少年，一个人才，却不知在若干年后，自己要为之付出多么惨重的代价……

我哥哥姐姐的困难一个又一个的解决，就等于阴谋一个又一个挫败。这可使阴谋的制造者们气急败坏，便很不甘心地将一只只无形的魔爪伸向我的大姐。

然而，我的大姐确确实实患有严重的先天心脏病，有许多医院证明，至今已发过两次，每次犯病都去上海父亲那儿治病，非但看不好，倒是越看越坏；如果再发一次便是晚期，也就是危及生命了。医生说，只要她心宽，没有外界的刺激，二、三十年内是可以避免不发病的。可命运偏偏不罢不休，偏偏故意挤压她的心灵，在前一阵全家断粮时差点被内外挤垮。她总算挺过来了，随着弟妹们问题的一个个解决，她那一副悲天悯人、忧愁重重的脸上也露出了几丝明朗宽慰的笑意。她不知这时乌云开始聚集在她的头顶上，家人也尽量不让她知道，怕她经受不了这样的打击。而其实，谁知道呢，凭了她那一颗年轻女子细腻入微的心的感应，凭了她几十年被病魔和苦难磨练出来的敏锐洞察力，她也许早就知道或预感到这一不可避免的一着。但她时时提防着自己不让它流露出来，留心不让家人知道，因为倘若让家人知道了她的苦楚而为她忧心的话，那会更叫她痛苦不堪的。于是，她隐忍着，强颜欢笑，唯将心灵打开一个无底的窟窿，将苦水灌下去，灌下去——啊，世界上有多少个性情深沉内向的人，有多少个痛苦的心灵，便是这样无边无岸、无始无终地被苦水浸泡着而不为人知啊！

自从母亲第一个孩子夭折后，便将全部的心血，全部的爱倾注到我大姐的身上，并因了她的先天不幸而倍加关怀和照料。谁知这个女儿除了丝毫不爽地秉承了母亲的忠厚懦弱外，平添了一个多愁善感的性格。客观上，她缺乏别人的优越感，别人尽可以在幻想中纵横驰骋，在亲近的朋友面前嘻嘻哈哈地讲出自己的美妙计划。她不是没想过，她或许比别人想得更多更美，但她从不敢吐露一个字，唯恐被别人耻笑，那是她受不了的。于是，她便将那明知实现不了的幻念当作一剂苦药咽进肚中，虽然胃填满了，可灵魂并未得到些许的医治。为了弥补和充实，她便钻进书堆中去，做了大量的笔记和摘录，并且还有学画画，学音乐，及素描、刺绣，在枕套上、床沿布上绣满了龙、凤、山水、神话等等。她还集邮，甚至偷偷地写诗，一些谁也没见到过、谁也不理解的句子。在我初懂人事后，有一天我翻哥哥姐姐们的书篮，无意中发现一个本子，扉页上用隶书写道：

我的伴侣，我的心声，我的脚印，我的我……

这个蓝封皮的小本子似乎未能引起我的兴趣，因此只略略一翻而过，其中内容一点也记不起来了。而后来某一天我一旦觉悟了它的价值，翻遍了那个旧书篮，它却无影无踪，不知去向了。

一到像她这样的年龄，年轻人，尤其是年轻的女子们，已越过了那种朦胧的、飘忽的、蒙上一层色彩的阶段，开始有了比较明晰的意识，认真的态度，她们将以往臆想中的偶像同现实中的人物加以比较，衡量，筛选。这时她们是既甜蜜又苦恼的：严酷的现实和传承的习俗不得不使她们在爱情的圣餐中加进许多名利、地位、财富等等佐料。有的人勇敢地追求前者却偏偏得到后者，有的人则干脆为了后者而追求前者，大多的人不是做了世俗的俘虏，便是做了世俗的牺牲，这些可怜的盲目的女子在各个不同的节点，朝着各个不同的方向挣扎，结果总被不幸连结在一条线上……

然而，因了幽禁她高贵心灵的肉体，便是这样的苦恼的甜蜜也轮不到我的大姐品尝，好在她已决意不去品尝它了，经过了不知多少次自我折磨的痛苦，她已下定决心一辈子不结婚，和母亲，和这个脆弱的家庭，风雨同舟地生活下去。至于几十年后，红颜褪尽人老珠黄后，她会怎样，她不去想它，也不敢去想它。她有一种比任何人都深的自卑感，这种自卑感伴着她的病体一起长大，使她对所有的命运都逆来顺受，毫无抵抗，唯有对花落泪、望月叹息而已。但幸亏她有了这种自卑心理，不然的话，如若突然之间被宣判剥夺爱的权利会更叫她不堪忍受的。

但是，世间的事情就这么千奇百怪：人一旦到了某个年龄，倘若还没有成家，还不赶紧找丈夫或妻子的话，周围的人就会侧目而视，社会上就会进行种种猜测，连他的亲人也会焦躁不安。他们吃尽了这种动物性为了生殖而完婚的苦头，变得麻木了，便回过头来热心地引导别人重蹈覆辙。有人向我母亲几次三番地提起过大姐的亲事，母亲动心了，便小心地用话来试探女儿，但往往话还没说明，便被女儿生硬而直截了当地挡了回去（她只有在母亲面前才敢于这么直截了当）。母亲怕多说会惹她生气，使她伤心，便也不再说了。可是，竟还有这些热心肠的好人，她们似乎非要看到他人实现自己的意图来证实自己的善心不可，便直接向大姐提起这事。虽然大姐极为生气，但她并不过多表露，却从此再也不跨进几个从前要好的女朋友家的门槛了。但有一天，她从一个刚结婚不久的中学同学家回来，一声不吭，眼里满含着泪水，像是哭过。她跟那中学的女同学可算得上是知心朋友，有时也从她那里得到安慰和勇气。她没有想到，她所信赖的朋友竟也跟她提起她厌恶万般的事来。要是她的朋友简单地跟她提一下，她本可以一口回绝，岂料她又讲得这么合情合理，打动人心。

她的女朋友告诉她，她有一个亲戚，虽是个普通工人，但在校时就培养起了对文学的爱好，性格深沉内向，待人和气笃实，希望找一个温柔贤淑、有一定文学修养的女子结为伉俪，当他听她谈了我大姐的性格后便心已神往，同时将红线的一头交付予她。这位朋友又进一步对我大姐分析道：倘若她找到了一个好丈夫，不但她的一生都有了一个坚定有力的依靠，而且，成了家也就有了房子（她的那位亲戚有私人房屋），我的一家总可以在城里住牢了，再也不用担惊受怕，再也不受谁欺侮了……

　　唉，那时，我们全家都正为各自的好运气而庆幸，而欢喜呢，谁也没有想到我的大姐在强颜之下所隐忍的巨大的痛苦，谁也不会想到有多么复杂的矛盾纠缠在她的心头；更不会想到这痛苦，这矛盾，正在使她渐渐萌生一种为母亲，为弟妹，为这个苦难的小家庭作出牺牲的念头。这种念头既定，她倒反觉超脱了，略含痛苦的微笑面向未来，一丝儿没有看出这一念头正是酿成自己悲剧的端倪……

第十章

大姐终于没有被下放：一方面她的确患了严重的心脏病，加之乡下白彩云及其女儿串通队干部顶住城中压力，坚决不接收"残疾病人"，如果她们不是别有用心的话，倒是应该感激她们的一番好意。不久，大姐被安排到县城螺丝厂工作，这正是她所希求的：劳动会给她带来无穷的乐趣。

稍后一段时间里，除了母亲起早摸黑下乡劳动外，倒是度过了一些较为安宁和充满光明的日子。一家人都恍若走出荆棘丛来到一片开阔的茵茵碧草地带那样长长地吁了口气。天气是久阴必晴的。至于晴空之上仍凝聚和积蓄着电闪雷鸣，对于长途跋涉的人来说都是无暇顾及的——当你漫步幽径，尽情地吮吸鲜花的馨香时，你会愿意去想这花不久后的枯萎凋零么？

我不想过多地在此叙述这期间我的一家是如何和睦相处、温暖共存，又如何在生活的苦海中不失时机地摘取朵朵稀珍的欢乐浪花的，因为我相信你们都能想象并完全可以理解。然而，有一件事却是我永生难忘而又绝不应该挂万漏一的，虽然这件事的最后受难者不是我，但我总觉得比自身遭难更难受，何况，当时那种被感召被启迪的思想，都足以影响我的一生。

自从上次我被那帮小坏蛋们欺侮后，他们就更肆无忌惮了，一到家人不在身旁，总会故意到我身上来抓一把碰一下。我不能反抗，只得向母亲哭诉，可母亲唯有偷偷陪泪而已。二姐去乡下一个小杂货店当营业员了，大姐三姐白天要上班，哥哥一心读书更顾不了我。实在无计可施，母亲便每天外出时将我锁在房内。

开头几天倒还无所谓，我第一次认真地逐一审查起我的这个家室来。这里摸摸，那里翻翻，力所能及的都不肯错过要打开瞧瞧。虽然家具什物并不丰盛，但我总还觉得多余的东西不少，除了床，凳，碗橱，以及我自己一个放玩具的抽屉外。东西翻厌了，我便翻阅为我买的看图识字小人书，并用彩色蜡笔照着书上依样画葫芦。结果红旗画成了手帕，太阳变成了鸡蛋，飞机歪七扭八，还少了个尾巴，活像一只畸形丑极的青蛙。一气之下，我便全都使劲地涂掉。有一次我在哥哥遗忘在桌上的高中语文书的插页上加彩，弄得这位惜书如命的书呆子向母亲大发脾气，我倒在一旁逍遥自在乐不可支。

久而久之，我终感厌烦了，孤独了。这一弹丸之地太狭小了。孩子的心胸原本是为了容纳大千世界的。在这个日益沸腾、日益新奇、日益扩大的世界上，草丛中探出头来的一朵野花、照射在树叶间的一缕阳光、倒映在车辙中的一抹晴空，都会触动他们幼小而好奇的心灵，使他们的心灵不断地丰富和充实。

于是，我便吵着要出去，要离开这个囚笼，找小朋友去，和他们一块做天真烂漫的游戏，便是挨打也无妨。

"我要小朋友玩。"有一天我跟母亲说道。

"等你上学了，小朋友可多呐。"母亲温柔地跟我说。

"我要上学。"我饭也不吃了，缠住母亲。

"你还小哇。"母亲笑了。

我还小，我竟伤心地哭了。

有一次，我下决心非要争取到我的权利不可，吵得非常之凶。三姐忽然笑着对我说已经帮我找到小朋友了。我毫不怀疑就让她搀着手走到家中那顶祖传的朱木衣橱的穿衣镜跟前。

"哟，就是他了，"三姐用手往镜中一指，"亲个嘴吧。"

我气极了，狠狠地骂了声："假的，骗子！"

谁知三姐并不生气，只一句话便把我问倒了——是呀，如果他是假的，那他怎么也能动会笑，也能张嘴眨眼呢？我拼命地想啊想啊，绞尽脑汁也莫名其妙，倒是越想越觉得玄奥：莫非连我也是假的么？后来居然也确信有一个跟我年龄相仿的小孩存在着，不过他太骄傲了，太不容易接近了。可我哪点惹了他呢？这样就越想越伤心，越想越落寞了。最后，我下决心不去想他，你骄傲我比你还骄傲。于是，我就转过来想着学校，想着我将会有一大群小朋友，他们全都跟我一样，大家一起做游戏，一起手搀手放学回家，不分你我，不分性别，彼此相帮，彼此相爱……啊，那时我的一颗小小的心灵是多么悠然神往啊！如果哪一位可敬的老师捧起我这本小书的话，我将根据我的经历和体验诚恳地向他告明：每个学龄儿童都会把学校当作他们心目中第一座神圣的殿堂，他们在自己的翅膀长出绒毛后便非常乐意地翘盼着飞入这座殿堂之内，倘若后来这些天真无邪的孩童中有谁逃学了，落后了，甚至学坏了，那主要的责任并不在孩子……

　　大概是看我一人孤寂得可怜，有一次三姐带回一只小不点的猫咪，说是让它作我的伙伴。这只猫是三姐从她一个朋友家捉来的，刚出生几天，昨天才开了眼。也许它的妈妈身上披的衣服是灰色的吧，这只小猫全身也是灰不溜秋的，但三姐说它已是在一窝同类中所挑的最漂亮的一只了。我没什么可挑剔，在我冷清的小天地里，这毕竟是一个生命啊！

　　当我从三姐手里捧过这只比老鼠大不了多少的猫咪时，心扑通扑通跳个不停，还有点儿害怕。我小心翼翼地把它抱在怀里，两只小手紧张得发抖，生怕将这个小生灵身上的哪个部位折掉一处。这只小猫又小又瘦，浑身的灰毛粘糊在一起，不时地打着冷颤，两只无神的眼睛隔好久才睁开一下，露出胆怯的可怜巴巴的目光；而我却更害怕碰上这对我来说如同两道闪电似的目光，当它一开眼我便赶紧避向别处。这时候，我小小的心胸里的一点烦恼和委屈早已一干二净，只觉得天底下最可怜的就数这只小猫。它的眼睛一张一合，它断断续续的尖细微鸣，都能使我得到感应，都能牵动我的神经。它仿佛是在轻轻地呼唤它的妈妈，在提醒别人它肚子饿了，又仿佛是在打量这个陌生的世界，打量它那同样可怜的小主人，怀疑自己能否快活地在这个世界上生存下去……这种怀疑真叫我好不伤心，我便将家中那袋唯一的吃了好久还没吃完的奶粉拿出来，慷慨大方地为它冲奶粉，尽管家人都说小猫一下吃不了许多，我还是凭小孩子的倔强劲坚持冲了一大碗。第一次，我真心体验到了人生的欢乐；第一次，我模糊意识到我的存在价值。

　　从此以后，这只小猫便与我形影不离。我把它看成了我生活中唯一的伙伴，唯一的知己；我的一颗幼稚而孤寂的心便在它的咪咪叫声中得到抚慰。我越是感觉到这一点，就越对它备加爱护。每当妈妈难得买回一两条鱼时，剔除了刺的鱼肉大多夹在我的碗里，而最后往往全都装进小猫的肚子。我用一只大草垫为它做了一个舒适松软的窝，虽然它很少睡在上面。因为我"猫猫"、"猫猫"叫惯了，自觉得非常的亲切，于是干脆给它起了个名字：毛毛。有时候，家中只剩我们俩，毛毛蹲在我的身边，瞪大圆圆的眼睛看着我，我便温柔地轻声跟它耳语道：

　　小毛毛，你的妈妈呢？你家里还有其他人吗？你一定很想它们吧？……啊，我也跟你一样，……不要伤心，不要难受，还有我呢！……

　　一个多月后，毛毛长大了不少，身上的灰毛变得稠密光洁了，颜色也更深了，它的趾缝间长出了弯弯的利爪，并且学会了爬树。有一天，它居然逮住了一只老鼠。它把那只半死的老鼠丢开，自个伏在一旁，一眼不眨地盯着它的天敌。那只老鼠先装死了一会儿，看看没有动静，试着动了一下身子，猛然间便抖擞精神向着一个洞口逃去，说时迟那时快，毛毛倏地跃起扑了过去，可怜那只老鼠又被衔在口中。毛毛再一次将它的猎物松开，用爪子拨了拨，看看它毫不动弹，便又重新在一旁身子贴地，如是欲擒故纵了几次三番，直到老鼠永不能动弹了，它才大摇大摆地弃之而去。目睹这件事已够使我惊讶的了，但它所做出的另一件举动则更叫我吃惊不小。有一次，我和母亲回家，在院外的那口古井旁，看见毛毛正弓着身子蹲在旁边的菜田里撒尿。这本来没什么稀奇，谁知它撒完后并不马上离开，反而回过头去用鼻子嗅了嗅，竟用爪子扒着四周的泥土将那撒过尿的地方掩盖起来。我大惑不解——谁也没有教过它啊！我问母亲，母亲并没有对这一也许连她也解释不清的问题正面回答，只是跟我说道："你瞧，小猫还这么懂得讲清洁，人就更应该爱清洁了。"呀！此时此刻，此情此景，母亲的这两句话竟如此的使我感到汗颜，又如此的令我刻骨铭心，令我永难忘怀。我想，我至今所保持的讲究整洁的习惯，大概正是这一会儿功夫所埋下了种子罢。

暑假，父亲回家了。开始，对于家中多了一只小猫，他倒也并不在意，既不喜欢也不厌弃。不久接连发生的两件事使父亲改变了主意，坚持着将我与我亲爱的毛毛生生分离。其实说起来都是些并非什么了不得的事：一件事是有一次父亲兴冲冲买回两条大鲭鱼，吃饭时因对小儿子偏爱，将大块大块的无刺鱼块夹进我碗里，弄得哥哥在一旁叽里咕噜意见满天，然而我却当着父亲的面将那鱼块故意掉在桌下让毛毛吃了，这不禁使父亲大生其气；第二件事是有一天我在和毛毛逗着玩儿时，被它不小心伸出的利爪抓破了手指，当时我惊吓得大叫大嚷，将手上的两条血杠伸给恰在一旁的父亲看，父亲骂了一声："该死的畜牲！"谁知毛毛并不懂事，它还走到我的身边，将它的头蹭着我的裤管表示亲热，我吓得直往后退，这时父亲顺起一脚踢了过去。毛毛在地上连滚了几下，一声哀鸣，迅速逃走了。我见状早已忘了手痛，只心疼我的小猫，便更高声地哭喊着打起父亲来……于是，本来就不爱好小动物的父亲便觉得毛毛是一个多余而讨厌的东西了，他向母亲提出要将猫送掉。可是，母亲没有吱声，哥哥姐姐们都没有吱声。父亲一连说了几遍，没人响应，最后他发火了，下决心非要把猫赶出这个家不可，并威胁说如果没人送它就打死它，实在是因为他做父亲的威严受到了损伤，胆小怕事的大姐被父亲的火气吓坏了，她尤其怕父亲说得出做得到，为了息事宁人，在把我骗到一边去后，她将毛毛装在一只竹篮里拎着出去了。我清楚记得当时我听到一阵呜呜的叫声，这哀求似的声音由近而远，但我不知道我的毛毛被送出去了，不然的话，我一定会冲出去拼了命救回我亲密的小伴侣的。

可怜毛毛就这么被送掉了。当我知道实情后，着实轰轰烈烈地彻底大闹了一场。我感到无比伤心，而我伤心的泪水怎么也洗不去毛毛在我心目中的形象。我想它，想得身子发抖，当天晚上浑身抽筋，手脚扭曲得连父亲拉都拉不直。这下全家都吓坏了，半夜里爬了起来，一边掐着我上唇的人中，一边心急火燎地把我送进了医院。

出院回家后，我仍不罢不休地要讨还我的毛毛。不是不好好吃饭，便是把菜饭撒了一地。但我那只可爱可怜的小猫怎么样了，谁也不知道。它会不会被人打死？会不会变成使人讨厌的野猫？母亲百般地哄我骗我，三姐也对我许下一百个诺言：以后一定把世界上顶顶漂亮的小花猫送给我。我说我什么猫也不要，毛毛就是天底下顶顶漂亮的……日子一天天地过去，连毛毛的影子也不见，眼看得我的哭闹又无济于事。唉！真对不起你，我的毛毛！你刚降临这个世上就被妈妈离弃了，现在又被你唯一的朋友离弃了——但我实在没有办法呐！原谅我吗？我的毛毛……

但是，我做梦也不会想到，不久我的毛毛又会重新回到我的身边，命运注定了我和这个温柔可爱的小生灵终将不是生离，而是死别。

这是在毛毛被送出十天以后的事。这天家里只剩我一人，又被母亲锁在房里。我百无聊赖地在屋子里走来走去。忽然间，有谁轻轻推动房门。我走过去，透过门缝往外一瞧，啊，我差点儿高兴得闭过气去：我的毛毛！它就站在门外，正不时地用头顶门。我们的目光相遇了：一个哀怨，一个内疚；一个期待，一个惊喜……我拼命地将房门拉开一条大缝，毛毛便使劲地从缝中挤了进来。它对我喵呜喵呜地连叫几声，用头蹭我的脚，我立刻将它抱在怀里。

当时我不知道一边搂着它一边对它说了多少傻话，但一阵狂喜的热情过后，我却犯愁了：怎样才能把我的毛毛留在身边而不被家人发觉呢？其实，对于这个问题，我操心也没用，因为当天傍晚除父亲外谁都明察了我的这个秘密，好在谁都喜爱这只小猫，如同喜爱我一样，大家便出主意如何躲过父亲的眼目，再过二十天暑假就结束了。就在这当儿，父亲回来了，三姐赶忙将毛毛抱到后屋去。

"你们在谈猫的事哪……"父亲进屋劈头说道，大家都吓了一跳：父亲一定瞧见了毛毛，不然怎么会这样问呢？

"没……有……"大姐吞吞吐吐地想遮掩过去，岂料这时毛毛竟不知好歹地喵喵叫了两声，但立刻便缄口了，一定是被三姐封住了嘴。

"嘿，没有？还没有……"父亲四顾了一下每个人脸上紧张的神情，竟出乎预料地微微笑了笑。这是默许的信号，大家都长长地吁了口气。

我又可以堂而皇之地整天和我的小伙伴厮守在一块儿了，这种儿童所享受到的幸福心情是不说谁都会想象得到的。有一天，我忽然之间觉得毛毛长大了，它不再是我的小毛毛了。它有着滚圆丰满的身材，柔密的灰毛，和四只雪白的脚。它已经变样了许多，尤其是它的性格，一反小时那样的活蹦乱跳，有时竟在弹了几下耳朵后，呆呆地蹲在一处愣神。但不管怎么样，它一如既往地对我温顺，只要我轻轻叫一声，它就会乖乖地伏在我的脚下或膝下，任凭我从头到尾为它抹平灰毛，而每当这个小生命的体温渗入我的体内时，我的一颗小小的心就会揪紧，产生一阵阵醉意的快感。

在这期间，有两件事是我难以忘怀的。

有一次，我不知是为了什么事惹得父亲大发肝火，狠狠地揍了我一顿，并扬言说从此不给我饭吃。母亲不在家，姐姐们不敢吭声，我一个人孤零零闭着眼躺在床上。没有人来宽慰一句，肚子饿得咕咕的叫，心里委屈得要命，甚至想到以死来向父亲报复。过了好久，我忽然觉得有什么毛茸茸的东西在我脸上拂了一下，接着就是暖乎乎的柔软的东西在舔我的手，我睁开眼一看——啊，那两只圆圆的，鼓起的，绿色的，天真的，充满同情、友爱和悲哀的眼睛……

另一件事，我至今一想起来也还能感受到当时的愤怒。接连几天，我都被门外毛毛那变了调的婴儿似的哭声以及好像跟谁厮打时发出的惨叫声从梦中惊醒。我搞不清究竟是为了什么，而大人们又都似乎习以为常，若无其事。为了保护我的毛毛，我必须搞个水落石出，它是被欺侮了，还是被什么咬了？一天晚上，我预先将一个大姐上夜班用的手电筒藏在枕边，拼命瞪大眼睛不叫自己睡着。十二点钟光景，我又听到了天井里毛毛的叫声，似乎还夹杂着另一只猫粗野的低吼。我不顾母亲的反对，非要借撒尿为由起床外出不可。当我走出房门，将厅屋的木长窗"吱呀"一声打开后，天井里顿时万籁俱寂。但从对面墙角发出的喘息声我却清晰可闻，两个模糊的肉团在星光下也依稀可辨。我啪地拧亮手电，一束电光不偏不倚正照在两个扭在一起的小动物身上。当时我立刻认出了我那被压在下边的毛毛，一只肥大的白猫正惊恐地回过头来，两只碧绿的眼睛像幽灵似的对着电光朝我看。我想我当时一定是气坏了，浑身的血呼啦一下子顶上脑盖，来不及想一想便将亮着的手电摔了过去。只听得"哇"的一声尖叫，对面墙角只剩下了那个打碎了玻璃但仍旧亮着的手电。当时我激动得不能自已，牙齿格格地打架，忽然间，我一下子意识到了什么，飞速地溜进屋子，爬上铺着凉席的床，用毛毯将整个头紧紧蒙住，不管母亲怎么问我，我只是不吐一字，浑身不住发抖。这件事虽然已过去快二十年了，但我至今一回忆起来也还忍不住颤栗。虽然现在我明白了那是怎么回事，但当时对那种兽行的忿愤、厌恶却远远有过之而无不及，以至现在只要一听人提起同类中的这种兽行，我的眼前便会立刻反映出那天晚上隐在黑暗中的丑恶之极的形象，从心底涌出万分的鄙视和唾弃。

暑假结束后，父亲回学校去了。

时光像音乐般从我的童心上流逝，越来越复杂的音符越来越和谐的旋律，在我越来越开阔的脑海里引起共鸣，不时交织出只有我这样的年龄才能产生的形形色色幼稚而可爱的念头。每当一种新的念头倏忽即逝的时候，我就及时地捕捉住它们，随后让毛毛静静地坐在我的脚旁，像对一个知心朋友似的向它叙说。不论我的话有多傻，有多荒唐，它都当我忠实耐心的小听众，像吃着一条鲜美的小鲫鱼似的摇着尾巴，仿佛它真的听懂了，真的心领神会了，最后还咪呜咪呜地细鸣几声，似乎是说：

"你的想法真好呐，我亲爱的小主人，我能为你这样美妙的想法做点什么呢？"

…………

啊，要是我能和我的毛毛继续生活下去的话，我不知还会向你们讲出多少关于我和我心爱的猫咪优美而动人的故事……然而，它去了，匆匆地去了，因了我父亲的过失，为了它小主人的生存，作出了自己崇高的牺牲。它的肉体原是粒子的组合，现在又化为粒子渗入泥土，但它的灵魂呢？不管别人如何看待，我总觉得这个动物的灵魂已同化进我的灵魂之中，并常常在冥冥中运动。

请读者们原谅我没有将这件事的始末详细地描写出来，因为我一想到它时心中就会徒增悲怆和追念，从而不忍卒笔。那是六三年元旦的一天，我正好五周岁生日。父亲在元旦前夕赶回家过节假日。元旦一清早，他便上街慷慨解囊，买回了鱼、肉、虾等一大篮子菜，过节日和贺生日同时并举。昨天母亲帮生产队买了一瓶农药，今天她没有下乡，又没有将农药藏起来，大意地放在墙角。母亲烧好饭，正要烧菜时，被居民小组长叫了出去。今天父亲心情特别好，便亲自动手烧了几大盆菜。我在一旁瞧着。毛毛就蹲在我的脚边。大概它闻到了鱼香，"喵喵"地叫个不住，用头不停地磨我的裤脚，用它那惹人怜爱的眼神看着我。于是，我便闹着肚子饿了。父亲很高兴地为我盛了大半碗米饭，用鱼汤拌好，再夹上大块大块的鱼肉。我走进屋里，毛毛摇着尾巴跟在我的后边。在大床后，我粒米未沾便将碗放在地上，甜滋滋地在一旁看着毛毛美美地饱餐。啊，天知道，这该死的农药，万恶的农药，父亲竟误把它当酒来烧鱼了……等母亲回家得知后，大声惊叫着来到我面前时，只见毛毛口吐白沫，倒在地上抽搐着，我在一旁惊恐万分，绞着双手。

"我的儿子，我的儿子！"母亲扑过来紧紧地抱住我，她一下子不能从惊骇中清醒过来。

"怎么啦？姆妈，毛毛怎么啦？"我紧紧地揪住母亲的衣襟，贴在她的怀里。母亲一句话不说，满脸苍白，泪水沿着鼻梁两边的纹沟滚下。

那边，近在咫尺的那边，在死亡的深渊里，一个小小的生灵，小小的肉体，我心爱的毛毛，在蠕动着，抽搐着，挣扎着……因而母亲才没有失去儿子，因而我能在今天向你们讲述这段悲壮的故事……父亲慢慢地走过来了，胆怯的，没有了过去的那种刚毅和自负，额上沁满了细密的汗水，而眼角——啊！那分明是两颗泪珠，晶莹的泪珠。我生平第一次看见父亲的泪水，幼小的心灵真是感激万分——啊！这忏悔的苦汁，这净化灵魂的清泉，这伟大而崇高的父爱的甘露——这个男人，这个父亲的泪水呀！

毛毛不再抽搐了，它缓缓地眯开无神的双眼，看了看它周围所有的人，又无力地闭上了。一片乌云从天上飘过。从天窗透进的一束光线笼罩在它一动不动的身上。我猛地挣脱开母亲的怀抱，扑过去，跪在我的毛毛的身旁，大声地哭喊着它的名字……良久，毛毛最后一次睁开眼睛，它那回光返照的目光异常地安详，仿佛累了，乏了，困倦了，就要睡去一样，又仿佛是在向我微笑着，轻轻说道：

"啊，我可亲可爱的小主人，我总算为你做了点什么……"

我的毛毛死了。这是我至此为止所接触到的死亡。但我清楚地记得我面对这种死亡一点儿也不感到害怕，除了万分悲恸之外，更多的感觉是庄严、悲壮、崇高、神圣。虽然那时的我一点儿还不知道"牺牲"一词的概念，但却最真实的感受到了"牺牲"的实质和内蕴。

　　失去毛毛我会怎样，这是亲爱的读者们可想而知的。很长一段时间内，我都被苦恼和孤寂包围着纠缠着，脾气变得坏极了。母亲和家人对此都毫无办法，于是，大家决定给我换换环境，答应我的要求，让我去上学。当然，我着实高兴了一阵子，想象着那崭新的生活，自以为可以忘却过去的不幸，因为孩子的一颗渴望的心容易被新的生活所吸引，过去了的容易被未来的所替代、刷新……然而，这却实在是不可能的事，在今后的几十年以至一生中，只要稍有触动，我那只可爱的灰猫的形象便会悄然袭上我的心头，引起我许多又甜又苦的回忆和感叹。

尾 声

我已经翻过了人生的一页。

这一页或朦胧，或清晰，有的不堪回首，有的重温起来永远是那么回味无穷。正因为我有我的过去才有我的现在，而现在又回过头来追怀过去，以至于我的身体，我的性情，我的思想，我的行为，以及我对自己还不甚清楚的一部分，都要穷根究源地去从孩提时代寻找蛛丝马迹。

翻过的一页人生饱蘸着我的血和泪写得密密麻麻，但对于亲爱的读者来说，接下来我的人生经历还是白纸一张。就在我将要用回忆来填补这页空白之前，请让我掩卷凝思片刻吧……

呵，比孩提时代明晰的我的童年情形历历在我的眼前浮动……它们也像孩提时代一样，有辛酸，有欢乐。如果说我的孩提时代主要因碰上"三年自然灾害"而使百姓遭殃的话，那么，我的童年时代又碰上了人为的十年浩劫而使万民罹难。真善美与假恶丑这一永恒的对立面，便在这种适宜的气候里从幽隐处激化到了表面，并在光天化日之下毕露无遗。下面，你们就可以看到，我的家庭，我住的四合院，我们的社会，将演出多少骇人听闻，撼人心魄，英勇悲壮，可歌可泣的史诗般的活剧……

1983 年 12 月 22 日草稿

1984 年 5 月 21 日整理

1984 年 12 月 22 日誊毕

补记：

本自传草稿完毕于 1983 年 12 月 22 日，誊写于 1983 年 3 月，其中七、八、九章及十二章一部分誊写于 1984 年 12 月 22 日，中间因时间紧而隔。

本篇名曰自传，实非写自己，而是以我为线索，写我在历历艰难中所遇到的各种各样的人，以及自 1958 年大跃进以来二十五年的历史风云，将真善美与假恶丑全然跃于纸上，以作为后人借鉴。

本自传原计划分五步写。至此第一步写完，接着写第二步：童年，写到小学毕业为止。其间疯狂的文化大革命开始；小院子里的邻居各种惊心动魄的表演；大姐惨死。第三步写中学时期，因没上到高中，又去乡下某一中学重读初二，又没上到高中；以及去金湖县求学的历历艰辛。第四步写一封电报急召回家，高中尚未毕业，以及在社会上两三年的遭遇。第五步写考取浙大后，四年丰富多彩、令人难忘的大学生活，以及毕业留校后的一部分人生经历。

至此刚写完第一步，可以说不过是个开始，序幕；刚摆出人物，高潮还在后边。第二步童年刚起了个头，想接下去写上幼儿园，写得天真可爱点，暂不提家庭艰辛，也可以让读者松一口气，宛如在惊心动魄的交响乐中插入一段小夜曲，在波涛汹涌的大海上觅得一隅恬静的港湾。然后，再引导我的读者跟随我进行苦难人生的长途跋涉，最后同我一道踏上"天之骄子"的金光大道……

可是，时间太紧了！我没有这个条件环境写完它。我曾答应过我的朋友们写完它，看来暂时难以兑现诺言了。

什么时候，什么时候能遂愿呢?！

1984 年 12 月 22 日

第二部　家与业

谨以此篇

献给一代

成家立业的青年朋友

1984 年 2 月 15 日　阴

历史在过去容纳了我们，使我们感到生存的荣幸；但到了一定的时期，历史便将毫不留情地亮出时间的王牌，于是，过去幽隐在时间中的种种问题和矛盾就会赫然出现在我们的面前，使我们每个青年感到惶然和束手无策，却又非得做出抉择——

"成家"与"立业"……

如果不考虑它们的层次和形式，则这两件事是世界上每一个青年人所必然面临的令人向往而又苦恼顿生的两大问题，也是这次我春节回家所唯一碰到的纠缠不清的矛盾。如果说假前我的"立业"之志长存的话，那么，假中的"成家"之声可以说是不绝于耳了。父母，亲戚，朋友，邻居，甚至三岁顽童也俏皮几句……我讨厌听到这样的话，既生气又烦恼，但更其令我烦恼的是，自己原先意坚志笃的思想里也居然会忽而冒出那么个心猿意马的念头，同时又在一阵寒噤之后顿生一种隐隐的忧心……我真怕我被改造过去，同化过去，眼睁睁地看着艰难中筑建的千里长堤溃于一旦……但是，理智提醒我：烦恼和忧愁都无济于事，紧要的是分析和决断。然而，一件事除了因盲目轻视而草率行动外，要做出确切的决断谈何容易？何况我现在连分析也难免片面呢……

怎么办？

当这一问题在我的同龄人中一经提起，一些人不加思索地对我加以指教（乱点鸳鸯谱！），另一些则对我眨眨眼睛或耸耸肩头，前者和后者同样使我坠入五里雾中。谁能解决我的矛盾呢？谁能解除我的烦恼呢？有时我感到我是一只迷失在矛盾中难以自拔的孤苦的羔羊，它们独自在荒山野岭或风雪茫茫之夜默默前行……但适才略略翻阅一下寒假日记，才恍然感悟自己不过是这个世界上千千万万个羔羊中的一只。黎明之前，一些羊正坚定地向一丝曙光走去，一些羊蜷缩于偶然觅得的草窝，更多的则是东闯西撞，心中虽然不熄希望却又苦于漫无目标……我一忆起这次寒假在同龄人中所触及到的人或事，便哑然失笑那些可爱的年轻人竟全部惟妙惟肖地成了这些羔羊的缩影……

于是，一个奇妙的念头砰然跃入我的脑海——何不将那几篇日记整理出来，将那些时代的标本采集出来呢？何况，谁又能保定碰不上一位经验丰富的牧人呢？

1984 年 1 月 26 日　　晴

坐了一天杭州开往南通的长途汽车，骨头都差点摇散了，好不容易才到达家乡 J 县城。下车后颇费了点口舌才谢绝了两位争着前来替我拎包揽生意的三轮车夫，背上两只结实沉甸的旅行包，踏着雪化泥泞的街道朝家走去。阔别半年的故乡依旧，因而也没有什么特别的感觉，极愿早点到家卸下重荷美美地睡它十几个小时。

我弯进一家狭弄。只要走过那只因无人修理而倒塌的古井，向右一转我便已走进那个简陋挤杂而亲切可爱的小院子，恰好这时迎面碰上了两个女邻居从小院出来。这两个远近闻名的"刀斧嘴"是母女。母亲近八十岁了，干瘪的皮肤裹着粗壮的骨架，高大的身材仍很硬朗，讲起话来像放机关枪一样，活的东西经过她的口便可变成死的。女儿是一个类乎油桶的矮胖的中年妇女，照例总是未开口先笑，且因厚厚的上唇正中不知何时何事留下了刀痕纪念，一笑起来便翘向两侧，给人一种两张嘴并笑的错觉。虽然她母亲那高大壮实的身材没得遗传，但一张嘴皮子却青出于蓝而胜于蓝：她可以将死的说活了。我一看见她们，便立时断定这天生的一对绝不肯错过卖弄口才的机会。

"呀，大学教授回来啦，"果然，那年老的一个说道，"怎么，还是一个人哪？怎么不带一个回来让我们看看……"

"人家堂堂 Z 大学教师还用你操什么心，"小的一个一边说一边对着我笑，"杭州姑娘多的是，暑假不带一个帅的回来才怪呢……对吧？"

多么俗气！我暗暗皱皱眉，一边支吾着，一边加快脚步从她们身边走过，内心讨厌而又不得不赔着笑脸真叫人难受。

一踏进家中，老母亲喜出望外，赶紧给我打水洗脸。我哥哥的两个孩子今天也恰巧来奶奶家，此刻像两只小鸟似的从里屋边叫边直扑出来。大的是侄女儿红红，上小学四年级，小的是侄儿晖晖，才三岁。他们嚷着要我马上将带给他们的礼物拿出来，一点也不听奶奶要他们让我洗脸休息的劝阻。当他们各自拿到一支发火手枪和一只漂亮的塑料笔盒后，都高兴地嘴不住声地摆弄起来。我洗好脸，一转身，见红红正俯在晖晖耳朵边边笑边说悄悄话，不一会儿晖晖便大声嚷起来：

"好叔1984年结婚，隔一年养个小弟弟我搀搀……"

这句我毫无准备的话从一个孩子的嘴里发出，且说得是那么无邪而老气，让我不由得脸红，赶紧别过头去用话岔开，心想这话大人们一定在这两个孩子面前不知教唆过多少回了。

"前几天沈浩泉，潘杰，朱栋都来看过你，朱永刚昨天还来了……"母亲在一旁唠唠叨叨地数落着，我只是心不在焉地点头应声。这时，小院里走过来两个青年，前边一个比我小几岁的男青年是我的邻居，后边的一个比我矮小的女青年我不认识。男青年走过我身边时跟我打了个招呼，说他前天放假回家的。他正在上大学。我问母亲那陌生女子是谁，母亲告诉我是他的女朋友。母亲沉吟了半晌，终于小心翼翼地问我的事怎么样了？说隔壁的他比我年龄小就……我一听立刻皱起眉头，生硬地说肚子饿了，想吃点东西。母亲并不像以往那样迅速张罗着为我开炉打蛋煮面条，仍愣愣地站在那儿，一双浮肿的眼睛盯着我看，满含着忧愁的深情，似有一肚子的话要说而欲言又止。当我目光一触及母亲的这双眼睛和她那双鬓斑白的头发、满脸的皱纹，以及佝偻着的瘦小的身躯时，我的心便被一只无形的手揪了一下，一种怜悯和内疚之情油然袭上心头。我赶紧露出最温柔的笑容，叫她放心，我慢慢会告诉她的……

可是，——啊，妈妈！我能告诉您什么呢？

1984 年 1 月 27 日　多云

今天上午吃过早饭我去朱永刚家。

当我走到他家楼下，见他的妹妹正从二楼一间房中走出。她约摸近二十岁年纪，跛脚，粗糙难看的脸，两只眼乌珠上都蒙有一块很大的白斑。当别的女孩子处在她这般芳龄的时候都正沉浸在无限遐想和翩然于繁华的人生之途，可她不能，因了囚禁着她春心的病体，她永远只能移步在这咫尺的楼梯廊道之内，无限羡慕地窥视着匆匆过往的老人和孩童，但她不愿（或不敢）多正视她的同龄人几眼，她的过分自卑的心理已使她一点儿也体会不到这些表面幸福的人们心头会缠裹有多少苦恼。当我们的目光相遇后，她淡淡地笑了笑，明白我的来意，回说她哥哥刚刚出去，言词间甚为替我惋惜。与她的容貌恰成反比，这个小姑娘的音质相当甜美柔润，说起话来犹如夜莺歌唱一般。这是天赋。但对于这个病残丑陋的女孩子来说，我真说不清这种天赋是否该归咎于造物主的疏忽和罪过……

没见到朱永刚，大为扫兴，似乎一下子失去了什么——我们已经一年半没见面了。……自己也不知怎么会跟他成为莫逆之交的。原先我们既非同学，亦非邻居，说起来也许是命运的偶合。七七年高考放榜，两个满心忧虑的落榜志士在四楼楼梯口不期而遇了。我和他的脚上都像灌了铅似的举步维艰，便拉开一段距离各自向窗外眺望，那种绝望的心境和凄然的情景至今我还历历在目……

当时，我已由高考败北的苦痛变为绝望和自惭自卑，甚至不愿跟人照面——谁知道呢，站在我旁边的也许正是春风得意之人，只要我一侧头，他那高傲的目光便会透彻我的肺腑……

我们就这样默默相伴对峙了几十分钟。忽然，我旁边的青年低沉地吟诵起来：

　　念天地之悠悠，
　　独怆然而涕下……

那声调绝非吟唱，而是一个男中音声带出血的朗诵，叫人听了毛发直竖，更何况在我绝境之中呢……我偷偷地睨视了他一眼。我觉得在两个陌生人的场合一个人说了话另一个人一句不说真是太别扭了，于是，我终于鼓起勇气问他录取在哪所学校，并准备酸溜溜地恭贺他两句。他狠狠地白了我一眼。一切都明白了。我非但不生他的气，倒是顿然从心头涌起了一股无头无源、无始无终的怜悯之情——一种同病相怜的强烈的感情。

"我……也……一样……"我讪讪地说道。

他的两眼即刻迸出了火花。稍稍迟疑片刻，他一步一步地走到我的面前，笔直向我伸出一双修长的手——

"这么说，我们是患难之交……"

我立即伸出两手抓握住这双炽热的微颤的手……从此,这两双手便紧紧地握在一起了。同样的遭遇,同样的命运,加上同样的理想和追求,使我们俩同舟共济,心心相印。经过一百八十多个携手互助的不眠之夜,我们终于各自走向了朝思暮想的神圣的殿堂:他进了南师政教系,我进了Z大电机系。八二年我毕业留校,他则分配到非他用武之地的某单位职工子弟学校教初中政治。一颗龙腾虎跃之心岂甘于此?!但对一个一无门路可走的人来说,唯一跳出囚笼的办法只有考研究生了。然而,单位上两次不让他考怎不令他焦躁万分,虽然他写给我的信总说他在工作中毫不流露、免受不安心工作的非议,但以封封洋洋千言的长信却将他的雄心禁锢的烦恼苦闷全抖落了出来——

　　年华如水,又是一载,这中间不无多少酸甜苦辣。年终将逝,我思绪又翻腾起来,回想这一年经历的日子,我反而平静得很,既不忧伤,又不懊悔,真正如我在大学一年级时读到的一篇小说上所讲:"随它去吧,生活有它自身的规律。"……在人生的旅途上,我麻木了么?也许。但回想这一年来我所孜孜以求的事业进展何在呢?这又使我忧心如焚,夜不能寐,以至于恨不得痛哭一场——举目遍地的荒野,咖啡色的大地呀,我又欲哭无泪。……

我理解他,同情他,但对他信中偶尔隐约流露出的病态心理感到不安。他在信中谈到于连,谈到马丁·伊登,谈论奋斗和幸福……虽然措词并不明显,但我总觉得在他值得策励和赞赏的不顾一切与风浪搏斗的精神中还隐伏着盲目的暗礁,他人生的小船还缺少舵手和罗盘……我曾花了两个晚上的时间,给他写去一封讨论成就欲和幸福感的长信,并在信尾抄了罗素的一段话:

"福祉离不开不断进展,它在于步步成功,不在于已经成功;所谓静态幸福这种东西是没有的……"

然后又加上了自己的一句座右铭:

"一个人的幸福不在于成功之后,而在于奋斗之中。"

信已经封好了,在我正要投入蓝色邮筒的一刹那,心头陡然滚上一阵寒噤,蓦然间觉得自己写的信似有缺陷。我深知,一个挚友在某一关键时刻的一句关键的话足以影响信赖他的朋友的一生……我惴惴不安地将信带回宿舍,拆开后对其中的言词和立意反复审视了几遍,最后,终于在自己的那句座右铭的"奋斗"一词之前，加上"目的高尚的"五个字，方才如释重负，重新投进邮筒……

冬夜，天太冷了，我做完琐碎的家务，封好炉子，洗过脚，便迅速钻进被窝里去看书：《约翰·克利斯朵夫》。

我刚坐进被窝，朱永刚就来了。他风尘仆仆地走到我的床前坐下，呵出的热气能触上寒流变成一团团水蒸气从唇间喷出，然后像烟雾一样袅袅上升四散。他今天穿了一件天蓝色滑雪衣，使他本来就相当魁梧的身躯显得有点臃肿，笔直的鼻梁上戴着一副一百多度的眼镜（他在信中跟我提过，如今果然架上了。）英俊的四方脸满溢着一种男子的气魄和敏捷的才气，尤其是他那漂亮的双唇和一口洁白的有着细直牙缝的牙齿，曾为多少年轻人赞道过。要不是他的左眼珠上也有像他妹妹一样的但不明显的小白斑（如今这点缺陷也已被眼镜遮掩了），真可被雕塑家相中为健与美的男子汉模特儿。也正是从这张多血质的脸上，我们也可看出其人的一些性格：那一双不能在某一东西凝视片刻的游移不定的目光，正说明他兴趣之博而难以专一，且因缺少毅力常立志而不是立常志；那一张姣好的微启的肉感的嘴唇，恰好反映了这个人感情丰富而往往自作多情，但有时又会因对什么都不在乎而变得玩世不恭。不过，倘若我们仅从一个人的某个器官去认识这个人的话，那未免太片面了。不，我们应从整体去观察，现在站在我面前的这个青年，浑身都充满了勃勃的生机，那一张棱角分明的脸盘则显示着他内心坚定的信念，一种强烈的成就欲正被压抑在这种信念之下，他要去奋斗，他要达到自己的目标，为了达到目的，他不惜碰得头破血流……呔，我有什么必要在我的日记上写下这么一大段如此这般的品评呢？但话说回来，我自己觉得从来没有像今天这样对我这位知交如此的仔细审察过，并有过这般清晰的认识。

他坐下后，我们照例进行了几句别后的寒暄，然后就一声不吭了，只是无言地对视着，彼此都不愿自己积藏已久的炽情被俗气的言词冲淡感情的浓度，可是彼此都心照不宣。人们往往在爱人的一颦一笑、秋波偶合中顿然洞悉沸腾在对方胸怀中的千言万语，却会在千言万语面前感到淡然。

许久，他才稍稍将头探前移近我的脸，喟然一声叹息道：

"哦，你额上有皱纹了……"

说着，他将两只浓眉向上挑了挑，本来光洁的额上便显示几道浅沟，过后并不立刻消去，终于让我瞧见了那些隐纹。至于我，很有些自知之明，若不是十五支灯泡发出昏黄的暗光的话，恐怕用不着移近就一目了然了。我淡淡地笑了笑，说道：

"波浪，在它滚过我们脑海中的几座岛屿之后，自然就要依上我们的额了……"

"当我第一次从镜中意外地发现脸上的皱纹时，我独自用被子蒙住大哭了一场，——又是一年了……"

我的心里一阵酸溜溜的，他的话触动了我的隐情：那渐渐被日后新的琐事和新的烦恼，以及新的追求和新的欢乐冲淡了的，但曾强烈涌过我心头的同感似乎在一瞬间又复苏了。酸意伴着阵阵的寒噤在上升，上升，但到了表面，却化作了一丝勉强的笑容。我说道：

"这是毫无办法的，我们想拦也拦不住。如果我们伸出双手，波浪照样会从指缝间流过……我们的额头不过是它的第一座天然水库，它慢慢会爬满我们整个的脸，一如缠绕在古柏身上的遍体蔓藤……"

我忽然觉得我说的话太沉了，蒙上了一层灰色，一如这十五支灯光一样，与我们久别重逢时应有的心境太不和谐了，便戛然止住不说。随后，又是默默无语地相对而视。但这可以悉听彼此的心怦然跳动之声的沉寂真叫我受不了，我便欠身将床头茶几上盘装的糖果糕点往他面前移了移，想以此活跃一下沉闷的氛围。他没有动。我脱去一颗糖的漂亮外衣塞进他的嘴里，打趣地问道：

"甜不甜？"

"我不知道，我不过在你的主动下完成了一个动作，"他有些漠然地说道，"真遗憾，世界上的事情往往是虽甜犹苦，要是虽苦犹甜——那多好呐！……"

哎，我实在无话可说了，无论什么话经过他的口便带上了苦味，他今天是怎么了，一反常态？莫不是有什么欲言又止的苦衷挤压着他的心灵？稍歇，我问他怎么又回家来了，因为他曾写信给我说春节不想回家了。

"第一，不管怎么说，这样总可以叫父母开心；第二，免得邻居说闲话，瞎猜测，长舌如刀；第三，如果下一次准我考研究生的话，我暑假和春节就不再回来了，不知我们何时能再见面……"

我不再继续问下去了，虽然从他的话中我听出许多疑问。从他过去的言行中，我感觉出他与父亲的关系不太融洽，他既然不告诉我当然不能追问。另外，据说他没有上过高中，我真不理解这位知交怎么能（又何必？）在那么多亲密无间的日日夜夜对此守口如瓶？……这件事我也从未提起过，心想总有一天会自然揭晓，深信时间是掌握一切的钥匙之神。况且，每个人心中都深埋着一些不愿被人知觉的隐衷，纵然缠绵的洞房之内也各自心锁着多少可歌可泣的动人故事，那些既令人苦恼又令人自得的幽秘，在他的一颗心还能容纳而不想披露时，别人是不应当贸然洞察的……

再默默坐了一会儿，朱永刚就起身告辞了。临走时他说来时的千言万语，一时竟不知从何说起了……短短的会面使我的心久难平静，犹如一块石子在我的心湖上激荡起一圈圈扩散的涟波，——呵！"皱纹"，"又一年了"；——呵！波浪，你何其匆促滚上我额，在我一事无成的时候？……

书是看不进去的了，我从后向前倒翻着，一目十行，一个字也没有看清。蓦然，书中的几行字像炭火似的灼烧了我的双眼，顿感一阵寒流涌遍了我的全身，模糊了我的眼睛，掀起了我的灵魂——

　　我的灵魂，因为你和我一起痛苦，一起衰老，所以我更爱你了！你的每一条皱纹，为我都是过去的一阕音乐。……

　　　　　　　　　　　　　　　　　　　　1984 年 1 月 28 日　阴

早饭后去看望朱栋。

他家离我家不远，房子是临街的两间刚从房管所收回的被"改造"过的湫隘小屋。半间给他的小姐姐做了居室，中间隔开，他的房门开在背街的一面。从正门进去，迎面是挂在隔墙上的亡母大幅遗像，遗像前一张小方桌，上面供着几支香烟袅袅的蜡烛。向左折低头进一小门，便到了他的卧室兼书室。这间被人家住了几十年的小屋，主人接管后并没有打扫过，四壁石灰脱落发黑。可能因为屋顶的蛛网灰尘不住下落，所以主人用几块木板拼起吊在中间，与地相对的一面裱上白纸。狭小的屋子被一只长书架隔为两半，近门一半有一张比茶几大不了多少的简陋书桌，上方低低吊着一只 45W 的灯泡，电线上已爬满了长长的蛛丝；另一半是他的卧室（来人时也权充会客室），光线更是暗淡。一张木板床上撑着又旧又破的蚊帐，挡挡灰尘倒还不错；背面临街的窗户为了遮风而用硬板纸钉死；床上乱七八糟地堆着被子、衣服、枕巾、书等等。室内唯一别致而引人注目的，是一张自制的旧皮套沙发，这张沙发没有脚，靠背倒奇长。朱栋一边将我让到沙发上坐下，一边说别小看它样子难看，坐上去极舒适写意，他自己就是坐在上面看一天书也不觉疲累的。我来前他正坐在这张沙发上看一部极厚的硬封面的《世界知识年鉴》。

朱栋生就腰圆膀阔，一双短而粗的刷眉，较之朱永刚的高大而细腻，他显得尤为粗犷，两边鬓角留得恰到好处，披着的一件粗布工作棉大衣里穿着一件挺括时髦的西服，虽然屋内给人一种紊乱不洁的感觉，但仍可看出倒也并非不修边幅。当他碰到某个问题或别人提问时，事无巨细，总爱压缩浓眉，眯起双眼，思考一下方才回答，使这个表面看上去孟浪的汉子显得颇具涵养。他也是我在高考中结交的患难朋友，并通过我作为中介与朱永刚熟识并甚为投机。只可惜他高考时未遂宏愿，扬州商校烹饪班毕业后回归县里某食品厂工作。一年多过去了，因无甚交往，彼此感情渐渐淡薄。有一天，他突然来信要我帮借马恩列斯论科学社会主义一书，口气相当急用，惊讶之余，我又似乎猜想到什么，千方百计总算在校马列主义教研室借到寄给了他。我以我在万难千辛中所曾感受的心境来感受他彼时彼刻的心境，我以我在希望渺茫中所立定的志气来赞励他彼时彼刻的志气，觉得若不能竭尽全力伙助这样一个有志青年那真是自己一生中难恕的过错……

果然，当我们各自坐定后，不待我问他便将一张研究生准考证递了过来，一边对我寄书给他深表谢意。

准考证上的报考方向是：北京社会科学院政治经济研究生国际政治和国际关系。

我看后不禁一愣，把眼睛盯着他看了足足有三十秒钟……他意识到什么，虽然脸上仍不失自信，可笑起来总有点不太自然，随后把目光投向木桌上的一大堆书。

除了《世界知识年鉴》外，还有《世界百科全书》、《世界知识辞典》、《外交史》、《国家政体》，基辛格著的《动乱年代》、《基辛格回忆录》，及有关东盟国家的政治经济与外交关系方面的资料。书虽多，却不精，增长知识有余，但对考研究生来说恐会不得要领地白做许多无用功。从交谈中，我似乎觉得他对世界知识，国际形势，尤其是东南亚的政治经济了解尚可，但当我问及他的英语语法，却所知甚少。我又走到他的书架前看看，主要的书是中学课本，还有几本大学文科类教科书。这与我校80级准备应考的学生那一大堆一大堆资料、复习提纲、图书馆优越的学习环境相比，显得多么苍白可怜呐……一种同情和怜悯之心渐渐在我的言表流露出来。他感觉到了，很不好意思地笑了笑。沉默片刻，他轻轻说道：

"这次考试我是去试试的，希望不大，我自己也知道，"稍歇，他又说，"不过，我决意考下去，一次不行，二次！二次不行，三次！……"他越说声音越高，嘴角微微颤抖，两只浓眉在不住地跳动。"柳青说过：'人生的道路虽然漫长，但紧要处常常只有几步，特别是当人年轻的时候。'高考的一步我没走好，这次我要坚定地迈出去……我毫不动摇地坚信：一个人要自立，自强，自胜！我当自激，求得生活的充实和人生的价值，不在书山中耕耘和学海中游泳，又怎能对得起年轻的时候?！……"

突然，我脸上一阵发烧……于是，我赶紧告辞出来，深深地吸了一口阴霾的天空下湿度较大的空气，方觉清朗许多。好长时间，朱栋的话一直在我耳边萦绕——

呵！荒芜的郊原里的一堆乱石丛中，有一株幼小的树苗。它一边用少得可怜的根须吸取力所能及的养料，一边屈曲着身躯努力从石缝中探出头来，不屈不挠而满怀希望地接近太阳……

从朱栋家出来，已经八点半了。我去潘杰家走了一趟，但很快就离开了。

潘杰是我从小学到初中的同学，1978 年一同考取大学，毕业时被分配到远离家乡的一个偏僻的山村搞基建，那里要建一个大型发电站。为此，他大大地发了一通神经病，满腹牢骚随处发泄。为了得到组织照顾，他亦曾无病呻吟了一阵，以至学校发出要取消不服从分配学生的资历的最后通令，方才连夜赶去单位报到。他的脑袋瓜颇为聪明，在校时虽不用功却每次考试突击成绩总不错；只是品性较为佻挞，极好吹嘘，随时将"儿子骗你"一句挂在嘴上，他自己幼稚无知得可爱，便把别人也一视同仁为小孩会轻信己言。到了工作单位后，生活的艰苦，感情的寂寞，使他万分苦恼，下决心考研究生，以求跳出"苦海"，而一蹴则"中举"又使他得意非常——他考回了母校。当我到他家时，他还睡在床上，被他弟弟从梦中摇醒。

"喂，"我开玩笑道，"太阳晒屁股了……"

"谁呀？"潘杰睡意朦胧地问了一声，用手揉了揉眼睛，打了个哈欠，伸了伸懒腰，双手又立刻缩进被窝，将颈口的被沿拉严实。"哦，是你呀。春节还不睡睡懒觉，享享清福？……苦尽甘来，吃苦本来就是为了蜜甜，只会吃苦的人不傻神经也有毛病，儿子骗你！"

"可是……"

"可是，"他立刻打断我的话，"你为什么还不带个老婆回来啊？"

我皱了皱眉头。然后改变话题道："你不想考博士研究生吗？"

"博士？"他笑了，慢吞吞地说道，"现在虽说大学生一抓一大把，但研究生还是稀罕的。如今我还缺什么？名利，地位，分配，待遇，老婆……何苦再拼死拼活争什么'不是'？有几个人是为了事业去卧薪尝胆考研究生的？说穿了，还不是为了名利……你是我的老同学老朋友了，实话实说，用不着带一副假面具。"他见我缄口不语，又加补一句道："儿子骗你！"

共同语言太少了。我心里一阵酸溜溜的不是滋味。这时，他母亲端上一笼热气腾腾的馒头请我吃，并叫儿子快点起来，责备他这么不懂礼貌，而儿子则回答母亲说肚子一点也不饿。我实在一口也咽不下去，便告辞了。没有太阳，寒风刮在脸上，像针一般刺人。我怎么也想不通——

一个曾经为了考研究生而日夜苦读的人，一旦踏上了人生的一级阶梯，便欣欣然转过身来，悠闲地坐在阶石上，冷视和嘲笑奋力攀登的后来者；他以为自己的生命之杯已满溢了甘美的醇酒，他可以就此一辈子享用了，殊不知其中麻醉的毒素就要渗透自己的全身……然而，然而，他也确实不必担心，在目前我们这样的国度，只要他有一张文凭和虚名，无论他有没有实际才干，他就可以高枕无忧地躺在上面睡一辈子了。——事业！事业？难道这就是事业吗？可是，朱栋……啊——

> 多少生命力被埋没了，谁也不以为意。另一方面，地球上欲挤满着那些行尸走肉，在太阳底下僭占了别人的位子和幸福！……

今天上午还计划去看望一下刁卫国。听说他几次出差去杭，几次在我们校门口徘徊许久，都终于没有勇气走进去。

他是我初中同学，比我稍大，在当时的班级中算个大力士，秉性狷介耿直，好做锄强扶弱的义士，因而在同龄人中不少人对他又恨又怕，加之他虚荣心、好胜心极强，什么事都爱出人头地，争个高低。有一次他跟一个高年级的同学比试翻单杠，接连翻了十个，再翻一个便赢了对方，可是偏偏手一脱劲，从高高的单杠上摔了下来，腿上立时肿了一大块，但他只稍稍皱了皱眉，笑着说自己没准备好不算重来。对方怕因此出事表示认输，他反倒气得要命，脸红脖子粗的非要重新来过，咬了咬牙又跳上去了。结果这次连十个也没翻到。他一声不吭地低着头走出人群，强忍着泪水跛着腿独自离去，为此一连几天都寡言鲜笑。中学时代他的性格表现得最为突出，给我印象最深的是下象棋。那时我和他都可算得上班级的高手，因而彼此便成了天然棋敌；而且，只要他输一局，便无论如何要赢十局方才罢休，一点也不照顾时间和肚子。有时我有意让他一下，他便会到处吹嘘说我被他打得一败涂地，甚至还添油加醋地说我对他佩服得五体投地云云，这在当时，我的小小的虚荣心是怎么也忍受不了的，却又进退维谷，奈何不得……

　　1977年高考，我们在一起复习。他在校时凭着一种小聪明成绩不错，因此，连最简单的解数学联立方程式也不会的我便拜他为师。只要他帮我解出一道现在看来极简单而当时令我百思不解的题目时，我便对他增添一番敬佩之心。……七七年我们都落了榜。虽然他的自尊心受到了极大的挫伤，嘴里却硬着说"胜败乃兵家常事，正如下棋一样……"。他甚至设想着将来研究数学还是工程学，谁也看不出他心头失望和痛苦的创伤有多大有多深，这真是奇迹，但也许是他人生的旅途上成熟一步的里程碑。1978年，当我带着终身为之苦恼的严重的神经衰弱跨入大学校门时，他却因高考时突然吐泻而满怀终生的懊恨躲缩在家中一隅——这就是人生，这就是命运，这个刚强的汉子终于泪流满面地屈服了，认可了……在我大学三年级的时候，他结了婚，妻子是县人民医院的护士，丈人是上海的一位高级工程师，他常常因此自豪。他的妻子长得五官端正，乍看上去颇有动人之处，虽然经不起局部剖析和整体细察。他常常在谈话中有意使对方注意到他妻子的动人之处，以此来抬高自己的身价和稍稍满足一下他那可怜的虚荣心。可惜没有多少人懂得和理解他的心境和暗示，至多打趣几句，甚或熟视无睹。虽然我生性极不愿涉及这类问题，但还是勉为其难而极不自然地奉承几句，随即迅速躲开他投来的一丝令我心跳的感激的目光……后来，他上了教师职工学校，又自修大学的高等数学、电子技术、网络理论等课程，在他单位晶体管厂中设计并与两名工程师协作完成了一项重大的革新。结果，在上报的革新者名单中竟然"遗漏了"他的名字。这使他伤心气馁到万分，一时间那种在万难中也要干一番的决心几乎降到了零度……

　　——是的，这太不公平了，太不合理了！如果说文化大革命中"知识越多反动"是一种反动的话，那么，现在的这种只求学历不讲实际才能的现象不也是一种反动吗？有时我想，如果我当厂长，当局长，当部长（设想而已，并非权欲）的话，对于工人和大学毕业生完成同样的创造性劳动，我将更为器重工人。然而，现实是，即使无学历的人比有学历的人做出双倍的成绩，社会上仍因后者的文凭而加以信赖和尊重——偏见！殊不知一张文凭也会变成一纸空文……然而，就是这种偏见，正在压抑着多少人的事业心，徒耗了多少人的创造性啊！

当我到他家时，他正在修理一部电视机，一见我便放下电烙铁迎了上来。这间原先的新房现已乱得不成样子。书、玩具、工具、坏了的收音机、电视机随处乱放，连个坐的地方也没有。——这就是家，这就是生活！——刁卫国抱歉地摊开双手笑了笑，把我引到他弟弟的新房里去。他的在部队的弟弟后天结婚，这两天全家都紧张地准备着。

"我知道你前天回来，但我总不好意思去你家，因为……你们是时代的宠儿，"我们在自制的三人沙发上坐定后，他说道，"刚开始几个考上大学的同学还来我这里走走，看看，——现在就你一个人来了，你还看得起我们……"

我轻轻摇摇头，没有说什么，心头涌起一阵难以言表的苦涩：命运是一位多么不留情面的人性的雕塑家——一个性格曾经那么自信，那么高傲，那么好强的人，竟然变得如此的谦卑，如此的自甘屈辱……扪心自问，怎不令人汗颜?! ——社会上有多少比我们更有天赋，更有才华，更有志气的青年，因了种种原因没能跨进大学校门。他们强忍着心头挫伤的苦痛和承受着社会偏见的压力，在人生的旅途上努力着，拼搏着，漫无目标地东闯西撞，但不屈不挠，百折不回，纵然头破血流，咬咬牙，用舌头舔净苦涩的血迹，又朝着新的目标奋进……而我们一代青年中的幸运儿——我们又做了什么呢？……

"现在你们好了，考上了大学，达到了目的，前途无量，无忧无虑……"

我苦笑了笑，没有回答。——上了大学，难道就达到了目的？大学毕业，就前途无量？更何况，谁没有烦恼呢？谁没有隐衷呢？有人在一种场合极感委屈和烦恼，牢骚满腹，但到了另一个自以为高人一等的场合，便会将它们收敛压缩在心底，伪装得春风得意，以便显示自己的优越感而满足自己的虚荣心，企图拿别人的不幸来抵消一些自己的不幸；其实，这个可怜的人自己也清楚他的烦恼要比别人更多，他的不幸要比别人更大——古今中外有哪一个尊贵荣华的人的烦恼会比清贫寡欲的百姓少呢?! 只不过层次不同，内容不同，形式各异罢了……刁卫国也许觉察了我的意思，接着说道：

"当然，我这不过是一般情况下的应承话，——看来你不是那号人。过去你奋斗的目标是考大学，现在也许又有了新的更高的目标，自然会带来新的问题和新的烦恼……"

我诧异地看了他一眼。

"说真的，我真羡慕你们呐！哪怕到大学里去走一走，听一节课也好。图书馆大楼，阶梯教室……没有福气！"他想了想，说道，"当今世界第四次产业革命浪潮已起，不知对教育界有何冲击？你们这样的重点大学一定反应灵敏啰……"

我先一愣，继而无言以对。改革之风刮了一阵，看来中央的决心是下定了，实在是非改革不可！但中央的强信号发出，到了地方便一级一级地衰减了。关系错综复杂，因素互为牵制，牵一发而动全身……上海交大的改革众说纷纭，莫衷一是，闲话和助力都不少……多少学校正在等待，正在小心而缓慢地步人后尘。教育界和其他各界一样，小心翼翼，即怕"左"了也怕"右"了，往往是改革未行便考虑其平衡，却不知改革正是打破旧的平衡，建立新的平衡，而平衡正是在不断改革不断调节中实现的。于是，等到"改革"完了，恐怕又要进行新的改革才能适应新的历史浪潮了。我真的不知道：一个从普通工人嘴里提出的迫切的问题，有几个教育家和高教工作者深入地去想过，去考虑过，并实施过呢？

"这些问题你平时也想吗？"我避开他的问题问道。

"偶尔想想，因为我喜欢常翻看一些教育科技方面的杂志……其实，这些事我多想了也徒劳，杞人忧天而已……"

然而，我从他那诚挚的眼光看出了他的口是心非：一个曾经付出昂贵学费而未能进入大学的人，一个曾经对科学事业抱有无穷幻想的人，一个中国人，能对祖国的科学和教育事业漠不关心吗？……这时，一个两岁左右的小男孩端着一盘糖果歪歪扭扭地走了过来，端到我面前，稚气地说道：

"叔叔，吃糖。"

这小孩有一双像刁卫国那样又大又明亮的眼睛，细颈脖似乎支撑不住沉甸甸的大脑袋。我拍了拍他红扑扑胖乎乎的小脸蛋，拿了一颗糖。

"这是你儿子吧？"我问刁卫国，前几次来我都没见着这个小孩。"嗯。"他点点头，说道，"你看，我们是同学，我的小孩已经在地上跑了，我们初中的同学差不多都当上了孩子的爸爸妈妈了，你也该成家了吧，年龄不饶人啊……"

我微微皱了皱眉，不愿涉及这个问题，转了话题说道："那么，你平时一点也不学习了吗？你不说过要考电大的么？"

"我原打算考电大电子班，可今年我们县电大只招财政管理班，因为我不想白浪费许多时间去捞取一张实际无用的文凭。"他顿了顿，接着说道，"何况，自从成了家有了小孩之后，整天都感到忙忙碌碌，——家庭和事业——我真不知道你们知识分子是如果对待，如何处理的？当然，你还没有体验到……"

他的儿子这时正站到椅子上，想攀上椅背去取玻璃柜顶上的一架大型玩具坦克。刁卫国大声唬住儿子，走过去将坦克取下给他在地上开着玩，随后又走回来，笑着向我说道：

"这小子的性格就跟我小时候一样，胆大包天，想到什么非做到不可。有一次我正在调试收音机，他想要一样什么东西，在我身后叫了几下我没听见，突然，'咚'的一声，我的后脑挨了什么东西重重的一击，手一摸起了一个大肉包，回头一看，这小子正双手抱着一根又粗又长的棒……真拿这根独苗没治，只得自认倒霉——你总不成叫他头上也起个大包吧？"

刁卫国越说越快，面露得意之色。"不过，他也像我小时一样好奇心很强，喜欢看书。如果拿一本很薄的书给他，他会很快撕掉，但拿一本厚书给他，（不管什么，日历也是。）他就会专心致志地从第一页翻看到最后一页，而且常常拿倒了，然后，从最后一页一张一张撕到第一页，撒得满地都是。有一次他看完一本书撕掉了，似乎突然觉得很可惜，便蛮不讲理地非要我老婆装起来，给他一本新的漂亮的他也不要，非要原来的，没治，最后只得任由他大大地发了一通神经病……"

刁卫国越说越兴奋，滔滔不绝，全是有关他儿子的事，言词间毫不掩饰钟爱和宠溺的心情。他下面还讲了些什么，我没听进去。我对这种家庭琐事丝毫不感兴趣，甚至还有点厌烦。我在想着另外的事。一等他说完，我随即问道："那么，你过去的理想，你过去打的赌发的誓……你一点都没有追求，没有希望了么？"话一说出，我又后悔了：这种脱离现实的想法除了刺伤他的心外一无用处，而实际上倒是应该多多反躬自问的。

一片阴云从刁卫国的脸上掠过，但他并没有生气，只轻轻地叹了口气，勉强地笑了笑。

"理想？呵，是的——过去的理想……过去的已经是过去了。"他从桌上的烟盒里抽出一支烟，找了半天才找到火柴，他使劲在火柴盒侧擦了一下，火苗在微微闪动。"一点没有追求了么？一点没有希望了么？呵，不，你怎么会这样想呢？——只不过我们的追求和希望不同罢了——人不都是为了希望而活着吗？……你看，"他指了指地上那个一边抓着坦克炮筒，一边睁大清明的双眼抬头向我们仰视的孩子，说道，"这就是我的希望！不管吃多大苦，受多大罪，我总要好好在他身上倾注全部心血，决不再让他重蹈我的覆辙……"

他的拿烟的手在剧烈地颤抖着。火早已熄灭了。而我的心却抖得更厉害，从中分泌出一股又苦又涩的液汁直冲我的眼眶。

呵！希望，希望！生命之光！……他还是一个青年，是什么原因使他说出一个饱经风霜的父亲才能说出来的话呢？他前面人生的路还漫长漫长，他却已将希望寄托到幼儿的身上。有谁能深切地感受到他的后悔，他的懊恨，他的苦衷，他的烦恼，他的深埋在心底的热望呢？……一棵年轻的大树，没有结出累累硕果，它以为自己快要枯萎了，便急切地将自己身上唯一的心爱的产儿奉献给大地母亲，一边满怀希望地憧憬着未来，一边含泪地微笑着抖落遍身的绿叶，化作春泥肥沃着自身荫庇的一株幼苗……

呵，孩子，孩子！快快长大吧！踏在我们的肩上长大吧！超过和胜过我们，但千万不要走我们的老路——这就是父辈的希望呵！

从刁卫国家出来已快近中午。我匆匆向家走去。

突然，有人喊我的名字，回头一看——是沈浩泉。他还是老样子，细高的身材，穿着一件洗得褪色但很整洁的蓝中山装；乌黑的细发永远有条不紊地从左侧分向两边；也许是睡眠不足或者工作过度的缘故，他的两只眼泡经常有点浮肿，一双眼睛不大，也不炯炯有神，但给人一种深邃和洞入幽微的感觉。当我还在人生的道路上彷徨迷茫的时候，他就已在县文化馆工作了，自然就成为我仰慕的对象。在他的帮助下，我开天辟地第一遭在县文艺杂志上将自己呕心沥血写就的小说排成了铅字：《青春的脚步》。高考，他虽总分超过起分线，却因年龄关系未被录取。几年来，我们都不时地互通信息，我将我们学校学生办的文艺刊物寄给他，他则将散发着故土气息的文艺杂志惠寄予我。据说去年他在一家大型刊物上投中了一篇中篇小说，还被改编成广播小说连播过，因此被提升为文化馆馆长，并在这个小县里成了名人。不过，与其说他凭自己出色的才华闻名，倒不如说是因了那六七百元的稿费而为家喻户晓。尽管如此，时至去年暑假，这个小有名气的人还是一个"快乐的单身汉",并决意从此孑然一身。不知现在情形如何,须知一个人的思想在倏忽间也会发生巨变的。……沈浩泉不由我分说,硬要把我拉到他的住所。

文化馆的宿舍是两排房子,一排是门朝南的两层楼房,另一排简陋的平房做了各户的厨房兼餐厅。我们在靠东边的一间屋前停下,他掏出钥匙打开门把我先让了进去。室内相当洁净。一尘不染的白墙壁,涂着红漆的光亮的地板。中间用一堵墙壁隔开,前半间是书室兼客室,后半间是卧室。他把我让到会客室的一张三人沙发上坐下,随后又沏了一杯茶端上。坐定后我又打量了一下周围。洁白的墙壁上更有一盏壁灯和一幅精致的丝绒画,一只可爱的小猫正将一只毛茸茸胖乎乎的脚爪搭在金鱼缸边,瞪大着两只好奇的眼睛瞧着缸里潜游的金鱼。另外还有两幅水彩画,一幅是峨眉山险峻的峰巅峭壁上挺立着一株苍翠的孤松,另一幅是"荷生池泽中录艳"。大概都出自他的手笔。一张茶几上并列着两盆水仙,一盆叶子长而阔大,三根茎顶都绽开了五、六朵白瓣黄蕊的花儿;另一盆叶子细长,长矛似的花茎一个劲地往上升高,花蕾却紧紧闭锁着迟迟不开。茶几旁临窗有一张写字台。书桌的一边整齐地叠着几本书,中间是玻璃台板。全室东西不多,但整洁协调,给人一种清明爽朗的感觉。

"嗬,俨然像一个有精明能干的主妇的家庭,"我笑道,并问他,"怎么样?"

"没什么,一如既往,"他答道,"其实,只要男子稍事修饰,在家庭的陈设摆布上绝不比夫人小姐差,他们的审美能力或许会比女子更细腻,更高雅——可惜,男人往往被外交上一些重大事情分心,对贴身的生活却粗心大意掉了;他们只知寻求更大的刺激,却不知这些哪怕是一件小物品小摆设的巧妙布局也能使人赏心悦目,乐趣无穷……你看呢?"

"不过,"我支吾了一下,"总得成家的吧,年复一年,年龄……"我忽然顿住了,后悔将这句令自己厌烦的话转加在我的朋友身上。

"你是说年龄不饶人吧?"他淡淡地一笑,并不在意。"不错,再过几年我就四十了,'三十而立'再也不敢奢望,但,这又有什么呢?……"他呷了一口茶,将唇边的一片茶叶吐进杯里,"当然,一个人要做到洁身自好并不容易,这么些年来,我什么没有品尝过呢?酸甜苦辣……世间的事情就是这么千奇百怪。人一旦到了某个年龄,倘若他没成家,还不赶紧找个丈夫或妻子(不是爱人!)的话,周围的人就会侧目而视,社会上就冒出种种猜测,连他的亲人也会焦躁不安。善意的人会来劝你：'该成家了'，'是时候了'，'要求不要太高'，'不要太理想化了'，'凑合凑合吧'……他们吃尽了这种动物性的为了生殖而完婚的苦头，变得麻木了，便回过头来热心地引导别人重蹈覆辙。"他停了一下，又呷了口茶，继续说道："这些话我以前从没有跟你谈起过，也从不愿跟任何人谈起，因为一触及到这类问题就使我顿生烦恼，仿佛一条无形的绳索就要向我的脖子套来……现在不同了，人一到某个阶段，被苦痛和烦恼熔炼得精粹了，升华了，就会洞彻一切，变得高蹈了，超脱了——现在，我非但对此毫不烦恼，而且从高层俯视芸芸众生，真为他们那种默认不幸和忍受痛苦的伟大的牺牲精神所感动，所同情，所怜悯……"

真没想到，我的一句话会引发出他这么多感想。"我知道你有强烈的事业心，但如果成了家更有助于事业，"我顿了一下，觉得把成家放在从属地位似乎并不妥当，又改口道，"如果成家和事业能有机结合呢？"我说话的声音极轻，与其说是向他发问，倒不如说是在问自己。

"果真那样，求之不得。"他说，"但允许我反问一句，倘若成家与立业不能和谐，不能统一，因而互相矛盾，互相内耗呢？——那我将毫不踌躇地说：我宁要后者而舍弃前者。你大概也听说过法国谚语中的《围墙》吧……将《围墙》用在我们相当多青年的恋爱婚姻上，那真是妙哉妙哉：一些对爱情怀着憧憬和探幽心切的青年男女拼命想破城而入，但一旦阑入后又觉得城中难得呼吸到自由的空气，且远没有幻想的那样浪漫和温馨，便又折回头想突出城外。于是，他们与后来的迷悟者形成了两股相对的势力，目标都是那堵城墙，而城内城外的青年一样使人觉得可笑又可怜。但如若事先就洞察了这一点，又为何要苦苦攻城而不另觅幽径呢？历史上没有如此迷悟而成就事业者大有人在：黑格尔，康德，费尔巴哈……"

"但是，"我打断他道，"你所列举的都是哲学家，都是理性过强的人，因而抑制了他们自身的个性和感情。他们想揭示人性，却为人性套上了冷冰冰的理性的枷锁；他们在理性上追求永恒的美，却忽视或低估了现实和阶段的美，因而徒然陷入种种难以自拔的烦恼、难以自圆的矛盾之中。你是搞文学的，文学家就极少这样了。他们的感情需要及时地有所寄托，有所发挥，他们需要在爱的光辉中燃烧自己，同时也照亮别人，在爱的情愫中升华自己，同时也升华别人……"我自己也吃惊今天能对这一问题发出这么多宏论，且又说得这么自信，好像真的要把自己说服了似的。稍歇，我又加补一句道："何况，在哲学家和科学家中，因了爱情的燃烧而光华四射的人也不胜枚举：马克思和燕妮，居里夫妇……"

"得得得，"他打断我，说，"别举了，任何道理总不难找出一两个特殊的事例来论证，但真理只有一条……要举例，文学艺术家同样也可举出不少：米开朗琪罗……但我们举他们干嘛？我们应当弄清的是：自己应当怎样做，而不是怎样跟着别人走……"他略略沉思片刻。"不错，我们应当点燃自己照亮别人，应当升华自己同时也升华别人，但这个'别人'（如果我理解得不错的话），决非指一人而言，决非只是你的亲戚，你的朋友，亦非仅指你所喜爱的人，你所钟情的人，它应当是一个'类'——人类！……试想，如果一个人不能在现实中觅得生活的伴侣、事业的知音，或者，如果不考虑种种后果硬结合在一起而产生不幸和痛苦的话，"他突然顿住了，嘴角微微颤抖了一下，似乎说了一句不该说的话而触动了隐伤。但他即刻便恢复了平静，接着说道，"他何如用自己丰富的想象和炽热的感情塑造出理想的爱人，他为她感动，为她动情，为她落泪，为她欢呼，为她感召而奋斗，同时，也让所有的人为她感动，为她动情，为她落泪，为她感召而奋斗；他既自己得到了宽慰，同时又让别人受到启迪，他既成就了自己的事业，同时也陶冶了千百万人，试想，还有什么选择比这更壮丽、更崇高吗?！……"

我原来期望能说服他和自己，但看来是不大可能了，尽管他的话也不能令我信服，并且隐约觉得有什么不妥之处……不过，我不想再争论下去，说不服他是理所当然之事：一个连自己也想不明白的人怎么能使别人明白起来呢？于是，我站起身来，走到那两盆水仙花跟前，将那一株闭锁的花茎摩挲了一会，并问他同是一人培育的同一种花为何会有两种结果？

"一盆是我悉心照料的，勤晒太阳，勤换水，并在温水中融入了白糖，另一盆不说你也知道……"他走到我的身边，用两个手指轻轻地托起一朵微微下倾的绽放的白花，缓缓说道，"同自然界一样，人类的爱情之花莫不如是……"

我会意地点了点头。

之后，我们一起坐回沙发上，谈论起文学创作的事。他告诉我，他又写了三个中篇，一篇与他投中的一样是军事题材，一篇是农村题材，一篇是青年题材，寄出后皆因三审未通过，其中一篇编辑部正在着意帮助他修改。他说他现在手边素材很多，感想也不断从脑海中涌出，但不打算写新的，花两三个月好好将写就的三篇改出来。他说根据他的经验，第一稿最好投一流杂志，一次便碰上伯乐当然好，不过即使不录用，责任心强的编辑部会提出较详细的修改意见；然后，再寄二流寄三流，他开玩笑说这样要比马丁·伊登盲目地贴上邮票让稿子"环球旅行"高明多了。另外，他说他深深感到文艺理论知识的重要。文学即是人学，而人又是生活在复杂的社会环境中，受各种因素制约，如果没有敏锐的洞察力和深刻的分析能力和判断力，是不能刻画出人的内在的本质的东西。一些人之所以在写过一两篇以曲折的亲身经历而轰动一时的小说后创作的源泉就日渐枯竭了，正是这个缘故。因此，他颇赞成作家学者化。他提到他正在看《外国理论家作家论形象思维》一书，说他对书中将艺术思维不仅仅看作是"形象思维"，科学思维不仅仅是看作"逻辑思想"表示赞同，然而书中却没有阐明艺术思维与科学思维之间的关系。他边看边记录边思考，认为哲学思维是科学思维与艺术思维的纽带，哲学思维表现在科学思维上即为宇宙观，表现在艺术思维上即为人生观。眼下他正在阅读大量文献资料，准备旁征博引以此为题写一篇论文。一谈到学习，他就表示出对我们深深的羡慕，羡慕我们年轻……

年轻？！我一听到这个词，突然像被电触了似的浑身一震。然而，我终于忍住了什么也没有说。我理解他此时的心情，正如我羡慕风华正茂的二十岁的青年，二十岁的青年羡慕含苞欲放的十五六岁的少年，十五六岁的少年羡慕天真烂漫的孩童一样；然而，孩子不正希望自己快快长大成人，不受父母管束地独立行动么？呵，是的，人类的欲望和追求就是这样的循环不已，无始无终，无穷无尽……

我们彼此倾心地、娓娓地交谈着，忘记了时间。当他抬手一看手表，惊呼已过了下午一点。我准备告辞，他说什么也不让，非要我留在这里吃一顿饭不可，说这样除了对他布置家庭外在烹调上也可叫我钦佩一番。我因还有问题要想跟他再畅谈一下，便不客气地留下了。

他起身准备下楼去烧饭菜了。但就在刚一立起的一刹那，右腿好像没有站稳似的扭了一下，口中随之不由自主地痛苦地呻吟了一声。我正要伸手去扶他一把，他已站稳了，若无其事地笑了笑，走了出去。

他走后，我在沙发上坐了一会儿，把刚才的谈话复想了一遍。随后，我便站起来在他的室内前后走走看看，对一些我感兴趣的书随便翻翻。最后，我在他的写字桌前的木椅上坐下。

写字桌上的玻璃台板内夹着一帧长方形的贺年片。贺年片的一半是画，画面上是一只古老的帆船，航行在波涛汹涌的海面。它的每一页帆片上都被风鼓满。一股大浪正轰隆隆地向它冲击，将船头高高托起，浪花四溅。背景是茫茫无边的大海和幽蓝辽阔的苍穹。贺年片折痕的另一边，是主人用漂亮的隶书抄录的用以时时鞭策自己的贝多芬的一段话：

> 我的箴言始终是：无日不动笔，如果我有时让艺术之神瞌睡，也只为要使它醒后更兴奋。

　　桌上有一叠一叠的稿纸、没有套上笔帽的钢笔、一本新华字典及几本书。书下面，压着一本厚厚的蓝皮封面笔记本。我把它当作是读书摘记本，我自己就喜欢在看完一本书后将一些哲理名言或美妙的描述抄录下来。我将那个笔记本抽出来，随便翻了几页，但立刻便合上了，脸上发烧，心怦怦地跳个不停——我翻开的是我朋友的私人日记。我迅速地将那本日记复回原处，不留痕迹地用书压好：不得到同意便翻看私人日记是对朋友不忠的行为，不管这本日记有没有保密的必要。

　　我重新坐回到沙发上，准备安安静静地等他回来。然而，我的心却怎么也平静不下来，一种难以遏止的想窥探别人内心世界的欲念在我的心头涌动；而且，我所掠见到的几句令人心驰神往而又莫测高深的言语也在撩拨着我，引诱我产生极想揭开其中奥秘的强烈欲望……我曾听说我的这位朋友在高考前有过一段罗曼史，但因女方高升大学而宣告结束。后来，他发表了几篇小说，才华渐露，他的那位"罗丝"又情恳词切地提出恢复他们之间纯洁的爱情，他婉言拒绝了。从此爱情是否真的在他心头失去了强烈的磁性和柔曼的魅力，就像他刚才说的那样？谁也说不准。有人又说此后他亦钟情于一个极爱他的女子，但去年他突然间单方面割断了维系着两个相印的爱心的红线。谁也不知道确切的原因，众说纷纭……这些疑窦，这些哑谜，是否可以从这本日记中得到释然呢？我在室内心烦意乱地踱了几个来回。我的朋友还没动静。突然，一阵寒噤从我的心头滚过——转眼间那本日记便在我的手中翻阅起来。

　　（噢，现在——当我将这几篇过去的日记整理成文的时候——我真不知道如何来描绘我当时的那种慌乱翻阅而产生的近似做贼心虚的情景，更难以言表日记中丰富的思想和深沉的情感所引起的我的震颤的心情。噢，我的朋友，我不得允许擅自偷看已令我万分羞愧和不安，而尤使我不安的是我还不得不将其中的一些内容披露给我的听众，使他们也同我一样地洞察你那高贵纯洁的心灵，分享你的苦痛和欢乐。哦，我的朋友，我愿承受你对我的一再不忠任何的指责，但为了我，为了我的这篇小文的完整，同时也为了你，为了与你相仿的一代青年，我只得恳求你的宽恕了……）

在 1983 年的一篇日记中沈浩泉写道：

　　　　没有哀怨，也没有眼泪，我安静地接受命运公正的判决，微笑着走向那不可知的孤岛……这又有什么！一颗爱的种子已深埋进我的心田，纵然孑然一身，我也要用心血去浇灌让她萌芽开花，在这孤岛上怒放。……呵，不要怨我，我的爱，你不知道，这颗种子在我的心底埋得有多深多深！正是为了爱之花开得更加纯洁、更加壮丽，我才离开你——啊，天哪！只有你才明白我需要多么大的勇气——独自浪迹天涯……

这段文字我怎么也理解不了，便朝前翻阅过去，看看能不能找到解答的线索。其中有一段时间里他的感情相当炽热而压抑，且内容总又围绕着同一主题。我们只要看看下面几篇日记的片段，便可窥见一斑了：

九 行 诗

是时候了，是时候了，——如今我要招供
尽管我强自镇定，口不从心
可我的焦躁不安却泄露了我的真情

尽管我的傲骨令我紧锁心屏
可是你，可是你——苗苗，你
却偷偷地在我的心扉上洞开了窗棂

啊阳光，啊阳光
你从那扇窗棂透彻了我整个的胸心
同时也摄进了令我神往的她的倩影

噢，我的上帝！我今天才真的体会到了人们反复赞颂的一条真理——爱的光辉永只照亮爱人的优点和美。这种光辉越烈，你所钟爱的人越完美，因为此时你对爱人的缺点已熟视无睹，甚至被爱迷醉得目眩神驰，连爱人的缺点也见出了动人之处。……噢，是的，是的，上帝呀！她并不美——不，一点也谈不上美，（谢谢上帝，我这点判断力还没失去。）但是，她温柔，善良，恬静，贤惠，她的内心世界多么丰富，她的气质多么高雅，还有她的矜持，令人胆怯而磁力无穷的矜持……在我的心目中，天底下有谁能与她媲美呢？……

啊！我的安琪儿——我的冤家呐！我有生以来还未尝受到你在精神上所无形地加于我身的烦恼和焦躁不安的苦汁呢。我自以为我的涵养和冷峻的理智全然可以对这种脆弱的情愫漠然视之，并还常常以此自诩而自鸣得意呢，岂料一道薄膜似的防线一旦穿孔后会崩溃得如此迅疾而彻底，甚至一点小小的涟波便足以在我的胸腔酿成汹涌的波涛；且电闪雷鸣，无以自控。……倘若这种雷电交加的暴风骤雨能稍稍倾泻些许，也会减轻我心头憋闷的重荷；可纵然我的心肺都快膨胀破裂了，它也只能深藏在心灵深处翻腾不息。……有谁，能从我日常平静的笑脸，周密的沉思和幽默风趣的言语中看出我心头的巨大的难言隐忍的苦衷呢？他们认为这才是我，这才是合乎"人"性的我，但是，只要可能，我多么需要和愿意向一两个挚友倾吐我的胸闷，甚至不惜洒泪洗涤我那忧虑重重的心灵……然而，这样的挚友在哪里呢？这样的比我更强的强者在哪里呢？挚友一时难觅，而凡夫俗子们也许会把我当作疯子，当作傻瓜，我不敢……可是，你，苗苗——你这个系铃之人，何时才会亲手解开无时无刻不悬在我心头响得我心烦意乱的铃铛呢？唯有你能做到这一点呵！

别人总想多跟我交往，总能从我的言谈中得到宽慰和勇气。然而，别人只知道我精力充沛，不知道我有限的精力也有衰竭的时候；别人只知道我是个强者，不知道我有时比谁都弱。我也需要宽慰，需要增添勇气，我除了埋头潜入书中去吸取，还多么期望……谁呢？谁呢？——你呵！……我幻想着，等待着，用我的心去思，去梦：有这么一天，天空蔚蓝而高远，我们俩漫步在空旷碧绿的郊原，在一片丛林中的枯叶层上躺下。小鸟在我们头上啁啾，跳跃，歌唱。远方隐约传来牛羊嗷嗷的长鸣和牧童悠扬的笛声。阳光透过茂密的枝叶在我们身上描画。到处都洋溢着泥土的芬芳，弥漫着青春的气息。……我轻握着你润滑的纤手，把头枕在你柔软的胸脯上，随着你急促的呼吸起伏，在默默无语中向你倾诉着，隔语着……我们俩都彼此听见了，体会了，但是都笑了：原来那是风和叶的对话……啊！一个人要是能远离尘世的喧嚣，解脱尘世的羁绊，忘掉尘世的烦恼，伴着他的恋人沉浸在爱的光辉之中，陶醉在情的恬静之中，哪怕只有片刻的时间，那也真是幸福无边！……

我屏住呼吸一口气读完了上面的几篇日记，一双捧着日记的手不住地颤抖着：我既怕他这时突然闯了进来，同时，那一股股爱情的强烈的气流冲击着我整个的胸心……我不知道他日记中提到的苗苗是谁——不，时间不允许我去细细体会，慢慢思索，我必须抓紧时间看下去……呵！他刚跟我讲的一套全是假的，假的！在他的冷冰冰的言词下，掩藏着一颗滚烫的求爱的心……

忽然，我的眼前一亮，在某一天的日记上，工工整整地抄录着罗曼·罗兰的一段话：

> 一个伟大的人比别人更近于儿童，更需要将自己托付给一个女子，把额角安放在她温柔的手掌中，枕在她膝上……

哦——！我似乎什么都明白了：一个伟大的人，一个渺小的人；一个快乐的人，一个苦痛的人；一个巨人，一个儿童；一个坚强无比的人，一个弱者；一个给人以精神支柱的人，一个需要靠傍的人；一个给人以温暖和情爱的人，一个渴求得到温暖和爱情的人……世间有哪一个伟人不是在这两者之间摇摆，在生活的逆流中沉浮的呢？

连我也说不清当时自己是在什么样的心情的支配下，匆忙将那个蓝封皮的日记本放回原处，随即就颇为狼狈地迅速逃出了我朋友的家中。否则，我想我一定会在朋友那双坦荡信任的目光下羞赧得无地自容。

1984 年 1 月 30 日　少云

前两天朱永刚来我家找我，显得有些坐立不宁，五心烦躁。

他告诉我，他的舅母要帮他说媒，女方是她哥哥的独女，过了年二十五岁，比他小两岁，在银行工作，父亲是银行行长，家中经济条件颇好，而且有天生的一副电影演员般漂亮的面孔和身材。还在朱永刚大学三年级的时候，他的舅舅便热心地牵过红线。为了成人之美，更为了表示做长辈的对外甥的一片好心，或者也有可能为了博得晚辈的感恩，舅舅在给他的一封信中不厌其烦地将她如何如何是出身干部家庭，经济条件（跟他家比起来）是如何富裕，且他又如何如何做了小燕子的思想工作方得她同意，等等，洋洋洒洒写了几大张纸。谁知道他一不留神看错了人，朱永刚"偏偏不吃这一套"，信未看完便气得撕个粉碎，当晚便回了信，一大张纸上歪歪斜斜地写了四个字："不敢高攀！"后来，此事传到小燕子耳朵里，高傲的姑娘肺都快气炸了，写了一封信给朱永刚以"澄清事实"，原来她舅舅并未做她什么思想工作，信中其余内容也只不过是信口开河，云云，并责怪他舅舅"如此做介绍也太没水平了"！不过，她在信中隐约暗示他应当客气一点，礼貌一点，因为她也并非一定要"高攀"大学生不可……朱永刚看信后先是虎着脸，后来不禁觉得好笑，于是干脆痛痛快快大笑了一场，笑得肚子也痛了，在床上打滚。他将此事压根儿就不放在心上，居然大意到让信失落在同学们手中广为传阅……后来，此事便不了了之。朱永刚决意先立业再成家，并且一直坚守诺言。毕业分配到单位后，学校里一些好心的同事及周围的助人为乐的女人们，便热心地为这个刚毕业的大学生穿针引线。他先回说不谈，岂料这么一来自己反倒成了一块引人注目的芬芳四溢的蜜饯，招来了更多的蜂蝶和苍蝇飞绕周围，任他磨破了嘴皮也挥之不去。于是，他干脆称自己有了对象，上海铁道学院毕业，分在南京工作，并拿出一张不知从哪儿搞到的不知哪位倒霉姑娘的照片四处张扬。他想以此能达到两个目的：一是从此清静耳目得以潜心学习，二是希求领导大发慈悲，为解除他们牛郎织女之苦而高抬贵手放他考研究生……再说小燕子呢，谈了成打对象都吹了，不是嫌人家矮就是嫌人家瘦，与一位部队军官谈了半年，最后以男方头太小为由中断。可是，金无足赤，而又华年似水，不知不觉三年就这么浪掷过去，手中抓握的仍只是幻想的标尺。随着年龄的增长，一个人的身价也就相应的下降——真不懂这是一种什么样的价值规律？！——这位原来的"高价姑娘"默认地将她那把标尺的准线一挪再挪的下移。这次朱永刚回来去她家串门，她便被这位年轻亲戚的一表人才复萌春心，通过他的母亲，再通过姑妈，再通过他的父母，向朱永刚挑明此事，不禁使他大为惊异。然而，他的所有亲戚无不叫好："小燕子真漂亮！"或者是："她家经济条件多好！"……可是"他的事业……？"——谁会去考虑呢？不，他自己要考虑，他不能迷失方向！

朱永刚还跟我说了不少有关的事情，并说他真想不等过完春节就走，离开这个家，他原不打算回家正是怕遇上这等令人啼笑皆非的麻烦事儿……但是，当时我正忙于家务和接待亲朋旧友，匆匆两次都没及细谈。今晚稍得空闲，忽然想起我的朋友的苦恼，觉得自己辜负了朋友的信任，应当主动去跟他深入谈谈，或者能使他得到支持和安慰……

当我敲开朱永刚的门时，开门的正是他的妹妹。

"呀，我哥哥又是刚出去……"她说话的声音像珠落玉盘似的清脆甜润，可惜甜得发苦。

她一见到客人总是瞪大那双硕大而浑浊的眼睛，一张丑陋的脸上坦露出真诚的笑意，却怎么也不能叫客人感到赏心悦目，甚至不愿意多看她一眼。可是，她的父母偏偏还给起名"朱永丽"，小名叫"丽丽"，这一别人听来似有嘲讽意味的称谓她却极为喜欢，每当别人这么叫一声她都会从胸膛里爆发出一声轻微的叹息。唉，如果我将来有一天要将她搬上小说，我倒宁愿为她变换一个合适的平淡的名字……

就在我转身准备回去时，朱永刚迎面走了过来。

"瞧！我哥哥回来了"，丽丽像百灵鸟一样地欢叫道，并且天真可爱地拍起巴掌来，随后亲热地对走到她跟前的哥哥说，"哥，他找你……"

"哼，知道了……"朱永刚轻轻哼了一下，也没对她笑一笑，动作有点生硬地将她从门边推向一旁，把我让进屋子。丽丽仍然满脸溢笑，毫不生气。也许她已经习惯。

他们家共有两间屋子。一间他父母和妹妹住，另一间隔开，一半做厨房，一半做他的卧室。这间卧室一边是一张大床，和一张小圆桌；床上有两条起后未叠的被子和书本，桌上堆满了政治外语等书，以及用小纸条做成的英语卡片，还有一架从朱栋处借来的单声道收录机。与这儿的紊乱不堪相比，另一边整洁多了，一张茶几，两旁是自制的单人沙发。茶几上有一套漂亮的茶具，和一尊小型维纳斯石膏像。茶几上方的墙壁上有一副对联：

淡泊以明志
宁静以致远
横联是：奋志要强。

朱永刚将我让到沙发上坐下，泡上一杯茶，随后他略表歉意地说他要坐进被窝里去。他这几天足不出户，一天到晚就坐在这张床上看书，晚上看到一点，早上睡到十点。开头一时无话，我便问起他妹妹的情况，安排工作了没有？

"屁个工作，残废，高中也只读了一年……"朱永刚说道，似乎对妹妹的前途并不放在心上，使我颇为诧异。"可父母亲还宠着她，当个宝贝似的；她自己呢，你简直想不到！有一次，南京来了一位并不知名的歌唱演员，在这闭目塞听的小县城受到热烈欢迎，那么蹩脚的演唱居然获得了雷鸣般的掌声。她那晚也去了，比谁都狂热，回到家时两只手还通红通红的，并且激动得整整一夜没睡。过了一天你知道她说什么：'要能当一名歌唱家多了不起啊……'我们笑她癞蛤蟆想吃天鹅肉，她伤心得哭了。为了安慰他，母亲给她买了一把小提琴。既没人教又没有天赋，拉了好长一阵，曲子没拉成几支，吱吱嘎嘎吵得邻居都不耐烦了，便只得将小提琴束之高阁。可是不久，她不知怎么从我这里的书架上翻到一本《钢铁是怎样炼成的》小说和一本《勃朗宁夫人十四行诗》。我保准她什么也不懂，连字也有好多认不得，她硬逼着妈妈买一套大辞典（《新华字典》她嫌小），然后就埋头读起来。我暑假回家，天那么热，她也不怕蚊子叮咬，非拉我问这问那。我烦了，说：'你连日记都写不好还看什么世界名著……'不想我这句随便说说的话，她倒当真写起日记来，而且越写越长。刚开始还给我看，要我教她如何写，后来，她居然也保密起来，这反倒引起我的好奇心。当然，只要我愿意，我随时都可以将她藏在枕头底下的日记拿来翻看……呶，今天我还拿了看的，"朱永刚一边说一边从床里边拿出一本日记递给我，随后又加补上几句，"你看看，凭她这样子，还想当诗人，还想当作家，真不知天有多高地有多厚，我大学四年也不过在《西湖》上发表了一篇小说……"

"你何必管得这么宽呢，"我接过日记本，一边翻一边说，"既然她在肉体方面有所缺陷，但在精神方面可以丰富一点……虽然是幻想，但对一个失去前途的人来说，幻想的充实总比无望的空虚要强得多……"

　　但是，当我将日记一页一页向后翻下去时，我便不再吭声了。一个残废的，为人们不屑一顾的女子所品尝到的人生的酸甜苦辣，她的痛楚，她的苦闷，她的希望，以及她的一点小小的快乐和满足都跃然纸上，使我不胜惊讶这个相貌丑陋的女孩子竟有如此丰富的内心世界。没有华丽的辞藻，也没有惊人的警句，朴实，真诚，坦率，不啻是一本被扭曲了的心灵的原始记录。其中有一首诗和几篇日记令我过目不忘——

1983 年 1 月

　　　　假如我有一双修长的、健康的腿

　　　　假如我有一双清澈的、明亮的眼睛

　　　　假如我有一张美丽的、迷人的脸蛋

　　　　假如……可是

　　　　我什么也没有，只有

　　　　无穷无尽的幻想，和

　　　　一颗纯洁的，水晶般的心

　　　　……

1983 年 3 月

　　今天晚上去人民大会堂看了电影：《巴黎圣母院》。这是多么难得啊！街上人群，车流，商店，小摊，一切都使我感到亲切新鲜。然而，我却不敢抬头多看几眼，只是低着头贴在墙根向前挪步，几百米的路却像万里长征似的……但是，当我一沉浸在这部感人至深的电影中时，我的一切痛苦都忘却了。当我看到心地纯洁善良的卡西莫多悄悄地端详着熟睡了的美貌的爱丝米娜达时，一股泪水涌出了我的眼眶，直到电影结束，这苦涩的泪珠再也没在我脸上断过，——啊！爱丝米娜达，你为什么要害怕，为什么要躲开他？是因为他丑吗？是他的声音把你吓到了吗？但他的心灵多美呀！如果是我，我会毫不犹豫地爱他的。可是，……噢！透过模糊的泪光，我发现，周围有好几个人都在悄悄地抹泪，一股股暖流涌遍了我的全身。我觉得我一下子变了，那长期压抑着我的自卑感也无影无踪。在这一刹那我获得了肉体的超脱，第一次认识到自己原来跟所有的人是一样的，是平等的，人原来没有天生的高低贵贱之分，精神上也没有天生的美丑善恶之别，我多么快慰啊！虽然我继续流着泪，可我感到泪水变甜了……散电影，人们涌出会堂，我看到有的人脸上还留着泪痕。我想人们的泪水一定会流进心田的。……谁知走不多远，一些人又嘻嘻哈哈地讲起了无聊庸俗的笑话，几个年轻人追逐打闹起来，有人被自行车轮轻轻碰了一下粗鄙下流的话便脱口而出，甚至，有人投来使我心碎的目光，——啊！人哪，难道你们善良的天性只能昙花一现，难道你们圣洁泪水只为在电影院里抛洒一下的吗？——不，我干嘛要去责备人家呢？我自己又怎么样呢？我不是不知不觉地深深低下头走路了么？我不是照旧远离人群独自紧贴墙壁向前挪步了么？呵……

1983 年 7 月

我早就渴望看到的海伦·凯勒的自传《我生活的故事》，今天终于借到了，我一口气读下去，贪婪地吞食着书中的每一句话，每一行字，它们都那么和蔼可亲，令我感奋不已，尤其是下面的一段话：

"有时孤独感就像冷雾一样笼罩着我，我好像在一扇紧闭的生活之门前面独自坐等着，门里有的是光明、音乐和亲密的友谊，但是我进不去。麻木不仁的命运之神挡住了大门。我真想义正词严地提出责难，因为我的心仍然放浪不羁，满腔热情。但是我那些酸楚而无益的话语，欲言又止，犹如泪水往肚里流。沉默浸透了我的灵魂。然后希望之神微笑着走过来对我轻轻耳语说：'忘我就是快乐'。因而我要把别人眼睛所看见的光明当作我的太阳，别人耳朵所听见的音乐当作我的交响乐，别人嘴角的微笑当作我的微笑。"

当我看完这段文字，又出声地念了一遍，这是作者满蘸着血和泪写下的啊！我怎么也不能再读下去，悄悄地伏在书上哭了。——呵，是的，我不仅要把"别人嘴角的微笑当作我的微笑"，把别人的希望当作我的希望，而且，无论别人如何待我，我要始终向他微笑，无论生活如何待我不公，我也永远向它微笑，微笑……

1983 年 1 月

最近，报纸上常常讨论"人的价值"，这已成为一个时髦的问题。我真不理解：一件东西可以有它的价值，因为它可以由金钱来衡量，但人也可以由金钱来衡量的么？这个词对我来说真是太古怪，太抽象，太不可理喻了。照我看，人就是人，他是神圣的，无可比拟的，那么——是不是有人自己贬低自己，而再来要求什么"人的价值"呢？……当然，也许他们是对的。但如果说人也有价值的话，我的价值在哪里呢？人们对我不屑一顾，似乎这个世界上没有我倒还美好些……然而，保尔，海伦，吴运铎，张海迪，他们有价值吗？呵，有的，因为他们受到了人们的赞美，得到了社会的承认。可我为什么不能有呢？我的生理条件要比他们好得多呀！……噢，对了，是他们用自己的痛苦激励了人们战胜困难的坚定信念，是他们用自己的病躯去启发人们热爱生活，人们沐浴在他们那忘我精神的光辉中感到温暖——这不正是他们"人的价值"吗？我为什么做不到呢？不，只要我努力去做，我想我很可能做到的，即使做不到像他们那样炳然，达到他们的百分之一也行。……我知道我丑，我不敢有过多的要求——可我多么希望能得到人们的同情，理解和承认我的存在价值啊！同时我又多么愿意同情别人，理解别人，让人们因了我的存在而欢乐，而幸福啊！……

读着读着，我已经忘了手中拿着的是谁的日记，只听得有个纯净的女子的声音在我耳边真情地絮语着，娓娓地坦白着……呵，"心比天高，命比纸薄！"——这个女子，这个刚跨入青春门槛的女孩，这个天生陋质不为人爱的姑娘，她正在一扇生活的门前蹒跚着，徘徊着。有谁，明悉她那丰富的内心世界呢？有谁去开掘她头脑中蕴藏的金子般珍贵闪光的东西呢？更有谁能透过她那张表皮洞见她美丽绚烂的灵魂呢？然而，尽管人们对她冷眼相待，她却对人笑脸相迎；尽管生活对她不公，她却执着地热爱生活。有谁，比她的爱更深，更热？！有谁，比她的心灵更纯，更美？！但人类就这么不识好歹，他们对丽丽这样的人视而不见，却情愿自讨苦吃去追求虽天生丽质，然而既高傲又势利，感情像流水似的女子，最终，他们流动不定的爱情像朝露一样的闪光，又像朝露一样的消失；他们玩弄了生活，反被生活玩弄得苦痛不堪，后悔不已——人啊人啊！不要再迷误了罢……

噢，有一只羔羊——不！她不是羔羊，她是一只雏鸟，一只折断了翅膀的云雀，没有人护卫，没有人扶持，她独自幻想着，常使自己的精神飞离她囚居着的一方小笼……大海辽阔无边。傍海的山峰高耸入云。这只断翅的小鸟默默地向着高空盘旋，想从那块峭壁飞上山顶——她也不屈不挠充满希望地接近云端的太阳……

噢，飞吧飞吧，我的云雀！虽然太阳永不可及，但已经有人在为你暗暗祝福，如果需要，他将为你助上一臂之力……

一个小时过去了。我们俩谁也不说话。

我仍旧在翻看那本日记。在无声的静默中我想了很多很多。丽丽的形象在我的心目中已变得面目全非：美的心灵自有她那无穷的磁力，当人们一旦感悟，便会透彻外表而被引向无比绮丽的精神领域，在其中流连忘返……而且，我对丽丽再也不仅仅是同情和怜悯——不，那太廉价了！我对她产生了另一种感情，一种怜爱之情，或许比怜爱还更深……但是，我不明白，比我更了解她的同胞哥哥，怎么会对她那么一种态度？！这太不合情理了！于是，朱永刚对待妹妹的粗鲁的行为一连串出现在我的眼前，使我气得微微发抖。

"你……刚才……你怎么对她那种态度呢？"我怎么也控制不住自己，责备他道，一只手轻轻地摩挲那本日记的皮封面，"如果你看过这里面写的内容的话，你知道你是不该那样对待她的……"

沉吟半晌，他答道：

"哦，是的。"他说话的声音极轻，精神沮丧，两眼无光。"我真不应该对她这样，我也很想不这样对待她，可——我实在是厌烦透了，一切的一切……"

我明白了：一个人在被烦恼重重围困难以自拔的时候，他就有一种心理发泄的需要。不幸的是，有些人将他的怨恨毫无道理地迁怒于人，将他的不幸加在比他更弱更不幸的人的头上，同时又受着良心的谴责，变成双重的痛苦……

我可怜他。但我没有问他。他自己会说的。

"啊，人的地位！地位！地位！"这一句话从他的唇齿间迸发出来，虽极力压抑着仍然很响。"人的地位决定了一切：享受，待遇，尊严，工作，生活，爱情，婚姻……家里如此苦苦地逼我，一定要我在这几天定下终身，我愤怒，我反抗！我宁愿一辈子不结婚，既不要爱人也不要人爱，"他停下深深吸了口气，没容我插嘴继续说道，"但我真是个冷血动物？我真的不要爱情么？不，决不！——'一个人，如果没经过忧愁的孕育，沮丧中分娩堕地，没有被爱情放入梦幻的摇篮，他的一生，就是宇宙这本书中空白的一页。'我很赞成纪伯伦这段话，但我不需要为了传宗接代而组合的家庭，更忍受不了毫无感情、毫无共同语言的白头偕老，这种只是为了让父母亲朋称心如意，只是为了屈从社会舆论的压力，只是为了维护封建传统陋习而做的牺牲，毫无必要，也毫无价值！我希求的是一个贤淑的，有感情，有修养，并能对我的事业有所理解、支持和帮助的爱人。当然，我知道人们会说我太理想化了，但如若现实世界找不到，我便钻进书本中去找，潜入我的事业中去找，那会更理想，更忠诚，更真挚，更纯洁，更美好……如果我要是将这些话跟我的父母讲，他们会懂吗？他们会理解吗？不会的！他们会很伤心，也许会怨我恨我，在他们想来，自己辛辛苦苦把儿女拉扯大，培植到大学毕业，诸事就该听他们的话，如他们的意，更何况，天下哪个父母不是为了自己的儿女好呢？因此，他们说我古怪，说我傻，说我将来会自食其果，可他们怎么知道……"

"啊，有多少次多少个夜晚，我辗转反侧，长夜难眠。我在我的心灵深处构思着爱情的模型，塑造我挚爱和崇拜的偶像，也曾在现实世界中有意无意间品尝过'爱情'滋味。我曾经爱过女子也得到过女子的爱，我拒绝过她们也被她们拒绝过，但都没有过什么长久的剧烈的苦痛。对于向我吐露衷曲的女子，我很感动，很歉然，我深知一个女子（尤其是性格深沉内向的女子）要经过怎样苦痛的自我折磨才会不胜屈辱地吐露自己的内心呵！而当一个姑娘的自尊心和求爱心一旦破灭后，她又将自卑羞愧得无地自容呵！但我有我的理想，我有我的追求，（我不知道我这样是不是太自私了？）我唯有对她们寄予深切的同情和怜爱，将来如有可能，我要竭尽全力地帮助她们每一个人，还清我在感情上所欠宿债……对于拒绝我的女子，我不恨她们，因为我确实并没有深切的爱，也许是一时冲动，也许是偶然的机会，但'偶然'和'冲动'都是短暂的，正因为如此，这种短暂的爱情去了也就去了，我并不追悔，也不懊丧——充其量是肥皂泡破了而已……而真心的爱情，它只能长期地孕育于你的脑海，潜伏在你的心底，你渴求着它，却拼命地压抑它，同时你又受着这样压抑的煎熬和折磨……我不知道你有没有这样的体会：当你热烈地钟情一个女子的时候，当你真心地爱慕并为她那气质和才华倾倒的时候，你迫切地、焦躁不安地想获得这种爱情，但也正因如此，你反倒对她强自镇定，守口如瓶，唯恐彼此间圣洁的感情会变得庸俗平淡，唯恐自己多少个日日夜夜精心雕刻的空中楼阁会顷刻间化为泡影……有多少人就这么隐忍着，强咽着由爱情分泌出的又苦又甜的流汁，又有多少人因此而错过千载良机，但这才是真正的爱啊！这才是伟大永恒的爱啊！这才是终身都要为之苦恼而又回味无穷的爱呵!"

久已积蓄在朱永刚心头的郁闷终于像火山一样爆发了出来。但接着,却是一阵可怕的沉寂。我坐在沙发上细细地咀摸他刚才一涌而出的话,觉得有许多闪光的东西,有些念头似曾在我头脑中稍纵即逝过;但又觉得他的话中也不无缺点,究竟什么缺点,我一时又说不清楚。朱永刚笔直地坐在床上,气喘吁吁,脸上由于激动而泛起的红晕久久不退。他似乎还有许多话要倾吐,但翕动了几次嘴唇,终于没有说出。之后,他从枕头底下掏出几封信来。

"喏,这几封信你看看,看了它们你也许更能理解我的话。"他边说边递了过来。我拿着信迟疑了一下。"看吧,我把我的心都吐给你啦,还有什么可保密的呢?"

我心里一阵感动。我不知道我手里拿着的是什么样的信,也许是我从未见过,也从未收到过的信。一时间我感到我的心在胸膛加快了跳动。我怀着忐忑不安的心情随机地挑出一封信拆开,字迹娟秀端正,信中有这么一段:

> 当我把你的情况,你的才华,你的志向,以及你气度不凡的相貌跟她讲后,她认为从介绍的境况看挺满意的。她是我们班上的大姐,党员,系女生部长,我们都很信任她,有什么心事都愿找她谈,亲切地叫她"兰姐"。……你也快毕业了,什么时候抽空来扬州一趟,见见面……另外,我弟弟的学习很叫我牵挂。再有两年他也考大学了。我总觉得他不太懂事,什么都不在乎,及至懂事时也许晚了。但他很佩服你,说你没上过高中就考上大学……你回家时一定帮我督促督促他,一个人可以把家里人苦口婆心的话当耳边风,但会把一个他敬佩的外人的话奉为金科玉律的……

第二封字写得粗犷有力,不像一个女子的笔迹。其中有这么一段:

> 我跟林笛是好朋友。有一天她无意间开玩笑说要帮我找一个称心如意的对象,不想她果然这么做了,因而我们也就这么在信中相识了,——世间的事就这么有意思,叫你想不到猜不着。我是个学生党员,照理不应带头在学生时谈恋爱,但……现在我们女同学中,有不少在议论着毕业出去期望能找上一个有才华有事业心的男子,自己甘当配角,当"内政部长",当贤妻良

母。我不这么看，我认为女子也要有自己的事业，（有人认为孕育新的生命便是女子神圣的天职和崇高的事业，那真是虚狂……）不！女人决不能永远只做弱者！但另一方面，我们都是被历史贻误过几年的人，我在农场劳动锻炼过，（公正的说，也不无收获。）现在我们都已到了这样的年龄，我们既要公平地对待历史，也要公平地对待自己；我们不苛求历史所不能补偿的，但也不错过现在我们自己能够补偿的……总之，我是既要事业，也要生活。因此，我跟你结识了，自觉问心无愧。我要求不高，只希望对方忠诚，可靠，有事业心……

也许我们真能成功，也许不成，但不成爱人并不妨碍我们成个朋友。反正，我觉得世界上的事都充满奇迹，（两块石头相撞也能产生火花）又变化莫测，像万花筒一般。我们女生中有不少人相信机遇，相信缘分，我又不信又信——有缘千里一线牵，无缘咫尺不相识……

看了这封信，我不胜惊讶，又不胜惘然：小说中，电影里，及我的想象中，爱情的飞鸿一定是情意绵绵、情真意切的连篇累牍的美丽动人的词藻，一定是充满浪漫的诗意般的幻想的文字表露；这么理智，而且出于一个女子之手。我搞不懂，也许这是个特例吧，不然就是文学家和演员欺骗了我们。我在一片狐疑中拆开了第三封信。

从下面的这段文字中，我看出了事情有了很大的进展，或许是个飞跃——

啊，永刚，我不知是否可以提前向你祝贺？我相信我的眼力，也自信有着超人的直觉……最近我跟兰姐谈过两次，尽管她克制自己，以免在我这个小妹妹面前失去稳重端庄，但从她的言词间满可以听出，她对你信中所表现出的才识和修养多么的赞赏。我真为她高兴，也为你高兴，一如为我自己高兴一样。再加把油吧，我的朋友，幸福在向你微笑哪！到时可别忘了我这个红娘哟……另外，请你再帮督促督促我的弟弟。我上个星期收到他一封信，（多么难得！）说看了你写给他的一封长信后，受到很大鼓舞和鞭策，刻苦了一个月，期中考试成绩进入全班五名之内，把我高兴得一夜没睡好。然而，我知道他这个人，像个不懂事的孩子，不用鞭子赶着他会躺下睡大觉的。求你费心多给他写写信，用你的亲身经历和感受启发引导他，虽然这样要花你不少时间，但我会非常感激你的……

在我看信的当儿，朱永刚坐在那里一动不动，两只眼睛直愣愣地盯着我脸上的表情。当我看完这封信向他一瞥时，他突然把被子一掀，披上军大衣，说要到隔壁屋子里去拿一样东西。他走后，我又拆开了第四封信。

246

    ……我真不知道说什么才好。我怨自己，恨自己——我做了一件什么样的傻事啊！……你呀你呀，她哪一点配不上你呢？是她的 face 吗？如果这样的话，那我这样丑陋不堪的人还有什么希望呢？"然而……"，我真不懂你这个"然而"是什么意思？！我甚至怀疑自己是否真正了解你。男子的心真叫人猜不透——但你懂我们女子的心吗？你知道我们在想什么，希求什么吗？不，你不知道的，你只知道考虑你自己！……请原谅，我实在不该也实在不想用这样的口气对你说，你曾帮助过我，从跟你的通信中受到过不少教益，你在我的心目中曾是那么伟岸，就连现在我也不愿它被风沙剥蚀掉……不，一切都怪我不好。想了好久好久我才给你写这封信，一支笔仿佛有千斤重。她至今还没跟我谈起这事，仍像过去一样和我打招呼，跟我说笑，可我分明看出，那笑容是多么的勉强，而且远不如以往那么活泼了——这是她的第一次呀！……你们男子简直想象不到，当一个女子第一次真心爱上了一个人的时候，她同时就把自己的一切托付给这个人了，她会把他当作偶像一样的敬仰，崇拜，信赖，并装了满脑子的遐想和憧憬……而一旦失去了希望，犹如大厦倒塌了支柱，你想象不到她内心的创伤有多大有多深！男子遇上了苦恼自有其他精力可以发挥以抵消，可怜女子无法排遣，只得独自默默地将泪水无穷无尽地往无底的深渊灌下去，灌下去，直至终生……唉！过去的已经成为过去，我不想再多说什么，但愿你这是第一次，也是最后一次……

这封信的落款是 1983 年 7 月 21 日。它的转折太突兀了，我一下子简直转不过弯来，心头像压着一块石头，且由于不知事情发生的前因后果而坠入五里雾中。朱永刚还没来，我独自靠在沙发椅背上思索着，忽而将其中的一封信重新拆开翻看一段……

他终于进来了。他一定看到了我脸上异乎寻常的表情和我那询问的目光，但他一个字也没说，只默默地将他手里的日记本递给我，示意我在他打开的那一页上看一篇他的日记。这篇日记很长很长，几乎占了整整五页纸，日期是1983年7月22日。其中有这么一段：

哦，天哪！我干了一件怎么样的蠢事——我给她回了一封什么样的信？！然而……（她竟不懂我这个"然而"）我不因为她的什么face，也并非因为她大过我的年龄，而是因为……你呀！林笛！我对不起她，但更要向你忏悔。啊，"丑陋不堪"——谁？你？——你"丑陋不堪"？！——谁敢这样说？！……"你懂我们女子的心吗？"——可是，你又怎么能真心理解我的心呢？你又怎么能知道你在我心目中的地位呢？然而，我却给她写去了那么一封满纸荒唐的、连我自己也不理解的信，蠢话连篇——为什么不直截了当地把我所思所想所梦统统坦白出来呢？你这个胆怯鬼，你这个笨伯，你这个Fool！你还自诩为无所不能的男子汉呢，你过去曾干过多少胆大妄为的事，你过去曾做过多少浪漫风流的梦，你曾多少回在梦中偷听着林间悠扬的笛音而流连忘返，但幸福就在你面前，你为何不敢去抓取？林笛就放在你面前，你为何不敢去吹奏？唉，女子总以为我们没有什么苦恼，没有什么忧愁，她们自己的心胸狭窄，便将苦水无穷无尽地往深处灌，却不知男子一旦有了愁苦，便像大海一样的无边无岸，汹涌不息……

一切都明白了。我把日记本默默地还给朱永刚。他两眼盯着我看，恳求我说点什么。但我什么也不想说。最后，我看他太可怜了，便说道：

"你为什么不鼓起勇气呢？"

"是的是的，我简直就是个胆小鬼！"我一开口他立刻接过去说道，"你知道她是谁吗？——她是我的邻居！刚才我到隔壁去拿日记本，她正独自一人坐在我家看电视连续剧《鲁智深》。我有满肚子的话要说，却只问她'吃过晚饭没有？'这句不问便知的俗气话，连我自己也羞得满脸通红。我想要请她吃糖，却怕她拒绝不敢送到她手里，而是将两粒"大白兔"从老远往她身上一扔，自以为这样很随便很自然，结果她笑笑，拿在手里没吃，使我狼狈得要命。我心里多么想跟她真诚地谈谈，可问出口的话都是极俗气极无聊的，她两眼一直盯着荧光屏，看也不看我，机械地回答'是'或'不是'。也许她真的被电视里的故事情节所吸引住了，但我却深信她不屑于理睬我，回答不过是冷冰冰的礼貌而已。于是，我赶紧找机会逃了出来……"我轻轻咳嗽一声，他以为我要插话，连忙阻住我，继续说道："我知道你要说什么！你一定会说：你应勇敢一些，成功与失败只差一步之遥，爱情上往往是捷足先登，勇者得胜……是的，如果我对别人，我也会说上一大套诸如此类的话，但自己要将此理论付诸行动那真是比登天还难……"

"你既然没有勇气，干嘛有勇气折磨自己呢？"我揶揄了一句道，也想借此轻松一下紧张的情绪。

"别开玩笑了。"他说，叹了口气，"是啊，她相貌并不出众，我看上她什么了呢？"他停了停，接着说："还在大学的时候，我们就经常通信，那时候我大学二年级，她刚刚考进扬州师院物理系。我把她当作不懂事的小女孩，根本就没把她放在眼里，写信都是用教育的口吻，居高临下。但她总是很谦虚，很诚恳，什么事情都对我开诚布公，这使我的高傲的虚荣心得到满足，因此也乐意牺牲一些时间跟她通信。第一年通信她总是问我些简单的幼稚可笑的问题，凭着我的经验和学识轻而易举便答复了。可是，第二年情况就起了很大的变化，她的一些对待人生、事业、生活等方面的问题，有时非但我不能圆满解答，有的甚至连我自己都没想过。为了保持尊严，遇到这类问题我便'推荐'几本书要她好好看看，天晓得这几本书我自己有没有好好看过。虽然她一直把我当作老师，我也不耻以老师自居，但我很自知，实际上有许多方面我应该老老实实做她的学生了。而且，我对像她那样小小女子的头脑里竟会想得那么复杂那么深奥大惑不解，这种好奇感不知不觉地把我的心吸近了她……再后来，她对弟弟的关怀备至，封封来信都恳请我帮助督促督促她的弟弟奋发上进，这更增加了我对她的好感和……爱慕。她的母亲去世早，父亲又不会料理家政，因而她小小的年纪便担当了家庭主妇的责任，对弟弟既做姐姐又做母亲，而她的弟弟也常常对比自己大不了几岁的姐姐像对母亲一样的撒娇，常常把这位小母亲惹哭。可她一点也不生气，照样无微不至地关心和照顾弟弟的生活和成长，你想想，世界上能有比她这样更好的贤妻良母吗？"

"那么，你……"我不由自主地插了一句，等待着他的下文。

"是的，我……"他想了想，加快着说道，"经过多少次反复的内心斗争，我不敢多讲什么，只请她寄一张照片给我……回信第三天就收到了，既简单又干脆：'我即使将照片撕得粉碎也不会给你……'我吓坏了，好长时间没敢写信给她。要不是她后来主动写信给我，我恐怕再也没有勇气跟她通信了。她在写给我的信中，只字不提上次的事，只谈人生，谈事业，谈她的虚无缥缈的理想……这样的通信，我实在是心不在焉，一下子从老师降到了学生的地位。"

他停了下来，欠身拎起水壶将自己茶杯中添满。他刚才一刻儿工夫已喝掉三杯了。

"我们就这样一直保持通信，直到有一天她突然来信说要帮我找一个志同道合的对象。我见信后着实吓了一跳。但不知为什么，虽然我内心另有所思，却鬼使神差地答应下来，而实在是不愿违拗她惹她生气……这样的结果你都知道了——还会有什么美满的结果呢?！……毕业后，我到了单位还通过几次信。去年七月份，她正面临毕业分配，突然来信说要到我学校来一下，我一点也搞不清什么原因——但她最终没来。……后来，她就再也没有给我写过信，我既没有回家，也不知她分到哪里……"他喝了口茶，接着说道，"这次回家后我才知道她分在江苏农大，比我的单位高级多了。那天我刚到家门口，正碰上她在楼道内扫地，一见到我，欣喜地惊叫一声:'你回来啦!'随后便又低头扫地，再不吱声了。我觉得她并不愿跟我多说话，虽然各种心情交杂在心头，使我说不出的难受，但自尊心却制止了我，我高傲地向她点点头，一句话不说地从她旁边走了过去，呵——!"

渐渐地，一层愁雾笼罩到他的脸上，他的双眉紧锁。虽然不说话，但完全看得出他的内心在翻腾不息。果真，他突然间奔泻了出来:

"地位，地位，你说，难道这不是地位在作祟吗? ……如果我分到一个好单位，或者说她分配得比我更差，那情况又会怎样呢? 再比如，假如我没有考上大学，或是她大学毕业，她——小燕子——还会这样来向我追求什么'爱情'吗? 鬼! ……"

"且慢，"我打断他道，"在这个问题上我们不能'一视同仁'。可别冤枉了好人……"我想了想，问道:"一点希望也没有了吗?"

他叹了口气。

"你不可以趁这次回家试探一下吗?"我说。

"怎么试探呢? 虽然是邻居，可我整天坐在这被窝里看书，几乎见不上面……"

"刚才呢?"话一出口我又后悔不该说了。

他又叹了口气。随后他急促地问道："怎么办呢？怎么办呢？"他将眼镜摘下，用一双陌生的眼神恳切地盯着我。被子滑向一边。他已经完全忘掉了寒冷。

我一时无言以对。

他又接连催问了两遍，似乎把所有的希望都寄托在朋友的主意上了。虽然我没有切身体会，但看看他那张痛苦得扭歪了的脸，我也大为感动。不过，正因为我置身局外，才能够保持清醒的理智。我想他此刻一定是深深地陷入了感情的困扰之中，既然一时想不出主意，倒不如先将他从感情的深渊中提拔出来，唤醒他的理智。于是，我开始冷静而缓慢地跟他说道：

"这的确是一件非同寻常的事情，也很棘手，并常常由此引发许多人的烦恼。但如果我们处理不好，只会越陷越深而无法解脱。傅雷在给傅聪的家书中说：一个人在烦恼的时候，要多想想人生，多想想宇宙，把自己看得渺小一些……我以为这话说得很有道理，谁把自己看得渺小了，他的心胸就开阔了。当我们以博大的胸怀去容纳整个人类，整个宇宙，那我们一己小小的烦恼和挫折又算得了什么呢？"

他的眉毛动了动，刹那间眼里似乎冒出了火花，但立刻又熄灭下去。他仍旧一动不动地坐在那儿，静静地等着我说下去。

"我不知你有没有这样的感受，"我继续说道，"当你坐在电影院里，在那一片幽暗的光影中，一部生动感人的片子攫取了全体观众的心，人们为影片中的主人公叹息，欢欣……就在这陶醉和享受的人群中，在某个角落里，有人在嘤嘤地哭泣，他（她）的心在流泪……"

沉默片刻，我接着说道：

"不，何止在电影院里呢？世界上有很多比我们更不幸，更痛苦的人啊！与他们相比，尤其与我们的同龄人相比，虽然我们也曾背过沉重的十字架，但公正地说来，我们比他们——比我们同时代的大多数青年幸运得多了。想想真可怕，要是再延误几年，要是再把'将无产阶级文化大革命进行到底'叫喊几年，那真是不可想象——我们的一生也就耽误了。在这个问题上，我不想把责任完全推给历史，我们每个人也有自己的一份——想想看，我们不也盲目而狂怒地高喊过'打倒刘少奇'，'舍得一身剐，敢把皇帝拉下马'么？我们不也曾激动地加入了'小八路'、'红小兵'造反派，并劲头十足地上街游行，贴标语大字报么？我们不也曾表决心向黄帅学习，头上长角长刺，揪斗过我们的好老师，精心培养过我们的园丁么？啊！一想起来这，我就立刻会想到我中学的语文老师。是我带头贴了他的大字报，我是真心诚意一腔热情这么干的。现在回想起来，怎么也想不到我当时何至干出这样的蠢事。他对我加以特殊的培育，逐字逐句地批改我的作文，并当作范文在课堂上评点……真的，人往往就是这样：现在对过去的事想不通，将来对现在的所作所为会感到不可思议。因为现在跟过去相比，前者较冷静，而后者则陷于迷妄。可这一迷妄却给我带来了终身遗恨……语文老师的得意门生贴了大字报真是一颗重磅炮弹。但没想到我的老师'死不认罪'、'死不悔改'，有一天他突然逃了出去。当怒火万丈的人们在附近的江中发现了他的尸体时都毛骨悚然了。然而，他的死，并没有唤醒人们的良心，并没有得到人们的同情，而他的一份遗书也成了'畏罪自杀''顽抗到底'的罪证，因为在他的遗书上有这么两句话：'宁为真理玉碎，不为个人贪生'。"

我说不下去了，只觉得眼眶湿润，喉咙哽咽。每当我一想起这件事，心头便有无穷的懊恨和忏悔，而怎么也补赎不了自己无法挽回的罪过。朱永刚将身子往前挪了挪，他也被这件事感动了。将激动之情稍稍平复，我接着说道：

"是的，我一想起过去的事就痛心万分；十年狂涛怒澜也有我的一小滴呐……但归根结底，我可以问心无愧地说，我的心是赤诚的，我们都曾是幼稚而赤诚的一代。我当时贴我老师的大字报是真心诚意的要他'抛弃修正主义，回到无产阶级革命路线上来'，我一点也说不清我这样做的理由，因为我对什么叫'修正主义'一片糊涂……正因为我们过去的天真和愚昧，被某些阴谋家野心家捉弄了——中国的一段历史都被这几个人戏弄了，就连黄帅，也只不过是他们阴谋和野心的牺牲品，她本身是无辜的……在这段悲壮惨淡的历史中，有多少人沉沦了，消失了；有多少人的青春和才华被摧残了，埋葬了；有多少人被压弯了腰，而当阳光普照时也不能在光明大道上昂首挺胸……想想他们，想想千千万万个有理想，有抱负，有才华的青年没有能走进大学校门，我们的一些小小的烦恼和挫折又算得了什么呢？！"我停下吸了口气。朱永刚微微地点着头，胸膛在剧烈地起伏着。"不！——难道我们千辛万苦地考上大学只是为了建立一个美满的小家庭，只是为了自己日子过得安逸舒适？——不！我们应当无愧于这个时代所给予我们的，我们应当无愧于成千上万个因我们而失去求学机会的青年，也无愧于渴望生活、渴望幸福而对我们寄予希望的人民……的确，在这个世界上，在我们的国度内，一定有不少比我们更不幸福更痛苦的人，我们要爱他们，同情他们，更重要的是要为他们而奋斗！海伦说得好：'忘我就是快乐！'"——当我们超脱自我去俯视人生，当我们怀着深切的同情去热爱人们，当我们以神圣的使命感去为人类而奋斗的时候，我们还有什么烦恼不能解脱，还有什么羁绊能阻挡我们，还有什么鸿沟不能跨越呢？"

我越说越激动，越说声音越高，当说完最后一个字时，我已经喘不过气来。随后，又是一阵静默。我们俩都在思考着。

"说得真好，说得真好，"过了半晌，他小声说道，"真没想到你……你为什么不早跟我说呢？为什么不在信中跟我讲呢？"

"我愿意向所有的人这样讲，当然更愿意向你证明，"我说，"但是，我担心说出来会像空洞的说教似的，反倒引起人们的反感。你知道的，那只会起负面作用……"

"你看我会这样吗？"他问，叹了口气，"啊，看来你还没有真正地理解我……"

朱永刚心里有点难过，不过已经不是因为刚开始那件事了。他一会儿拿起日记本，一会儿拿起笔，一会儿翻翻书，不知道要干什么。于是，他无意识地将收录机的中间一个按钮一掀，立刻便响起了成方圆那甜美的歌声。歌曲原先放了一半，此刻正唱到"迷迷糊糊的童年"这一句。

他立刻又不胜厌烦地"啪"地将它关掉。

"欣赏欣赏嘛……"我说。

"我不想听，"他道，"大家都说这支歌唱得好，我可不以为然。歌唱者也许是个青年，也许快到中年，她哪里能真切地体验童心，充其量不过是在叹息自己年华似水罢了。也许她压根儿就不去管它什么童年、青年，只不过是在卖弄自己美妙的歌喉和甜润的音色罢了……这真叫我受不了！"他停下不说了，似乎意识到自己也许伤害了一个无辜的人，一个与他有着同样感受甚至比他更深的女子。于是，他改口道："唉，说真的，只要我一听到这支歌，一听到这支歌的曲调，都会使我的心强烈震撼，因为它使我记起了我的童年，我过去的岁月。我有时傻想，要是我能回到童年去该多好啊！假使果真那样，那我决不再过一个'迷迷糊糊'的童年，我会抓紧一切时间、一切机会去关照社会，吸取营养……不，那是不可能的！——我们不要奢望回到童年罢，哪怕让我再年轻五岁、四岁——三岁也行！那时，什么找对象，什么成家，什么社会和家庭的压力，什么都不在话下了！那时我会一心一意地、无牵无挂地去干我的事业，去闯，去奋斗！"他叹了口气，说道："我真羡慕那些二十岁左右的年轻人，他们无忧无虑，无牵无挂，风华正茂……有时候，我明白跟他们中间的某个人谈起这事，他便会用奇怪的眼神打量我，毫不在乎地答道：'你有什么烦恼？生活多美好啊！'此时此刻，我只好苦笑笑，暗暗叹口气，知道自己无论怎样解释也不会使他们明白的，如同我们不能明了壮心不已而又力不从心的老年人的心情一样……"

"嗯，"我颇有些同感地点点头，"新陈代谢，年龄递增，这是自然规律，但愿我们每个人都能保持童心……"我想了想，接着说道："我方才忽然想到了卢梭的一段话，他在《爱弥儿》中这样说道：

> 生活就是这样一幕一幕地变化的。尽管一个人由于年龄不同而有不同的行动的动机，但人终归还是原来那个人。他在十岁的时候是听糕点指挥的，在二十岁的时候是听情人指挥的，在三十岁的时候是只知道追逐享乐的，在四十岁的时候是只知道追逐野心的，在五十岁的时候是只知道追逐钱财的。他什么时候才一心只追逐理智呢？当一个人受到指引，从而不知不觉地奔向了理智，这个人是多么的幸福！

卢梭的这段话，也许入木三分地精粹概述了他那个时代的人们，但我们呢？我们二十世纪八十年代的人呢？我们千千万万经过十年浩劫的一代中国青年呢？或许，我们在十岁的时候也会听从糕点的指挥，但我们在二十岁便知道了勤奋，知道了思索，知道了追逐理智，在三十岁的时候便开始了奋斗，开始了攀登，四十岁，五十岁，直到永恒的宁静来临为止，我们都将向着那崇高的目标不屈不挠、披荆斩棘地攀登——这就是我们新的一代！什么名利，地位，我们统统都可以踩在脚下，我们追求的永远都是真理！……因此，我们可以说我们在二十岁时便幸福了！——什么是幸福？正如我给你写信时说的：幸福存在于为崇高的事业奋斗之中！我时常想，我努力了，我奋斗了，很可能不成功，但只有努力才有希望成功，只有目标崇高，心底无私，胸襟开阔，昂首向前，才能不屈不挠，不患得患失，也不会被眼前一时一事的挫折和失败所吓倒，更不会被一些小小的烦恼所困扰。我努力了，我奋斗了，无论将来成功与否，我都能平心静气地回首往事而毫无遗憾；而况，我生命的每一分钟，每一个历程，都在奋斗中度过，我便感到有意义，感到充实，而有意义的充实的生活就是幸福的生活，其余一切的一切就什么也不在乎了……"

"对!"突然,朱永刚大叫一声,猛地掀开被子,下床站在地板上。军棉大衣从他肩上滑了下去。"什么都不在乎了!你看——"他指了指墙壁那副对联上方,说道,"那四个字是袭人送宝玉上学时说的一句话:'奋志要强'!说得太好了!一个人要奋斗,要有志,要做强者!"

我也有些激动了,"嚯"地从沙发上站立起来。于是,我们俩不约而同地大声

重复了一句:

奋志要强!

五分钟过去了,我们仍那么心潮起伏地站在那儿。

我先冷静了下来,叫朱永刚回到床上去,不要感冒了。他说他一点也不冷。我看了看表,已经是十二点了。他叫我睡在他那儿,我摇摇头——那样我会整夜睡不着的。于是,他执意要送我回家。他迅速穿好衣服,从床上找到了一支手电。

不久,我们一同下楼,没入夜幕之中。

冬天,此时已算是深夜了。家家闭户熄灯,沉沉地进入了梦乡。街上一无行人,相隔很远的街灯孤零零地站在那儿,发出昏黄清凉的光。除了远处偶尔传来一两阵狗吠声外,整个世界都非常的静谧安详。天幕上点缀着几颗稀疏的星星。月亮在云中沉浮,不时将它微弱的寒光投射在被雪掩盖的屋顶、树梢及地面。地面上低洼处结了冰,踏上去吱吱作响。朱永刚尽量将手电照亮我面前的路,以致他自己几次踩进了冰水之中。他还一连问了两遍我冷不冷,意欲将军大衣披到我身上,我坚决不要,向他道谢。

事实上,我心头起了一个不可遏止的意念:我想知道他为什么将没上高中的事瞒着我?从今天他给看的信中证实了他确实没有上过高中,而作为一个真心知己的朋友他是没有必要隐瞒的。当我走到一盏路灯下,我突然停住脚步,直截了当地问他:

"听说你没上过高中,真的吗?"

他已经走前几步,又回过头来望着我。在暗淡的灯光映照下,投过来一双陌生的目光。他的嘴唇翕动了几下。

"嗯，我……我真不该瞒你……"他嗫嚅着说道。我感觉出他那可怜巴巴的目光中伴有一丝苦味。"这件事在过去我是不敢说，现在是不愿提起……但是，我实在不该瞒你……"

随后，我们又一起向前慢慢走去。他熄了手电，把手轻轻地伸给我，我像第一次那样抓握住他那微颤而炽热的手。黑暗中，我们携手并肩地走着，一边听他轻声絮语地讲起那件他至今从未提起过的事……

"我初中刚一毕业，"朱永刚开始低缓地说道，"算我哥哥有门路，给我找到了工作。家里便不再让我继续上学，硬逼我进厂。我多么委屈啊，我多么渴望学习啊！我反抗过，哭闹过，然而，既不懂事又无能自立的我怎么违拗得了父母的意愿呢？我感到孤立无援，家中除我和还没有发言权的妹妹外，一致要我进工厂，我只得屈从了。"

"刚开始，我走路都不敢抬头。碰上我过去的同学背着书包上学校，我悄悄地从屋檐下，或者绕道而过，不愿跟他们照面。可想而知，那个时候，我小小的自尊和荣誉心遭受到了多么大的伤害——并不是我脑子笨成绩差啊！后来，我慢慢地平静了。大人们毕竟看问题看得不错，上学确实没什么用，凭着老茧照样上大学，电影里就这么堂而皇之宣传过。而能成为工人阶级的一员那真是太幸运了——你不是千辛万苦、千方百计，最后连社办厂都没进到吗？"

"嗯。"我点点头。他的问话引起了我许许多多辛酸苦辣的回忆。但我没有说什么，听着他讲下去。

"时间是最公正的审判者，被颠倒的历史总有一天会重新颠倒过来——这是真理！77年高考了。我挑灯夜战了几十个晚上，结果落了榜，虽说理所当然，但仍使我伤心得要命。不过，现在看来也并非坏事：我正因此而结识了你这样一位难寻难觅的知心朋友，而且多亏了你后来帮我在数学上步步提高——塞翁失马，焉知非福？"

他想了想，继续说道：

"1978年，我下了不成功则成仁的决心，背水一战……考期临近了，要学的东西那么多，时间那么紧。我便向车间主任请假，希望每周能抽出两天时间看书。车间主任不批准。要是当时我稍懂一点人情世故，对当干部的请客送礼一番，那事情就不会像后来那么艰难了。可是，我一向性情狷介，且又年轻气盛，非但没有烧香，还吵了庙——我跟车间主任闹了一架。谁想祸从此出。这车间主任虽是个大老粗，却大权在握，说话顶用。他说我不但不能请假，而且因为我没有高中毕业文凭，连报考的资格都没有。要知道，在那个不讲法治的年代，他的一句话便是法律呀！我简直焦躁万分。而更使我苦恼的，是这个车间主任向我家里告了一状。我父亲不敢得罪他，向他赔礼道歉，回过头来把我狠狠地训斥了一顿，并从此不准我再复习功课了：因为他认定我考不取大学，一定得保牢工作，决不能搞得鸡飞蛋打。（我现在比较理解父亲的心了，可在当时我怎么也受不了：我竟会有不要自己儿女去争取光明前途的父亲！）后来，我自己总算稍稍明白了一点事理，便屈辱地拿出自己全部的菲薄的积蓄，买了一点礼物在夜深人静时送到车间主任的家去。哪知他分明是看不上这点薄礼，反倒大声呵斥我搞请客送礼收买他的一套，将我买去的东西掷之门外……呵，你可以想象得到的，我当时是多么的无地自容，羞愧万分！没有人安慰我，没有人帮助我，我有泪只能往心里流，将痛苦不断地压缩在心底。多少个夜晚，我独自一人去公园的竹林里悄悄流泪，向那飒飒作响的竹叶倾诉——一支斑竹千滴泪啊！我不愿告诉任何人，我不需要别人的怜悯。我也没有跟你说，因为你那时连工作还没有，也许比我更痛苦，更需要安慰，我们谁也帮不了谁，我们同样都被命运压迫成了弱者……"

我浑身打了一个寒战。一股潮涌的流汁开始爬上我的眼眶。但是我不动声色，只将抓着他的那只手握得更紧一点。他也握得更紧了。要在平时，这样的抓握一定会疼痛得叫谁也受不了，但当时我们却谁也没有感觉到。

"后来，多亏你使我结识了朱栋。于是，我便每天晚上躲到他家去看书，一看一个通宵，父母问起，便撒谎说加了夜班。这样，白天上班，晚上看书。离高考还有半个月了，时间越来越紧，而心理上感觉还没复习好的东西越来越多——不行！我得拿出勇气来了。我下定了破釜沉舟的决心，于是，"他抬头看了看深邃幽暗的天空，说，"也是这样一个月昏星稀的深夜吧，不过，那是个酷热的仲夏之夜……"

他忽然停住脚步，拉着我的手往回走，一边走一边嘴里说道：

"对了对了，我们走过了头。"他把我拉回到小弄的尽头，再出几步，便是大街。在我们的对面，是一幢新建的印刷厂大楼。朱永刚指了指大楼背后的一座平房说道："就在这儿，那天晚上就在这儿，也正是现在这个时候，"他停了一下，喘着粗气，声音和手都在微微颤抖，"那天晚上，我和朱栋约好，十二点一敲我们便飞快地跑到这里。那时还刚开始建造这幢大楼，那座平房下原来是泡石灰的泥塘。我穿着一件破工作服，戴了一顶旧草帽……我走近石灰塘边，先背向他站着，随后向朱栋大喊一声：'来吧！'于是，朱栋便将准备好的大石头使劲掷进了石灰塘中，石灰水溅满我的后背。我又转过身来，重新来过一遍。一滴石灰水溅进我的眼里，刺激出了泪水，随即也就泪流满面了。我不感到痛苦，只感到阵阵快意，战场上那种决一死战时的对什么都无所谓了的快意。啊！——当时我真想高喊，真想大叫，真想大哭——不，真想痛痛快快地大哭一场！"

他停下来，深深地吸了口气。黑暗中我把眼睛紧紧地盯住他，牙齿冷得直打战。

"然而，我终于控制住了自己。等正反面都溅上石灰后，我便抓起一把草屑撒进头发，第二天清早，我便带着满头满身的石灰和草屑，去厂里请假，撒谎说家中房屋倒塌正在修理。那天车间主任恰好因伤在家休息，老天有眼，我便趁机找了老实巴交的车间副主任，这个心地善良慈悲为怀的老头儿看到我那副可怜相，一时动了恻隐之心，居然当即便开条同意我请假半个月。（后来听说他为这件事被厂长狠狠地克了一顿——呵，这个可怜的老头儿！）……半个月很快就过去了，一场高考也像做梦一样的过去了。考得不理想。我灰心到了极点，心想一切都完了，我甚至想到了……呵，就在这个时候，厂里发觉了我'弄虚作假的恶劣行径'，几天之内全厂都沸沸扬扬地议论起来，头头们更是因为我胆大妄为地戏弄他们的威严恼怒万分，于是，决定即刻做出决定：开除出厂。于是，"他又停了下来，片刻，他才十分艰难、十分痛苦地接着说下去，字是一个一个从他牙缝间挤出来的，"就在厂里做出开除我决定的第二天，我的父亲性急火燎地赶到厂里，在众目睽睽之下把我大打了一顿，还非要罚我当众给车间主任跪下认错……我不干，死也不干！我强忍着泪水逃了出去……"

他不说了，声音最后已经变得呜咽。透过夜幕，我看到了闪现在他眼角的泪光。我一句话没说，重新伸出双手。两双手紧紧地、紧紧地交握在一起，互相传递着力量，传递着温暖，并渗透进各自的每一根神经纤维中去。

许久许久……突然，我浑身打了个冷战。"你冷吧。"他问，并要将棉军衣给我披，我坚决不要。我们重又互相依靠着朝我的家走去。

"想想多么可惜，如果我考不取的话，那一切就真的都完了！我不是指工作，不是指饭碗，不是指家庭，而是指我的理想，我的志向，我的事业！谢天谢地，在辗转反侧中终于接到了入学通知书。但进校后的最初三个月我是度日如年，因为听说厂里有人要写人民来信，告我既无高中文凭表现又不好……你是知道的，78 年新生入学，三个月之内可以令其退学的……"

朱永刚继续说道，但下面的话我没有听清，他的这句话触动了我的隐情——我不也跟他一样在三个月内度日如年地熬过，怕被人写人民来信告我没有在农村"接受再教育"三年而遭退学的厄运吗？这些现在听起来多么好笑、滑稽、荒唐的理由，在当时是何等煎熬着我们年轻的心啊！——不！何止是煎熬?！又确有多少个有才华的青年被它葬送了前程呵……

"事情就是这样"，朱永刚似乎觉察到了我的心不在焉，又一次停了下来，摇了摇我的手，轻声问道，"你，不会生我的气吧？"

生气?！——我默默地使劲点头，随即又使劲摇头。

我知道不用我明说，他都会明白的。我们又继续朝前走去。夜很静，我们的脚踩着冰水的声音响得刺耳。小巷两边的家家户户都熄灯酣寐。被铲在两边的雪堆在墙根，发出粼粼白光。因化雪而结成的冰棱倒悬在屋檐的瓦上。我似乎还有什么话要跟他说。

"永刚，"我终于说道，"……但是，"我停了一下，"你也许比我更清楚：你父亲完全是为了你好才……"

"是的，道理完全懂，"他说，"我也想忘掉以前一切不愉快的事，忘掉过去！但，——办不到啊！那过去的一切在我心上的烙印太深，太深了……"他想了想，说道："不错，父母都是为了儿女好，或者说自以为为了儿女好，因此，他们便可以强迫儿女照他们的意愿办事，因此，他们就可以阻止我们追求、奋斗。他们所想的不过是要我像他们一样安分守己，保牢饭碗，不要有损家庭的荣誉……但是，他们想到没有：随着历史的发展，时代的进步，新的一代青年决不会满足和安于现状，他们会有新的探索和追求。他们想到没有：他们的子女正在什么样的条件环境下发奋刻苦，锐意进取，又付出了多么艰辛的代价向前挪步！——不！他们没有想到，起码我的父亲没有想到。而且，这次寒假回来，他又像过去一样，对我的终身大事进行催逼，以了却他们做父母的神圣职责……算了！其实，我一个人，一个家庭的矛盾又算得了什么呢？"他挥了挥手，仿佛要把包围在他周身的黑暗和浓雾撩开。随后，他似乎有意，又似乎无意地将问题转向更深一步说道：

"现在人们都在说社会上存在着两代人的隔阂：老的不放心年轻的，年轻的看不惯老的，两代人互不理睬，也不愿去互相理解，因此便产生了鸿沟……如果这种鸿沟不可逾越，那真是可怕：一方面，它束缚着年轻的一代，另一方面，它又使老一辈感到困恼和忧心。"他顿了顿，接着说道："不错，年轻人缺少经验，看问题容易片面冲动，然而，难道因此就得因循守旧，对老的一套照章演奏吗？我真想不通，照我看来，在我们的长辈和他们的长辈之间一定也有过所谓的'鸿沟'，他们也曾努力挣脱过老一辈的束缚——难道他们忘记自己过去了么？不然为什么又要重蹈覆辙呢？现在有许多年老的看不惯年轻的，不放心年轻的，不信任年轻的，而实在他们不了解年轻人。年轻人虽然有种种缺点和局限，但他们中不乏忧国忧民、甘愿为国献身的青年，他们有理想，有活力，有事业心，他们要思索，要奋斗，要前进；他们需要经验丰富的先辈来引导和指路，但他们要靠自己坚强不息、披荆斩棘地去开拓前进的道路，他们有的是聪明的头脑和壮实的手脚，不需要他人的搀扶，更不需要拐杖……"

回到家已是深夜一点。一夜未眠。

1984 年 2 月 1 日　少云

明天就是春节了。晚上，家家户户的砧板叮叮咚咚地响，加上鞭炮声接连不断，好不热闹。正在我揉糯米粉准备搓粑的时候，朱永刚来了。他今天穿了一件挺括的浅灰色呢大衣，显得风度翩翩气度非凡，与他脸上毫不掩饰的阴郁表情恰成鲜明的对照。

"你真辛苦，"他拉了一条小板凳坐在我旁边，说道，"我回家可是整天钻在被窝里看书，什么家务也不做。"

"你有福气，我羡慕你，"我说，"不过，虽然辛苦点，却也乐在其中：自立的乐趣，自己动手丰衣足食的乐趣，家庭生活的天伦之乐……"

他勉强笑了笑，默不作声地看着我做粑。我也不说什么，各自想着心事。

生命钟摆在沉重地往复，时光一去不返地永远向前飞逝。一个小时过去了，我们谁也没有说一句话。

有谁在小院里放起了炮仗，震得屋子都微微打颤。随后是旋焰火的嗞嗞声，和着一片孩子们尽情的欢呼声。

朱永刚叹了口气。

"啊，"他深沉而缓慢地说道，"一年前的今天，那时我和潘杰正在我的母校复习，准备考研究生。晚上我们都没上街，一早便上了床，落下帐子。宿舍是我向同学借的，他们放假都回家了，宿舍里就我们两个。我们各自躺在床上想自己的心事……静寂，死一般的静寂，缠绕在我们的心头。突然，一股泪水涌出了我的眼眶，我赶紧用被子蒙住脸……但不久，我听到一声接一声轻微的吸鼻子的声音，并且越来越大，越来越频繁，我咬住嘴唇，稍稍掀开被子——没错，他也在哭，在压抑地抽泣着。我问他：'小潘，你在干吗？'他回答：'我这两天有点伤风了。''不'，我说，'你在哭吧？'沉默了一阵，他轻轻问道：'你呢？'我爽快地回答：'跟你一样！'突然，他呼的一下掀开被子，撩开蚊帐，从上铺跳到桌上再跳到了地上。我们两人都没有脱衣服。黑暗中，我们摸索着互相走近了，走近了，一刹那，两人就紧紧地交抱在一起，于是，放肆的痛哭声就响彻了那间黑洞洞空旷旷的房间……"他停了一下，问道，"你不会以为我是在编故事吧？"

我挺认真挺严肃地对他摇摇头，表示我的理解。他叹了口气，又接着说道：

"的确，我们曾在同一条风雨小舟上伤心，落泪，我们互相体贴着，温暖着，安慰着，互相鼓励着奋力向前划桨……然而，我一点也不曾想到，我们当时不过是各哭各的，而且，我们各自欲达的彼岸也截然不同——我们本就不应同一条船的呵……现在，他是硕士研究生了，我还要为此而努力，而拼搏，且又前途未卜——但我并不羡慕他……不，谈不上羡慕：如果只求达到他那个目的，那我还要考什么研究生？"

我颇有同感地点点头。

沉默。十分钟后，已做好了一小扁子粿，又换上一只小扁子，准备搓一些小粿圆。我发现，一道阴影渐渐向朱永刚脸上漫去。

"可是……"他欲言又止。

"嗯？"我用询问的目光看了他一眼。

"可是，事业与成家并没有必然矛盾吧？它们也可能互补增益，和谐美满的吧？"

"当然。"我答。

"可是，"他紧接着说道，"理想的爱人有吗？如果有，到哪儿去找呢？如果找到了，怎么获得呢？如果她，"他顿了一下，"如果她已经有了……理想破灭了……我该怎么办呢？当然，理智告诉我就此向左向右或向后转，但——感情，感情却怎么也不听指挥，它变成了一头受伤的野兽了啊……"

　　我没有吭声，只惊异地看着他，一双搓粗的手举在半空。

　　"这几天，我真是度日如年，这么多麻烦事，这么多未知数，这么多难题，我实在解不出——不！解不出倒还无所谓，我简直被难倒了，快躺下了，这几天我一直头脑昏昏沉沉，迷迷糊糊，我感到我软弱极了，我多么需要支持，需要依靠，需要慰藉啊！因此，我就想到了你，我的朋友……"

　　他停了一下，咬咬嘴唇，下决心地说道："好吧，我全告诉你吧，反正除了你我谁也不告诉也没人可告诉的了……她有了！这个势利鬼！——昨天被我碰上了……她对他多么热情，多么周到，多么巴结，多么……呵——这个势利的母夜叉！他是她的专业老师，为了能够分配到一个好地方，好单位，她居然答应嫁给比她大十岁的他了……"

　　他说话的声音颤抖着，嘴角不住地扯动。我没有去指出他不应干涉别人的自由和权力，更不应骂人，因为我略懂一点心理学，知道这是一种精神发泄需要——他一定是气糊涂了。我似乎意识到但又不敢确定这个"她"指谁。我终于忍住了没问他。

　　"你知道她是谁？"他突然大声问道，两眼闪闪发光。"林笛！"他愤愤地说出这两个字，便立即站起身来就往外走。

　　在他转身的当儿，我瞥见他的眼里闪动着泪光。我望着朱永刚消失的背影，木立在原地愣了好长时间。前天我还对他那么慷慨陈词，这一来我自己也开始有些动摇了：是不是我们太理想，太天真幼稚了？是不是我们脱离了现实而将自己装进了象牙塔或真空之中？不然的话，为什么理想和现实总是那么相距遥远而又矛盾重重呢？

　　外面爆竹仍在不断响着。第一声飞上天空，第二声便炸碎了……

　　晚上，看中央电视台的春节联欢晚会节目。

　　文艺界各名流都粉墨登台了：演唱，朗诵，哑剧，双簧，舞蹈，等等。各人都将自己的保留节目一显身手。但给我留下印象最深的唯有张明敏演唱的《我的中国心》，深沉而低缓的歌声似乎有一种震撼心灵的力量，一直渗透进每一个华夏子孙的每一个毛孔，每一根纤维，每一滴血液中去……联欢节目要演出到深夜两点，家人都上床睡了。我裹了件棉大衣蜷在藤椅里，继续看下去。但我的思维渐渐地溢出电视之外……

照中国的传统风格，以阴历生日为主，也即今晚十二点钟一过便加添一岁。一想到我又增加了一岁，浑身的血液都沸腾起来——

啊！岁月递嬗，倏忽飞逝。一年就要过去了。在人类历史的长河中，一年不过是短暂的一瞬，但对我们每个人来说，我们生命的旅程用年为单位来计量真是太大，太大了！一年，三百六十五天，弹指一挥间。时光从我们的心上流过，拨动着我们的心弦。每当一个休止音符赫然出现的时候，当铜钟清晰地在我们耳畔"锵锵"地敲响十二下的时候，我们有谁不恍若醒世，流连不已，感慨万千呢？是的，不管你在这一年中是只争朝夕，还是浑浑噩噩，生命的钟摆总在那里不停地摆动（它是不可能停留的，因为生命的钟摆一经停顿，生命也就停止了！），我们的整个的生命都要在这缓慢的节奏中间流逝。过去，现在，未来，这是一条连贯而均匀的时域。有的人一味地沉湎于过去，有的人为了忘掉过去、逃避现实而幻想将来，这两者都同样是要不得的：前者使人消沉，后者使人盲目。过去为现在提供经验，未来为现在展示希望。如果谁丢弃了现在，那么，他便将过去、现在、未来都丢弃了，他的生命只是在下垂的钟摆的负荷下呻吟的空壳。因而，年轻的朋友啊，为了从宇宙的乳房中吮吸更多的时光的流汁，抓握现在吧，这才是你的时间，这才是你的财富！

"那么，"我的心在问道，"你呢？——你在这一年中如何了呢？你现在的事业如何了呢？还有你的诗，你的情，你的爱，你的数，你的律呢？"

我默然无语。我的心在为我摇头。

突然，——"当！"我的心猛地震颤了一下。接着，"当——"我的心又颤栗了一下……我的心连续震颤了十二下，随后便狂跳不已。中央电视台的两位播音员轮流说着："告别今宵，告别今宵！"——过去与未来的临界时刻到了！庄严，肃穆；咫尺，天涯；瞬间，永恒；爱情，事业；理想，希望……

两股热泪夺眶而出……

1984 年 2 月 5 日　阴

每过一次年，像过一道关一样，累得要命。接待拜年的客人。回拜。心里烦透了，可是整天得挂着笑容，满面春风，还得手脚麻利，八面玲珑。简直像做戏一样。总算还好，我们家啥也不做，一切从简是全家"实事求是"的一致见解。看看人家，可了不得，什么杂七杂八的摊了几张桌子。不过我一点也不羡慕，甚至不可理解：干嘛要这么穷忙呢？——"穷忙"？噢，对了，越穷越忙，一年就这么一次……唉，何苦来着？像我们——尤其像我这样——从精神生活的峰巅遥遥俯视物质生活的人，哪怕过年一天三顿稀饭，有时间看看书也是莫大的享受了。当然，话说回来，理想归理想，现实归现实——该应付的我一点也赖不掉，甚至心甘情愿地主动去做好：为了传统观念，为了风俗习惯，为了父母的光彩，为了家庭的门面……谢天谢地，一年一度的闹剧终于接近了尾声，门庭清静多了。我的心也清静多了。此刻我方才想起朱永刚、沈浩泉他们，前几天倒几乎给忘了呢。

下午，睡过午觉，我正欲去朱栋家走走，我的一个同事的姐姐来了。她把我请到她家，非常客气地端上热气腾腾的木耳枣子茶。圈子没有绕，她直截了当说出了她的目的：他弟弟的成家一事需要我帮忙。我的这位同事比我早一届进入Z大学，毕业后也留校当教师。虽然他大我两岁，但生活一帆风顺，不大懂人情世故，生性又老实憨厚得要命。在情感上是极难得意的。眼见着年龄一岁岁递增，他苦恼起来。刚留校时，他还春风得意地说学校里科研环境条件好，可以在事业上干一番，后来竟想往家乡调了。"虽然是小县城，"他说，"但家里门路多，生活条件好，什么也不用我担心……"这个"什么"当然包括"对象"。我劝过他，但说不服他。倒是事实说服了他：不可能调去，学校不放。他死了这条心，唯一希求的就是找个可意的妻子，组合一个温暖幸福的小家庭。也许是他跟他姐姐夸大其词地说过我在学校里接触如何如何多，交际如何如何广，处事如何如何稳重，总之，他一定说了诸如此类一大堆话，不然，他姐姐怎么会找上我呢？

从我同事的姐姐家回来，在小院外的那口古井旁碰上了刁卫国。他说他等了我好一会儿，正要回家，恰好碰上我，也不虚此行了。我重又把他请到家中。

我将家中那张唯一的藤椅让给刁卫国坐，自己搬张木制方凳在他旁边坐下。我正想去抽屉里找烟敬他一支，他早已掏出带来的香烟点上了。我们一边喝着茶，嗑着瓜子，一边闲聊着。

刁卫国又说了许多仰慕我们和望洋兴叹的话。我没有再劝说什么，因为我知道这不是一个人虚心假意的奉承话，这话完全发自内心。他的性格变了，人也变了，再不是过去那个自尊心极强、目空一切的刁卫国了。他还告诉我，他们厂一件产品性能老不稳定，春节那天忽然想起来可以改变一下电子电路，这几天他一直在家中用线路板做实验，刚刚还调试了半天。他准备抓紧搞成功，年初五一上班便可进行产品实验……

正在我跟刁卫国交谈的当儿，朱永刚来了。他这个人，在三人以上的场合便会谈笑风生，口若悬河，与我恰好相反。他跟刁卫国虽没有同过窗，但中学时同一年级，各自小有名气，打过交道，所以相当熟识，一谈起来也有无穷无尽的话题：什么谁谁谁考上大学啦，什么谁谁谁刚结了婚啦……我既不了解也不感兴趣，为了礼貌，我仍安安静静地坐在一旁听着，还不时莫名其妙地跟着点头和笑。后来，刁卫国又不由自主地流露出羡慕大学生的心情，朱永刚听了大不以为然——

"大学生又怎样，招牌而已，"他说，"难道上大学是目的吗？可是，如果达不到目的，上了大学又怎么样呢？"

唉，他不理解刁卫国的心情；但我清楚，刁卫国对他这一通近乎发牢骚的真心话也不会理解的，甚至会当作"过分谦虚便是骄傲"的自我表现……我老想把话题引开，可是不成，朱永刚越说越来劲，似乎憋着一肚子的话非得吐出几句来才舒畅……

人与人之间要真心理解多难呐！

时间不知不觉地从眼皮底下溜过。对门邻居的壁钟响亮而清脆地敲了四下。刁卫国告辞了。等他的背影一消失，朱永刚立刻从凳上跳起来，抓住我的手叫道：

"走，到我家去。"

朱永刚的父母今天都在家。他的母亲年近五十，个子不高，身体发福得过于肥胖，白皙的皮肤，端正的脸型，加上虽不花哨但也不俗的装扮，使她仍保留着昔日残存的风韵。她跟我打了声招呼，虽然两颗金门牙不怎么雅观，可嗓音却很优美。可惜，她没将自身全部的优点遗传给她女儿。朱永刚的父亲今年刚好五十岁，高高细细的身材，一张瘦削的椭圆形脸，从鼻梁到嘴角边，有着两道刀刻似的皱纹，说明了他半个世纪来历尽了风霜艰辛，而他那耷拉着的厚上唇，以及两只浮肿松弛的大眼泡，则使人看上去既老实厚道，又和蔼可亲。如果不是朱永刚亲口告诉我，我怎么也不敢相信这么一位富有慈悲心的男人会当着众人的面痛打自己的儿子……

我跟着朱永刚走进他那半间小屋。我们同时都看见了近门沙发扶手上的一双粉红尼龙手套和一条金羊毛长围巾。朱永刚问母亲谁来过了？母亲告诉他小燕子来了，现在在隔壁房间同妹妹在一起……没等母亲说完，朱永刚便"砰"的一下重重地关上了房门。

"活见鬼！居然找上门来了……"朱永刚气急巴巴地说。

我坐在沙发上。他泡了两杯茶，在我对面的一张椅子上坐下。那张椅子坐部的藤条已成了一个大窟窿。他曾跟我说过这张椅子不平凡的历史：它是被他高考时搬去朱栋家坐穿的。他不想修，要留个历史的纪念。当时他说起这件事时心情很好，居然联想到了马克思将图书馆的水泥地面摩擦出了两个深坑而被后人传为美谈的事……

"怎么办呢？怎么办呢？"朱永刚皱紧了眉头，向着我，一连串问道。

我一下子摸不着头脑，只一言不发地看着他，等他说下去。

"嘻，你怎么也想不到，我的令堂大人为了自己的孩子会做出什么样的事来，"他说，"他们昨天将这个小县城里所有沾亲带故的亲戚都一股脑儿找了来，说要帮着商量决定我的终身大事……表决结果，30∶1，在一片叫好声中，只我一人捂着耳朵，不住地说：'好，好，一切都好，可我一切都不在乎，我只要一样——文凭！'他们笑我，说我太犟，脑子不开窍：独生女就足以抵上一张文凭了，何况她又长得这么漂亮……我偏不听，塞住耳朵不住地重复我那句话……"他停了一下，接着说道："我准备明天就走，可只买到后天的车票。父母一定要我在这一两天内表态……怎么办呢？你说我怎么办好呢？"

朱永刚将一双急切的目光看着我，等着我说话。但我一时难以回答。良久，他见我不说什么，便从床里边取过一封信。

"这是我今天刚收到的，你看看，"他一边说一边将信递给我，拿信的手有点颤抖。

信是南京寄来的。信封是寄信人用牛皮纸糊成的。信封上的字迹虽说不上秀丽却一笔一划都很认真。信封的左上角端端正正地贴着八分邮票，右上角写着："内有照片，请勿折叠"，并用波浪线划起来。信封的反面写着"邮票请寄回"几个字。我从信封内取出两张纸，展开信纸，里面有一张放大了的彩色照片。

信的内容没有什么，主要是写信人讲自己如何拍了一张"雪·松"的照片赠给朱永刚，还讲自己最近正复习准备电大期中考试，请朱永刚帮指导指导，尤其是哲学方面，以及要朱永刚多多保重身体，努力奋发向上等等，倒是那反差适中、层次分明的彩照吸引了我。照片上没有人物。主体是一棵茂盛的松树，厚厚的皑皑白雪正覆盖在舒展着的枝叶上，更使它显得挺拔、高洁。背景是白茫茫一片雪地，有一串深深的脚印从松树下延伸到遥遥幽隐之处，不知是何人从远方来还是向远方去……一看到这张照片，我马上便想起了寒假前夕的一场大雪，学校里的自行车棚无一幸免地全部倒塌，校园里好多树被压倒了，压断了，有的甚至被可怜巴巴地从枝杈处撕裂开来。听说这场大雪南京比杭州下得还大……可是，你瞧，这株松树，在冰天雪地里傲然挺立着，充分显示了它的刚度，力度，和韧度……

"你知道拍这张照片的是谁吗？"在我欣赏照片的当儿，朱永刚问道。我摇摇头，那封信上的名字我从未听他提起过。"她是我的一个朋友，一个女朋友，"他略略低头沉思片刻，接着说道，"还在我大学四年级的时候，有一次为了搞毕业论文，我去南京一家厂里采访。接待我的是厂宣传干事，一个小我一岁的女孩子。她热情，大方，爽朗，要不是鼻梁右侧有一道浅浅的伤痕（那是她小时候在阳台水泥栏杆上磕伤的纪念），如果没有这伤痕，她可以说长得非常漂亮妩媚，尤其是那一双明亮的会说话的大眼睛，和眼睛上细细弯弯淡淡的眉毛。她走起路来步态轻盈，仿佛在随着一支舞曲的节奏跳跃——也许她脑袋里真有无穷无尽的旋律呢！于是，她那两只小辫子总在后脑跳着舞……对于这样一个天真活泼的女孩子，谁见了都会喜欢。我们接触了，谈得很投机，不要看她是个工人，实在不比什么大学生差，你我都知道，大学生中傻乎乎屁事不懂的多着呢！她可不一样，什么都懂一些，虽然什么都不精通。我们在一起谈文学，谈绘画，谈音乐，虽然都不深刻，但文学艺术一旦揉进了一个孩子气十足的女子那种天真纯粹的真情，叫谁都会迷醉的……"

他说话的声音渐渐高起来，我示意他停下，无声地用手指指隔壁：小燕子也许正坐在我们的旁边，仅隔着一堵墙……

"没关系，这鬼房子隔音倒挺好，即使你大声叫喊那边也听不清什么。"朱永刚说，眉头微微皱了一下。我没再说什么，安安静静地听他讲下去。一个人在烦恼的时候，回忆过去愉快的经历不啻能减轻心头的困扰，那简直是一种享受。

"好吧，长话短说，"朱永刚又开始说道，"人家都说我性格中有一种女孩子的成分，也许正因如此，我才非常愿意与女性接触。我觉得在我们男子中很难找到能倾心交谈的朋友，女子就不同了，只要对你信任，她就会对你什么也不隐瞒，当然，这或许是他们之间也很难觅到知音的缘故吧……后来，她要考电大，我帮她复习，为她搜集资料，她学习得非常刻苦努力，一考就考上了。她说她很感激我，我当然很开心，产生一种能够帮助一个自己所喜欢的女孩的自豪感，而且跟她在一起总是那么舒畅，叫人快乐。但我是很坦然的，一点儿没有别的意思，因为当时我迷误的心目中还有着林……"他顿了一下，说，"驻留着她的形象……然而，我没有想到（其实应该想到的！）……有一天晚上，我们在谈了好久好久后，她提议我们出去散散步。在一座拱桥头，她突然停下来，声音颤抖着问我毕业后愿不愿意分配在南京？啊！我永远忘不了——忘不了那个暖风习习月光皎皎的夏夜，忘不了月光下她那娇小的情影和一双清澈的期待的眼睛……刹那间，那种早就应该明白的事情我仿佛才恍然大悟……"

他停了下来，许久，才叹了口气重新说道：

"唉，想想我那时真傻，我不但明确地跟她说要先立业再考虑个人问题，而且竟然也希望她像我一样……现在一想起来就后悔当初怎么会说出那样的蠢话：我们男子在对待'成家'与'立业'的问题的态度上尚且千差万别，更何况一个女子呢？她听后淡淡一笑，说我误解她的意思……后来，我就很少跟她会面了，虽然我的心越来越强烈地渴望见到她。其实，只要我毕业后不声不响地离开南京，便可了结这件事情，然而，天哪！我办不到，我不愿欺骗她，不愿伤她的心，竟鬼使神差地告诉了她我分配的单位地址。这样一来，也许就铸成了我一生中的一桩大错……"他叹了口气，说道："我到了工作单位后，她给我来了一封信，说得很委婉，从各个侧面讲了成家与立业并不矛盾，并举了她自己单位一个同事的例子，说他们俩同在南京市，但约定一个星期只会面一次，其余都全身心投入工作和学习……那么，我们不在一起，则也许会更有利于我的事业，她说她将来会比我更苦，（我懂得她的意思：将来有了孩子总是跟在母亲身边，我将一无牵挂……）但她表示，为了我，为了我的事业，她什么样的苦都愿吃，什么样的牺牲都不惜……接信后一个星期，我每天都一连几遍地读着这封信，而且每读一遍便被泪水打湿一次。漫漫长夜，我在遥远的地方向她表示我的感激，向她表示我的忏悔，并默默地为她祈祷和祝福……一个星期后，我终于一边流泪一边狠着心给她回了一封信……她接信后怎样那是可想而知的。两个月我没见着她的回信。这两个月我真是辗转反侧度日如年，既盼她回信又怕她回信。有一天，我去上班。办公桌上放着一封她的信。我一把抓起，气喘吁吁地跑回宿舍，一个人关上门躲起来看信。然而，出乎我的意外，信写得相当平静，谈她目前的情况，谈她学习的进展，谈她读了一本书后的体会，谈她和我的事业，关照我多多保重身体，等等，就跟你刚才看到的那封信一样，只字不提那件事……从此，她就经常的给我写这样的信，每读一次我便内疚一次，觉得自己在感情上欠得她太多，太多了！

有几次，国庆节她寄来了虾片，中秋节她寄来了月饼。她总说这是对一个曾经帮助过她的人表表心意而已，没有别的意思。叫我怎么办呢？寄来的东西我是千嚼难咽啊！每次我都给她回了封简条：容当后报！——'后报'什么呢？有时候我真怀疑自己，怀疑自己是个骗子：倘若自己永远这么庸庸碌碌，一事无成，何谈什么后报不后报呢？"

朱永刚说不下去了，一会儿站起，一会儿坐下，随即又站起。他的内心一定烦躁得要命。于是，我便问他：

"照这么说，你为什么现在不报而非要'后报'，为什么既自己苦痛又让她痛苦呢？"

朱永刚翕动了几下嘴唇，正欲说什么，这时有人敲门。

"永刚，"他的母亲将头探进门内轻声责怪儿子，"你也不能这样不懂道理，小燕子来了半天了，你也该过去看看她……"

朱永刚皱着眉看着我，我点点头。

于是，朱永刚走了出去。但他很快折了回来，说小燕子嫌冷，他过来将围巾取给她。待他取走围巾，我一人坐在沙发上想着他刚才讲的事，可怎么也想不通……不一会儿，朱永刚又回来了。他拿起那张雪松照片，端详了好久，说道：

"我今天一看到这张照片，心里就像翻了五味瓶似的不是滋味……它使我想起了陈毅的诗句：'大雪压青松，青松挺且直'……我们可以对一般人的洋洋千言不在意，但对一个你所心爱的人的一件小小的礼物你也会想到很多很多……"

"你真的爱她吗？"我问，"那你为什么……"

他摆摆手，示意我不要说下去。

"我爱她吗？"过了一会儿，他这样自言自语地说道，"是的，我常常这样问自己，但总不明白……刚开始的时候，我只是喜欢她，谈不上爱，如果是爱也只是广义的爱。她叫童萍。在那些无忧无虑快快活活的日子里，我经常想，我们俩相遇就像她的名字那样：孩子般萍水相逢……但后来，那一天晚上，我突然之间意识到这一点，我却又害怕了，我不敢像你所说的'爱'她了……别人也许会觉得奇怪，会不可理解，但事实就是这样，人的感情就这么复杂，这么不可理解：当我真心爱上某个人的时候，我反倒要将这种爱珍藏在心底，唯恐被一些意想不到的不幸，被家庭生活中说不清道不出的琐碎平庸的矛盾影响了它的纯洁性和神圣性。这种爱犹如一幅稀世珍贵的画，唯恐一不小心抹上一道颜色，破坏了这幅画的和谐美妙，从而贬低了它的价值……再说，是我先伤了她的心，难道我用接受她的爱来补偿自己的罪过吗？啊，不！那或许只会增添我的罪过：因为我一旦接受了这种圣洁的爱，我就一定得让我的爱人获得幸福——我能做到这点吗！因此，我宁愿将爱和痛苦一起埋葬心底……"

"但是，"我提醒他道，"也许她存着希望，也许她正等待着……"

"不，我决不耽误她。"朱永刚很快地接口说道，"但是，我又不愿意欺骗她，如果像有的人那样谎称自己有了对象，也许一了了之，但我可以对一个与我疏远的人撒一百次谎，也不愿对她谎说一个字，更不愿伤她的心……那么，我该怎么办呢？进退维谷啊！"

这时，他的母亲在外面叫道：

"永刚，小燕子要走了，出来送送她。"

朱永刚把门打开，迎面见他母亲满脸生气的样子。他走了出去。一会儿又回来拿了那双手套送给小燕子。他和他的父母都站在窗前，看着楼下，我也走了过去。在前面一幢楼的拐角处，我从背后看见一位气度不凡的高个女子，身材苗条，步态婀娜，一头披肩秀发，羊毛围巾裹住了半个头脸，在就要被楼房遮挡的一刹那，只见她用两只戴着手套的手捂住了耳朵，随后双手移到了脸上：也许她哭了。蓦然，一股同情和怜爱袭上我的心头。我觉得，不管她过去如何，现今受到这样的冷遇和委屈，谁也会受不了的，更何况她是一个非常高傲的姑娘……

对一个不幸的人的同情，必然会引起对造成她的不幸的人的反感，有时甚至会产生一种替她报复的心理，而类似此事的最好报复莫过于为她解除不幸，那么，我……当我一清醒地意识到这个念头，浑身打了个寒战。我不自觉地摇了摇头，却不知这一念头已作为信息储存进我的脑细胞中去了。我和朱永刚重又回到卧室各自坐下。

"刚才我取了手套给小燕子，她并不马上就走，"朱永刚告诉我，"看得出来，她是很想留下的，但我没有挽留她，过了一会她只得走了，走到楼梯口又折回来，对站在门口的我妹妹说晚上再来……"

"你心真狠！"我脱口而出，但随即又吃惊自己怎么会突然冒出这句话来。

朱永刚用可怜巴巴的眼光看了看我，苦笑了笑，叹了口气说道：

"唉，没想到你也这样说我……但难道我不是一个有血有肉的人吗？难道我的心是铁打的吗？我也为她苦苦相求感动呵，只不过我不敢在她面前表露罢了，因为，我怕，我担心……"他又叹了口气，"现在，我的朋友，你都看见了：这里，有我父母的紧紧相逼和小燕子的苦苦相求；那里，在童萍那平静的外表下也许深埋着一颗期待的心；再加上林笛，她给我的一击更是厉害……我怎么办呢？我简直到了山穷水尽、四面楚歌的地步了。我现在的脑子昏昏沉沉，也可以说是空空如也，几乎失去了思辨能力。倘若这时有一个坚强的人向我指出："你应该这样"，那我就会无条件地服从……我甚至产生了这样的念头：算了吧，还抗争什么，就照着父母说的那样做吧，那样万事大吉：既让父母高兴，又叫小燕子满意，对林笛也毫不在乎了，而更主要的，我可以马上就写信给童萍，既保持了我的忠实又免得误了她的前程，那将是我最受不了的……算了吧，算了吧，啊？你说呢……"

我的心一震。我仿佛才刚刚醒悟过来：他在今天的谈话中一点也没提到自己的事业……我真担心他会从此一蹶不振，自暴自弃，丧失进取的勇气。于是，我沉缓而强有力地问他道：

"那么，你的事业呢？"

他一听立刻用双手抱住了头。一张英俊的脸因痛苦而扭曲了。这时，门外他母亲在喊着开晚饭了，朱永刚意欲留我，我坚决不肯，我从小就有一种不愿在亲戚朋友家吃饭的古怪脾气，觉得那样既吃不饱又吃不自在，拘束得很。临走时，我用力握了握朱永刚的手，对他说道：

"坚强些，我的朋友！关键的一步，可不要走错呐！"

晚上十点钟，我已脱衣坐进被窝，正在看书，朱永刚突然气喘吁吁地跑了来，叫我快快穿衣到他家去。我大步流星地跟在他后面跑着。一进他的卧室，瞧见沈浩泉和朱栋早已先我来到。沈浩泉坐在沙发上翻一本杂志，朱栋坐在床边摆弄那架录音机，一边微微摇晃着脑袋合着节拍唱《北国之春》。朱永刚把我让到沙发上坐下，为每人各倒了一杯茶，然后自己坐在那张破椅上，随手"啪"的一下关掉录音机。气氛立时沉静下来。

接着发生了举世稀有的事：四个青年男子，四个对"成家"并不热心的光棍汉，居然凑一块，决定起其中一个人的终身大事……

朱栋今天穿了那件浅色西装，颇有气派，只是不太合身：袖口太短，后摆吊起。这时，他挥了挥手，故作庄严地大声说道：

"现在，我宣布：朱永刚婚姻研讨会正式开始……"

朱栋一说完自己先笑了一声，但我们只瞧了他一眼，谁也没笑，他见状伸了伸舌头，一声不吭地乖乖坐了下去。

好长时间，我们谁都不出声。空气渐渐地变得紧张起来。

沈浩泉还是老样子。朱永刚在工厂工作时是县广播站特邀通讯员，彼时就与他熟识。此刻，他正不紧不慢地翻看杂志。但他前面翻到后面，后面翻到前面，显然不是用心在看。我端着茶杯，一会儿将盖子掀开，一会儿又盖上：我在思考着。朱栋则拿着磁带盒看上面的曲名，但四盒磁带轮流着拿了几次，他也在想着什么。最苦的是朱永刚，他一会儿看看这个，一会儿看看那个，一双紧锁的眉下露出恳求的目光：说呀，你们说呀！

然而，我们谁都不说。一个小时就这样无声无息地过去了，我们仿佛才过了一刻钟。我不忍心再看朱永刚这样痛苦下去，便开始说道：

"永刚，如果你想谈……那也未尝不可；但如果你能克制自己，下定决心，有点志气，那么，你就应跟我一样，去拼，去闯，去奋斗！——先争取考上研究生……"

"嗯，对！"朱栋双手插在裤兜了，在狭小的屋子中央来回踱了几次，深思熟虑地说道，"我赞成朱永刚先不要谈什么恋爱，人们只说婚姻是恋爱的坟墓，殊不知他一开始恋爱便为自己掘起了墓穴……算了，永刚，让我们掷下全部的赌注，头悬梁，锥刺股，卧薪尝胆——为了事业我们什么舍不得牺牲呢？"

奇怪的是，我发现：朱永刚的一双愁眉并没有因此而舒展，反倒越锁越紧了。他将两眼死死地盯住还一言未发的沈浩泉，那满含疑虑的目光中似乎存留着一丝希望。我真搞不懂，刚才短短的几个小时，朱永刚的内心会起这么大的变化……

大概，朱栋也觉察到了朱永刚的这一不寻常的变化，他便加强了攻势：

"如果你连一点小小的牺牲都做不到，那么你何谈什么事业？！那真是笑话！"他瞥了朱永刚一眼，接着说道，"在这个世界上，人无完人，物无完物，我们不可能得到想得到的一切，为了一方面的成功，我们就必须牺牲另一部分；如果我们什么都想得到，便会什么都得不到，或者得到的都只是平庸的东西……在这个问题上，有许多伟大的科学家为我们做出了榜样：牛顿，诺贝尔……"

"得了，"一直保持缄口的沈浩泉突然打断了朱栋，而随后他的一番话更叫朱栋吃惊不小，"这些例子还是不举为好，"他说，"伟人身上并非到处都闪光的，一些科学家为了事业一辈子不成家，原因并不简单，有的是由于环境条件等各种因素造成的，有的则往往是他自身的一种怪癖，人们把他们的成就与他们的某种怪癖联系起来，只能说明人们的偏见，何况——即使一辈子独身的伟人，谁又能断定他们没有过深沉的爱，没有过希求着一个温暖幸福的家庭的强烈的愿望呢？再说……"沈浩泉将声调放低，轻轻叹息了一声，缓缓说道：

"有些事，你们还不懂，还不可能体会到……你们现在只知去拼，去闯，去杀，来去赤条条无牵挂，多么爽快，多么干净利落，一无顾虑，一无羁绊，一心想着那成功的桂冠……然而，你们可曾想到，任何一种努力都有两种可能：一种成功，一种失败。甚至还有成功过了又失败的……成功固然好，但若不成功？十年以后，二十年以后，那时候要么你不活在这个世界上，如若你仍活着，就必然要生活。那时，你多么需要一个知心的人来倾吐你的胸闷，多么需要有亲人为你分担痛苦和忧愁，多么需要有人与你同舟共济，同甘共苦，相依为命啊……然而，那时候已经晚了，许多机会你自己白白地错过了，那时候你甭说觅一个理想的爱人，便连一个合适的妻子也难寻找了。你只会徒然懊悔，徒自叹息。你会独自一人冷冷清清地漫步于情侣相依的公园，直到孤苦伶仃地拄着拐杖，无限悲苦又无限羡慕地看着人家白头偕老的夫妻冷暖相顾、同病相怜……那时你醒悟了，却已经晚了——但既早知如此，为何现在还要执迷不悟呢？"说到这里，沈浩泉停了下来，看了我们每人一眼。说实话，这些问题我们从没有考虑过，因此谁都没插话，静静地听着他讲下去。朱永刚更是听得一眼不眨。

"再说，我们为什么要将'事业'与'成家'对立起来呢？为什么就不能和谐地统一呢？当你烦恼苦闷的时候，她来为你排忧解愁；当你事业上不顺利的时候，遭到人家妒忌甚至诽谤的时候，她会忠诚地待在你的身边，使你感到温暖和力量；当你遇到挫折或失败的时候，只消她轻轻说一声：'这点小小的挫折又算得了什么呢？'你立刻就会充满希望，重新鼓起进取的勇气；当你每取得一点成绩和进展，她真心诚意地分享你的欢乐，也许会摆上几碟她亲手烧的价廉味美的小菜为你祝酒，说道：'来，亲爱的，为我们的未来，为你取得更大的成就，干杯！'那时，你就会热血沸腾，信心倍增，不被眼前小小的胜利冲昏头脑，而着眼于那更高远更远大的目标……试想，难道这样的'家'，会妨碍拖累你的事业？这样的家，会不有助于你的事业，不成为你不断进取的动力吗？如果否定，那我们又有什么理由，在'立业'的同时，要否定考虑'成家'一事呢？！难道只'立业'不'成家'就算是一个强者？不！只有'成家'和'立业'同样能处理好的人才算得上是真正的强者……"

"哼，'牺牲'？"他转向朱栋，眼里露出了一丝嘲讽的笑意，"多么伟大，多么了不起——'牺牲'！说的比唱的还好听！然而，到了某个时候，你什么都'牺牲'完了，你再也没有可'牺牲'的了，只有到那个时候，你才会真正懂得'牺牲'的含义。也只有到那个时候，你才会头脑清醒地回过头来，看着自己走过的路，恍然大悟地说道：'嘿，我怎么这么傻呢，怎么会把什么都牺牲了呢，怎么把应该珍惜应该保留的也牺牲了呢？'到那个时候，你，朱栋，再站到这里来谈'牺牲'吧……"

最后几句话，把朱栋说得直跳起来，一张脸涨成了赭色。他刚才一直克制自己坐在床上听沈浩泉讲下去，这时他再也按捺不住，又站起来在小小的空间踱来踱去，一双手已从裤兜里移到西装的胸口，把脖子上的青筋勒得暴露出来。

"你讲的什么东西？"他开始反驳沈浩泉，"听了你的话，我仿佛做了一个梦，一个虚无缥缈的梦！你为我们编造一篇多么动人的故事，你给我们描绘多么理想的伊甸园……但生活就是生活，它是严峻的，是实在的，它不同于写小说，更不能将雕塑变为现实。在现实中你那种理想的'家'真是绝无仅有，那只有在小说中才找得到。什么小说，我反感透了，古今中外，费了这么多纸张笔墨，有几篇是好的？胡编乱造，无非是将前人写过的东西重新排列组合……尤其是在恋爱婚姻问题上，他们自己找不到理想的爱人，便拼命在书中描绘一个又一个子虚乌有的恋人，把爱情描绘得那么浪漫，那么神秘，那么美满，他们自己的感情得到满足了，平衡了，却不知这种乌托邦式的爱情坑苦了多少个纯真幼稚的青年；他们在现实中找不到书中那样的恋爱和婚姻，便以为自己是天底下最不幸最痛苦的人，因而导演了多少幕怵人的悲剧……这样的小说真是害人不浅！"他猛然地把头转向沈浩泉，目光咄咄逼人。"我真诚地奉劝你不要写什么爱情小说，要是你写出那一类胡说八道的东西来，我，朱栋，第一个起来反对你，揭露你，抨击你！"

"你！"沈浩泉"囔"地从座位上站起来。剑拔弩张，一触即发。朱永刚痛苦地看着他们两个。我表面镇静，漫不经心地拿起一本杂志前后翻翻。一眨眼，沈浩泉又坐了下去。

"好吧，"他平静地说道，"我现在答应你，我不去写什么爱情，而我也确实不愿意触及这类问题，但是，"他顿了一下，"话说在前面，我可以答应你，却不能向你保证，因为——谁知道我今后会写什么呢？谁知道今后会有什么事使我感动得不写下来就不得安宁呢？不行的，老弟！你不可能理解到：当那种冲动像潮水般向你袭来的时候，不是你在指挥笔，而是你被笔指挥了……反对么？批判么？抨击么？好得很！"他向朱栋狡黠地眨了眨眼睛。"你连自己也不知道为我做了一幅多么出色的广告。那时候，我的小说就会被人争相传阅，刊载我小说的杂志也会在几天之内抢购一空，你的攻击会给我的小说调制最佳佐料而使老百姓胃口大开。那时候，你就会目瞪口呆，后悔不已：我怎么会干这么一件事与愿违的蠢事？！不，我的老弟，我不怕你什么凶狠的批判，无情的抨击，什么戴帽子，打棍子，抓辫子，我倒担心我的作品经不起你从思想的高度和艺术的深度来剖析一番，不抱任何成见，更不抱任何偏见，与人为善，合情合理，——可惜，你没有那样的能耐，不用说你，现在有几个人有这样的能耐？相反，若是你想使我的作品一文不名，无人问津，那真是易如反掌，你知道怎么办吗？不知道？好吧，我来教教你，"他动了动身子，变换了一下坐的姿势。"倘若你要使一个人的作品不受欢迎，你只要大肆赞美一番，把它说得完美无缺，缺点也说成优点，一如作品本身那样的浅薄。这是再容易不过的事了，吹捧总比批评来的顺畅，也最能博得作者的欢心，却总是失去读者……"

沈浩泉还想说下去，朱栋一挥手打断了他。

"算了，闲话少说，言归正传。"他说，"不管怎么说，你讲了一大套，归根结底总不外是要找一个有助于事业的爱人吧？如果如此，那当然求之不得，但……小燕子算什么，一个普通职工……"

"一个职工又怎样？"沈浩泉立刻反驳道。这个平时很谦和的男子，在关键时却寸步不让，"一个职工？我也是一个职工，你算什么，难道你是知识分子？"

朱栋顿时像泄了气的皮球，颓然跌坐到床上，也许他想起自己目前的境况。但他心里不服气，嘴里小声嘀咕道：

"反正，卢梭说过：'一个受过教育的男人是不宜于要一个没有受过教育的女人的'……"

"但卢梭又说：'我倒十分喜欢朴实和受过粗浅教育的女子'……"沈浩泉说。

这时，朱永刚小心翼翼地插话问道：

"卢梭还说：'婚姻是否能取得最大的幸福，在很多方面要取决于男女双方是不是相配……'你怎么看呢？"

"但卢梭又说：'不过，要想在各方面都相配的话，那是十分愚蠢的。'"沈浩泉回答，他转向朱永刚温和地说道，"我一再说过，我们不要把名人的话当作法宝，当作金科玉律，往往这些名人的话总说得模棱两可，你不难找出他对待同一问题的两种不同的说法来。一个人要走自己的路，别人的言行都只能作为参考借鉴……"

他见没人插话，接着讲道：

"我认为，一个人要想一辈子干一番事业，那他首先得有一个和谐宁静的家庭，而组成这个家庭的对象，要能一辈子关心你的事业，一辈子同甘共苦，要做到这一点，一个人的地位、工作、学历、才貌是次要的，而这个人的品德、素质和气质则是主要的；前者随着时间的推移可变，而后者则是一辈子取之不尽用之不竭的财富。卢梭说：'一个教育家的全部箴言也赶不上你所爱恋的一个聪明女人的情意缠绵的话语。'这话说得虽不免夸张，但也不无道理，它说明一个终身伴侣对你的一生，对你一生的事业都有着极大的影响。我们既不是独身主义者，也不是苦行僧，我们干嘛要作茧自缚，光考虑事业，而不要一个美满幸福的家，排斥人间的天伦之乐呢？"

"那么，你自己呢？"

朱栋的这一句插话虽说得极轻，我们都听见了，并都吃惊地朝他看去。沈浩泉猛然打住话头，虽然不动声色，但脸上在迅速地起着不易觉察的变化。我内心暗暗责怪朱栋过于冒失，正想用话岔开去，外面有人敲门。

刁卫国穿着翻上领子的大衣走了进来，同时带进了一屋子的寒气。

"嘿，十二点都过了，你们还在一起捣鬼什么哪？"他大大咧咧地说，然后转向我道，"刚才我去你家，你妈妈说你到朱永刚家去了，于是我就赶到这儿来了。刚才我正在家做实验，理论上遇到了一些问题，怎样冥思苦想也卡壳了，因此特来向你请教。"刁卫国边说边拿出一本关于电子技术的书来，要我给他对某一电路中的三极管的用途从理论上解释一下。我跟他讲了不到十句，他便连拍脑袋称对。"嗜，瞧我这笨脑瓜！现在世界都快进入光子电脑时代了，可我连电子时代还没跟上……"

刁卫国弄懂了问题便急着要赶回去，朱永刚一下子把他叫住。他已经软弱到这种地步：哪怕对方是个侏儒，他也想去依傍一下。刁卫国很快便弄明白了怎么回事，发表意见道：

"是可以谈了，也到了成家的年龄了，这是你们干事业的后顾之忧呐……喂，有没有香烟？"他问朱永刚，但不待朱永刚回答，他早已从口袋里掏出一包"大前门"抽出一支叼在了嘴里。他深深地吸了口气，全吞进了肺里，随后他断然说道："银行里那丫头我看见过，长得蛮漂亮的，即使你朱永刚将来考上研究生，也带得出去，绝不至于会塌你的台……"他想了又想又加补一句道，"不过，她是一个工人，你是一个大学生，你要认真考虑考虑，绝不可考上了研究生就一脚把她踢了……"

我们面面相觑。我们谁也没考虑到这一点，而实在应该考虑到的。刁卫国走后，小小的房间又充满寂静。

半个小时后，朱永刚颤声问道：

"那，这件事就算了吗？"

谁都不吭声。过了一会儿，他又问道：

"进行……怎么样？"

大家还不开口，朱永刚无可奈何地叹了口气。但忽然，他的眼睛一亮：他看到沈浩泉点头了。他一边点头一边说道：

"但你要注意两点：第一，这只是说可以进行，并不等于成功；第二，其余一切都可以淡然，但要注意考察对方的品质、素质和气质……否则，也就算了，缺少了这几点，那对你的事业纵然无害也无益，而我们的事业心是决不能丢的。总之，我认为'家'是寓于'业'之中的，离开事业追求的家，只能是空泛的。唯有在事业中得到的家，才能称得上'家'。这样的家，才会对事业有促进作用，才能使'业'与'家'永存。"

"嗯。"朱永刚点头答应，随后将目光投到我的身上。当我一接触到他那目光的瞬间，浑身仿佛被电光猛地一击，陡起一阵寒噤：我似乎发觉那痛苦的目光中还包含着期待和恳求的神情。我几乎没有思考，便机械地点起头来。不过，现在平静想来，我当时实际上并非没有思考，而是脑子里一刹那涌进了许多的念头和信息，甚至连小燕子那使人怜爱的形象也钻了进来……朱栋摇摇头，无可奈何地说道：

"好吧，我保留，但我不再反对了……"

"真的？！"朱永刚不禁脱口而出，脸上露出了苦痛的喜悦。我知道，他自己也一定明白：这样做绝不是他最后的解脱，也许会遇到新的更大的烦恼。但眼下的烦恼他已经承受不住啦，他需要一条路，去走，去闯……——一匹骏马。困在山谷。四周悬岩峭壁。它左奔右突，到处碰壁。这时有一条石缝，也许石缝过后是丛生的荆棘，但它顾不了啦，它会毫不犹豫地冲向这条险道；何况，谁能肯定，越过了荆棘丛，会没有无限辽阔的沃野呢？我看到朱永刚脸上反映出的隐忍和牺牲的光辉，一边这样想着，心里感动万分。从刚开始我便一直保持缄口。我既没有能力帮助他，又没有勇气反对这样做，唯有默然地祈祷我的朋友幸运和幸福。

"好吧，我接受你们的意见，也服从命运的安排，"朱永刚说道，语气有点木然，"也许，这真是一件好事，但至少，它能解脱我目前的烦恼，我至少有一条路可走了……"

"但是，"我脱口而出道，"我担心你这样会消磨你的意志，丧失你奋斗的勇气，陷入婚姻恋爱的漩涡里去……"

"我也这样想，"朱栋接着说道，"我也真担心这样会发生'多米诺现象'……"为了强调这句外交术语，他用力做了几下手势。

"不会的，不会的，"朱永刚连声否认。只要一提到事业，他仿佛一下子精神百倍。他走过去，从抽屉里取出一盒磁带，装进录音机，按上揿钮，说道，"这是一首不朽的曲子，我经常听……"

音乐响起来了……

《命运交响曲》！——我和朱栋不约而同地叫道。

"嗯，"朱永刚说，"我经常听。"他又重复一句。

"扼住命运的咽喉！"我不胜激动地说道，"一百五十多年来，这力与意志的不朽旋律，曾医治了多少流血的心灵，皈依了多少彷徨的游魂，多少人在这倾泻而出的音流中得到心灵的净化、升华，从而在自己的灵魂深处建立起一座巨大的精神支柱，从而更坚定了自己追求光明和理想的不可遏止的欲望……贝多芬自己一生遭受了多少痛苦、不幸和磨难，却为后人留下了勇气、力量和信念。他的作品往往贯穿着两个主题，一个代表意志，一个代表命运，这两个不同的主题从头至尾地激烈斗争着，斗争的结果，总是意志得胜，人得胜。那么，"我转向朱永刚，坚定地说道，"我们要把握命运，而不是服从命运，我们要叫命运服从自己的意志，而不是意志屈从于命运！"我深深吸了口气，随后一字一顿地说道：

"如果说，我们的过去是现在的梦，那我们决不能再让现在成为将来的梦，而要让现在的梦成为将来的现实……"

沈浩泉和朱栋颇有同感地点点头。《命运交响曲》的旋律仍在这间小屋里回荡着。朱永刚两只眼睛饱含着泪水，似乎这间屋子的墙壁已不复存在，（不，应当说所有的墙壁对他来说都不复存在了！）他举目向前望去，望去……

一片静穆。

四颗年轻的心在胸膛里别别地跳动。四个年轻的灵魂从黑沉沉的大地升向昊空去接近曙光……"年轻的思想一出胎就暴露在太阳里是不卫生的。心灵会被灼伤的。只有时间与沉默才能酝酿丰满的果实。"

凌晨两点，我回到家中。

当我一推开虚掩着的房门，母亲立刻问道是不是我回来了？我一听到母亲那亲切温和的声音，心头陡地涌起一股暖意：母亲一如过去那样，无论我回家多迟，她总要等我回家后才会安心地睡着。

父亲也醒来了。他睡意朦胧地问我什么事这么晚？我一边脱衣一边告诉他们。父亲嘀咕道："你去为别人决定要不要成家……你也关心关心自己罢！"不一会儿，父亲就又酣然入睡了。母亲则在床上不住地轻轻叹息着，翻着身子。

我想起了回家第一天的情形，仿佛又见到母亲那布满皱纹的脸上期望的眼神，甚至看到了母亲顺着皱纹纵横交流的泪水——那是从母亲心头流出的生命的残汁呵！在我孩提时病魔缠身的母亲流过，在我刚步入社会前途茫茫时母亲流过，现在，她的儿子长大了，自立了，她用自己的血肉制造的生命的小舟在生活的海洋中独自远航了，而她自己已是风烛残年，满头银丝，衰弱的体内仅剩下最后的一点活力，一点残汁，不知什么时候会永眠不起，可母亲没有想到这些，没有想到自己，一心只想着她的孩子，为他操心，为他流泪……然而，她的儿子又怎样了呢？他是怎样报答拳拳慈母之心，怎样去实现母亲寄予他的希望了呢？呵，妈妈，我曾说我要告诉您，我骗了您——

我能告诉您什么呢？

我迅速钻进被窝，用被子紧紧把头蒙住。然而，辗转反侧，难以入眠。一个小时后，我重新拉亮电灯，侧身从里床取出现成的纸和笔，和泪写下了四句：

前途灿灿

然而路遥漫漫

谁为旅伴

与我合道攀援

1984 年 3 月 19 日　阴

这是第几本日记？我查查看……噢，第四本了！

我现在才真正感觉到记日记是我精神上的一种需要和满足，是我生命中的一种充实和陶冶。虽然我现在还不能完全理解我的这位忠实的伴侣，但我愿交付于时间。当我跨过了一段人生的旅程，那时候我会倍感亲切地翻阅它，追回我飞逝了的岁月，获得终生都要为之苦恼的欢乐。啊！未来，未来，我现在怀着无限的留恋跟过去依依惜别，怀着无限的憧憬轻轻地呼唤着你，但我知道你转眼间就会降临我的跟前，我不知道我那时会变得怎么样？我那时定将是多么手足无措、惶惶不安地站在"未来"的面前啊！或许，我会怨恨你的，但愿不如此才好……

真快！弹指间，一本日记便爬满了我的蝇头小字，现在又要在第四本日记上留下我的足迹。生活多么丰富多彩，我只不过记了点凤毛麟角——有多少人和现象需要我们去观察，又有多少事和本质等待我们去思考啊！生活又多么变化莫测：过去没有想过的事今后会想，过去没有发生过的事今后会发生，过去所看重的事今后也许会觉得好笑，而过去所毫不在乎的事今后也许会一生攸关……那么，今后的今后呢？我坚持不懈地将今后记录下来，不正是为了让今后的今后——让未来回味和审判么？但愿在我永恒的宁静来临时，在末日的审判者宣告时，我能无愧地听到这句话：

他确曾作为一个大写的人在这个世界上生活过，思考过，奋斗过……

1984 年 4 月 1 日　多云

当我拿起笔写这篇日记的时候，短短的春节早已匆匆而过。现在，我又回到学校开始了日常工作，并从 2 月 15 日起，在工作之余埋头整理我春节期间的几篇日记。每每翻开看看，虽觉文字并不优美华丽，却总不免一颗心怦然加速跳动：忠实的记载使那几天中的所经所历，恍若眼前，栩栩如生……

前几天我收到刁卫国和朱栋的信。刁卫国在他们厂的一件新产品上所加的反馈系统，使性能相当稳定，他来信说也有我的功劳。朱栋正准备去北京进行外语培训。他被挑选为出国厨师。去哪个国家不知道，他说不管去哪儿都很乐意，虽然不考研究生了，但过去的知识没有白学，况且这也是他的事业，他决心努力干出成绩来……

今天下午，我去校门口收发室取报纸，一下子看到了朱永刚寄来的信。我迫不及待地在收发室的信箱前拆看起来，看得那么专心，那么激动，忘记了地点，忘记了时间，连收发员礼貌地要我走开都没听见。的确，我被信中那一个个出乎意料的事件惊呆了。

信中几段关于沈浩泉，林笛，小燕子，及童萍的叙述如下：

你无论如何不会相信，仅仅几十天（一百天还不到！）沈浩泉便失去了右腿：确诊他的右腿膝关节处有癌瘤，为了不致扩散，在医生的建议下将整条右腿锯掉了，现在加紧进行化疗。几个月前他自己就怀疑有癌症，但他隐忍着，谁也没有告诉……现在，有关他的种种猜测和流言蜚语不扑自灭，人们恍然大悟：原来不是他出名后抛弃她（即你曾跟我提到过的"苗苗"）……现在，苗苗又回到了他的身边，服侍他，照料他，为他端茶倒尿。起先他坚决不要她来，说他一点也不爱她，讨厌她；后来，他勉强同意了，但有一个条件：只凭友情，不谈爱情。苗苗哭着答应了，说只要能在他的身边，她什么条件都答应……

老沈要我转告你们几位朋友，他很乐观，待病情稍稍稳定，他除了将写过的几个中篇小说改好外，还准备写一篇关于生命和希望的长篇，他说他对生命和希望有了前所未有的认识……他说：

"当我离开这个世界的时候，我将握着笔宁静地离去……"

小燕子来了一封简信，明确表示结束我们之间"也许会导致悲剧的关系"。她抱怨自己太不成熟，考虑问题太欠慎重，并且，她在信中写道："祝你如愿，考上研究生，跳出那个穷乡僻壤，摆脱清贫的中学教师工作……"她没有说明原因，但我也许可以从她信中的这句话里去找……还有什么比真诚被玩弄了更叫人受不了呢？虽然我并不惊奇，也不惋惜，但确实伤心了几天，甚至——多么懦弱！——流泪了。但现在无所谓了，一点也不在乎了。泪水是洗涤心灵的圣露，它能使人心明眼亮……也许，她找到了一个合她标准的人，但愿她能幸福……

最使我感到意外的，是收到了林笛的来信。当我一接到信时我几乎喘不过气来。连我自己都搞不清，我怎么会那么小心翼翼地捧回宿舍，仿佛托着一个十世单传的婴儿。但一到宿舍，我忽然想起了什么，像手被烫了似的将那信扔进废纸篓里。可到底我没有那样的勇气——半夜里，我仿佛害了热病似的从床上爬起来，在满篓的废纸堆中找到那封信，发疯似地拆开阅读。不看犹可，一看便羞愧万分：我误解了她，侮辱了她……原来我告诉你的那件事纯属谣言：她的毕业论文得到她的毕业指导老师的赏识，他们正在合写一篇论文……她说我对她的误解是我妹妹悄悄告诉她的，她要我千万不要责备我妹妹，她是非常非常纯真善良的，只可惜造物主没有恩赐她一副美丽的外表……林笛在信尾附了一句雨果的话：

"世界上最宽广的是大海，比大海更宽广的是蓝天，比蓝天更宽广的是人的心。"

我春节延迟了好几天才返校，我为了实践你们的忠告：同小燕子多接触，多了解。与此同时，我又匆忙写了一封信给童萍，明确告诉她我和小燕子的事……前天才收到她的回信。信写得相当平静，理性，谈了学习，工作，还谈到她也早已有了"对象"（天知道她有没有？还是……）并衷心地祝我和小燕子幸福。（幸福？我看到这里，不禁放声大笑了，但笑得艰苦。）她在信中谈了人与人之间诚挚的友谊，纯洁的爱情，使我感动不已。她写道：

"一个人生活在社会的群体中，除了夫妻间深沉永恒的爱情以外，还需要另一种永恒的爱情：那就是人与人之间纯洁诚挚的友爱。这种爱情是广泛的博大的，缺少了它，人类就不成其为人类，如同缺少氧气一样，人类的感情会窒息，生命会枯萎的……我不相信'乌托邦'，但我信仰共产主义（有人把它们混为一谈那真是无知）。不过，在那个理想的社会实现之前，有一段很长很长的历史时期，人与人之间不可能做到完全互相理解，坦诚相待，因此，这种（在我们意义上的）博爱就益发显得难能可贵，一个人要是一生中遇到几个终生倾心相待的挚友，那他真是幸福！我相信，这种友爱只能用自己的真心去赢得，虚伪永远只能换来虚伪……我们正是在这种真诚之下相识相爱的。可是，后来……也许你误解了我的意思，我一直是将你当作我的老师，我的益友，我的哥哥看待的，我希望今后仍能保持这片纯真的友情，一辈子！虽然要一辈子保持这种友情女子要比男子难得多，但我决心努力做到，你呢？我在想，当我们走过了这段微妙感情的艰难历程以后，我们也许会有一天聚首回忆我们的过去，我们或者觉得好笑，一边笑一边说道：'嘿，那真是小孩子的……'；但更有可能对下面一段纪伯伦的话会有更深的理解，更深的体会，更深的感受——"心中忧愁的纽带要比喜悦的纽带更牢固，用眼泪洗濯过的爱情，始终是纯洁、美丽和永存的。"

过去不明白的事情现在都已洞悉，现在不明白的事正孕育在时间之中……晚上，我睡在床上又将朱永刚的来信一个字一个字地看了一遍，感动得泪水涟涟——

啊，漫山遍野的羔羊，你们的牧人在哪里呢？

1984 年 4 月 21 日　晴
精神分析学的创始人弗洛伊德在《释梦》中说道：梦主要是用形象思维。

呵，我原想只要将过去记下来我的心便会得到平静，安宁，谁知反倒越来越加重了我感情的负荷。昨晚躺在床上，我所碰到的各种不同类型、不同命运、不同性格的年轻人从我脑中一一闪过，我为他们叹息，为他们感动，为他们骄傲，为他们惋惜……

及至半夜，迷迷糊糊地忽听得有人叫我，我老大不情愿地从被窝里爬起来，浑身冷得打颤。光线暗淡得很。穿好了衣服，我眼睛半睁不开地跟着那个人——不，更确切地说，跟着那个声音离开寝室。我疲得要命，困得要命，心里老不高兴，甚至懒得问那个人是谁，要把我带向何方？

连我也不知走了多少辰光，因为我一直是在半睡状态中跟着那个声音向前走的。那声音很轻，很柔和，宛如一支甘美的催眠曲。不然的话，我早就拔脚掉头回去了。

走过一段磕磕绊绊、坑坑洼洼的道路，我进入了较为宽阔平展的地带。空气立刻变得清新温暖起来。我情不自禁地深深吸了一口，啊！直沁心脾。我睁眼一看，奇迹出现了：方才还是长夜严寒，这里却春暖花开，阳光普照。万物沐浴着阳光，按照自身的规律欣欣向荣地生长着。一切是那么和谐，恬静，一切都笼罩上美丽的光晕——不，用不着谈美，当一切都美的时候，美也就不存在了，它只隐遁在万物的本质之中……我回头一望，那边，我刚刚走过来的地方，一片田野，阡陌纵横交错，蜿蜒向前，隐匿在无穷无尽的浓重的雾霭之中。在那遥遥幽暗处，隐约可见一幢幢积木似的小东西，翘向天空的烟囱里冒出缕缕炊烟，袅袅上升，那也许是不知辛劳的农民的寒舍……这前后截然分明的景象真使我惊叹不已，仿佛自己同时活在地球两极。我一下子恍若堕入五里雾中，一点也明白不了怎么回事——但我干嘛一定要明白呢？眼前的景色是多么令人陶醉！我飘飘欲仙地向前走去……

我向前走去，睡意全消。脚下的茵茵碧草宛如一大块毛茸茸的绿色的地毯，富有弹性，踏上去浑身舒畅轻松。不时从这里那里伸过来一枝樱花、牡丹或其他什么花枝，鲜丽的花瓣轻轻拂着我的脸颊，把那迷人的芬芳灌进我的鼻孔。近处、远处，一切都仿佛拉紧了琴弦，只要你一不小心，便会飘起一段妙不可言的音符。我心里感动极了："噢，大地，热情如沸而默无一言的大地！"你是如此的慷慨！你是如此的无私！你从不标榜自己，却为我们贡献出如此平和甘美的万事万物……

四周阒无一人。我感到自己幸运极了：我曾多次在梦中梦见这种理想的境界，企求哪怕只片刻地在这个世界中得以安息，不期今日身临其境，且又何等的悠闲自在……

我举目望望天。碧空蔚蓝，万里无云。我情不自禁地叹道："啊！要是她跟我一道漫步在这绮丽的田园该多美呐……"但立刻，我的另一个心声纠正我道："嘿，你多自私！……不，不是她，而是他们……"我点点头，自言自语地说："是的，总有一天，我会把他们带到这片极乐世界来的。"

这里没有道路，又到处都是路。我信步走着，无忧无虑，快活无边……但是，我忽然犯愁了：我走到了一块沼泽地跟前。沼泽里面，有许多横七竖八的灌木丛，那粼粼波光的一小块一小块水面不时"嘟嘟嘟"泛起白泡。我迷惑了，不知这里通向何处？我向四周看了看，想找到那个领路人，那个声音……但周围什么人也没有，也许我早已跟他分了手。要不要过去呢？我犹豫不决。

但不久，我便做出了决定：走，走过去。一种探幽觅胜的念头攫住了我的心。我想，这也许是这片乐园中的奇妙的点缀。我稍稍提起裤管，小心翼翼而充满好奇地向前走去……

唉，事后我真后悔，要是不走就好了。我简直无法形容我是多么的狼狈，深一脚浅一脚，泥水溅到了脸上，衣服和手都被树枝挂破了。最后还迷失了方向，几次都差点没顶于沼泽泥潭。当我挣扎着走出这片可怕的鬼地方时，我已经筋疲力尽了，两腿像灌满了铅似的沉重。我一下子躺倒在地，便被疲劳拖得昏睡过去。

等我一觉醒来，举目四顾，远处崇山峻岭，近处一片荒芜。我又饿又渴，但无以解渴充饥，便硬撑着向前走去。当我爬上一座小坡时，几乎快要倒下了，信心和希望也几乎丧失殆尽。就在快要绝望的当儿，我猛然间发现，在那很远很远的地方，有无数个黑点在蠕动。那是生物！——我的心又立时燃起了生命的火花，便不顾一切地向着那黑点奔去……

啊！原来是漫山遍野的羔羊。

这些羔羊正一群一群地攀登一座山峰。有的在呻吟着，有的咩咩叫唤，有的则是一声不吭。有几只羊，看到途中的几堆干草，便躺下占为己有，它们累了，不想再前进了。有的羊来回往复、徒劳无益地奔波着，更多的则是不屈不挠地向前迈进。

转眼间，我自己也搞不清楚是否已成为其中的一只，因为我明确地听懂了这些羔羊的言语：有的在感叹，有的在发牢骚，有的在自我激励，更多的是互相勉励着鼓舞着……

我问身旁的一只白色小羊：你们要到哪里去？虽然这只小羊说得不甚清楚，但我还是从它的一番描述里知道它们要达到一个理想的境界，很像我在走进沼泽之前的极乐园。然而，我早已迷途了，再也想不起所走过的道路，因而也不能引导它们以最佳途径走向那理想之国。

"你们知道目的地在何方吗？"我问。

"不知道。"小白羊答道。

"你们的牧人呢？"我又问。

小白羊摇摇头。

我又问了一只大羊，它也摇摇头。我一连问了十几只羊，它们全不知道。然而，我的询问引起了羔羊门的关注，响起了一片窃窃私语声：

"是呀，我们的牧人在哪里呢？"

这时，从东西两个不同方向由远而近响起了两个相同的声音。

"在这儿！"

那声音响若洪钟，在峰谷间悠悠回荡。全体羔羊都停下了脚步，举首向天，却只看到两个碟状的高速旋转的银光。羔羊们齐声问道：

"你是谁？"

"我是未来。"一个答道。

"我是希望。"另一个答道。

正在被迷惑了的羔羊不知何所适从的当儿，从它们的头顶，垂直撒下一道金光，其中一个黑色的精灵出现在众生面前。他威严地说道：

"没有未来何来希望？没有希望要未来何用？"

话未落音，只见两个旋转的光团缓缓向它靠近，附贴到他的身上，变成了两只银翅。这两只翅膀抖了抖，便振翅向前飞去，身后留下一道银白色的光带，由近而远……

于是，漫山遍野的羔羊便循着这条光带向前奔去，奔去……

1984 年 4 月 26 日初稿

于浙大

第三部 理哲在海边

一

海边。

一堵堵碎玉似的浪花，不断地变成白色的泡沫，呢喃着爬上海岸，轻吻着光洁松软的沙滩，和凝立海边的一个年轻人的足踝，随后，又被一道完美无瑕的曲线缓缓地推入海里。大海两岸，连绵的山峦宛如圆圆的乳峰，笼罩在若有若无的雾霭之中……

大自然这种纷呈变幻的景观，让坐在海边岩石上的青年如痴如醉，惊叹不已。这会儿，他正凝神屏息地观察着渐渐赤橙起来了的海面的每一个瞬间。他博览过古今中外哲学和文学著作，其中不乏为人们推崇了千百年。

"要是一个作家，能不凭主观、不加修饰地描绘出这大自然的宏观和微观，那该是何其伟大和不朽啊！"

早在孩提时代，想当作家的念头就已在理哲的心里埋下了种子，现在他刚刚跨入青春的门槛，"作家"一词更像强磁铁似的牢牢吸住了他整个的身心。是啊，多少人在地球上匆匆而行，唯有科学家和作家在自己的身后留下了足迹：科学家将自己的创造性思维转化成物质形式造福后人；作家则将自己的形象思维通过文字形式丰富和充实他人的精神世界，让读者随着他几十年、几百年、甚至几千年前的感情而欢欣，而落泪……

"创作的灵感和源泉何在呢？心头创作之泉怎样才能永驻呢？"对于这些问题，理哲却是模糊不清的。每当他坐在书桌前或是躺在床上思考这些不可回避的问题的时候，古今中外的理论家和文学大师们便一古脑儿显形，各抒己见，难解难分，结果他的脑子不是被搅得浑混不堪，便是一片空白。他便利用假期回到故乡，来到这大海边上，期望得到大自然朴实的理性的昭示和点化。

今天是第五天来到海边了。

理哲静静地坐在礁石上，像一个虔诚的教徒似的谛听着从海底发出的声音。近处，海浪冲击着海岸发出哗哗之声；远处，海面在阳光下亮出一道道明晃晃的锁链，海风亲吻着它的面颊，并轻柔地在波浪上低语……可理哲所期望的什么也没听到，他失望了。

就在他刚立起身往回走时，从遥远的海面，又仿佛从大海深处，响起了一个浑厚洪亮的声音，一忽儿便见一位白发老人如履平地从海面上走来，在距他四、五百米的海面上停住。理哲一眼就认出了善于预言的海上老人普洛透斯，他已几次在书中跟这位光着头脚，全身只罩着一件肥大的长袍，有着一头披在肩后的银灰色长发和飘拂在胸前的银白色胡须的海上老人打过照面了。

"年轻人，真理靠执着的追求才能获得，问题靠虚心才能得到解答。我被你的真诚所感动，特意替你请来了历代先哲，他们将回答你的问题。不过，年轻人，任何人的话都用不着迷信。要知道，世界上有多少对他们说出的每一个字都盲目崇拜的人，十分有七分只是因了他们的名气……"

正说之间，几位先哲已光临海面，但闻其声，不见其人。

"尊贵的人类先贤们，"普洛透斯一字一顿地说道，"请你们为这年轻人解难释疑吧，请你们指导他吧……"

"年轻人，让我来打个比方，"柏拉图首先说道，声音缓慢而稳重，"磁石不仅能吸引铁环本身，而且把吸引力传给那些铁环，使它们也像磁石一样，能吸引其他铁环。有时你看到许多铁环互相吸引着，挂成一条锁链，这些全从一块磁石得到悬在一起的力量。诗神就像这块磁石，她首先给人灵感，得到这灵感的人们又能把它传递给旁人，让旁人接上他们，悬成一条锁链。凡是高明的诗人，都有神力凭附着……"

"尊敬的先知啊，"谢林开始用抒情的、富有音乐节奏感的声调说道，"你这个比喻打得真是精妙，只是磁石并非诗神，高明的诗人也并非靠神力凭附，而是来自于内心和精神那种最内在的力量的强烈追求，我们把它称为灵感。具有灵感的人，是世界上唯一神圣的、具有永恒的创造性力量的人。这样的人，就是天才。天才是无意识地进行创造，只是满足他本性的不可遏止的要求……如果说绝对精神有如艺术家，整个宇宙有如一件艺术作品，而世界史呢，则是宇宙精神所构思的一首伟大诗篇……"

"妙论妙论，"缪塞突然插话道，"拍一拍你的心吧，天才就在这儿！当手在挥笔疾书的时候，是心在融化，是卡斯达里泉水① 在流淌……"

---

① 卡斯达里泉，即灵感之泉。

"且慢，"黑格尔打断缪塞的话，虽只说了两个字，却似金玉掷地，铿锵有力，令人肃然，"但是，先生们，最大的天才尽管朝朝暮暮躺在青草地上，让微风吹来，眼望着天空，温柔的灵感也始终不会光顾他的心，他的精神、那种最内在的力量再强烈也无济于事。真正的灵感，应该从外来材料中抓到真正有艺术意义的东西，并且使对象在他心里变成有生命的东西。在这种情况之下，天才的灵感就会不招自来了。……灵感不是别的，就是完全沉浸在主题里，不到把它表现为丰满的艺术形象时决不肯罢休的那种情况。"黑格尔滔滔不绝地讲着，话语自信而干脆。他见众人认真地听着，便愈加发挥起来："所谓'才能'、'天才'等等，就是通过想象的创造活动，艺术家在内心把绝对理念性转化为现实形象，成为最足以表现他自己的作品。艺术即人的自我创造，人的自己的外在现实，因而艺术创造即是理念的感性显现……使自己与对象完全融合在一起，根据他的心情和想象的内在的生命去完成艺术的体现……"

所有的精灵都引颈静听着。由于黑格尔的思维体系比较全面，逻辑性也相当严密，因而就连柏拉图这样伟大的先哲也在倾听，众多的精灵则被折服了，他们将他吐出的每一个字都当作琼浆玉液似的吞进，以润滑他们那刻板的、机械的头脑，随着他博大精深的逻辑思维的叶轮旋转。就在这一片钦佩和赞叹声中，突然响起了一个童音：

"哦，我们的大哲学家啊，人们从你睿智的思辨里获得了不少的教益和启迪，你关于'灵感'的源泉讲得多么美妙，可你在讲'才能'和'天才'时却颠倒了本末……"

"什么?!"黑格尔喝道。

众精灵也跟着怒喝起来，他们看不见这个乳臭未干的顽童，便大声地责问普洛透斯他是何许人也，怎敢混在这一神圣的队伍之中，并且如此狂妄。但普洛透斯苦笑着，连他也看不见那个顽童是谁。只有理哲能看清那个大胆的孩子：他整个胖乎乎的身体只围着一件血红色的兜肚，颈脖里套着一只闪着银光的项圈，手和脚都戴着铃铛，一只微翘的小鼻子上边圆睁着两只大眼，乌溜溜的瞳仁透出智慧的光芒。待那些精灵稍稍安静下来，他重又微启小小的朱唇说道：

"尊敬的黑格尔先生，请不要动气，你确是颠倒了艺术创造过程的本末，致使今日世人仍为此事喋喋不休，偏执己见。你说艺术创作是理性的感性显现，而实际上是感性的理性（通过形象）显现，因而艺术家创造的过程是从感性到形象，只不过后一形象是理性化了的形象，是通过理性的想象、提炼，塑造出不仅在空间上完整，而且在时间上延续的形象……"

铃童一说完，又引起了一阵骚动和喧哗。在这喧哗声中，响起了别林斯基沉稳的声音。因为他离得较近，听起来格外清晰：

"这小孩（如果他是孩子的话）说得不无道理，我早就说过，才能是诗情地用感情承受现实的印象并通过活动把它们再现在诗情形象中的一种直感的本领。只是他说得比我更进步，更深刻。"说着，他转向铃童的方向，问道："请问，你是谁呢？"

"别林斯基先生，"铃童答道，"虽然你不认识我，我却认识你，认识这里所有的人，这是历史使然，不必过于追究。"然后他转向众精灵："先贤们啊，正是你们的思维孕育了我的思维，我怎能不对你们充满崇敬之心。但，请原谅——'吾爱吾师，吾更爱真理'！世上没有完善的理论，理论最终也不可能完善，总需要不断地质疑，在释疑中不断发展，向那永恒的真理渐近；因为如果一旦理论完善，人们的思维也就随之消亡。社会科学如此，自然科学亦然如此……"

他停了一停，便对正听得出神的理哲说道："人们常常只知事物可以为方为圆，而不知同样可以不为方圆，只知有华之华为华，而不知无华之华甚至更华。你希望自己成为一个作家，但你必须懂得：真正作家的功力，并不表现在定法、死法中，而应表现在对生活、对艺术的创造性的变化之中。先能感、能知，再能空、能舍，而后能深、能实，最终将宇宙生命中一切事理的最深意义灿烂跃然于纸。这种微妙境界的实现，端赖艺术家平素的细心观察，精神涵养，天机的培植，在活泼泼的心灵飞跃而又凝神寂照的体验中突然地成就。'适我无非新'是艺术家对世界的感受；'光景常新'，是一切伟大作品的烙印……"

"那么，"理哲小心翼翼地问道，"为什么而写，写作的精神寄托是什么呢？"

"各人有各人的目的，一般人是不会讲出自己真之所在。"不知为什么，铃童转了转颈脖子里的项圈，然后摇响手上和脚上的铃铛，"关于这一点，海上老人会回答你的。再见了，我的同时代人，经验会最后使你懂得……"

理哲很想再向铃童请教几个问题，因为他认为他的话比那些大名鼎鼎的先哲们更为易懂清晰。但铃童走了，不见了，他只得转向海上老人。

"海上老人，请问为什么而写作呢？他说您能回答……"

"为什么吗？"普洛透斯捋起雪白的长须，沉思着说道，"有为名的，有为利的，也有为了爱情的，还有……"

"那究竟是为了什么呢？"理哲急不可耐地问道。

"经验会使你懂得……"海上老人只重复了一遍铃童的话。

理哲默然地思考着。

这时，有一种甜蜜的音乐飘浮在海面，这音乐用其 pppp 的微弱音响，扣住了沉醉的大海，使它暂停摇荡，波浪静止了闪烁，和煦的风也像在做梦。在海那边的地平线上，缓缓升起一道弧形彩虹，宛如一个桂花编织的花环，鲜丽夺目……理哲的双眼忽然一亮，顿时从胸腔里蹦出两个字来：

"名望！"

他被这两个迷人心魂的字眼激动得红光满面，迅速走下岩石，走了，没有听到海上老人在他身后轻轻的叹息声。

二

两年后。

大海依然是那么丰富多彩，在这万象纷呈之中现出一种愉快的动人的外在和谐，引人入胜。但这情景都丝毫打动不了第二次坐在海边岩石上的理哲的心——他失败了。那光彩耀人的桂冠的幻影仍然不时地浮现在他的眼前，然而他只能在梦中戴上。一年前他所期望的鲜花和盛誉化成了一盆冰水，把他原有的火热之心浇得透凉。他实在想不通"为什么"，便向大海高声叫道：

"为什么——啊？！"

普洛透斯和众精灵应声出现在海上。

"别灰心，年轻人，失败并不可怕，可怕的是失败后不去追究失败的原因……"海上老人说道。

"那么，我为名错了么？"理哲忧郁地问道。

"不用怀疑，"苏格拉底说道，他将从一位曼提尼亚国的女人第俄提玛那儿听来的话一字不差地说了出来，"你只需放眼看一看世间人的雄心大志，想通了他们那些奇怪的欲望熏心，是为着要成名，要'流芳百世'。为着名声，还有甚于为着儿女，他们不怕冒险，倾家荡产，忍受痛苦，甚至不惜牺牲性命。你以为阿尔刻提斯会做她丈夫阿德墨托斯的替死鬼，阿喀琉斯会跟着帕特洛克罗斯死，或是雅典国王科德洛斯会舍身救国，为后人建立忠义的模范吗？如果他们不想博得'不朽的英名'，现在我们还在纪念的英名？没有那回事！我相信凡是肯这样独立独行的人都在想以不朽的功绩来博取不朽的荣誉。他们品格越高，也就愈要这样做。他们所爱的都是不朽，都是可朽者尽量去追求不朽。"

苏格拉底滔滔不绝地说完宏篇大论后，理哲并没有听懂多少，尤其是那些人名和典故，不过他听清了苏格拉底说世间人不惜一切想要"流芳百世"，其实都只不过是可朽者去尽量追求不朽而已。他正想问个明白，只见但丁向他摆了摆手准备说话。但丁赤着双足，穿一件白色长袍，一顶厚纱巾制成的无檐帽上围绕着一圈阔叶青翠的枝条。他的一张脸如同雕塑一般，剑眉下是一双炯炯有神的目光，长长的鹰钩鼻下是紧抿着的向上弯成弧形的嘴，他说道：

"一个人，坐在绒毯之上，困在绸被之下，定不会成名的；无声无息度一生，好比空中烟、水中泡，他在地球上的痕迹顷刻就消灭了……"

"伟大的先师啊，"理哲打断但丁的话，说道，"我正因为不愿无声无息地度一生，才为名而作。可我并没有坐在绒毯之下，而是实实在在地去努力了，去奋斗了……为什么不能成功呢？"

"荣誉之获得在于把一个人所有的才德和真价无损伤地显露出来。"培根插话道。

"你不去为了任何社会的伦理观念，而去争取荣誉，但只是为了个人的人格得到承认，因而你所追求的不是社会的普遍目的，而是个人的自私的目的……"黑格尔说道。

"伟大的名声不过是一种名义，光荣的追求只是一种空虚的奢望。"拜伦说道。

"噢，年轻人，"柏拉图感叹道，"一个人不应该受名誉、金钱和地位的诱惑，乃至于受诗的诱惑，去忽视正义和其他德行。"

"是的，"萨迪接着说道，"无论学者、博士、圣德，也无论圣明雄辩的人物，只要他一旦羡慕浮世的荣华，便是跌在蜜里的苍蝇，永难自拔。"

"年轻人，请记住，"别林斯基说道，"一个人可以因为智慧和愚蠢，高尚和卑劣，勇敢和怯懦，而同样地著名于世。切莫像贵国晋朝的桓温所说，'既不能流芳百世，不足复遗臭万载耶'。"

众先哲这么纷纷的议论，理哲在一旁听得脸上火辣辣的，似乎每一句话都在向他提出责问。正当理哲惶惶然不知所措之时，托尔斯泰对他温和地说道：

"不要难过，年轻人，先哲们并非对你一人而言；但这些话可以作为包括你在内的每个人的警世通言。"他略停片刻,深邃的目光投向那远处的群山叠峦,随后又说,"在大自然中,每一种产物都只能有那么一个瞬间。要么是你一生的瞬间,要么是悠悠历史长河中的一瞬。作家就是要表现这一瞬间,将它抽出,使它凝固,使它永恒。……作家一方面要求助于常醒的理解力,另一方面也要求助于深厚的心胸和灌注生气的情感。真正的作家,在他每次蘸墨水时都在水瓶里留下了自己的血肉……倘若粗制滥造、盗名欺世的作品也可以流芳百世,则这些作家的光辉名字将覆盖整个地球,充塞整个空间,令人窒息得喘不过气来。"

"托尔斯泰伯爵说得不错,"海上老人一直没开口,现在他开始发言了:"人类有史以来,作家们用掉的墨水和挥下的汗水可以汇成江海;有成功者,更多的是失败;有的人少年得志,才华横溢,却似流星划空,生命过早夭折,或者饱尝了老年潦倒寂然之苦;有的人早年清寒,韶华已逝,方才名扬四海,却再也体验和享受不到青春年少的无穷妙趣。……其实,真正的杰作不一定在他生前便享有盛名,有生命力的作品即使在无人赏识时,也存在一种潜在的价值。时间是一位公正而准确的裁判者……"

"是的,"别林斯基插话道,"所有的批判家中,最伟大、最正确、最天才的是时间。"

普洛透斯点点头,继续说道:"不朽的作品总有一天会从人们的心灵之镜中折射出奇光异彩来的——曹雪芹,雪莱,惠特曼……"

正说间,海面上升起了曹雪芹、雪莱、惠特曼三人的形象。

曹雪芹身穿无领粗布长袍,脚着高底船形布鞋,宽阔而光洁的前额,向下渐宽的两腮,脑后一条长长的发辫,一双因岁月磨难、神笔艰思的目光,闪烁出风流儒雅、洪才河泻的动人光辉。正是他,耗尽毕生之心血,在清贫茅舍中写就了一部生前不得发表的中国文学史上、也是世界文学史上屈指可数的伟大文学巨著。这时,他面对茫茫大海,低声叹喟:

满纸荒唐言,
一把辛酸泪,
都云作者痴,
谁解其中味。

雪莱身着米黄色燕尾服，白色衬衣的大翻领覆盖在外衣领上，一头波浪形卷发从头顶不很整齐地分向两边，羸弱得近乎病态的脸上有一双大大的眼睛，散发出抒情和希望之光。但他瘦削的脸颊、笔直端正的鼻梁以及紧抿的薄唇则显示出他的刚正和坚定的信念。他对着耸立在面前的山峰大声宣布：

> 我不愿为王——
> 爱，也已经够苦；
> 走向权威之路并不康庄，
> 更有狂风暴雨君临着高处。
> 我不愿攀登帝王的尊位，
> 王位原筑在冰块之上；
> 幸运的太阳，
> 会在正午把它融化成水。

身材高大魁梧的惠特曼，一手叉在穿着贴身网格花纹西服的腰间，一手拿着破旧的草帽轻轻地扇风，粗犷的脸上长满络腮胡子，一副不修边幅、放浪不羁的样子，如同一个"神秘的号手"在"向世界致敬"；即使受了一辈子谩骂，受了一辈子迫害，也仍然充满着对大自然的挚爱和对真理的追求：

> 然而在废墟中，伟大的自尊心永远不屈不挠，
> 忍耐，坚持到底。
> 有一天你们会前进，
> 走到我身边来。

远处，烟波浩淼的海面在阳光下波光粼粼，一朵朵银白色浪花仿佛在举起一杯杯醇酒向这三位不同时代、不同国度的深沉的抒情大师致意。他们三人携手并肩，开始向大海深处走去。大海在他们面前铺开一条镜面似的水路，而把一杯杯醇酒像珠玉似的洒在他们的脚跟，可他们却不屑一顾地径直向前走着，似乎在用三种不同的语言合唱着一首藐视命运、坚定地向着光明的天国行进的歌曲……就在这时，只听得一阵清脆的铃声在空中呼呼响过，铃童出现了。他请三位大师稍

等一下，说道：

"我尊敬的三位先辈们啊，你们那种威武不能屈、富贵不能淫的著作风骨，堪称后世楷模。可是，在你们之后的今天，却有那么一些赫罗斯特拉特式的人物，不择手段，'登龙'有术，他们恬不知耻地偷梁换柱、修修补补，只想一登文坛，便可平步青云，名利双收。有的人寄出自己第一部小说时声言要与作品共命运，若不采用，便以死相殉，结果还真的服了大量安眠药，吓得编辑敬谢不迭……这后一种人，实在可悲可怜，他们只看到推崇褒扬的风光事儿，而没有看到作家所经历的退稿、失败、挫折的艰辛；他们只看到你们名垂后世，却不知你们生前忍辱负重、置名度外的创作精神……"铃童转向羞愧得满脸通红的理哲，说出下面几句深奥的哲言：

"我的同时代人，我们的社会是一个整体，一切人都在它里面，它在一切人里面……杯子可以容纳海水，但一杯水注入大海却不露痕迹……一个人在半圆上画的角永远超不出第一象限……"

说完，他摇响铃铛，径自走了。

"海上老人，"理哲惘然地说道，"虽然先圣们说了不少哲理，否定了为名的写作目的，却没有说明为什么而写作，请您告诉我——究竟为什么啊？"

"你再选择吧……"海上老人说道。

"难道是为了利——为了金钱财富吗？"

海上老人只回答了两个字："经验……"

理哲满腹疑虑地走下岩石。波浪被岩石弹回，白玉似的碎沫联成的水流弯成了一连串大大的问号——

？

三

又两年过去了。

理哲再一次来到这大海边的岩石上。两年不见，他变得消瘦多了，长长的头发被海风吹得凌乱不堪，一件几乎常年不洗的发白的劳动布工作服随随便便地套在身上，五个扣子掉了两个。开始他苦心写作，发表了几篇小说，得了一些稿费，便飘飘然地用放大镜反照自己，于是乎接连写了不少粗制滥造之作，甚至将那些蒙上了灰尘的、被老鼠啃过的旧稿统统寄出。然而，随着时光流逝，他的稿子如同雪片似的飞了回来，仅有的一点天赋和才气被徒然地消磨。一天，他突然想到这点，浑身竟不寒而栗，但苦于执迷不悟，只得又来到海边。

读者诸君，请不要奇怪我们年轻的主人公为何在为名失败后还会选择为利这条路，在我们这个地球上，人们说的是一套，做的又是一套。理论归理论，实际归实际。如果有人对某些人做自己理论上否定了的事觉得奇怪，那么他会在这些终会被碰得头破血流的傻瓜之前被当作傻瓜。而况，在我们这样一个纷繁的、失去自然常态的世界上，会有那么多病态的事情发生，甚至奏效呢！商品艺术化，艺术商品化，正是由于后者逐渐地代替了前者，由于金钱的润滑才使我们这个世界随着惯性向着堕落的文明滑行，由于金钱的引诱，有多少人把自己的肉体连同灵魂一起出卖。请我们的作家，我们的诗人，我们的画家，我们的音乐家，我们的影星们和歌星们，请一切文学家和艺术家们扪心自问，有多少人真正为了主持社会公道，为了承担社会责任，为了真、善、美而奉献出自己灵魂中最纯洁、最崇高的内容？有多少人不是因了趋名若鹜，不是凭靠互相肉麻地吹捧，不是被一些自诩为"伯乐"的赏识，而攀上泰山之顶摘取艺术桂冠，为公众所承认的？一些人，动笔帮助修改一下作品，或仅仅动嘴提了几条不着边际的意见，就摇身一变，从组稿者变成了"合作者"，要在作品上挂上自己的大名，从作者那里分走稿费，从而使自己成为彻头彻尾的思想和金钱的强盗。还有的作者与作者之间搞什么"集体创作"，剧本在拍成影片还没得到大众的认可便先在名次上争执不休，在稿费上穷打官司；而电影片头字幕上的座次要争什么"双人铺"、"单人铺"，不愿坐"统铺"，以这种可笑可怜的行动来向名利的金字塔尖顽强地爬登。我们并不是说任何公共的事业里面都不带有个人的成分，因为集体是由单元所组成。但倘使你恬不知耻地从集体的有限资源中获取更多的名利（你越多别人就越少），那不就很可悲了吗？更可悲的是，人们往往要故意去演出种种悲剧。此类事实不胜枚举，只要看看银幕上的苔丝是如何在银幕后让蟒蛇缠身的裸体照片，你就会体验到在金钱拜物教的社会中的所谓艺术是多么令人作呕，你就会体验到在你心中如同神明一样供奉的圣洁偶像一旦被铜臭玷污是多么令人痛心和迷惘……

大千世界确实闪烁着各种奇异的色彩，欲望每一秒钟都受到诱惑，金钱则被当作通往享乐之路的通行证。人类不仅有实践证明，而且有语言归纳，倘若你不缺乏耐心和兴趣，我们不妨一起来听听我们先辈的声音——

鲁褒：钱之所在，危可使安，死可使活。

哥伦布：金真是一个奇妙的东西！谁有了它，谁就能成为他想要的一切东西的主人，有了金，甚至可以使灵魂升入天堂。

莎士比亚：（金钱）这东西，只要那么一点儿，就可以使黑的变成白的，丑的变成美的，错的变成对的，卑贱变成尊贵，老人变成少年，懦夫变成勇士。

雪莱：物质的神秘力量——它驾驭着思想，也是无穷辽阔的苍穹所遵奉的法则——这力量也蕴蓄在你身上！

无名氏：有钱能使鬼推磨。

我们的主人公，很懂得被奉为上帝的"孔方兄"的神通，尽管他带有种种疑虑，但毕竟去实践了，去奋斗了，结果却失败了，他此刻正陷于重重苦恼的矛盾之中——他注定要失败呢，还是财神百路督不肯光顾他？这时海神普洛透斯在海上出现了。

"可怜的年轻人哪，"海上老人不无感叹地说道，"从你的身上，照出了人类贪婪和顽劣的影子。现在你已尝到了自己栽培的苦果。不过，这并非坏事，愚昧的人类若能从一百次失败中炼就成一粒金丹，则比一百根金条还可贵。今天，你所崇拜的先哲们又不辞劳苦前来为你释疑了，你有什么问题，但说不妨。"

"自古以来，不是有那么多人在时刻为金钱和财富而苦心经营吗？"理哲轻轻地说道。

"是的，是有那么些宇宙间的鼠蚁之辈，"但丁说道，"不过，我的孩子，你从这里大概可以知道，命运给人类财富是多么愚弄他们，而人类追逐它又是多么的剧烈！月亮下面的金钱，从没有使劳碌的人类有片刻的安静。"

"但是，有人以满足自己的欲望引为自豪，以挥霍金钱引为幸福呢……"理哲又说。

"幸福不在于占有黄金，"德谟克里特说道，"它的居处在我们的灵魂之中。"

"是的，"贝多芬接话道，"使人幸福的是德性而非金钱。"

"人美德的荣誉比他财富的荣誉不知大多少倍。"达·芬奇说道，"古今多少帝王公侯，可是却没在我们记忆中留下一丝痕迹，就因为他们只想用庄园和财富留名后世。岂不见多少人在钱财上一贫如洗，但在美德上却是富豪呢？"

"在烈日炎炎的大沙漠，珍珠岂能解渴？旅人已快饿倒在地，金钱岂能充饥？"萨迪吟诵道。他两眼望了一会儿远处波涛汹涌的大海，加补道："当一个巨贾的载满黄金的船就要被大海吞没，黄金可能免他一死？"

"啊，感激你们，先哲们——是你们摘除了我眼球上的白内障……"理哲消瘦的面颊终于冰释似的渐渐开朗起来。"请你们再深刻地分析一下我失败的原因吧。"

"无论个人或民族，都要经历自然、审美和道德三个阶段，"席勒说道，"在审美阶段中，人把世界放在他的外面来观照，从自然的束缚中解放出来，以不关心的态度，陶醉于事物的'外观'。外观就是艺术的本质。一个以外观为乐的人，就不再受物欲的驱使，他从利诱的锁链中解放出来。不会再以他得到什么为乐，而会以他制作什么为乐。"

"席勒先生，"刚才席勒在讲的时候，铃童就已悄悄来到，不过他只在一旁静静地听着，现在他说道，"你所说的'外观'，我实在不敢苟同。因为人不可能'把世界放在他的外面来观照'……吃穿住用是人的机能，当然，吃穿住用只是在与劳动这类生活的统一中才是人类的真正机能，而与劳动这类生活对立的吃穿住用却具有动物的性质——前者是人的生命活动，后者则带有功利活动的成分。但无论如何，我们总不能够'以不关心的态度陶醉于事物的外观'，而应在这个世界中主动地、积极地进行生命活动，努力培养自己的审美判断能力，而尽量排除个人的功利判断。譬如说，某个人在欣赏一株古松的时候，不应仅只想到这株古松能值多少钱，当它制成这样或那样的家具后是否更合算？更应通过古松的感性形象，看到健康长寿的人，看到刚毅挺拔的人的个性……不过，"铃童转向理哲说道，"席勒先生的话中也不无道理——真正的幸福不在于你占有财富的多少，而在于你创造了多少财富……我的同时代人啊，请记住你失败的教训吧——鸟翼一旦系上了黄金，这鸟便永远不能再在天上翱翔了……"

理哲点点头，眉宇间的结舒展开来。他对为利写作原本就有顾虑，现在终于找到了答案。但不久，他又皱起了眉头，因为他还没得到为何写作的最终答案，于是他问道：

"我的引导者啊，我在你面前是这样的惭愧，我们的年龄和我们的理智正好反比……每个问题都有重重迷雾缠绕在我的眼前，而你却如此的洞察明悉……请告诉我吧——文学艺术的真谛何在？"

铃童没有马上回答。他思考了一会儿，最后仍只说了两个字："经验……"

理哲咬紧了嘴唇，眼眶里强忍的泪水盈盈欲坠。他感到非常委屈和失望。就在这时，他依稀听见了泰戈尔和黑格尔说话的声音——

泰戈尔：让死者有那不朽的名，让生者有那不朽的爱。

黑格尔：我说全人类都只有一条幸福之路，就是实现爱情，找到恰好和自己配合的爱人，总之，回到人的本来性格。

理哲抬头向海面望去，并不见两位大师的身影。远处是波浪的雪白舞蹈，渐渐地，这波浪像一个婴儿的手指，触动着他的像大海一样膨胀起来了的心，使他的心也随着拍打舐岸的波浪的歌声，渴望着要把爱托付给这阳光，托付给这蓝色的海洋和绿色的世界……这种甜蜜的感觉一渗透进他那心底开始觉醒的朦胧的欲望，好像一阵狂飙，掀起波浪的飞沫，香风阵阵，吹进他的灵魂，幽渺的氤氲卷起了欲望旋转……

突然，理哲的两眼放射出异彩，他尽情地向前张开双臂，大声地欢呼道——

"啊！高山在吻着碧空，波浪也在相互拥抱……大自然倘且如此，何况人呢！"

理哲走下岩石，头也不回地走了。铃童苦笑了一下，先哲们则面面相觑了一眼，但谁也没有叫住那个匆匆前行的青年。

不久，大海奔腾起来，一团团的乌云在它的上空飞驰而过，海面随之笼罩在一片暗淡的银灰色的云霭之中……

四

我情愿熬过　烦恼的生涯，
抛弃那许多　欢乐的年华。
吐尽了心心　相印的情愫，
为何会产生　奇妙的痛苦？

两年又过去了。理哲又坐上了海边的这块岩面。他双手捧着一本《歌德抒情诗选》，翻开的书页上正是上面几行诗。

此时，暮色朦胧地走近，潮水变得更加狂暴。大海中沉浮着黑色浪花，那蠕动的黑点使人有头晕目眩的感觉。不一会儿，大海一片昏黑，汹涌的巨浪带着轰然的声响震动着海岸，摇撼着这海边的岩石。但是，理哲像石刻木雕似的一动不动。他似乎麻木了，听不见这巨浪吓人的隆隆声，倒是听出了在这怒吼声中所含的悲怆的微鸣。

我们用不着过多地描写理哲此时的痛苦心情，这种失恋的苦涩滋味我们每个人或迟或早总会体尝到。现在，暂且让我们的主人公沉浸在凄凉之中，让他在孤寂中抚摸创伤而引起自身的反省和忏悔罢。我们是冷静的读者，可以比较理智地为他分析分析在爱情上失败的原因，分析分析爱情的产生，爱情的本质，以及对待爱情的态度诸问题。

不过，读者诸君，我得申明一点，也许你们早已看出，上面所写就已背离了正统的小说的模式，下面可能还要不轨。我以为，写作就是写作，无须硬说是真人真事发生在读者的面前。在这一点上，康德说得不错："一件艺术作品必须看成是艺术，而不是自然。当自然看起来像艺术时，是美的；而艺术，也只有当我们明知其艺术而看起来却又像自然时，才是美的。"每一部真正伟大的作品都有一种分离不出来的神秘之处。它不会只在你读第一遍时被它的写作技巧所吸引，它让你每重读一遍都会意味到新的内容，有新的收获，这种作品才是不朽的，永远具有生命力。也许有人会说：你写的好多是别人的言语。是的，然而，别人的话无论多么精妙，都是在我请他说时才会发言。当然，倘若哪位旅客不习惯乘我这只新船颠簸远航，那就趁早回岸休息罢，我和我的优秀水手们驾驶的这只小船可不能休息，它是要前进的……

> 我爱一枝花，不知哪一枝；
> 使得我无限伤情，
> 我看遍无数的花萼，
> 寻觅着一颗心。
>
> ——海涅

精神生活与肉体生活一样，有呼也有吸，灵魂需要吸收另一颗灵魂的感情来充实自己，然后以更丰富的感情回馈给对方。这种感情升华至最高形式，便是爱情。人与人之间要没有这点美妙的关系，心就没有了生机，它缺少空气，它会难受，会窒息，会枯萎……那么，爱情是如何导致、产生、交流的呢？

屠格涅夫说："一切感情都可以导致爱慕，导致爱情：憎恶，冷漠，崇敬，友谊，畏惧——甚至蔑视。"

席勒说："幻惑，使你得着了爱情！它的全部力量，表现着痛苦的权力，它迷人的欢娱,它甜蜜的享受,都只在它的势力范围之外……"

莎士比亚说:"疯子、情人和诗人都是满脑子结结实实的想象。情人和疯子一样的癫狂,他从一个埃及人的脸上会看到海伦的美。"

柏拉图认为,一个人的爱情可以从只爱一个美的形体开始。他说:"他凝视这美形,于是心里起一种虔敬,敬它如敬神;如果他不怕人说他迷狂到了极顶,他就会向爱人馨香祷祝,如向神灵一样。每逢他凝视爱人的美,那美就发出一道极微分子流,(因此它叫做情波 ①)流注到他的灵魂里,于是他得到滋润,得到温暖,痛苦全消,觉得非常欢乐。他以后继续亲近那情人,和他拥抱,于是就有我已说过的那种泉流——宙斯钟情于伽尼弥德的时候把它叫做'情波'——大量向情人流注,它一部分注进他的身体里面,一部分在他装满之后又流出来了,像一阵风或一个东西碰到平滑而坚硬的东西就往回窜,窜回原出发点一样,那从美出发的情波也窜回到那美少年,由天然的渠道——他的眼睛——流到他的灵魂。到了灵魂,把它注满了,它的羽翼就得到滋润,开始发出新羽毛,这样一来,爱人的灵魂也和情人一样装满爱情了。"

我们可以看出,无论屠格涅夫所说一切感情所导致的"爱情",还是席勒、莎士比亚所说由幻惑、想象所产生的"爱情",实质上都不是爱情,而是一种特殊的异常的情感。前者的情感有时不是互吸而是相斥,如由蔑视、妒忌产生的情感;后者的非常态情感则是暂时的、错觉的"爱情"。倒是柏拉图所说的"极微分子流"颇有道理,两者之间的爱情正是通过各自情感的离子流进行交流的。但这离子流只因美而产生,并非由美产生,产生离子流的是形体本身。这种离子看不见测不出(也许将来有一天能测出,同时发明一种新的元素;或者,有一天在真理面前冠之以"庸俗唯物主义"的美名。),它在每个人周围形成电磁场,有时是超距场。

任何生物都可能发出这种离子流,因而从广义上任何两生物之间都可能产生爱情。一个人修养越深,欣赏能力越大,感情越丰富,则他越易与植物的离子流流通,因深切体受到大自然源源不断的纯洁的美的流质而萌发出爱情。人与人之间由这种情感离子的流通而产生的爱情是最高级,最浓厚,最富色彩,最具诗意的。一般说来,体质健全的十六、七岁的少女和二十岁左右的青年发出的离子流

---

① 希腊文 himeros 一字由"向前动"、"极微分子"、"流"三个意义合成的。这里依原文字义译为"情波"。

最强。在这之前，人类的这种情感的电磁场还处在朦胧的、抑制的阶段。在这之后，离子的发散逐渐进入高潮，但并不增强；同时受着工作、生活、伦理、道德、社会关系等的制约，由人的大脑控制和调节着。到了老年，这种情感电磁场已微弱得只存在于他的体内而不能散发出来。

当异性在一起时，如果情感的这种离子流通了则他们的感情也就流通了。这时，你就会感到在你所爱慕的女子面前心会无规则地一阵阵别别乱跳，或在被你钟情的男子面前脸会频频地泛红发烧。偶然你碰及对方的肉体，甚至碰到他的乌发或裙角时，也会如同触电似的缩回手，这是因为愈靠近身体则电磁场越强的缘故。这种情感的离子流流通到一定的程度，便会由感情升华而为爱情；倘若这情感的离子流不曾流通（单方不能流通），则他们之间的感情便不会超出友谊的界域……两者之间的吸引与性爱，主要是靠了这情感的电磁场，肉欲则是次要的辅助的成分。当彼此间的离子流没有流通，仅是肉欲的冲动，甚至怀有犯罪的不安心理而进行拥抱、接吻、抚摸等行为时，只不过满足（？）了动物的最低级的本能需要；而一旦真正流通了，纵然肉体没有结合，你也会感到那令人心荡神驰的爱之流不断地向你倾注，它不但渗透进你身上的每一根纤维中去，而且会一直渗透到你的灵魂深处，让你的灵魂也随之燃烧起来……

但是，情感的离子流流通并非对象都是美的形体，也并非一定要通过眼睛的渠道，形体不美的人，盲人，或者残废者同样会流通，在这一点上柏拉图说错了。美的形体使感官初步的欢悦，能较快地激发出情感的离子流，但比外在美更重要的品德，才能，气质，理想，事业，共同的志趣和共同的语言等内在美才是决定性的因素。倘若内外不相统一，则情感的离子流易激发也易熄灭，强行流通将会造成悲剧；如果你内在真美，则不但能弥补你外在的不足，而且会使你罩在一种圣洁的光晕之中，使你的形象在你爱人的眼里胜过西施，即古人所谓："石蕴玉而生辉，木质实而花萼振。"

　　　　"爱情"和"光荣"啊！你们老是绕着我们飞
　　　　而难得降临，你们究竟是什么？
　　　　在北极的天空中没有这颗彗星
　　　　有这么超越和更为迅疾的飞翔。

　　　　　　　　　　　　　　　　　——拜伦

爱情啊，你姓什么？你是这样具有永恒的魅力，具有无穷的意蕴和神秘的色彩。孩童的心里便埋藏着你朦胧的种子，少年们在梦中幻想着你，青年们在奇妙的机缘中追求着，中年人抓紧时间享受着你的恩赐，老年人则满怀着对你美好而一去不返的回忆……如果说光明是人生爱情的心境，那么你不就是心的光明吗？可是你既看不见，也听不到，只有在仲夏之夜，头枕着温馨的土地，用自己的心去梦……呵！爱情——你究竟是什么，你的目的又是什么呢？

但丁说："不论造物主或造物，不能离爱而存在：此爱为自然的，或为理性的……爱是美德的种子，也是应惩戒的行为。"他借维其略之口解释了爱之性质："此心，原是为爱得很快而创造了的，见着一切使他欢乐的东西，他便像惊醒了一般，立即追求上去。你的感觉力从实物抽取一种印象，便展开在你心里，使你的心转向着他。转向以后，假使你倾心于他，这倾心就是爱：这是心和物之间经过喜悦而发生的新联系。像火的上升运动，因为他的性质是上升的，直上升到那使他的物质最易持久的地方；同样，着了迷的心必入于欲的地步，这是一种精神的活动，非达到享乐的目的不止。"

柏拉图说："爱从最广义上来说，凡是对于善的事物的希冀，凡是对于快乐的向往，都是爱，强大而普遍的爱……总结起来说，爱情就是一种欲望，想把美好的永远归自己所有。"他进一步说道："凡是丑的事物都和凡是神圣的不相调和，只有美的事物才和神圣的相调和。所谓美的就是主宰生育的命定神和送子娘娘。就是因为这个道理，凡是有生殖力的人一旦遇到一个美的对象，马上就感到欢欣鼓舞，精神焕发起来，于是就凭这对象生殖。如果遇到丑的对象，他就索然寡兴，蜷身退避，不肯生殖，宁可忍痛怀着沉重的种子……照这样看来，爱情的目的并不在美，而是凭美来孕育生殖。"

屠格涅夫说："爱情——这是最高贵的、最特殊的感情。别一个的'我'，深入到你的'我'里：你被扩大了，同时你被突破了；现在从肉体上来说你是很超然了，而且你的'我'被消除了。"

雪莱说："爱情是天性中流露出来的善和美的具体化，超越一般世俗的男女之情。"

贝纳丹·德·圣比埃说："也许，人们应该把大部分科学和艺术归功于人的这种炙热而忧郁的激情——爱所引起的享乐，而同时又是由于对这种享乐的求而不得产生了对一切能自我慰藉的哲学。就这样大自然把'爱'变成了所有生灵的相互关系，并使之成为人以群分的第一机由，成为我们智慧与欢乐的启蒙。"

高乃依说："……爱情，创造平等，但不追求平等。"

噢，伟大的先人们呀，连你们对爱情的本质和目的的认识也这么模棱两可，莫衷一是，我这个无名之辈，尚未涉足那深奥而广漠的领域，又怎好妄下定义呢？我只肤浅地感到，爱是每个人的天性，是天性中流露出来的善和美的理念显现，也是剔除了世俗的偏见和庸俗的男女的感情。它在宇宙间是博大的，在男女之间不只是为了结出生殖的果实；它不仅需要美和善的情感的离子流的流通，得到美妙的东西，更其可贵的是在消除别一个'我'时消除自'我'，将他扩大了的感情放大后加倍地偿还给别人，使他也跟你一起享受到爱的欢欣与圣洁，进而对生活、对人类、对事业充满热烈的爱情。因此，外表美固然能激发爱情，外表不美也同样激发爱情。外表美是孕育生活、传宗接代的有利条件，但传宗接代只不过是丰富博大的爱情的副产品而已，试管婴儿，无性繁殖，便是自然向人类的昭示……

> 啊，这爱情的春光，
> 好似四月天不定的荣华，
> 时而表现阳光下一切的美丽，
> 时而黑云带走了一切。
>
> ——莎士比亚

"夫人，你水性杨花，伤了许多男子的心。我知道你从未有过半年功夫一心一意爱着一个人；罢了，你竟如此多变！你一味追求着新奇，不肯一刻安定；你嫌蓝色太朴素，换上了碧绿的衣装。

"正如镜中留不住任何形象，来无踪去无影，这就是你的爱情，单看你的所作所为，便可作证。忠诚抓不住你的心；你就好比风中信鸽，随风转脸；人人都看得清；你嫌蓝色太朴素，换上了碧绿的衣装。

"你既变幻成性，正该在广场示众；大利拉、克丽丽德或肯黛丝王后都还逊你三分；你的忠诚就在于多变；这恶性已根深蒂固，谁也难从你心中剔除。今天你丧失了配偶，明天就可以补上两个；你在夏日衣着轻盈——你心中明白我所何指吧。你嫌蓝色太朴素，换上了碧绿的衣装。"

上面三段，是乔叟对失败的爱情的咏叹，也是对亵渎爱情者的贬责。我们年轻的主人公正满怀忧伤地体验着前者，却丝毫没有彻悟后者。他不幸的起因就在于写作纯粹是为了追求爱情，而追求爱情时又被美的外表蒙住了眼睛。

不错，人人都爱美，人人都追求美。人类世界愈文明，精神世界愈丰富，这种爱就愈深沉，这种追求就愈炽热。达·芬奇花了几年时间，终于在三尺见方的画布上遗下他曾经无穷追求的痕迹——蒙娜·丽莎。可是，当你站在离她的裙裾之前三步的距离里，你所想到的只是这幅画的名贵，垂涎它的价值连城，而看不出她的微笑的永恒和意蕴，她侧着头从眼角射过来的颇具密度的专注锋锐的目光，看不到她没有装饰，没有一颗珍珠宝石，没有一枚指环，衣服上也没有丝毫绣花，那么，你怎么可能不被她那透视的目光从你的眼睛里摄出好奇和瑕疵，从你的灵魂中搜出贪婪和怅惘呢？那么，你还想侥幸得到连她的"父亲"最终都未能得到的爱吗？

呵，维纳斯！人们不知道你的母亲是谁，不知道你诞生于何年何月，却赢得了多少世人的倾慕。也许是造物主漫不经心，也许是接生婆疏忽大意，你竟失去了一双玉臂。多少艺术家、幻想家想为你弥补这一生理的缺陷啊。他们假想出了各种浅陋而俗气的形式：让你左手托着金苹果，右手提着正在下滑的裙子……最终仍只得要你永远失去双臂。人类找不到完整的美，便寻求着艺术的美。更有人，在现实中找不到完美，便迷恋于那动人的姿态，臆想着欢悦的肉体。这些人也自以为充满着人之所谓"爱情"，却少于挚爱而多于色情，少于激情而多于情欲。"激情"包含着较为精神的理解，包含着充满精力和热情追求的对于观念的爱；而情欲里，有着许多自私的、暧昧的、肉体的、血液的、神经系统的、尘世的东西……这些人在世俗情欲下被美的肉体诱惑了，而女性的诱惑是一切诱惑的集中、公约数、象征。卢梭说："一个教育家的全部箴言也赶不上你所爱恋的一个聪明女人的情意缠绵的话语。"萨迪说："美人的青丝是理智的锁链，是智慧之鸟的罗网。"被美的肉体诱惑的人将会一事无成，包括爱情和事业……另一些人，他们迷恋和崇拜艺术的维纳斯，虚无的维纳斯，石膏的维纳斯，他们主观臆想着和回味着维纳斯断臂后的无穷的美；可是，当维纳斯真的空荡着两袖向你走来时，当你心中永恒的偶像被现实生理的缺陷破坏了时，你还能爱她吗？你还能为她奉献出你的艺术的青春吗？

人呀！这些都是回避不了的问题——既然你要爱，你就必须回答！

你不用担心回答不了，在那欲望兴起的时候，你的内心便产生出一种考虑力，表示许可或阻止。凡是从根本上推出理由的人，都知道这种内心的选择的自由，所以世界上还存在伦理学这门社会科学。这种理由不但从美，而且从真的最高原则推出，作为选择爱的善恶之标准。唯此，美才是真美，关于这一点，几位文学大师有过精辟的论述——

塞万提斯："一个规矩女人的美貌好比远处的火焰，也好比锐利的剑锋；如果不挨近去，火烧不到身上，剑也不会伤人。贞洁端庄是内心的美，没有这种美，肉体不论多美也算不得美。"

司汤达："当一个女人的风韵反映她的性格，二者谐和一致，尤其是听凭这份风韵自然表现的本人并没有矫揉造作时，那么，这便是十全十美的风韵所产生的效果了。"

雨果："风韵是理想中的形象，容止是理想中的动静。"

爱情是以无私为水银柱的。"每一种的爱情必有它精粹的本质，一种本质鲜花怒放，另一种本质就枯萎了。肉体之爱不需要互相尊重。互相尊重的爱情不能贬低为单纯的享受。"因而，罗曼·罗兰希望每个人"为自己创造一颗不朽的灵魂，然后去爱人，并被人们所爱。"

是的，我们但愿每个人都能创造出这颗不朽的灵魂。然而，我们必须知道："当一个人对另一个人的偶然的激情不管在想象之下，它可以扩展到多宽；也不管在感情的洋溢下，它可以发展到多深；但它都不是结婚或家庭的伦理关系。"爱神是盲目的。可是，我们的社会有多少青年，即便是受着高等教育的大学生，能真正懂得爱情的真谛呢？社会故弄玄虚地加以封锁，大学课堂亦对科学的性卫生知识大加禁锢而非教育。殊不知事与愿违，这样恰为性成熟先于理智成熟的现代青年蒙上了一层神秘的色彩，促使他们去穷根究底，去偷食伊甸园的禁果。于是，在堂堂文明的高等学府，也频频发生了被社会简单地斥为"下流"，实则是荒唐无知的蠢事；更多的则是在偶然的激情的支配下，随机地射出了爱神的盲目的金箭。这些年轻人着实天真幼稚得可以。但是，青年的引导者啊，你想过没有——是谁从反面引导他们这样做的呢？在我们所想象的道德规范里，是否潜伏着不道德的封建毒素呢？在严肃处理他们的同时，又如何处理我们自己呢？

哪个青春男子不需要爱人，哪个妙龄女子不希求人爱？但是，一个是追求精神的结合，感情的交流；一个是追求肉体的结合，感官的享乐。前者的结合是牢固的、永久的，组成的家庭是幸福、欢乐的；而后者则似朝露行云，他们相互并不真正了解，他们之间感情的离子流也没有真正流通，纵使骤然流通也很快就会短路，因而造成社会上许多家庭的分裂、痛苦和不幸。但在我们这样一个沿袭了几千年封建伦理的传统国度里，一旦结合便像用绳索一样地捆在一起，不管双方的感情如何都得白头偕老。于是，软弱的人唯有暗自垂泪，以巨大的毅力来承受这一辈子的痛苦和不幸，而善良温柔的女性相对来说要作出更大的牺牲。正如巴尔扎克所说："不论处境如何，女人的痛苦总比男人多。男人有他的精力要挥发……但女人是静止的，面对着悲伤无法分心，悲伤替她开了一个窟窿，让她往下钻，一直钻到底，测量窟窿的深度，把她的愿望与眼泪来填。"可女性是自由的呀，她们的感情也不是谁的附属品。人们哪，想想我们慈爱的母亲，想想我们亲爱的姐姐和天真烂漫的小妹妹，不要再歧视、凌辱和压迫女性了，给她们更多的自由，给她们更大的解放吧！

另一种人，他们为了填补感情的空虚、慢慢滑向了人造的堕落深渊。对于这样的堕落，我们的社会将给以无情的揭露和鞭笞，设置了道德法庭。现在我的面前就有一篇道德法庭的文章：《她是爱情堕落犯》。这位"爱情多元论"的女大学毕业生认为："一个人有永恒的爱，也有许多瞬时的爱。""男女之间，谁都有公开的、未公开的和隐蔽的爱。"云云，并言行一致。他则因此常常跟她通宵达旦地进行尖锐而激烈的论战，却不愿舍弃她，仍对她怀着深深的爱，最后终因"谁也说不服谁"而把她押上了道德法庭。他们决裂了。但他说："我和她离异至今，内心总感到有一种压抑使我难以解脱……庭长，帮助帮助我吧，也拯救拯救她吧！"道德法庭的审判者啊，你想过没有，他为什么感到压抑？为什么难以解脱？你如何去帮助他，又如何去拯救她呢？难道将一两个爱情的堕落犯押上道德法庭，就能够填平堕落的深渊吗？法律应法治于先，重要的是防止人们的堕落，而不在于在堕落后严厉制裁。可是，有谁想过，我们过去的一些法律和道义，正维持着多少个勉强凑合的痛苦家庭呀！我们的宣传和舆论，我们的道德法庭是否执于偏见呢？爱情的堕落者固然可鄙，理应受到道德的审判，可那些因极端自私，心胸狭隘，造成了爱情的畸形的人，那些制造了人与人之间感情隔阂的人，那些将爱情的对象强占为自己的附属品而造成了家庭痛苦的人，为什么不把他们也押上道德法庭呢？

人们呀！爱情并不是件单纯的乐事，爱情中激动伴随着胆怯，幸福伴随着痛苦，甜蜜伴随着泪水，圣洁伴随着危险……"两个年轻肉体的爱，像四月的早晨一样清新、将来也像朝霞一样的消逝：心的青春是献给太阳的祭儿。"

心的青春是献给太阳的祭儿——说得多好！——啊，罗曼·罗兰，我多想拜伏在你的英灵之下，为我们，为当代青年，再说几句这样净化心灵的精妙的语言呀！

我们已经丢开了我们可怜的主人公谈论了不少关于爱情的问题，可他却正陷于爱情的沼泽难以自拔，让我们赶快回到他身边来罢。

此时海面漆黑一片，只听见怒涛的轰鸣。偶尔一道电弧从海底的灵魂深处闪射出来，照亮了理哲苍白的面孔，又直射进他的灵魂深处，使他全身随着灵魂一道颤抖。理哲狠命地绞着双手，张大因痛苦而扭曲了的双唇，向着看不见的茫茫大海凄苦地喊道：

"克劳弗呀，你对我为何这样不公？希比，你在哪儿？哈里特，你在哪儿？列尔，你在哪儿……难道还要我耗尽生命地守着你们？难道还要我忍受这甜蜜的苦役？难道你们会怜悯我，抚平我的创伤？呵，不！你们在嘲弄我，你们在折磨我这颗仍旧火热的心……为什么？为什么？？——啊？？？"

话音未落，一道电光闪过，维其略随着电光从海中升起，一条裹在身上的宽长的绸缎被风刮得折痕叠叠，头上戴着一项用含苞的花蕾编织而成的花环，一双眼睛闪烁着哲人的光芒和诗的火焰，微抿的嘴唇流露出安详和慈爱的气度。他对理哲用充满同情和怜悯的语气说道：

"可怜的人类呀，希望用我们微弱的理性，识破无穷的玄妙，真是非愚即狂。在'为什么'三字之前住脚罢！假使你能够看见一切，那么玛丽亚用不着怀孕了。你知道古往今来有多少哲人的欲望都没有得着结果，他们好奇心非但不能满足，反而坠入永远的迷惘……"

理哲多想扑过去，紧紧地抱住维其略赤裸的双脚，请求他把他从地狱引导至净界的山顶。但顷刻间电光熄灭，一切重归黑暗。突然，理哲感到一种孤寂、绝望的恐惧心情袭上心头，使心沉落到收紧的腹部。目光恍惚中，他又见一位身着鹑衣、脚穿麻鞋的道人向他走来，虽然跛着双足，走起来却落拓狂放，一边走一边说道："世上万般，好便是了，了便是好。若不了，便不好；若要好，须是了。"

随后便吟唱起《好了歌》道：

> 世人都晓神仙好，惟有功名忘不了！
> 古今将相今何方？荒冢一堆草没了。
> 世人都晓神仙好，只有金银忘不了！
> 终朝只恨聚无多，及到多时眼闭了。
> 世人都晓神仙好，只有娇妻忘不了！
> 君生日日说恩情，君死又随人去了。
> 世人都晓神仙好，只有儿孙忘不了！
> 痴心父母古来多，孝顺儿孙谁见了。

一曲未终，又听得浮士德忽隐忽现的幽灵大声说道：

> 我觉得生存真是麻烦，
> 我情愿死，不愿活在人间。

"真麻烦，真麻烦"——到处响起了这样的回音，又弹回到理哲的四周，敲击在他震颤的同频率的心弦上，响起一阵可怕的共鸣。

"啊，我再也没有勇气与这个社会抗争了。让我痛苦的灵魂走出这个墓穴，摆脱尘世的羁绊，静静地歇息在不为人知的角落，做起无尘的长梦来罢……"

理哲站起身来，用泪水盈盈的双眼，茫然而深情地看了看周围，然后歪歪斜斜地走下岩石，一步一步地走向汹涌澎湃的大海……

五

狂风暴雨，滔天巨浪。

大海的怒涛狠命地撞向岩石，粉碎成为激情与眼泪的泡沫和微尘，被抛向似乎要倾倒下来的苍穹；但终于承受不了电光的灵魂的重荷，又坠落进了翻腾的大海，再重新组成新的浪涛……

理哲一步一步向着大海走去。他的表情异常地坦然而平静，甚至含泪微笑着——既然决定了，他就一心想着一步跨出这生命之门后超脱的痛快……

忽然，一道极强的电光自天而降，宽阔的银光里飘洒着花雨，在缤纷的百合花中只见一位贵妇人，她蒙着洁白透明的面纱，披着一件绿色披肩，其下衬着一件鲜红如火的长袍，裸露出如玉的润滑的肌肤。她一头金黄的柔发像瀑布似的散在肩后，其上安放着一顶橄榄树叶编的花冠；她的头上悬空着一轮圣洁的光圈，这永久生命的光线使人倍感温柔福气。

"迷途者啊，"贝亚德开始说道，虽然她的头上垂着面纱，顶上戴着米纳伐的树叶，难于窥见她的全貌，但她的声音却像皇后一般的威严。"究竟是什么壕沟，什么山脉，横在你的面前，使你失去超越而进的希望呢？究竟是一种什么诱惑，什么利益，使你迷恋于其他，而追逐不息呢？又是什么挫折，什么不幸，使你失去了生活的勇气呢？"

"爱情，爱情呵。"理哲一边回答，一边仍继续朝前走着。

"不幸的人啊，你知道爱的真义么？你懂得情的内容么？倘若你不知道爱情中的贫困胜于居住宫殿，倘若你只把爱指向对象的'第一美'，而忽视了蕴含真谛的'第二美'，①那么，你所谓的'爱情'只不过是被颠倒了的'情爱'……可是，月光下火镜也不会发热的呀！你已经走到了深渊的边缘，住脚罢，不要再往前走了。你瞧，歌德和罗曼·罗兰不是终于来到了我的身边，与他们的夏绿蒂和索菲亚会面了吗？你只要努力，像马丁·伊登那样战胜不幸的爱情，你也会走到我身边来的……"

贝亚德说话之间，两位长着乳白色翅膀的天使环绕在她的周围，并不断向四周洒下百合花，她们正是夏绿蒂和索菲亚。

"可是，马丁·伊登最终不还是坠入了永恒的迷惘吗？"理哲说道，并没有停下脚步，只是用双手捂住眼睛，以免看到那两位楚楚迷人的安琪儿。"呵，我现已抛却了凡人的一切欲望。如果说人生是在荆棘丛生的路上长途跋涉，那就求它短些；如果说人生只是一场苦刑，那就让它早点结束……谢谢你，仁慈的贝亚德，我已听到了大海对我的亲切呼唤，这甘醇的海水是我最好的养汁，我会在大海中永生的……"

理哲坚决地向着那幻想的世界走去，向着那深不可测的大海深处走去。长列

① 在但丁《神曲》中，"第一美"指贝亚德在地上肉体之美，"第二美"则指她的灵魂之美。

的浪头一个接一个地从黑暗中翻滚出来，咆哮着一直扑奔到沙滩上，灌进了他的白球鞋的鞋帮。他蓦然感到了心里一阵透凉。他犹豫了一下，随后一步一步迈进了水里。

海水没过了他的膝盖。

海水浸到了他的胸口。

他感到越来越气闷，越来越窒息。一个巨浪在电光中向他猛扑过来，把他整个儿地埋住了。理哲站立不稳，一下被掀翻在海里，喝了几口又苦又涩的海水。他突然间意识到海水原来是这样的又苦又涩，大海原来并非他所想象的那种极乐世界。他害怕了。他后悔了，刹那间他想到了过去的一切，想起了过去的一切中好的和美的。生命之树刚长出了嫩叶，生活的画卷还不该这么快卷起……一种求生的本能攫住了他，使他拼命地在水中挣扎起来。

但是，大海撕去了以往温情脉脉的面纱，暴露出它狰狞的面目，一个劲地把刚露出脸的理哲打进水底，并把他向那不可测度的黑暗的深处拖曳。它已经吞吃了不知多少个生命，埋葬了不知多少艘船只，今天，它岂能放过这个自投罗网的灵肉？理哲渐渐感到体力不济，他使出最后的气力喊道：

"救救我啊——我要生活！"

奇迹出现了：就在他喊出这句话的同时，风浪顿时减小了许多，而他喝进的两口海水，如同优乐埃泉水一样使他灌注了新的生气，浑身增添了新的力量……等他重新在海里站稳身子时，海面上已经风平浪静，刚才还是满眼的滔滔浊浪，此刻像生了一场重病似的在喘息着；在热风的吹动下，海面宛如一匹无边无际的绸缎抖动起来。海那边，弯曲的彩虹像雾气和阳光所生的轻灵的孩子在空间受洗。更使理哲惊讶的是，所有的先哲和先师都站在他的周围，连他们的低声细语也听得一清二楚。理哲惭愧地低下头去，感动得泪流满面。

"人在奋斗时，难免迷误。"歌德安慰他道，"其实，这世界对有为之士并不缄口，你又何须逍遥于永恒的净土？"

"啊，我几乎陷入了爱情的泥潭而永不能自拔。"理哲咬着嘴唇说道。

"你的确误入了爱情的迷途，"罗曼·罗兰走近他，说道，"但是，爱本身并没有错，不但你需要爱人，需要人爱，而且亦须要自爱。"他沉思着向前走了几步，口里喃喃地自言自语道："自我啊，自我！这是生命的本能。它时时都是饥饿的，它必须被喂饲。但是，"他猛然转过身来，对理哲说道，"你必须懂得，零是没有尺寸的；如果这个小小的自我等于零，没有一个自我不是零，如果我所爱的等于零，我爱，我也是零……"

理哲低头想了片刻，若有所悟地点点头，然后问道："一个人怎样才能不受爱情中那纯自我的部分的羁留，而将另一部分纯洁的爱的感情通过文字流泻出来呢？"

"如果你想当作家，"柏拉图走过来亲切地说道，"你的爱情可以只从爱某一个形体开始，逐渐深入于广大的美的领域，提升到最高境界的美，循着螺旋线上升，彻悟美的本质。当你对爱情学问登峰造极了，你就会发现一种奇妙无比的美。那时你濒临美的汪洋大海，个体的外表的美将卑微不足道了，你凝神观照，心中引起无限的欣喜，于是孕育无穷数的优美崇高的道理，得到丰富的哲学收获，你就马上会有丰富的思想源源而来，从你的笔端流泻出不朽的文字。"

"伟大的先哲们啊，你们用如此精粹的语言，指示了我这么多人生的哲理。"理哲非常真诚地说道，双眼露出感激和渴求的光。"现在，请你们将我的经过从头至尾地批判一番，为我指明努力的方向和努力的目标罢。"

先哲们开始沉思起来，他们都觉得这是一个并非容易阐述透彻的问题，因此谁也不想忙着回答。整个海面，只听见动荡着的波浪的柔曼的歌声。在歌的和声中，铃童开始用与他年龄不相称的稳重的语调说道：

"列位先哲，请原谅我先发言了。"铃童先向他尊敬的先辈们打了个招呼。先哲们默默地对他点点头，虽然他们到现在还没有看清铃童的真实形体，但他们已为这位脱颖而出的孩子的深刻的思想所叹服，他们静静地倾听着，就像是倾听自己离开这个世界时留下的声音——经过洗练和进化了的声音。

"每个人都有自己的铁锈，"铃童开始说道，"灵魂最紧要的是要用活水防止生命的小沟淤塞。鲜的水，新的水，这大海的水流注进你的心胸……灵魂无可救治的腐朽，便是死水的腐朽——一个人只为自己则是死水一潭。一个人奋斗伊始，可能会因了自我价值的提高而去追名，因了生活的需要而去逐利，因了爱人的天性而去寻求爱情。但一切伟人，在他奋斗到一定的阶段，他的思想境界定会有一个升华，一个飞跃，犹如在攀登上一个高峰时回头俯视一样，感到自己攀登前的起点原来是那么低矮、渺小……你看，"理哲顺着铃童手指的方向看去，只见辽阔的海水推滚着，在那远处形成一个个拳头般的浪头。"那些海浪在不断地跃起，似乎要脱离这大海，但这万千水滴组成的浪花，只有在阳光的照耀下，才能化为水气升华，在高空经过净化，重新凝成水滴回归大海的怀抱。什么'大河有水小河满'，什么'小河无水大河干'，无知的人们进行着多么可笑的论战，硬要主观地去把这同一的内涵裂解为不同的意义……亿之源于一，一之集成亿。一面镜子只能将光反射掉，几十面镜子则能互为反射，形成一片光域……多统一于一之中，小我寓于大我之中。个人的名利是集体名利的反馈，而爱情则是这反馈所衍生出的灿然的花冠。你的不幸正在于你一味地追求一己的名和利，追求那并不明白的爱情；而在失败后又没有毅力承受这痛苦和挫折，没有勇气自新地去寻求通往真理的途径，纵然你的肉体解脱了，可你的灵魂呢？你的人的价值呢？你的社会责任呢？"铃童越说越快，越说声音越高，他不得不停了下来，吸了口气，然后继续说道：

"你有志成为一名作家，这是多么值得钦敬的事业……但是，如果你不先自救，如何能够救人呢？如果你不先爱人，又怎能希求得到人爱呢？如果你写作时只局限于自身的小宇宙，你的心中不容纳整个世界，整个人类，那么，你的作品又怎么能扩展于大宇宙，怎么能为这个世界所容纳，为全体人类所共鸣呢？一个只求享受而不顾品德的人类是愚昧的人类，一个只求物质文明而忽视精神文明的社会是堕落的社会。作家的使命正是要使这个世界免于此道。他应用自己的心，自己的血，自己的笔，去流露沉痛超迈深邃热烈的人生情调，去呈现生命中充实内在自由的善与美，去探索人类达到真的途径，去颂歌自由、爱情和光明，去鞭笞封建、愚昧和阴暗……切不要忘记了作家的神圣职责，更不可把这种职责职业化、庸俗化、简单化、模式化、工具化、政治化，只有将历史的画卷用根基于丰富充实的人生而独立于万象之表的手法凝固出来的空灵而自然的作品才是不朽之作。遗憾的是，现代多数的作品，既无纵向的深度，又无横向的广度，更无艺术的力度，虽有时也会因特定的时代特定的环境而轰动一时，可惜只不过是时代的宠儿，它们像晨露一样地闪光，时过境迁，也会像晨露一样不着痕迹地消失。宇宙是无穷尽的，生命是无穷尽的，文学艺术的境界也是无穷尽的。文学家和艺术家禀赋的诗心，映射着天地生灵的诗心。我的同时代人啊，人类的文学艺术已经滞缓了几百年，人们在渴求灌注心灵的甘畅的雨霖中等待了几百年，是到了第二次文艺复兴的时候了，请唤醒沉睡在心底几百年的艺术创造力，在一切运动中反映出永恒，在一切可朽中展示出不朽来罢！不要再犹豫，再彷徨，也不要再沉湎于过去的痛苦和满足于抚摸伤痕了，请相信我的这句话——曲折的经历是怀孕真理的经历，痛苦的过程是生产伟大的过程……"

铃童讲完了好一会，四周仍是一片寂然，一切都还似乎在静静地谛听，默默地思索。水波不出声地微微荡漾，云停止了飘浮，空气也仿佛凝固了……一种激情，一种欲望，从理哲的心头油然而生。良久，他才轻声问道：

"呵……为什么不早点化我，而让我一次接一次地失败，遭受那重重的痛苦呢？"

铃童没说什么，只对他深情地微笑着。海上老人走上前来代为答道：

"一个作家，只有当他把自己的切身感受表达给读者，才会真正打动人心……如果你能使——哪怕只一个——世人免于误入你误入过的迷途，那不是对你所作出的牺牲的最好补偿么？"

理哲沉思了一会儿，脸上露出了笑意。这笑像阳光一样映照在周围先哲们的心境上，反射出天使般动人的光辉。四周一切都仿佛拉紧了琴弦，渐渐地，一个声音由远而近，它发自大海的胸怀，一遍又一遍在太空回荡，用的是那有史以来最伟大的 Crescendo①：

"扼住命运的咽喉！""扼住命运的咽喉！！""扼住命运的咽喉！！！"

理哲静静地倾听着，倾听着……呵——《命运交响曲》！一百五十多年来，这力与意志的不朽旋律曾医治了多少流血的心灵，皈依了多少彷徨的游魂，多少人在这倾泻的音流中得以心灵的净化、升华，从而在自己的灵魂深处建立起一座巨大的精神支柱，从而更坚定了自己追求光明和理想的不可遏止的欲望……

理哲被深深感动了，热泪夺眶而出，举眼向那无边的海面，只见贝多芬正气宇轩昂地走来：那火焰一般燃烧着的头发，那深陷在宽额下的明眸，那好像永远不向命运低头的紧闭着的双唇……

几分钟后，理哲仿佛体会到什么似的坚定地点了点头，拧了拧被海水浸透的衣襟，准备走出大海。拜伦和歌德走到他的身旁，眼里都露出慈爱和期待的目光。

拜伦握住他一只手，亲切地说道："太阳的真正的儿子，不是雾气，而是光线。"

歌德握住他另一只手，温和地说道："完全放弃就是享乐。Durch Leiden

---

① Crescendo 为意大利语：渐强。

Freude。①"

　　他们挽着理哲一起走向海岸。但丁在沙滩上迎了过来，微笑着向理哲连说了几声"La Vita Nuova"②，随后用手指着远方。理哲极目望去，远处连绵的黛色的群峰间，一只苍鹰在烈日下闪着点点红宝石光泽，张着美丽的翅膀飞翔，嘴里说着"我"和"我的"，实际意义却是"我们"和"我们的"③……

　　不知什么时候，铃童已登上峰顶，此刻正在向他招手。小小的涟波爬上海岸，在金色的沙滩上呢喃着，又缓缓爬到理哲的脚边，温柔地亲吻着他的双脚，似乎在说：去罢，去把你的体验升华为理念，去进行理念的形象显现罢……

　　理哲跟但丁他们紧紧地握了握手，谦恭地逐一话别，并回身向海上老人及众先哲们挥了挥手，然后目光坚定地向前走去，向着高山走去。在他的身后，众先哲高声合唱起一支圣歌为他送行——

　　人只须坚定，向着周围回看，
　　这世界对于有为者并不默然。
　　……

1983 年 3 月—5 月稿

---

① Durch Leiden Freude 为德语：通过痛苦，得到欢乐。

② La vita Nuova 为意大利语：新生。

③ 此鹰为但丁《神曲》之"天堂"第十九篇中所描绘的鹰，它是由诸幸福灵魂所组成，但众口一声，众心一德，故如出一人也。

卷三

品！我神马的随笔

卷三　品！我神马的随笔

一、论文学艺术

Ⅰ　音　乐

伊索寓言中，天鹅凭了它的歌声避开了死神。希腊神话中，天才的歌手奥尔菲斯曾用歌声感动冥王，准许他领着死去的妻子欧里德重返人间。一个在痛苦中挣扎的垂危的人，当他忽闻犹如仙乐般美妙的乐音，竟含笑而去。音乐果真是如此的神奇超俗！难怪柏拉图把音乐教育比其他教育都要看重了。①

真的，情感是人的天性中最优美的素质；而音乐，又恰是惟有心灵才能理解的情感的语言。Do、Re、Mi、Fa、So、La、Si 所编织的旋律，能传达难以言传的最细腻的各种感受、体验，和无穷无尽的潜台词：温柔，爱情，亲切，诚意，喜悦，惆怅，欢乐，泪水……

音乐使万象都附上了灵性，抹上了色彩；或者，它竟是我们自己心灵的秘密的宣泄，人们便是在希望和幻想中骎骎驰骋进物我两忘的境地。

音乐把文学的描述性、绘画的平面空间性转化为心灵的感悟性，让甘醇的精神流，滋润着人们的心田。

它不仅可以让我们从物质的囚禁中解放出来，而且可以使我们从苦恼的缠绕中开脱出来。强烈的节奏能促醒我们麻木的头脑，优美的旋律能抚慰我们受伤的心灵；随着乐章最后一个音符的远去，把我们的心引向遥远，渐归平复。在所有堪称优秀的音乐作品中，无一不贯注着真诚、崇高、博大的爱。

在知音者心中，音乐犹如蝴蝶沐浴着金色的阳光翩然起舞，又仿佛黄莺陶醉于春天蔷薇的芳馨；忽而如同大海奔腾呼啸、瀑布飞泻、电击星流般的雄浑，忽而又似夜空般深远宁静，宁静中有的是那行云流水般的细腻，那回肠荡气不绝如缕的轻柔。

人类一开始就把音乐奉为一种神奇的、天赐的力量，正因此，使得多少有意

---

① 见柏拉图，《文艺对话录》，人民文学出版社，1983 年版，第 77 页。

涉足其中的人望瑶池而兴叹，扼杀了多少天赋之才。谁都敢一试文学和绘画，碰碰运气；但他若没有一副美妙的歌喉和姣好的容貌，他便不敢问津音乐，觉得那是徒然，自己缺少天赋。

其实不然。当一个人对音乐有着亲切的感受和强烈冲动的时候，他不妨步入那个美妙境界中去。他极可能发现那音乐殿堂里原也为他留着一个位置，自己甚或是其中的王子；从他胸中流溢出的音符和乐思不啻可以把他举托进音乐大师的行列中去。贝多芬便是一个现成的例子，我们说他是音乐领域的哥伦布也不为过。

在此，我有两个问题提出来请教于音乐专家们。第一个问题是，我们知道，文学、绘画、音乐虽各自独特却可以表现同一主题，那么，它们是否可以又如何做到互为补充互为表现呢？

比如，我们可以通过文学描述，使一个并不精通音乐和绘画的人仿佛看到一幅幅画面，听到一支支乐曲；同样，我们可以通过绘画（如连环画），使人仿佛在读一部小说，或听一段音乐；然而，我们却很难使普通人通过音符领略到文学和绘画的意境和情趣。未来的音乐能做到这一点吗？

第二个问题：为什么大音阶中恰恰只有七个音？假如是十个的话，音域不是可以更宽、变化不是可以更大、音乐不是可以更丰满充盈了吗？也许有人觉得问题本身可笑，但事实上，人们并不甘愿受这七个音符来束缚的；譬如，通过"平均律"把八度音程分为十二均等的半音的乐制，创造出新的音程，使变调与转调的整体和谐、具有丰富潜力的体系得以产生。

有人说，"七"是个神奇的数字。古巴比伦人、埃及人和中国人都认为天上存在着七颗神圣的星。① 基督教认为上帝创造万物是在七天内完成的，因而有一周七天之分。伊斯兰教认为天堂分七层。佛教认为释迦牟尼面壁七天顿成正果。西方世界尊崇所谓"七德"、而回避"七种会遭天罚的罪过"。② 还有"七大洋"、"七大建筑奇迹"；便连牛郎织女也是在七月七鹊桥相会呢。

自古以来，为许多民族崇拜的七颗神圣的星，人们认为它给人间带来了光明、温暖和生命，昼与夜，行与思，春华秋实，潮汐涨落。于是，蒙上了神秘色彩的

---

① 指太阳、月亮、木星、金星、水星、火星、土星。

② "七德"指审慎、坚毅、克制、公正、信、望、爱；"七种罪过"指傲慢、暴怒、嫉妒、色欲、暴食、贪婪、懒惰。

"七"字进入了宗教神话、典籍制度，积淀于许多民族深层心理和文化传统、风俗习惯之中。七个音符便是这种积淀在音乐中的反映。

若果如此，我想，"七"在音乐中就不再是神圣不可变更的了。

Ⅱ 绘 画

文艺复兴前，绘画地位低微，被贵族不屑地称作"技艺"，远不如诗歌、音乐那些"自由艺术"受到宠幸。然而达·芬奇通过自己的实践，证明了绘画绝不是什么"机械的手工劳动"，而是一门科学，是自然的合法的儿子。

绘画通过明暗、动静、远近、大小、形状、色彩，通过点、线、面，在二维空间内幻化出一个个立体的、层次分明的形象；比语言更直接、更真切地将自然万象呈现于我们眼前，接受我们的审视。尤其是阴影和透视法（彻底运用形象大小与描述对象距离成反比关系的原则），更使绘画给人们以凝重、力度、深远、广阔之感。

真的，不需要语言的叙述，不需要音符的堆砌，咫尺见方的画面，本身就是一部无言的壮丽史诗，一阕无声的恢弘交响曲。它让人在尺幅之间，体百里之意；从某个角度，洞悉这个世界隐匿着的天地万物人情之美。一块画布，一幅宣纸，凝聚了画家的追求，他的人格，他的喜怒哀乐，他对人世的体验和感受。

绘画虽不像诗那样表现出美的运动历程，光的前后跳跃；但它捕捉住最富意义的一刹那，在画面的二维空间表现出了四维时空的感受，暗示出事物的前因后果，使昙花一现的美得以永恒。

譬如拉斐尔的《西斯廷圣母》，便不是画给一览无余而转瞬即逝的眼睛的，而是画给人之愈深得之愈多的心灵的。行天的圣母，一眼看去，她在画面上丝毫不觉其动静；但只消你凝神观照，渐渐地，你的眼前就会浮动起来，你会觉得她正向你走来，面带安详、纯洁以及最动人心弦的母性的光辉向你走来。我想，即使一千年后，人们也还会产生这种感觉，一样的新鲜，一样的生动。

文学与音乐总是先传导给心灵，再通过想象得以享受；而绘画永远是先得到感官享受，然后再用心去反复揣度。文学与音乐的美感程度取决于审美主体对作品比例、谐和、内蕴的再创造和复合；而绘画则是一目了然，它总力求以最佳的调和呈现在你的面前，倘能使你感受，你便可流连其中以致乐趣无穷。

Ⅲ 文　学

文学是什么：是史？是人学？是文字游戏？是精神的遨游？还是爱的故事？皆然。

文学是艺术的思维，或是思维的艺术；它是富于形象的思维，或是寓于思维的形象。靠着人们自幼识字读书的根基，使得文学为所有的人易接近，所喜爱；并在思想和情感两方面给人以强烈的影响：靠着这智慧之光的启迪，人们在现实中学着做人；借着这一团激情的火焰，人们在世间感受到温馨和欣悦。

文学可以使时间得以凝固，使生命得以延伸，使心灵得以复活，使思想得以自由。它以自己的幻想给人创造出一个瑰丽的世界，以自己的追求给人寄托崇高的理想，以自己的惆怅给人以散淡的甜蜜和对无以名状的美的渴求。

比如小说，那不啻是人生之旅的一面镜子：人既是它的对象又是它的内容；既是它的本源又是它的目的。曾为黑格尔誉为"艺术中的艺术"的诗歌，则如泰戈尔说的那样，它在地上和空中都感到无限：既是一幅出色的画面，又是飞翔在空中的音乐。至于散文，则无论是随笔还是游记，都会叫人心灵甘之如饴。

正如音乐用音符砌起它的王国一样，文学用词汇来建立起自己的精神王国。人在没有词汇、没有语言之前，只不过比其他动物更富于不同表情而已。是语言，是在语言基础上建立起来的科学艺术，才把人们的精神从仿佛一颗粗糙的钻石琢磨得光辉闪烁起来。

这就是说，精神摆脱羁绊，是跨上了词的骏马方才达到自由驰骋的。我有时真惊讶，在人们的思维中，符号与符号间的自相缠绕、相互作用，竟会在语言结构上引起那么大的变化，乃至结果面目全非了。真的，听凭字词纵横驰骋的诗人，不仅会让词语把自己驾驭的马车给带跑了，甚至会带出现实的和构思的疆域之外，去到一个崭新而绮丽的境地。

当然，在文学中，我们更重视它的内容，它的思想，它的意蕴。形式是重要的，它好比是一首宏大诗章的骨架，也可看做是交流思想和情感的媒介。"每一个生理学家都深知形式及其发展的重要性，都知道内容只有在一定形式下才能由于和谐的有机体的存在而具有生机。"[1]

---

[1]　赫尔岑语。见《西方哲学原著选读》下卷，商务印书馆，1983 年版，第 508 页。

但是，归根到底，形式是装置内容的，一如精美的器皿是装置醇酒的那样。形式是骨架，内容是生命；没有骨架的生命是瘫痪的，而没有生命的骨架则形同骷髅：没有生命的骨架比没有骨架的生命更残缺不全。

在这里，我很乐意介绍一种与我不同的观点。孔子的学生子贡是这样说的："文犹质也，质犹文也。虎豹之鞟犹犬羊之鞟。"[①] 它自然也不无道理：倘若去掉有文采的毛，虎豹的皮革不就和犬羊的皮革一样了么？

尽管我如此推崇文学对人的精神世界所起的作用，但总还觉得有这样那样的缺憾。语义学的研究告诉我们，世界上最美妙、结构最严谨的语言也存在着严重的缺陷，常常叫人词不达意。比如燃烧在胸中的一团火，表现出来的却只是一朵微弱的烛光；激荡心灵的汹涌波涛，呈现于人前的只是白开水一杯。我们知道，人对事物最深切的感受是体验，可文字却穿上了厚厚的铠甲，叫我们无法直接体验到对象的真身；并且，它还往往把人导向歧途：既扭曲了读者的体验，又扭曲了作者的意图。这真叫作者头疼至极，便连那些大家手笔亦莫不如是。

文坛上还有一事，我不知该看做憾事呢还是其他，有许多不三不四的东西居然也扯起文学的旗帜，诸如所谓"地摊文学""快餐文学"便是；它本该只配进垃圾箱而进不得神圣的文学殿堂。当然，若借用"一分为二"的观点，我们也可以举出它的两个好处：一是可以替那些优秀之作做陪衬；二是可以供一些无聊的人打发无聊的时间。为此，我倒又觉得有必要恳请缪斯高抬贵手了：让这些滥竽充数的东西在您神圣的殿堂里占一席卑微之地吧，君不见有的国王还把小丑当作他的御前宠儿哩！

---

① 意即"文采如同本质一样重要，本质如同文采一样重要"。见《论语》"颜渊第十二"。

二、文艺理论

I 再现与表现

再现和摹仿在西方踞主要地位达两千多年：从亚里士多德到车尔尼雪夫斯基的"美即生活"；而贯穿着两千多年的中国古典美学偏重于表现：从《乐记》到明清的文论。前者侧重的是客观内容，后者侧重的是情感内容。

由于再现与表现各执一端，它们同样不可能把握艺术魅力的系统结构。比如过去那种典型环境中典型人物的描写，既是一种歪曲再现，又是一种离奇的表现。

照我曾定义过的艺术的本质——感性通过理性的感性显现——不难看出，艺术既非是纯再现，亦非是纯表现；而是再现中的表现，表现中的再现。如果我们把一切艺术形象分解为"意""象"两部分，那么，"意"中有情也有思；同样，"象"中既有模仿也有创造。

"艺术是自然的情人，所以他是自然的奴隶，也是自然的主人。"[1] 歌德亦曾这样说过：当艺术家恭而敬之地向自然讨教，从自然中吸取灵感和力量时，他是她的奴隶；当艺术家将这种灵感和力量返身服务于他更高的创造者的目的时，当他把自己对自然深刻的感受、把由自然激发起的意象和情感熔于一炉，使她为自己艺术作品的内在意蕴效劳时，他便成了她的主人。

于是，不可计数的人们暗怀在心的那些东西，那些自然和社会生活中被人模模糊糊、捉摸不定地感觉着和体验着的东西，在艺术中得到了清晰的、动人心弦的和完美充分的表现。这种表现既是角色在演员身上的实现，也是演员在角色身上的幻化。

总之，艺术家表现了生活，也就从更高层次上再现了生活。

---

[1]　泰戈尔《飞鸟集》。

II 空灵与充实

文艺境界的广阔和深邃，同人生一样的广阔深邃；艺术家禀赋的诗心，映射着宇宙万物的诗心。这是何等的丰盈而充实！然而，它又超凡脱俗，高踞于万象之表，在艺术心灵腾飞的一刹那，跃进物我两忘、空诸一切的境地。这又是何等的入神而空灵。

艺术家在充实而空灵的双翼上，把幻想和现实融合得恰到好处。他们以自然为摹本，再用心去范畴出另一个世界；使幻想变成了艺术的现实，使现实变成了艺术的幻想。于是，幻想在艺术中获得了实现，现实在艺术中成为了永恒不朽。

所谓"空"并非真空，它乃是艺术家在形式上留下的一片空白，以期在读者的灵性作用下获得一个比画面更为恢弘、充实、深邃的境界，让读者自己去搽抹上千万重色彩。此乃艺术心灵所能抵达的最高境界："由能空、能舍，而后能深、能实，然后宇宙生命中一切理一切事无不把它最深意义灿烂呈露于前。"

与西洋画填没画底、直观物象不同，中国画的构思与构图乃是虚实相生、空灵与充实相辅的杰作。绰有余裕的空间非常突出，画面大部分是空白或远山旷野，览时让人随意卷舒取舍、纵横驰骋，给人以难以言传的"虚灵动荡、富有生命"之感。这种空灵而自然的佳作，始终荡漾着清新隽永、枨触无边的美学意境，叫人于其中流连忘返。

欧美现代派文学在形式和结构上的开放性，时空开放性，以及小说内容不再像传统文学那样是一个现成的、已知的故事，而是包含着作者未知的、需要读者再创作的内容，如同中国画的留白，在小说中造成空灵的氛围和效应。

任何虚假的艺术过时就要自消自灭，它在兴盛时就开始衰落了。——康德这样说过。①

自然，空灵与虚假是风马牛不相及的。空灵是作者有意造成的一种有限中表达无限的艺术境界，留给读者一块再创造的空间；而虚假的艺术永远是伪造。前者如同醇酒一样越陈越有味儿，后者则像皂泡一样易生易灭。

不可把艺术的真实性与真实的生活混为一谈。心理学上所谓"怀疑的终止"，

① 见《西方哲学原著选读》下卷，商务印书馆，1983 年版，第 307 页。

便是在审美关注中相信艺术的真实性。

罗丹在遗嘱中告诫那些想做"美"的歌颂者的青年们，叫他们要真实，但却要谨防平板的精确：那种照相和翻版式的精确是最低级的精确。要想拍出与现实别无二致的真实生活，一个精神病人拿着摄像机从闹市中一经而过便成。但那已不是艺术。

故此，宗白华先生才把艺术境界列于介乎主于真的学术境界和主于神的宗教境界之间。① 故此，康德才说：当自然看起来像艺术时，是美的；而艺术，也只有当我们明知道是艺术但看起来却又像自然时，才是美的。②

Ⅲ 象征性

正因为有了艺术的真实性，才有了艺术的形象性；而艺术的形象则使作者在读者的心中创化出艺术的象征。

艺术既非一种低级的平板的精确和真实，它必具象征性，是人内在的心灵具体化、肉身化；艺术的生命便存之于作品的象征性功能之中。

艺术作品的意蕴总是通过象征功能加以传达的；于是，文艺作品的象征意蕴便成了文艺作品审美结构的最核心层次。

作者通过象征形式，昭示出某种人生的感受和精义，以及人性、人情中最幽隐、最深刻的秘密，使读者在色相、动静、秩序、节奏、和谐之中，得以窥见自我心灵的最深处，洞察人生中潜藏着的心理和哲理的真义。

所有的文艺作品都可分为三个层面。表层是经过心智加工过的物态形式，亦可称为第二自然物；里层包括作者的信仰、道德观、价值观、思维方式、审美趣味等内心世界；在表层和里层之中，则是心物结合层，是里层在表层的外化显现。象征意蕴便隐含在这个中层里。

大凡平庸的作品都只不过这中层层面上的轻浮易碎的泡沫；而一切伟大的作品，都将沉入这一层面的深处：它不仅涂满作者个性心理色彩，而且渗透着人类心灵的甘泉，蕴含着人生深刻的内涵，具有高度的概括性和启示性。

---

① 见宗白华，《美学散步》，上海人民出版社，1981 年版，第 59 页。

② 参见蒋孔阳，《德国古典美学》，商务印书馆，1981 年版，第 104 页。

这种概括和启示都归之于艺术的蕴藉性。它能从生活的大树上摘取一叶，从人生这一个或那一个窗口去窥视整个世界。它有时像一个"怪圈"，在有限中包含无限，以一种有限的方式来体现无限的过程和内容。巴赫"音乐的奉献"中的卡农技巧，便是这种"怪圈"应用的不朽之作。

Ⅳ 整体性

"一个圆的物体的一半是有的，但是'圆'的一半是没有的……一个思想也没有一半，三分之一，四分之一。"故此，狄德罗反复强调，全体决不能简单地看作许多个体的集合，一个活的整体并不是许多活的点子的叠加。①

黑格尔也说过，解剖学者所要处理的只不过是尸体，而不是活的有机体，因为活的有机体各部分只能在活动着的统一体中。

同所有的科学领域一样，文艺创作和欣赏亦离不开整体性和有机性。这种整体性的要义我们最能从绘画上得到直观理解。我们怎样从一幅名画中产生美感的呢？难道仅仅是点、线和色彩在视网膜上形成的像？难道不正是我们通过自身的"译义器"，从二维平面上抽出多维的内容，并因此形成一个立交的整体在我们面前变得形象生动的吗？

当我们欣赏一幅名画，眼睛久久注视画中最出色的"点睛"部分时，我们仍然是在欣赏这幅画，而不仅仅是欣赏这一部分。这一部分之所以美妙正因为它存之于整幅画中；离开整体，这美妙的部分便会大为失色乃至变得莫名其妙起来。

从耗散结构理论角度来看，当我们审视一幅无序的、静态平衡的画，则不啻叫人索然寡味；而当我们观赏一幅画的有序性，观赏一幅画从画面的静态平衡向现实动态的不平衡飞跃，我们立即便觉得亲切可信，觉得真实动人，也即所谓栩栩如生。

事实上，我们唯有去整体地、有机地欣赏名画，方可深察其本身的奥妙，享受其内在的美。因为画家的眼睛断然不是从固定的角度集中于一个透视的焦点，而是飘瞥上下四方，把握对象全部的秩序、节奏和韵律，而后才把气韵生动的艺术画面凝固于尺幅之间。

---

① 见《西方哲学原著选读》下卷，商务印书馆，1983年版，第147页。

另外，整体间的相互作用还具有非线性和相干性两个特点。人的双眼的视敏度比单眼高六至十倍，且能形成立体感，这也说明了整体性在美术欣赏中具有重要的意义。

同理，我们不难设想整体性在其他艺术作品中的重要作用。比如音乐，倘若谁想在一段音乐中找到表达忧郁的音符，便如同想在自己基因的 DNA 上找到哪一部分与自己的耳膜或者指纹相应的密码一样的可笑。因为，忧郁的"意义"是通过这段音乐的整体性从高层次上、而不是通过单个音符来表现的。

Ⅴ　超越性

一件艺术精品之所以不朽，还在于它自身的超越性。人超拔于万物成为有灵性的生命，不仅在于反映和表现，还在于他的超越性。于是，超越也就成了一切艺术的共性。

文学的魅力正来源于语言对现实的超越；绘画的美丽正来源于二维空间对四维时空的超越；音乐的魅力正来源于音符对物质空间和视觉的超越。

艺术的超越主要指以下几种。马克思说过，人只有不受肉体需要的支配时才进行真正的生产；[①] 同理，人也只有在摆脱这种物欲和功利的目的后，他才可能进入真正的精神生活和自由的精神生产，从而才得以产生审美的态度和艺术的观念，去创造出一个物态化了的心灵世界——艺术世界。

第二，超越作品自身内容的具体性。比如文学，它既具有鲜明的个性、时代性和历史性；但它真正的价值，却在于它对个人、时代和历史的具体性的超越。唯此，它才成为人生和心灵的象征，并在它的象征意蕴中具有指向形而上的力量，也即具有永久的艺术启示力。

第三，对前辈大师的超越。对前辈大师，我们要虔诚地爱他们，尊重他们；但千万当心，不要去亦步亦趋模仿他们。要知道，我们中也有人将来要成为"前辈大师"的呀，若后来者总是去模仿前人，那"前辈大师"不就只剩下孤零零鼻祖一人了吗？

是的，我们尊重传统，尤其要继承传统之对大自然的热爱和真挚；但却又要

---

① 见《马克思恩格斯全集》第 42 卷，人民出版社，1979 年版，第 96 页。

用传统的钥匙去避开陈旧的因袭，也即传统本身。大师者，永远是用自己的眼睛去观察，用自己的脑子去思考，在别人司空见惯的事物上洞见其美，然后用自己独特的语言表达出"人人心中有，个个笔下无"的感受，给人们带来新的人生希望，新的内在光明，叫他们热爱生活，做一个大写的人。

一个疑虑老在我脑中盘旋不去……

真的，我跟你一样，热望着当代中国文艺界能推出千古传颂的佳作，和伟大不朽的艺术家：再出一个屈原，再出一个曹雪芹，并且超越他们。

不过，坦率说，我更期待着一个大哲学家的出现，因为，产生不出大哲学家的时代是难以产生大文学家、大艺术家的。以我国当代文学为例，哲学的浅薄、文化底蕴的贫乏、艺术的幼稚，使得作品大半不是早熟，就是尚未成熟。故此，总不免昙花一现，掬起的不过是人生和历史长河中的点滴浪花和泡沫而已。

我同样期待着高明的文艺评论家的诞生。那种"想上来，却永远生不出小孩"的评论家[1]或者不谙文艺理论以为仅凭创作经验便可对他人作品高谈阔论的"评论家"们，不仅无助于文艺的繁荣，反而更有害。

不，我并不悲观失望——你瞧着吧，历史已为我们这个时代创足了条件，只要将那文学殿堂门口的自以为聪明其实愚蠢透顶的卫士撤掉，把自由开启大门的钥匙交还到每一个有才华又不乏责任心的作者手中，那么用不了多久，伟大的作者及其不朽的作品，将如同旭日一样从东方地平线上跃然升起，雄居于世并流芳千古。

若是我们活着见到第一个应验了我这预言的人，那我真有福了。

VI 技巧与杰作

我曾向一位小有名气的作家讨教过创作技巧，他倒很直率，告诉我说，真正的文艺创作是无技巧可言的，所谓艺术技巧不过是为初涉文艺领域的人作铺垫；就如同要一个初骑车的人牢记"身坐正，朝前看，倒向哪边龙头歪向哪边"一样，

---

[1] 该句原系浮士德语。歌德用此讽刺那些爱挑剔的评论家，他们自己却永远产生不出任何作品。见《浮士德》（上），上海译文出版社，1982 年版，第 247 页。

而一个老练的骑车手是根本不去顾虑这些的。比如我读小学和中学时对那些书中大段大段的心理描写和景物描写感动得要命，抄了一本又一本。但现在，我却感到平淡无奇，好似海绵中的水分；有的甚至牵强附会得叫人反感，大倒胃口。

真的，我们迟早会觉悟到，真正的大艺术家没有一个凭借技巧，而是凭借作者的心去创制出佳作来的。理论家们所谓的技巧，无非是作者不自觉的形式表现，他自己则压根儿不会去费心它的。

易卜生说，在艺术中应当坚守勿失的，不止是天生的才气，还有充实人生而使人生富有意义的热情与痛苦。否则你就不能创造，只能写一些书罢了。

伟大作家断不会把主要精力花在优美的文体上，更决不允许华丽的帘幕成为自己迷惑或隔离读者的障碍。他只凭自己的个性，自己的感受，自己的良心和责任感进行自由创作；他虽不在作品中带自己气质的一点儿影子，却又让人处处感觉他的存在，同他一起面对人生，一起照镜子。

真正优秀的作品，不管你读了多少遍，你总会常读常新，总会有所心得；而不会在读第一遍时被它那华丽的辞藻、被它那新奇的东西揪紧不放，读完后却为自己并无所获长叹一气，从此便再也不会去翻第二遍。

一个伟大的艺术家要写悲剧，他必定是深切地感受到了人生的悲剧：不但在头脑里，而且在血管里以及每一根神经纤维里。（而一个喜剧作家，则往往是深尝过悲剧的。）他用自己的心去体验、去拥抱人生的苦难，但并不在自己的作品中叫喊出来；而是怀着一种崇高的隐忍精神，带着含泪的微笑，在怨诉里渗透进一种清幽的甜蜜声调，在痛苦中坚持忍让致远泰然自若，使他的作品总保持着严肃与深刻，又不失和悦、静穆、福气的艺术意境和氛围。

此种艺术魅力的实现，端赖艺术家平素的精神涵养，他活泼泼的爱心不停顿的跳跃，他的灵魂中源源灌注进新鲜的泉流，他的生命连续不断的死去与复活——

"克里斯多夫，咱们一起死掉了再生吧！"[①]——宇宙无穷尽，生命无穷尽，艺术境界亦无穷尽！

---

① 罗曼·罗兰，《约翰·克里斯多夫》卷十初版序，人民文学出版社，1983年版。

三、论形象思维

I　想象与想象力

人的思维结构真是一个玄妙无比的组织。我真不知道，从那里面是何以生出无穷的形象，无穷的观念，无穷的意蕴，无穷的想象来的？

好像狄德罗做过一个精妙的比喻，他把人比作富有感受性和记忆的乐器，我们的感官是键盘，不仅周围的自然弹它，它自己也常常弹自己。这种有机的能力把内部的声音联系起来，便形成了观念，一个观念会唤起第二个第三个观念，这几个观念的综合有可能会产生新的观念；于是，人的思维便形成了。[①]

也许真是这样：形象思维是人自身的乐器弹奏出来的罢。

我们知道，逻辑思维不需要感性物质，只是在抽象语言（概念、观念、范畴、法则、公式）中进行推理或判断。而形象思维，则借助于表情、动作、绘画、音响等等，对外界和内心世界现象进行描绘，并在描绘过程中随着逐步深化和复杂，使表象成为形象。

在形象思维中，最关键的莫过于想象力。若是奇特而深刻的理解力自身构成的形象，想象力不过提供了一些种子，这样的形象谓之科学的形象。若是理解力和想象力联合一起，所构成的形象谓之艺术的形象。若是想象力抖落掉理解力的缰绳独自奔跑起来，所构成的形象谓之幻想的形象。

第四十八届国际笔会上曾提出过这样一个有趣的中心议题："作家的想象力和国家的想象力"。据说，对国家有否想象力莫衷一是。其实依我浅见，"国家的想象力"既可谓有亦可谓无的：作为一个执行机构它是没有的，而作为一个群体的集合它则又是有的。但有一点可以肯定，想象力作为一个作家的特质，它是不可或缺的。

拉美里特把一切都归于想象：想象的作用形成一切。[②] 也有人把想象看做是人

① 见《西方哲学原著选读》下卷，商务印书馆，1983年版，第144、145页。
② 见《西方哲学原著选读》下卷，商务印书馆，1983年版，第114页。

性里刁滑的欺骗的部分。① 实际上，想象是一种心理功能，借助于感觉的材料，在心灵和外界广泛而普遍的兴趣的触点上，把不同的因素进行不同的有机排列组合，造成一个形象的整体。

往往是：感觉游离于现实便成想象；想象触碰到现实便成感觉。所以想象是感觉的淡化和变异；感觉是想象的实现和现实。

想象虽以感觉为基础，却不愿受感觉的拘束；它可以随意将自然界的事物间造成在我们看起来不合理法的配偶和离异；而创造即在这种破坏旧理建立新法中形成。由于理智往往囚禁自由，所以自由的想象力便成了适宜于创造的功能。

当然，好的想象力绝不是一匹漫无边际到处乱跑的野马。罗马人所谓的"想象"（imagination）在希腊人中称为"幻想"（fancy）。其实两者是有区别的：幻想总是逃避现实，反抗现实；而想象则正视现实，创造现实。但它们有一个共同之处：它们都不屑去抄袭现实。②

II　形象思维与逻辑思维

逻辑思维的训练好比是思维的"体操"：看起来单调的体操动作使我们的体格健美强壮，看起来枯燥的逻辑思维可以使我们的头脑更其深刻有力。而形象思维，则不啻可以让人脑变得丰富、新颖，具有创造力了。

在逻辑思维过程中，"完整的表象蒸发为抽象的规定"。③ 而在形象思维中，则需要尽量摆脱逻辑和理智的羁绊。因为，逻辑推理与想象力的强弱是相悖的。

优秀的诗歌总是想象力较逻辑判断重要；精明的哲学和科学总是推理判断力较想象力重要；而明确的历史里面则应当尽量避免想象。

巴甫洛夫把第一信号系统占优势的人看做是艺术型；第二信号系统占优势的人属于抽象思维型；两种信号系统彼此均衡的就是中间型了。

如是，康德和黑格尔是属于抽象思维型，拜伦属于艺术型——歌德说他作为

---

① 见《外国作家理论家论形象思维》，中国社会科学出版社，1979年版，第16页。
② 车尔尼雪夫斯基认为，想象的"最虚幻的创造也只有从现实现象所表现的东西上去抄袭。"见《外国作家理论家论形象思维》，中国社会科学出版社，1979年版，第88页。
③ 见《马克思恩格斯全集》第十二卷，人民出版社，1979年版，第751页。

一个诗人是伟大的，就像女人生孩子，但他在运用思考时却是一个孩子。[1]而歌德呢，我则把他看做是中间型了。

我们承认逻辑思维与形象思维间存在差异，承认两者可能这一方或那一方占相对优势，但却不承认双方间存在一条不可逾越的鸿沟。它们不过是整体思维过程中的两种不同形式：当我们欲在个别中抽象出一般时，我们进行着逻辑思维；当我们欲在个别中揭示出一般时，我们进行着形象思维。

歌德把斯宾诺莎的数学方法当做他的诗的思考和创作方法的对照。他说："思想与心情，知性与感觉，以不可抗的亲和力来互相探求，藉此，极相异的性质的结合也可以实现了。"[2]

的确，艺术家缺少了第二信号系统便谈不上创作和思索，艺术品本身就包含了第二信号系统活动的结果；只不过这种结果不是以赤裸裸的结论和枯燥的定义、而是以丰满的有血有肉的感性形象来加以体现的。同样，科学研究也充分地运用了想象力，具体的感性的表象提供了抽象概括的材料和可能性。

形象触动感情，哲学触动理智。强烈的感情总会震动理智，而理智受到震动后又反过来震动感情；它们总是这样在人脑思维的音箱里共鸣着。

Ⅲ 艺术、科学与哲学

我儿童时崇拜作家，少年时幻想成为一名作家；一到青年，便把全部的时间和精力都投注进这一幻想的实现中去，虽然走的是一条迂回曲折的路。现在，每当我爬格子爬累了，就停下笔来，回过头去，看看，想想，如同一个播种者那样。收获自然不少，感叹却也颇多，特别是对小时候那些美丽的梦，那些奇妙的念头。

记得小时候，我对科学家也是敬佩得不得了的，以致当一个文学家还是当一个科学家的问题老在我头脑里打架。不过，也许是我对前者更偏爱些罢，我常常这样想：要是那些写出流芳百世的杰作的文学家去搞科学研究，他们该会作出多么辉煌灿烂的发明创造啊！

---

[1]　见爱克曼，《歌德谈话录》，人民文学出版社，1982年版，第56、64页。
[2]　歌德，《歌德自传》，人民文学出版社，1983年版，第668页。

可是，等我长大了，读了许多传记后，方知我小时候的美妙设想是多么的不切实际。尤其是我自己，一拿到工科毕业文凭，就对过去读过的公式定理"感冒"得要命，我的体会和认识因此更深了一层。我知道了，艺术和科学是人类文明的两大领域，它们虽然不是截然对立，却是有很大区别的。

科学主要是关于自然知识和社会规律的积累、鉴定与系统化；它不断地分析着，又不断地归纳着，它不断地发现矛盾，又不断地解决矛盾，从而达成新的系统化。艺术则在于对生活进行意识形态性质的认识与评价中再现和表现生活，创造生活；它主要的和最本质的方面在于它的审美特性。

艺术对象的境界是极其广阔的，但科学对象更其广阔：所有的事物及其规律都是它潜在的对象。

不过，科学只求从事物中抽取出基本意义、根本品格和属性，并揭示其规律性即可大功告成；艺术则不然，它还需要将抽取出来的意义进一步体现在形象之中。

尽管如此，科学和艺术都是人的创造，同处于一个主体的内在必要性，同出于认识生活、改造生活和美化生活的目的和愿望；并且，正如高尔基所说，它们都必须具有同样的想象和推测的能力——"洞察"。[1]

我觉得，天才诗人的伟大与睿智哲学家的伟大，同在于他们能迅疾地从万事万物的偶然性和复杂性中，洞见它们微妙的内蕴，区别出它们的基本特质，并在自己的头脑中很精妙、很随意地组织起来，又能随机地召唤它们，把它们巧妙而有机地组合成各种各样的新鲜图案。

一部文艺作品里，可以蕴藉着比一部哲学著作更丰富更深奥的哲理；同样，一部哲学著作里，形象生动的语言和对事物描摹刻画亦可能远胜于一部文艺作品。比如，歌德的《浮士德》和罗素的哲学著作便是。

一个艺术家光有创作才能还远远不够，他必定还需要理智去深刻地理解和分析现实生活。艺术源于生活，却不是生活的图解；没有经过哲学概括后寓于形象的艺术是伪艺术。也就是说，一部真正不朽的文艺作品必定是哲理寓于形象的思维结晶：它要显示真理，但往往显示出矛盾；一个矛盾得到解决，一个真理也就

---

① 见《外国作家理论家论形象思维》，中国社会科学出版社，1979 年版，第 144 页。

水落石出。

　　总之，艺术从原始的最简单的洞穴模拟，发展到完美的再现；至今，艺术的形象性已不再是像镜子一样地反映生活，它是一种意识形态的再生产，深入进人的精神生活的一些新的领域，把伦理和哲学与现实有机地糅合在一起，创造出审美的东西来。

　　艺术思维的特征不再是"形象思维"，而是形象和哲学的综合思维；同时用形象和哲理表述。至于科学思维，我们知道，它本身就是与哲学相同的逻辑思维。

　　那么，既然我们认为科学思维和艺术思维是经常结合相互作用的，两种思维之间有没有联结的纽带呢？

　　别林斯基说："艺术越接近它的某一界线，就越会渐次地消失它的一些本质，而获得界线那边的东西的本质，因此，代替界线，却出现了一片融洽双方面的区域。"我想，这一"区域"也许正是联结了科学和艺术的哲学罢：它同科学结合一起研究世界观、宇宙观；同艺术结合一起研究人和人生观。

四、论教育

教育的力量是伟大的。把我们从动物群中分离出来终至超拔于动物之上，正是教育的功绩。

不言而喻，教育能开掘人的天赋，启迪人的灵性；它能使人变得高尚、聪慧和能干。教育不仅是人类精神绵延所不可或缺的工具，而且还是人类物质绵延所必不可少的手段：它或者通过政治，或者直接地作用于经济，为社会化大生产提供人才和人力资本。

尤其到了现代，教育更显示出其惊人的奇迹：它不仅使我们成为我们现在这个样子，不仅在我们中间创造出了这样那样的巨人，在它的魔力之下，它甚至能使一个侏儒高过巨人，因为它使这个侏儒站到了巨人的肩膀之上。

不可设想，倘若一旦没有了教育活动，人类甭说在有限的生命时间里汲取自己千万年积淀流传下来的知识，从而有所发明创新，恐怕连现成的知识也会一点一点地丧失，终至退回到蒙昧的洪荒年代。

教育大抵可分为两种：一种是自我教育，一种是对象化教育。关于自我教育我已在《心路》里有所表述，这里所论述的是后一种教育。

Ⅰ 家庭教育

爱尔维修说过：要想成为完善的人，只需要有完善的教育。[1]无论何种完善的教育，总是起始于家庭。父母是我们第一个教育者，而且更直接，更亲密，更深刻。

一个人从幼儿起，直至他经济上、生活上完全独立，家庭教育都有其独特的无可替代的地位和作用。良好的家庭教育可以为今后的各种教育创造一个良好的开端，奠定一个坚实的基础。故此苏霍姆林斯基把家庭称为教育的最初基础的

---

[1] 参见罗素，《西方哲学史》，商务印书馆，1982 年版，第 267 页。

"第一环境"。①

在家庭教育中，父母之间，以及父母之爱与父母之训有机配合是家庭教育最有效的途径和手段。拿破仑一生的勤劳和他办事的井井有条，便是从既很爱他又对他管教很严苛的母亲那里继承来的；列蒂契娅本身就是一个坚强、严厉、勤劳的女人。②

一般人心目中，慈母严父是一个典型的理想的家庭教育结构。也许事实上不少家庭确实如此。但我们也应该看到，家庭的不同正如相貌的不同，许许多多的家庭是千差万别的。我只须提醒一句：不管以哪一种结构出现的家庭，"冰葫芦"和"大棒"使用不当，温情和严厉失之偏颇，都会导致家庭教育的彻底失效。对于一个溺爱孩子的家庭来说，我们常可以见到这样的讽刺漫画，讲一个母亲如何的娇纵自己的孩子，能任意让孩子打他的母亲和祖母为乐事，而一当孩子长大成人，这个母亲却在自己儿女的打骂下泪水长流的故事。

当然，一个母亲始终不渝的慈爱也可能赢得儿女的爱心；这并非是由于母亲一味溺爱的结果，而是端赖儿女自修其身，成为一个高尚的人所致。倘若子女徒有一副父母给他的美丽外表而灵魂肮脏，那时，慈母的悲剧便不可避免；我们从小便从大人那里听来的"做贼从偷菜起"的故事便是明证：那个儿子临刑前还哄骗他的母亲，并凶狠地咬下了她的耳朵，以表怨恨母亲从小对他一味的放纵而不加有益的管教。

导致家庭教育失败的另一个更直接的原因就是粗暴。因为粗暴较之溺爱更能唤醒和激发人们内心深处的低级本能。由于"逆反"和"反抗"心理的作用，哪里出现大声叱责、大打出手的行为，哪里就有行为粗鲁和情感冷漠的现象出现，二者是形影相随的。这正如人们在民主和自由的政治下会成为人道的、坦率忠诚的、勤勉的人；而在专制和暴虐政治下容易变成卑鄙的、没有才能却会欺诈、缺乏勇气却又险恶的人一样。

家庭教育的粗暴究其原因可能有下列几种。一种是父母本身缺乏涵养，缺乏深厚的情感所致。有这么一个夏日的傍晚，母亲带着她的孩子在树下边纳凉边讲故事。当讲到美丽可爱的小白雪公主被强盗害死的时候，孩子瞪大着双眼看着妈

---

① 见苏霍姆林斯基，《公民的诞生》，教育科学出版社，1984年版，第300页。
② 见叶维塔尔列，《拿破仑传》，商务印书馆，1976年版，第2页。

妈，浑身战栗，眼眶里滚出了纯洁晶莹的泪水。正在这时，小孩的父亲东倒西歪地回家了，不知是因为喝了酒，还是受了外人的冤屈，满身的火气，一看孩子在哭，不管三七二十一便大声吆喝着："干什么！家里死人啦！"孩子吓得一头扑到妈妈怀里，不敢再哭。

我真难设想，假如这个孩子总是处在这样的父亲的叱责下，他是否还能不失去感受人类最细腻的感情色彩的能力，是否还能保有对善的敏感性？而更可怕的是，长此以往，这个孩子无疑会变得异常冷漠无情，毫无怜悯之心，乃至残忍凶暴。刽子手也不是天生的，他残害他的同类的手段也是教育和锻炼的结果。

家庭教育粗暴的第二大起因，是由父母"望子成龙"心切，加之"恨铁不成钢"，故而采取极端手段所致。有一个少女因单纯无知被诱失身，外人的耻笑挖苦自不必说，可她的父母，不是开导她，用爱去抚慰她受伤的心灵，而是动辄打骂，唯恐这样不能解恨，又写了一张纸条贴在她床头，要她"一日三省"，时刻不忘自己蒙受的羞辱。纸条上赫然写着："失去贞操的人"。这个少女痛不欲生，怎奈几次自杀而被救生还。她绝望了，便外出流浪，终于自甘堕落到底。等到这个少女的父母良心发现，后悔不迭时，一切都已经晚了。

我们不难设想，如此这般家庭的粗暴"教育"，将会给子女心灵上留下多么大的创伤。一个人可以忍受他人的再大侮辱，而自己父母亲人的极轻微侮辱，也会如同一把尖刀直往他的心底捅下去，捅下去。外人的侮辱可以视如粪土，而亲人些微的侮辱却毒如砒霜。更何况那比肉体的侮辱更叫人难以忍受的贬低人格的侮辱呢！这样的侮辱，无疑会使人感到一片黑暗，一片丑恶，而丝毫感受不到美的存在、爱的温馨；羞辱感、廉耻心便会在这种粗鲁的侮辱下丧失殆尽，结果，不是堕落便是毁灭。

家庭教育粗暴的第三大原因，乃起因于家庭纠纷，父母矛盾。夫妻间的爱没有了，家庭的和睦欢乐也会跟着消失。这时候，性子暴躁、克制力差的父母，往往会把气撒在孩子身上，可怜的孩子便成了他们的泄气筒。我知道有这么一个家庭，母亲在内地工作，父亲援藏。十年浩劫中，母亲受牵累，且又与父亲的关系疏远搞僵。可以想象，母亲的内心是多么孤独苦闷。假如她能深爱自己身边的两个孩子，同时也深得孩子的关心和敬爱，她无疑会减轻许多外界压在她心头的重荷。家庭的天伦之乐虽残缺不全，但仍可以使她抵御人世间的冷酷之情。不幸的是她没有这样做，却是把自己在外忍受的气回家来发泄在孩子的头上，把夫妻间的怨恨发泄在孩子心上。她明确孩子几点上学，几点回家，只准做什么，不许做什么，不然就大打出手。已是中学生的大女儿不堪忍受如此的折磨，闹着要到爸爸身边去，到西藏去。弟弟抱着姐姐也哭着要走。母亲狠了狠心，只同意女儿一个人走。临行那天，母亲忽然发觉儿子不见了，等她跌跌撞撞赶到月台上，火车已缓缓开动了。一个窗口从她眼前一闪而过。她蓦然看到了那么熟悉、那么可亲可爱的小脸贴在玻璃窗上，噙满泪水的眼睛在看着自己的妈妈。母亲的心碎了，泪流满面地跪倒在地，对着远去的列车呼唤自己孩子的名字。

这样的母亲是可怜的。她的心并不坏，可是她的坏脾气却给她带来了无尽的悔和恨。这个可怜的母亲可能意识到自己错打了孩子，但她却不能意识到比错打孩子更坏的结果：她的孩子很可能会因此丧失自信和勇气，感到人世间没有阳光，没有温暖，对自己的命运和希望感到一片茫然。内心的寂灭是人生最根本的失败，懦弱庸碌、麻木不仁只不过是寂灭的副产品而已。这是家庭教育最彻底的失败！

Ⅱ 学校教育

据说在教育家和哲学家之间曾有过一场有趣的争议：哲学和教育谁为其父谁为其子？不管怎么说，教育确实有着自己相对独立的发展史。中国孔子的学院式教育，古希腊雅典的文艺教育，以及斯巴达的军事式教育，皆为如今学校教育的雏形。

后来，西方出现了赫尔巴特的传统教育思想，杜威的实用主义教育观，以及永恒主义，要素主义，新托马斯主义等等。令人遗憾的是，尽管人们总想致力于寻求一个理想的教育模式，但古今中外在教育史上并没有出现过特别令人欢欣鼓舞和行之有效的教育机制。

就拿我国目前的高校教育为例，我时常听到大学生们抱怨学分制有名无实，学生的自主性和自由度没有得到实际的伸张。有效的实践环节太少，培养出来的学生只会埋头书本，而一面对现实生产便感束手无策。

新科研新学科转变周期缩短，要求通才教育。其措施之一，就是加强基础教育，精简专业课时，多开设跨专业跨学科、文理交叉渗透的选修课程。不仅把学生从学时中解放出来，还要使他们从学分中解放出来。为此，大可不必因顾虑一些教授先生们不愿减少精简他的学科、课时而非得让学生听他空洞的"传教"不可，那样的结果无非是：误人子弟。不仅专业需要精简，我甚至认为那种仅仅为了学分之需、无实际效果的毕业设计也可以精简掉。相反，若是哪个学生有志于搞科研课程，倒是应为他们创设条件，鼎力相助。

学校教育包括"教"和"学"相辅相成的两个方面。为师者，就应真正做到"不愤不启，不悱不发"。诚如《学记》中指出的那样："道而弗牵，强而弗抑，开而弗达"。影响一个人的发展是主客体统一所决定的；先天遗传和后天环境亦不可分割。人既不是像爱尔维修所认为的那样是生来无知的，人脑也不像洛克所说的那样的"白板"一块。① 不同的教育可教导出不同才能和德行的人，但同一的教育也可能会产生出才能不一的人来，这恰是人们的遗传和先天因素的千差万别所致。

因此，启发式教育能避开那种单调划一、强迫灌输的老路而另辟蹊径。它可以充分地启迪各具特色的心智，充分开发各人遗传中潜在的知识信息，充分解放人的个性和能动性；并且，它可以在教学过程中使师生之间自然而然地建立起一种亲密的合作关系，使师生双方经常地更换"角色"。它最直接的效益是：让学生在学习过程中都具有个人的特色，为他们开辟出个人选择同个人天赋相联系相谐和的广阔道路。

我从未看到过哪一个不懂教育学和心理学、因而不擅长启发或教育的人能与教师的称号名实相符；也从未听说过哪一个只会在实验室搞搞科研、而一上讲台就照本宣科的教授受到学生的欢迎和赞誉。

作为学生，实在有理由让自己站到主体的地位，从各个方面去变化传统的学习方法。我这里只着重地指出一点，就是：提倡发现法读书，创造性学习。尤其是大学生更应该如是。

不错，教育使我们更加聪明，但教育也可能把人弄得愚钝。正如霍尔巴赫所说："教育使人心对那些最荒唐不过的意见习以为常，就像使身体习惯于各种绳捆索绑的姿势一样……"② 我们只消想象一下自小被禁锢在坛子里长大的畸形怪物，就会不寒而栗了。不，你们不应成为书本知识的奴隶，不应像牛那样被学分牵着

① 参见罗素，《西方哲学史》下卷，商务印书馆，1982年版，第267页。
② 见《西方哲学原著选读》下卷，商务印书馆，1983年版，第193页。

鼻子走路。你们在知识的大海中遨游，决不是为了学一点游泳的本领，也不只是为了添一点搏击风浪的勇气，而是为了深入到大海深处，去那个奇丽的世界中去探幽觅宝——这就是创造！

你们现在正置身于过去和未来的两种文明之间，创造是你们的使命！把保持现代文明留给那些因循守旧的专家和教授，那些享受着现代文明提供给他们名与利的人们去吧！做人就应当做镜子前面的实物，而不屑去做镜子里面的物影！①

我们面临着的是知识爆炸的信息化社会，我们的学习因此而面临着挑战。当你开着"拖拉机"拖拖拉拉地坐在图书馆里埋头于故纸堆中，在教室里拼命记公式和定理时，别人可能已在开垦月球上的不毛之地了；当你在旧式计算机前入迷地按着"是"与"非"的键钮时，很可能新的浪潮的闷雷声就会滚滚而至，在你还摸不着头脑的瞬间就将你尚未掌握好的旧知识击得粉碎。这样，你便将无所适从：你既明白厮守着一堆旧知识一无用处，却又苦于被新的浪潮冲击得头昏眼花，因为你一无准备。

这样的传统的学习方法是危险的。要想不被时代淘汰，并且永远走在浪潮的前面，就必须实行创造性学习。人的创造能力是一种为社会提供首创性的有社会价值的参与能力，而首创性必然是在预期性的前提下才有可能会实现。因而，创造性学习就要求学习具有预期性和参与性，要求我们与时空保持同步。

请相信，创造性学习将使我们对未来笑脸相迎而不是心怀莫测的恐慌；创造性学习将使我们对未来充满信心充满希望而不至于总令我们跟在未来的后边去补救自己的过失；创造性学习将使我们置身于社会的洪流之中而不是囿于学府的象牙塔内；创造性学习将使我们主动地甩掉旧知识而不被新知识所抛弃。总之，创造性学习将使我们永远走在时代的前列。

还请你相信：只有当你超越了纯粹为了维持生存的阶段而跃入创造的阶段，而又不失去人的本性，在你的身上才真正体现了人类的进步。

教育的目的是什么？这个众说纷纭的问题在我看来，教育的全部目的，就在

---

① 达芬奇《笔记》："有所发明的人，沟通自然和人类的人，好像镜子前面的实物；一味背诵、吹嘘别人著作的人，则好像镜子里面的物影。前者有自己的分量，后者什么都没有，他们对不起自然，看来只不过偶然披上了人影，因而也可以列入万物之长罢了。"见《西方哲学原著选读》下卷，商务印书馆，1983 年版，第 307 页。

于达到人的自我完善。

可是，试看我国目前的教育，在很大程度上是与此目的大相径庭乃至背道而驰的。众所周知的事实是，从小学直至高中的教育（甚至可追溯到幼儿教育），实际上唯一目的是：追求升学率。其中种种弊端有识之士早已指明，这里姑且不论。到了大学又怎么样呢？片面地抓学分，制造"狭隘专业化"。千辛万苦考入大学的学生从一个深渊中刚刚被浪头托起，又跌入了另一个深渊。

学校因专注于知识结构的培养而忽视了更重要的智能结构的培养，因缺少实践环节而使理论了无生气。但是，教育改革仅仅重视了智能结构和实践环节是否就可以达到教育的目的了呢？是否这样一来，就可使得学生以智力上细致、同情和敏感的态度去对待人类的智慧了呢？

答案是显然的。与此同时，我们还应制定并实施从小学到大学一整套系统的品德课教育。唯此，我们才可能使得学生避免智力上的冷漠态度，以及缺乏热情和精神贫乏，避免因此而产生的对智慧、新事物、知识财富和知识美的反应迟钝。

学校开设德育课本是可喜现象，遗憾的是，有许多高校开设的德育课，不是"杯水车薪"，就是"隔靴搔痒"。以我之见，中小学应以道德教育为主，并尽可能拓宽学生的知识面，开阔学生的视野和胸襟；到了大学，则应开设两门课程：情感教育和审美教育，与其他几门德育课形成一体，统称素养教育。

德育、情感和审美教育三位一体，有机结合，不啻能为大学教育的协奏增进美妙的和声。三者既分又合，侧重不同：德育使人的心灵变得高尚，实用于为人处世；情感教育培养人丰富细腻的感觉和热情，实用于人际交流；审美教育提升人的审美观、鉴赏力和创造力，实用于欣赏和创造。

此三门课程若能同哲学课结合起来，那更是相得益彰：哲学将因此找到了自己实在的广阔的市场，不再像传统那样的空洞、枯燥，仿佛高悬于现实之上的抽象内容使学生索然寡味；同时，这三门课程也可为自己找到向更高层次归纳、系统化的理论基础，从而不再被人误认为是一种"万金油"式的课程，或像一件美丽的衣裳那样可有可无。

五、论读书

I 为何读书

教育家苏霍姆林斯基认为，只有当每一个青年男女都找到了一本在他们心灵中终生留下深刻印痕的书本时，才算达到了教育的目的。[①]

的确，书是我们的良师益友，几乎所有善于读书识字的人，从英俊少年到耄耋老者，都与书结下了不解之缘。

由于人生短暂，加上行动受限，我们的一生几乎很难与几个德高望重的智者深入交谈，当面聆听他们指点迷津的教诲。正因为有了书的媒介，人类才会像今天这样彼此间自由地交流思想，交流感情，跨越国界，跨越种族，或者与古人促膝交谈，或者向后代侃侃叙述。也正因为有了书的媒介，自然界无穷的奥秘才得以在我们有限的生命的视野中，将其地平线无限地延拓开去。

一部好书，堪称为人生的圣坛。它是用人类最优美的词句和思想的精华所建构起来的金字塔；是航行在时代波涛之上的精神之船，载着我们从狭隘的港口驶向无垠的彼岸。

"一时劝人以口，百世劝人以书。"一部好书，也是我们一生中始终如一的挚友。它在我们少年时代赋予理想的翅膀，在我们青年时代得到智慧的启迪，在我们老年时有充足的精神养料而不致空虚寂寞。

有人把知识看做是宇宙开放给人类的爱之花，因为，人们得到她，不仅能获得一种精神上的慰藉和满足，同时还给人们增添了无穷的力量，一如爱的力量那样神奇和巨大。并且，知识是公平的，毋论贫富贵贱，亦毋论男女老幼，只要我们愿意，我们每个人都可以分享它所提供的财富，分享这些财富所带来的快乐和幸福。

如是，我们就可以理解，为什么萨特在他的回忆录中说他在不识字的时候对

---

① 见苏霍姆林斯基《公民的诞生》，教育科学出版社，1984 年版，第 159 页。

书有了崇拜之心，为什么马克思的女儿们要送给李卜克内西一个亲切而有趣的绰号：library①；我们同样可以明白，鲁肃为何在军旅中还要手不释卷，董仲舒为何下帷苦读，三年目不窥园。

读书的目的是什么？

抱着不同的态度和目的读书，自然收获亦是迥异。有的人迷恋书本，是以攫取知识为乐；有的人沉醉于书中，是冀求借书中人物来宣泄自己欲说难言的情感和心思，譬如为书中人物的命运一掬同情之泪来排遣自己胸中的苦闷，以分享主人公胜利的喜悦来弥补自己在现实生活中的失意和挫折。他们希望以精神去治疗肉体，以寻求理解去达到人类永恒的合一。另一些人读书，是期望一个伟大的心灵将自己带达一个崇高的境界，并在这一境界之上建立起高尚的人格，去指导自己一生的行为——高贵思想几乎总能激发起高贵的行为。还有的人读书，是指望通过读书构成自己的思想方法，进而利用知识进行创造性活动。

书籍是知识的载体，或者可以说书籍就是知识。柏拉图把知识看做是一切能力中最强的能力；② 车尔尼雪夫斯基把进步看作成是知识的成果。③ 知识的金字塔和宇宙是两个对应的模型。当我们利用知识不断创造且又在创造中积累知识不断构建知识的金字塔时，我们便不断地认识和掌握着宇宙的奥秘。一旦我们构建了金字塔的顶点，我们也就达到了宇宙的顶点，由此下望，这个宇宙的奥秘也就一览无余。

但是，知识之绝对顶点是不存在的，诱人的永恒将诱导人们去对知识执著地追求，无穷地构建。知无上限，识无止境。知识不会死亡，但它将时时更新。故而如古话所说，人人必须"活到老学到老"。

然而，也不免会有这样的时刻，人们连自己竟也弄糊涂了，不禁自问：我们是追求知识呢，还是被知识拖着走？由此出发，人们就难免发出"读书越多越痛苦"的叹喟；正如拜伦说的那样："知识是悲苦。"④ 经过思考，我却得出了与拜伦

---

① "library"即"图书馆"之意。参见《马克思恩格斯全集》，第33卷，人民出版社，1979年版，第683页。

② 见《西方哲学原著选读》上卷，商务印书馆，1983年版，第86页。

③ 见《西方哲学原著选读》下卷，商务印书馆，1983年版，第543页。

④ 拜伦："知识是悲苦，知道得最多的人／必定最深地悲叹一条不祥的真理——知识的树不是生命的树。"参见罗素《西方哲学史》下卷，商务印书馆，1982年版，第299页。

截然不同的结论：知识正是生命之树上最美丽的花朵。优秀书籍的每一页都是人类千百年来用血汗所浇灌而成的，它的每一行字都将点燃起人类生命永不熄灭的智慧和热情火焰。

不错，人们正是在与谬误的搏斗中获得真理的，正是在痛苦的失败中获得成功的知识的，然而，知识虽是痛苦的结晶，它却为幸福开辟了道路；人类正是踏着一本本真知灼见的书籍叠成的阶梯，向着那光辉的金字塔顶点登攀。

真正悲苦的缘由不仅不是知识，倒恰恰是无知，或者是知识和聪明依偎着残酷和冷漠——后者更容易把人导向痛苦的深渊。

一位朋友曾这样向我问道：每个人都在寻求幸福之路，读书也是如此；但倘若读书读得失去了快乐，也就失去了读书的本意。读书读得忧忧郁郁，不读书倒快快活活，那又何苦要读书呢？

书读得不少，但为何读书的问题至今无人能令人信服地述清。也许，读书的过程，就是在弄懂到底"为什么读书"罢。

II　如何读书

知识量是与读书成正比的，而不像叔本华说的那样"适成反比"。[1] 脑容量之于人的认识能力，正如宇宙之于人的开发能力，当有一天人们开发月球，我想总不至于会有人说人类的生存空间反而狭窄了吧？

问题的关键倒在于：我们面临着浩如烟海的书籍对有限阅读时间的挑战。歌德说他花了八十年时间读书，也并没有完全达到他的目的。

大抵说来，阅读可分精读和粗读两种。对于认准精读的书，就应做到心眼一致，而决不可让别人来"代替我们思想"，让自己"精神的一切活动全为书本所支配"。也许，叔本华读书总是用来消遣娱乐的吧，否则，我想他也不致如此。[2]

当然，我并不否认，确有那些重复作者思想活动的读者存在，因此我须得更加强调，对于精读之书，最好是带着问题去读，带着批判的眼光去读，这叫做"发现法"读书。仅仅满足于读书，犹如仅仅满足于穿上几件漂亮的衣裳，容易

---

① 参见《叔本华论文集》，百花文艺出版社，1987年1月版，第14页。
② 参见《叔本华论文集》，百花文艺出版社，1987年1月版，第13、2页。

使人华而不实。只有边读边思考,才能有所收获。那些不善于思考的人,读书越多,留在脑中自己的东西越少,结果就像一块浸在水中的海绵,使头脑变得沉重而呆滞。

这样的人我们并不少见,他们书读得不少,说起来头头是道,但待人处世又不具方圆,这样的书等于没读。如果读书是为了"炫耀",我们还不如买一台留声机来。读书的结果应该不是让你仅仅能说出来而已,应当是天长日久融进你平时的习惯里去,你真正的吸收并自然而然地贯穿到你日常的行为意识之中。

对于略读书目,我们总希望速度快一些,以期多摄入一些新的信息。这原本不错,只是应当明白,读书的目的绝不在于满腹经纶,与其因满满一桶水再也加不进去一滴,倒不如一点一滴地添进为好。

再说,读书其实也是一种锻炼,它也像体操、作曲、著书一样,熟能生巧。功夫一到,你敏锐的目光和快速思维会使你跳过书中那些"水分"的文字在书上"扫描",并及时抓住新颖的观点和思想进行琢磨、分析、判断,此便所谓"一目十行"的效果了。

最好的读书不仅需要做到心眼一致,还应加上手的功用,即是:心灵、眼明、手勤。"好记性不如烂笔头"。永远不要依赖记忆。所谓好记性,其真正的价值不在回忆的能力,而在随手可找到有价值的参考。若是一本好书看后一字未记,我便于心不安,觉得自己徒耗了许多时间和精力,倒不如不看。"不动笔墨不读书",此一条至理名言至今仍叫我受益匪浅。

做读书笔记,有的要分门别类,逐字逐句;有的则只要记下大意或摘要。后一种笔记需要以最少的字句表达出最多的内容,这就要求读者脱尽原作中所有华丽的衣饰,绞干所有的水分,而又不能对原作有哪怕是最微小的曲解。这对读者不啻是一种训练:文笔和思维的训练。

大凡爱读书的人都有这样的体会:自己买的书即使珍贵往往总易束之高阁,而借来的书即使普通也很快读完。自己的书无论什么时候都可以读的心理使得那些理应优先精研细读的书却被打入冷宫,备受冷落。是故,一些人宁可借书而不愿多买书,以此来顺应自己冥顽不化的心理作用。

我以为,对那些经典著作或确有保存和实用价值的书,最好自己有,边读边圈点评注,记下自己转瞬即逝的思想。一本书再贵也是有限,而任何写下的东西也许是无价之宝。列宁的《哲学笔记》便是一例。

我甚至提倡，在不影响一个人生命体平衡的前提下，我们不妨从吃喝玩乐中省出几本书来。因为，口腹享受不过是一时之乐，而倘若你能从书中获得乐趣，则其乐无穷矣。

上面，我们只偏重于谈了读书所面临的"挑战"的一方面，下面我想着重谈谈另一方面：读书时间的有限性。

有的人，忙忙碌碌，总抱怨时间不够用；有的人，庸庸碌碌，总感到时间难以打发；只有那些善于利用时间的人，才觉得自己每一分钟总是充实的，有益的，愉快的。

一个人愈晓其时间的价值，就愈感觉失时的痛苦。其实，时间对每一个人都是平等的，不平等的只是每个人对时间的利用。会用时的人，能适当地利用每一分钟；不会用时的人，会白白丢掉大块时间。

所以，时间可以说是最是你的又最不是你的东西，或者可以说是最可以把握又最不可把握的东西。

惜时，是人生的一大法宝。时间可以看做是组成生命的要素之一，也是我们人类最常见又最稀有的资源。热力学第二定律表述的最重要的事实，就是时间前进的方向总是正的，是不可逆的，它将一去不复返。守时惜时，掌握现在，注意未来，是现代人的一大技能。

当然，不仅要能惜时，而且要会用时，因为在有些地方，时间和效果并不是连续成正比的，譬如读书学习就是如此。读书学习的时间和效果有一个最佳适度点，一般来说在连续学习五个小时左右。读书务必注意劳逸结合，否则欲速不达。

惜时的一个重要方法是要有生活规律，良好的生活规律使我们能够掌握最易失去的时间和最有效的时间。从生物节律研究中出现的事实表明：清晨适于记忆和写作，上午性格内向的人的注意力和记忆力往往达到高峰，下午性格外向的人的分析与创造往往最为旺盛，到了晚上，则适宜于分析、综合、归纳、复习、研究和创作。当然，这种生物钟的作用因人而异，所谓"百灵鸟"型和"猫头鹰"型便是。

今日事今日毕，也是生活有规律的一种表现。"待有余而济人，终无济人之日；待有闲而读书，终无读书之时"。凡是指望明天的人，只会像福楼拜笔下弗雷德利克那样终生庸庸碌碌。最好把明天要做的事也在今日里用脑子过滤一遍，以便明天一到就能很快进入"角色"。

我们往往会遇到这样的时刻，你刚脱离一个兴奋状态，坐下来，想做点事却静不下心来；或者，你同时想做几件事情，却不知先做哪一件好，譬如有几本好书都吸引着你，挑来拣去却不知先读哪一本好，时间便在这无谓的犹疑中白白流逝。遇到这种情况，劝你最好不要干愣着，而是拣起手边最轻省、最少动脑筋的事先做起来，待到大脑恢复了平静，思维集中了，再转而做你最紧要做的事。

惜时的唯一标准，就是我们每做一件事，都对自己的身心有所助益。不要让脑子长期荒废不使用；脑细胞和筋骨一样，都需要经常的锻炼。敏捷的思维能节省时间，而让脑子迟钝则是对时间的最大浪费。

总之，惜时者受时惜——这是一条至理名言。一个珍惜时间的人，时间会给他带来许多财富，一个让时间从指缝间流失的人，他同时也流失了许多不可再得的宝贵东西：如时机、幸运、成功等便是。

若能做到惜时和最有效地利用时间，我们就不仅能应付有限读书时间的挑战，而且能坦然地置身于这个不断飞速运转的小星球上，接受浩渺天宇的无穷挑战了。

人们总以为读书只是用用脑子的事，殊不知委实是生命体的全面运动。毛泽东曾把人体看作是载知识之车而寓道德之舍。[①]拉美里特下面一段话也颇有道理："在整个自然界里，随着机体的发展而发展巩固起来的心灵，正是随着机体健全强壮的程度而日益获得更多的聪明能力的。"[②]他把人脑喻为"精神的子宫"，而精神的病变不啻可以弄到扼杀我们良知的程度。

生活有规律不仅是惜时之法，也是健身之法。死读书使人成为书呆子，而"开夜车"、"紧急动员"，则让人神经紊乱，导致神经衰弱。对人来说再没有比神经衰弱而引起的失眠症更不以人的意志为转移的事了。当一个人心灵过于兴奋，思维无法自控，血液突突地奔涌，太阳穴像被小锤咚咚地捶着，强制闭着发颤的眼皮，听着别人轻微而均匀的鼾声，在床上辗转反侧，那真是一桩连基督也难以忍受的苦难，我们更不可期望他在学业上有多大的长进了。

现在的青年，无端地拼耗自己的体质，让人看了着实心疼。有时我忍不住说

① 见毛泽东《体育之研究》。
② 见《西方哲学原著选读》下卷，商务印书馆，1983 年版，第 107 页。

他们几句，回答都是那样的满不在乎："瞧，我身子棒着呢！"一个健康的体魄，是一个人一生的幸福。Health is better than wealth。① 这些浅显而又难于为人真正理解的道理，只有在老之将至时才能深刻地体会到。

一个人在年轻时刻苦自励固然值得嘉许，但如果不顾一切，思维倒是磨利了，身体却也损坏了。年轻时还觉不大出，一进入中年和老年，正当他要凭借自己渊博的知识和练达的思维一展抱负时，却没有了足够的体力和精力的支持，甚至病魔缠身，卧床不起，那是只有徒叹奈何的份了。谁又知道，该有多少闪光的思想和天才的创造被埋葬在老弱病残的体内呢?！难怪拿破仑要对自己的病取笑说："癌是从内部来的滑铁卢。"②

往往人们在填各类表格时，在身体状况一栏内不假思索地写上"健康"，其理由仅仅是身无疾病。其实，不生病和健康是不能画等号的。健康固然不能身患疾病，但不生病的懒汉却也不能谓之健康。正如健美的身姿源自训练一样，健康的体魄来自锻炼。思维锻炼和身体锻炼相调剂，卢梭认为是教育的"最大秘诀"。③

按照耗散结构理论的观点，生命是一种远离平衡的高度有序的结构，健康是人处于非平衡过程的一种有序的定态。倘若一旦有序变为无序，非平衡态变为平衡态，则意味着生命的终结。运动和锻炼，是使自身生命与周围环境进行物质和能量交换，即新陈代谢、吐故纳新的重要手段，它能促使自己的生命系统远离平衡态，并使生命各器官功能更趋有序，从而使自己的身心更具生机和生命力。

一个人的身心从来都是统一的。运动和锻炼不仅能促进身体健康，同时也能锻炼一个人的意志和毅力，并能让大脑更加灵活。故而，难怪美国总统里根要自称是"体育锻炼的信徒"了；也只有在这个意义上，他才把锻炼当做是一种纯粹的享受。

有些人太过于惜时，连适当的锻炼和休息也觉得是浪费时间。而事实上，适当的锻炼和休息时间与读书学习时间的关系，恰好比是消费与生产的关系。

---

① 健康胜于财富。
② 见叶·维·塔尔列，《拿破仑传》，商务印书馆，1976 年版，第 386 页。
③ 见卢梭，《爱弥尔》上卷，商务印书馆，1983 年版，第 274 页。

六、论记忆

I 什么是记忆

我不知道，倘若人们没有记忆，人类是否还能成为现在这个样子？而我们对记忆的把握不定，又成为人类的生命之谜。这个无形的庞然大物深邃而千变万化，它让人们在其中驰骋飞翔，深入浅出，而总无止境。

奥古斯丁把记忆看作是一所广大无边的庭宇，是感觉对一切事物所感受而进献的无数影像的府库，里面充塞着形形色色官觉所感受并经思想的增、损、润饰后未被遗忘的数不清的事物。有的是事物的影像，如物质的一类；有的是真身，如文学艺术的一类；有的则是不知用什么概念标识着的，如内心的情感……①

记忆之伟大而奇特的力量，吸引着古今往来的人们。凭借理性思考，哲学家一般对记忆抱两种看法：一种是把它看作感觉，另一种则把它看作是供给生命和灵魂的"绵延"。持前一种认识的主要代表有孔狄亚克和爱尔维修，持后一种认识的主要代表有莱布尼兹和柏格森。

有趣的是，竟然有人不承认个人记忆的存在，被罗素称为古代伟大哲学家中最后一人的普罗提诺便是。他认为，记忆只关系到我们在时间之中的生命，但我们最美好的、最真实的生命却是在永恒之中。因此，随着灵魂之趋于永恒的生命，它便将记忆得愈来愈少；最后，我们只是观照着理智的领域，个人的记忆将不存在。②

只有到了人们对生命的研究开始探索可以与宇宙相媲美的大脑奥秘的今天，记忆的研究才开始从臆想走向科学，从现象深入本质，并已进入到了分子水平，即从生物化学上研究记忆的机制。根据大脑保存信息度的强弱，将记忆分为四种：瞬时记忆，短时记忆，长时记忆，永久记忆。后两种记忆，其记忆机制就不仅是

---

① 奥古斯丁，《忏悔录》卷十，商务印书馆，1982 年版，第 192、194、201 页。
② 见罗素，《西方哲学史》上卷，商务印书馆，1982 年版，第 358、369 页。

脑神经突触上的电位变化，它还发生了部分化学上的变化。

奥古斯丁曾说："我记忆所收藏的，不是意义的形象，而是意义的本身。"① 除瞬时记忆恰好与此相反外，我认为奥古斯丁说得不错。因此我们可以说，只有有意义的才会在我们的大脑中留下痕迹，凡是无意义的都只能转瞬即逝。一切有意义的事物，我们才能在行动中显示其意义，一切无意义的事物无论怎样努力总不能使之成为有意义。

神经学家们指出，动物的记忆能力并不限于某些部位，但另一些实验又指出，人的一些记忆集中在一些非常小的区域。为了弥合这看似矛盾的结论，有人千方百计想做出一些解释，譬如把大脑神经系统比喻为现代化的电话网络，或者认为记忆是在某一部位和其他部位进行编码和重新编码等等。

其实，神经学家们的研究结果并不自相矛盾，倒恰恰为我们提供了几点非常重要的启示。第一，记忆机制（或者说记忆能力）并不定于大脑某一部位，而是覆盖了整个大脑皮层；整个大脑都是记忆的仓库，为思维提供材料；如果记忆只局限于某些部位，则另一些部位便是多余的了。第二，记忆在大脑皮层上有意义定格（或叫记忆同构），也即是说，某些区域才允许某些意义进入、"录磁"。人脑的左半部管逻辑思维，右半部管形象思维，正是这种"意义定格"所致。而那些神经病患者，就是因为"意义定格"紊乱失控而引起的。第三，"意义定格"并不等于说是意义联系定格。当某一联系线路中断时，它可以由超级线路或者迂回线路接通，得以保证思维和记忆能力的照常进行。意义联系线路受阻也会导致神经失常。

II 如何记忆

记忆分为个人记忆以及在此基础上形成的社会记忆。最初的社会记忆储存于个人记忆之中，造纸术和印刷术发明使大脑记忆库得到延伸扩展，图书馆、博物馆、档案馆的出现，最终使公共的社会记忆从个人记忆中独立出来，使记忆真正成为一所广大无边的庭宇。而今，计算机的使用，航天事业的发展，新的传播工具的发明，图书馆的微型化，信息时空的改变，又使社会记忆处于一场新革命的

---

① 见奥古斯丁，《忏悔录》卷十，商务印书馆，1982 年版，第 195 页。

边缘。

　　然而，社会记忆仅仅是一座材料的府库，它只具备意义定格而没有自动的意义联系，因而它们之间不可能产生出新的意义，新的知识。社会记忆的材料只有在人们提取之后内化为个人的记忆，通过个人思维才能有所创新。因此，归根结底，我们尽可以无穷地丰富和扩大社会记忆，却永远离不开个人记忆，只有它才是人类创造和进化的真正基础。

　　个人记忆之法可谓不少，我这里只打算着重讲讲意义识记和意义联系。初学外语时，只得被迫强硬识记；但一旦掌握了一定的词汇量，便要及时与意义识记配合，直至完全过渡到意义识记。恩格斯是一位非凡的语言学家，他在学习希腊文时，便是通过学习名著来练习语法和记忆单词的。

　　对于女子来说，掌握并记忆具体事实、现象、文字符号等等以便日后再现，她们的潜力远较男子发达，因此，意义识记对女子更为重要。

　　另外，意义识记能增加人们的兴趣，提高人们对学习内容的感情。行为神经学的兴起使人们注意起感情和情绪对记忆力的影响。人们在智力劳动中情绪越好，情感越浓，与书本知识的交流也就越愉快，知识的流通量也就越大。当情绪强烈到一定程度，大脑中的"快感机构"便大开绿灯，涌溢出强大的智能劳动的源泉——本能识记与无意识记，此时，感觉器官输入的信号就变成强度足够的生物电脉冲在大脑皮层上进行强录磁，形成永久记忆，叫人过目不忘：幼儿对黄连的苦味会永生不忘，人们对外形极端美丑的最初一瞥也会终生难忘。总之，爱之越深，识之越速，记之越牢，现之越易。

　　记忆中要注意意义联系，防止意义联系受阻。大多数的记忆都取决于事物本身的相互关联性。要善于把接收到的新信息同头脑中原有的信息有机地结合起来，使之具有立体感、色彩感。一个人的经验能帮助提供线索给人启发，再加上适当的有色彩的描写，能使记忆更为牢固。恩格斯就非常善于从外语范文全部内容的整体联系上认识和掌握语言的规律性；并且，他还对各国语言的不同语调特点，展开了丰富形象生动的联系，他说：意大利语像徐风一样轻柔缓和，西班牙语似微风吹过树林时飒飒作响，葡萄牙语犹如波浪轻拍着有鲜花和草地的快活的海岸，法语恰似泉水汨汨流出的急湍，荷兰语如同含着烟斗一样舒适。

　　总之，意义记忆是一种帮助人们记忆的艺术。机械记忆不免使人有"记性老了"的时候，而在意义记忆方面，你的记性便会如同你的身体一样，越锻炼越年轻活泼，却不会像身体那样随年龄的增长而衰老。

人们往往把遗忘当作是记忆之"元凶"和学习之"大敌"，然而，学习却要求我们要学会遗忘。

遗忘有助于信息的优化，犹如淘金者的筛子；遗忘有利于接受新的信息，好比是"意义定格"的"新陈代谢"；遗忘能改善人的思维活动，使意义联系"重新组合"；遗忘还能帮助人们保持明快的心境，将大脑皮层上不愉快的"录磁"轻轻抹去，使人们轻松明快地进入新的领域、新的天地。正是记忆和遗忘构成的一对矛盾，促进了人类记忆功能的进展。也正因为记忆需要克服遗忘又需要借助遗忘，从而使遗忘成了记忆的一个秘诀。

当然，正如我们常把学外语当做是记忆性学习的一个典型，外语单词的记忆在所有的记忆中也可谓是一个特殊：它容不得半点的遗忘，无论是"哭着进去笑着出来"的英语也好，还是"笑着进去哭着出来"的日语也好；否则，"金子"会统统从筛子的网眼中漏去无遗。

七、论知识

Ⅰ 知识从哪里来的

正是知识，使人从万物中走出来，并且高出于万物的水平之上。可知识从哪里来的呢？按理说，这是一个不成问题的问题，而事实上却是一个最成问题的问题：人们自以为已经明白无疑，却不知正深陷谬误之中。

自古以来，中国便有"学而知之"和"生而知之"的对立观；与此相应，西方有以柏拉图和莱布尼兹为代表的"天赋""回忆"说，和以亚里士多德和洛克为代表的"感觉""经验"说。①

罗素曾把洛克看做是经验主义的始祖。② 实际上，知识来源于经验这一观点，达·芬奇和霍布斯等人都先于洛克。达·芬奇曾把经验看成是一切可靠知识的母亲，而把一切不是从经验中产生、也不受经验检验的学问统统斥之为是虚妄无实、充满谬误的。③

不错，人的两重信号系统可以帮助人们从经验中获得和积累知识；然而，经验是知识的唯一来源么？"回忆"说就没有一点合理的因素吗？若果真如此，我简直不敢想象，我们每个人是否能够在短暂的一生中经验或间接经验到人类几万年、几十万年所积累下来的知识，否则，他们又何以能超越前人，有所发明，有所创造？

迄今为止的生命科学的研究让我们知道，与发育、进化相并列的生命运动三大基本表现之一，是遗传，它反映了生命运动的传递过程。

1961 年，克里克等人确证：DNA 长链上的核苷酸三个一组地组成遗传密码；在遗传密码中储存着遗传信息；遗传实质上就是遗传信息的传递。遗传信息的全部内容由密码表示。1967 年，尼伯格等人编出了密码字典，人们便以为可以不费

---

① 参见《西方哲学原著选读》上卷，商务印书馆，1983 年版，第 8、495、269、450 页。

② 见罗素，《西方哲学史》下卷，商务印书馆，1982 年版，第 139 页。

③ 见《西方哲学原著选读》上卷，商务印书馆，1983 年版，第 309 页。

力地读懂遗传信息这部神奇的大自然的"天书"了。

然而，我怀疑，人们是否太容易满足了：他们仅仅译出了生命体遗传基因里面的生理遗传密码便感到万事大吉了。但人类的生命体是由生理和心理两个方面有机合成的，有谁能断定在人类生命体的遗传基因中，不含有智慧遗传密码呢？有谁能证明，在这种智慧遗传密码中，不蕴含有遗传知识信息，不储存有前人已证实了的原则和真理的遗传密码呢？譬如说人人都爱美；譬如说不证自明的两点间直线距离最短；又譬如说由于根深蒂固的民族意识，使侨胞在第二代、第三代中间仍可引起共鸣。

是的，我甚至怀疑，形如三叶草、被人们称为"译员"的 TRNA，是否是遗传信息的忠实而称职的翻译？或者它过于忠实，反倒让人捉摸不透？也许，我们根本就没有完全读懂那部大自然的"天书"，或者还没有找到知识遗传信息的"译员"，以致我们捕捉不到遗传密码中的知识信息和原则，白白错过它们那神奇的、奥秘无穷的显示。

洛克在他的《人类理智论》中说："一朵紫罗兰花，就是借这类具有特殊形状和大小、以不同的程度和形态运动的不可见的物质微粒的冲击，使那朵花的蓝色和香味的观念得以在我们心中产生。"①

但我不明白，为什么不可以说，"物质微粒"正是冲击了我们大脑中的遗传知识信息，使我们在回忆中获得了现实的知识和观念呢？为什么不可以说，知识来自于经验，是因为经验唤醒了潜在的遗传知识呢？

II 回忆和经验的综合

再一次读书思考，使我对经验主义者们的论述有了若干新的认识。

首先，我发现亚里士多德并非如莱布尼兹所说的"白板"（Tabula Rasa）论者。莱布尼兹曾用一块有纹路的大理石作喻，来说明他的"天赋"观。他认为，正因大理石本来就有纹路，表明它刻赫尔库勒的像比刻别的像好，就可以说是以某种方式天赋在这块石头里了，虽然也需要加工使这些纹路显出来，使它清晰。②亚里士多

---

① 见《西方哲学原著选读》上卷，商务印书馆，1983 年版，第 455 页。
② 见《西方哲学原著选读》上卷，商务印书馆，1983 年版，第 495 页。

德则在他的《论灵魂》中说："心灵所思维的东西，必须在心灵中，正如文字可以说是在一块还没有写什么东西的蜡板上一样：灵魂的情形完完全全就是这样。"①

用不着太多的理性努力，我们便能看出，他们两人的比喻实在有异曲同工之妙：当我们没有回忆时，我们的灵魂如同一块隐含文字的蜡板（或者如同一块有纹路的大理石）；当我们进行了回忆（亦即所谓的"加工"），则先天遗传知识（"文字"或"赫尔库勒像"）便浮现了出来。

我不知道，倘是亚里士多德听到了莱布尼兹对他的攻击会作何感想，恐怕会啼笑皆非的罢。其实，他早就认为，现实之于潜能，就如醒之于睡，正在看的东西之于闭着眼睛却有视力的东西……②

其次，我发觉洛克的一些认识未免过于武断，譬如，他否认一个瞎子有颜色的观念，一个聋子有关于声音的真切的、清晰的观念。③然而，海伦·凯勒却用她自身的体验说明："我们每个人都有一种智能，可以理解和接受人类自原始时代以来所经历的印象和情感。每个人潜在的意识里都还储存着原始时代青青的大地、淙淙的流水的记忆。即使是盲聋人，也剥夺不了他们这种从先代遗传下来的天赋。"④

假如一个盲聋人无幸获得后天的教育和学习，那么洛克便猜对了；而海伦·凯勒恰恰是后天的教育和学习，唤起了她对遗传知识信息中的音色的观念的回忆，于是，她便能像正常人那样真切地感受到世间的青山流水了。其实，这些观念的来源，正是洛克自己所说的除感觉源泉之外的另一个观念的来源：即他所谓的"内部感官"；并且，他所谓的"直觉知识"也可以说是一种对遗传知识信息的回忆和再现。⑤

皮亚杰把这种遗传知识信息中的原则和概念连同知觉一起，统称为在主客体之间起中介作用的"中介物"⑥；而罗吉尔·培根则将之称为在潜在状态和现实状态之间的"无区别的知识。"⑦

---

① 见《西方哲学原著选读》上卷，商务印书馆，1983 年版，第 152 页。
② 见《西方哲学原著选读》上卷，商务印书馆，1983 年版，第 139 页。
③ 见《西方哲学原著选读》上卷，商务印书馆，1983 年版，第 452 页。
④ 海伦·凯勒，《我生活的故事》，中国盲文出版社，1985 年版，第 100 页。
⑤ 见《西方哲学原著选读》上卷，商务印书馆，1983 年版，第 450、461 页。
⑥ 皮亚杰，《发生认识论原理》，商务印书馆，1981 年版，第 21 页。
⑦ 见《西方哲学原著选读》上卷，商务印书馆，1983 年版，第 272 页。

　　一个酝酿已久的设想在我头脑中渐渐生成：知识来源于回忆和经验的综合。

　　每个人自身皆具备遗传知识信息，有些是全人类共有且为公认的思辨和实践的原则，有些则是各民族相沿成习遗传下来的道德行为观念。这些原则是不能够证明的，也不需要证明，因为，在起源问题上"从来就没有什么绝对开端"，① 它是随人类的成形和发展而不断建构起来的。对一个人来说，他在思维过程中可能常改变自己的思维规律，但在他遗传知识信息中最基本的原则是不能改变的，前者是软件的规律，后者则是相对稳定的硬件的原则。

　　当然，遗传知识信息并不等于知识，它只是一种潜在的知识，它需要后天的实践经验加以唤醒、激发、调动、显示，否则，它永远是潜在的、沉默的，虽然有知也成为无知的了，诸如婴儿和白痴就属于具有遗传知识信息却是无知的一类。

　　实践经验一方面帮助我们迅速唤醒并证明先天遗传知识，一方面从大自然中汲取新的知识，我们人类的知识大厦便是在这两个知识源泉的基础上综合建立起来的。如果没有遗传知识信息，我们要在有限的人生中去获得人类千万年积累下来的知识，那不啻是一个"天方夜谭"；如果我们认为一切的知识都已经储存于我们的遗传知识信息之中，那么我们将不得不造出一个上帝，或者我们就是上帝。

　　我想我还须明确指出，所谓遗传知识信息，是随着生物进化而不断积淀和建构的结果，而不是人们把它们一同带到世界上来的。否则，我们只好肯定皮亚杰的疑问，也即"承认原虫和海绵在它们的遗传组织中已具有数的概念"了。为此，皮亚杰认为："一些最原始的阶段本身也总是以多少属于机体发生的一些阶段为其先导的……"②

　　遗传知识信息既不是在客体中，也不是在主体中预先形成了的，它是一个从原始到初级，从初级到高级的不断建构，其进化是在每天实践生活中以几乎觉察不到的方式进行，在不知不觉中代代相传。人们在实践过程中回忆和获得新的知识，并在综合中有所新的发明，新的创造，形成新的知识。一当这些新知形成了最简单最基本的真理后，会变成新的原则，以新的遗传密码形式积淀在人脑中，作为新的知识信息遗传给后代。如此循环，以至无穷，于是，人类的知识结构和智慧建构便日益变得丰富、发达和完善，人也就越来越爬上宇宙之灵的宝座。

---

① 见皮亚杰，《发生认识论原理》，商务印书馆，1981 年版，第 17 页。
② 见皮亚杰，《发生认识论原理》，商务印书馆，1981 年版，第 68、18 页。

这就是人类从低级形态向高级形态的进化。也只有在这个意义上，我们说知识是先验的才得以成立。

拉美里特认为，不仅人有天赋，动物也是有天赋的；他甚至认为动物还具有悔恨和感情。①

冷眼一看，此真乃荒诞不经，但细想想，也不是毫无合理的因素。老虎之所以凶猛，狐狸之所以狡猾，老鼠之所以怕人，主要的并不是因为老虎有强健的躯体，不是因为狐狸有灵敏的眼睛，也不是因为老鼠拖着长长的尾巴；老虎之所以为老虎，狐狸之所以为狐狸，老鼠之所以为老鼠，最根本的乃是由于它们也有着自己的脑袋，里面装着各自的遗传信息，即本能。这种遗传信息的作用支配着它们各显其本性。一只小狗不敢从桌上跳下去，它能预知跳下去的后果；牛为吃草它便径直向草堆走去而绝不会绕一个弯子；猩猩发现一堆火，便烤火取暖，虽然它们并不添加燃料。这些都被叔本华看做是本能性的意志的显露，②只是他并没有搞清这种所谓的意志恰恰是内在的遗传信息。

禽兽凭这种遗传信息延续各自种类的特性和本能，但这种遗传信息几乎只使它们永远处于纯粹凭先验而生活，它们不可能有思维，不可能有综合，不可能有教育，也不可能有证明的科学知识。因此莱布尼兹把证明有必然真理的内在原则的东西，当做区别人与禽兽的东西。③

动物的遗传信息也是在漫长的时间里进化起来的，但与人相比，其进化之缓慢使我们认为它几乎没有多大变化，且又没有能建构起像人类一样的理性思维的能力，于是，在这个星球上，它们只好永远凭本能而生活，永远屈从于人类的主宰。

III 天才与遗传

我们常可以听到类似这样的民谣："龙生龙，凤生凤，贼养儿子掘壁洞。"

当我们确认了遗传密码中含有知识信息之后，我们就面临着一个新的、不得

---

① 见《西方哲学原著选读》下卷，商务印书馆，1983 年版，第 117 页。
② 见叔本华，《叔本华文集》，百花文艺出版社，1987 年版，第 192 页。
③ 见《西方哲学原著选读》上卷，商务印书馆，1983 年版，第 495 页。

不做出说明的问题：天才是否取决于遗传。

答案是明确的：天才并非取决于遗传。正如我上面所说，遗传知识信息是潜在的，潜在的知识信息不等于一个人具备了知识。倘若一个人不努力进行脑力劳动和参与实践活动，那么，它的潜在知识信息永远处在隐含的、酣眠的状态，因而他也永远是无知的，与婴儿白痴并无二致。这正如一个朝朝暮暮躺在青草地上的人永远等不来灵感一样。

再者，遗传知识信息是千百万年来知识积淀的结果，所遗传的知识信息当是最根本、为大众所共知公认的普遍原则。每一点滴知识信息的积淀都要经过几代、几十代人才能形成遗传密码。所以，一个由于缺少学习和教育机会的文盲，并不妨碍他将先辈遗传知识信息遗传下去；一个凡人的遗传与一个伟人的遗传并无多大区别。故此，遗传只能看做一个人天赋的重要因素，却不成为天才的决定因素。

一切期望通往成才之路的人，都应当记住弗兰西斯·培根的如下告诫：既不做蚂蚁式的经验主义者，也不做蜘蛛式的理性主义者；而应当走蜜蜂的道路。蜜蜂从花园和田野里面的花采集材料，但是用它自己的力量来改变和消化这种材料；它既不是或不主要是依靠心智的力量，但它也不是从自然历史和机械实验中把材料收集起来，并且照原来的样子把它整个保存在记忆中。它是把这种材料加以改变和消化而保存在理智中，最终酿制出它的蜜来。①

只是弗兰西斯·培根尚不清楚，人有比蜜蜂更伟大、更精灵之处：他还可以从自己的遗传知识信息中采集材料。

---

① 参见《西方哲学原著选读》上卷，商务印书馆，1983 年版，第 358 页。

八、论科学

I 科学的过去

多少思想的先驱，多少代优秀杰出的人物，经历了多么漫长的蒙昧洪荒岁月，跋涉了多少曲折而布满荆棘的不毛之地，付出了多少血汗和生命的代价，才将人类一步步导向了科学之路，把光明灌进迷途羔羊们昏暗的心中，把人从被大自然奴役的地位跃升到改造自然的主体地位上来。

科学最初起源于宗教、神话和幻想，科学的发展亦往往从迷信中获得原料：占星术中包含着天文学，炼丹术联系着化学。然而，宗教迷信却又迫不及待地要回过手来企图扼杀这个受过它乳汁哺育的逆子，因为它容不得这个离经叛道、异端邪说传播者的存在，它预感到自己原先受万民顶礼膜拜、俯首归顺的地位受到了空前挑战和威胁。

于是，一旦科学从哲学的母体中分离出来，便以它那大无畏的革命精神与宗教神学展开了勇猛顽强的搏斗。它仍然从宗教神学中汲取乳汁，不过不是把它当做养料，而是当做毒药来汲饮。

科学在十七世纪取得了极其雄伟壮丽的成功。从此，以往无所不能、无所不在的教会的地盘一点一点地被科学所包围，所割据，所吞没；教会从它凌驾一切的天国宝座上跌入了尘世草地。

但是，科学并不就此坦途无疆、一帆风顺了。揭示迷信的骗局和宗教的虚无固然非易，但要排除谬误的干扰，承受人类由于自身无知、由于自身种种的目的所造成的非难、怀疑和反对更难。至今还有人把科学看成是道德的恶敌，看成是导致现代社会条件下苦难与罪孽的根源。科学仿佛成了一旦从瓶子里放出便不可收回的妖魔。

于是马克思号召人们：必须根绝一切犹豫和怯懦，因为科学的入口之处恰好比在地狱的入口之处。① 而且，科学的出口之处亦并非就是地狱的出口之处，因为

---

① 见《马克思恩格斯选集》第二卷，人民出版社，1972年版，第84页。

它并非一定就此摆脱地狱步入天堂，它很可能成为地狱的另一个入口。

至今依然如罗素许多年前指出的那样，在宇宙中，科学不过是无知的茫茫大海中的一个小岛。[1] 科学的大陆正是由这一个个小岛连片而成的。但周围仍是一片汪洋，还有比海洋更浩瀚无边的宇空的包围。科学想要超脱这个包围似乎是不可能的，它只能尽量地扩大自己的地盘。"对于已有的科学加以把握，使它成为我们自己所有，然后进一步予以发展，并提高到一个更高的水平。"黑格尔将之看做他那个时代的使命和工作，我们则把它看做是每一个时代的使命和工作。[2]

任何一门科学总不可能最终完善，因此它总是处于不断建构的过程之中。人类不可能一下子全然打开科学奥秘的大门，那样我们反倒会手足无措、茫无目标了。科学奇伟的宫殿之门总是一点一点向人们开启，不断地从缝隙中飘逸出缕缕神奇的幽香，诱导着人们不断深入、寻根究底。可人们越是深入，便越感到它的阔大无边，了无止境，且又错综复杂，奇伟绚丽，其魔角 [3] 真是魔力无穷。

牛顿曾把自己喻为在海边拾贝的孩子。以往，人们总把它看做是伟人的谦虚；实际上，牛顿对于科学无比广阔的前景的预见，以及他激励和引领着人们深入科学的浩渺领域之中去探索，要比他的"三大定律"意义更深远和伟大。

Ⅱ 科学的未来

未来是一个时间概念。大家都还记得，改革开放之初，我们这个一贯擅长于闭关自守的国家的国民们的观念意识不由自主地受到了"第三次浪潮"不大不小的冲击。托夫勒说，在第一次浪潮的社会中，时间被看做是循环的，周而复始；第二次浪潮则把时间拉成了一条直线，一头可以无限地回溯到过去，一头可以无限地延伸向未来；第三次浪潮，则使时间在观念上发生多样化。时间再不会像时针那样一分一秒地均匀地向前飞逝而去。它可以反卷，弯曲，静止，倒流，甚至还可能有复数的时间概念。

---

① 见罗素，《西方哲学史》上卷，商务印书馆，1982 年版，第 5 页。

② 黑格尔，《哲学史讲演录》导言，商务印书馆，1959 年版，第一卷第 9 页。

③ "魔角"一词出自希腊神话，是一山羊角，内有乳汁供喂宙斯，角内乳汁可随人意而自行充满，是丰富的象征。

在时间观念上，我倒宁愿相信耗散结构理论所提供的论据：时间是一维的，单向性的，不可逆的。

无疑地，耗散结构的时间观向我们表明：机不可失，时不再来。人类永远乘坐在飞驰向前的时间的列车上，接受着时间的严峻考验。有关研究表明：人类由原始社会转入农业社会花了几千年，由农业社会向工业社会的转变花了一百年，而现在工业社会向信息社会的结构改革只用了二十年。时间越来越咄咄逼人！随着社会形态的变化，人们的时间观念也在跟着而变：农业社会人们着眼于过去，工业社会人们着眼于现在，而信息化社会的人将着眼于未来。[①]

我听到国内一些永远喜好赶时髦赶潮流的人在大喊特喊：要面向未来！但在我看来，我国尚属从农业化社会向工业化社会过渡的阶段，现在比未来更重要，倘若光顾着着眼于未来而丢弃了现在，则未来便永远只是个"未来"。当然，另一种倾向亦应避免，尤其在政治和科学的领域内，我们的战略眼光必须目及未来，否则，当我们自以为进入到未来之中，别人却早已成为了过去，我们就只能永远疲于奔命在真正未来的后面而不达。

当代物理学的发展，极大地扩展了人们的视野。今天，人们对宏微观两个世界的认识，其时空尺度已相差达 40 个数量级以上。二十世纪以来，诺贝尔物理学奖大部分授予了这两方面所取得的研究成果。

然而，物理学还远未臻于完善，迄今为止，它在研究越来越复杂的物质结构和高级的运动形式方面尚裹足不前；它研究的还只是那些无生命、无意识的、机械硬性的东西，还没有把生物学，尤其是生命科学整合到它自身中来。

所谓物理学，应当是关于宇宙物理的科学，而生命体亦是宇宙间物质的一种，因此，生命运动规律的科学，应当归属于物理学。现今的物理学只有将现今的化学和生物学整合到自身中来，将宇宙当做一活的有机整体来加以考察研究，物理学才有可能出现革命性的飞跃。

是故，物理学应当面临的最关键的问题是：大宇宙之生命与小宇宙之生命（人）的关系如何？

可以预料，对于人的生命运动的研究，将来必然集中在如下三个方面：记忆，

---

① 约翰·奈斯比特：《大趋势》，中国社会科学出版社，1984 年版，第 23 页。

思维，脑中枢神经与人的行为、心理、情感的联系。换句话说，未来之物理学最重大最有意义的研究，必然是着眼于人的这三方面与宇空间物质运动规律之关系上。

我们知道，单就地球而言，它本身就是一部巨大的地质历书，在它身上蕴含着自然界和人类生命的一切信息遗迹，它可以把人们的认识境界导向人类史前的无限遥远的时空。只是至今，有许多的信息尚未获得，有许多获得的信息又使人们困惑不解：譬如秘鲁的帕尔帕谷地，存在一个沉睡数千年的形似跑道的地带，还遗留一幅由一条条槽构成的回环蜿蜒、绵亘无际的"图画"。

但愿有这么一天，人们能根据宇宙间这些贯穿着亿万年的遗传信息，逐步探索出自身生命的真实，进而确认自己在这个茫茫宇空中尚属虚无的地位和作用，尤其需知道的是：人类是孤独的，还是存在着竞争伙伴的？

自从毕达哥拉斯的"万物都是数"的命题中产生了数学以来，数学几乎成了众所瞩目的科学王子。但人们弄不明白的是：数学虽然是奠基于极少数内容相当贫乏的概念或公理之上，为什么却这样富有成效呢；尽管数学具有建构特性，这可能成为不合理性产生的根源，但为什么数学具有必然性从而保持着恒常的严格性呢；尽管数学具有完全是演绎的性质，为什么数学跟经验或物理现实是符合一致的呢？①

可谁曾料到，半路杀出个程咬金来：哥德尔给予上述三个过于乐观的问题当头棒喝。他的研究成果不得不使数学家们痛苦地意识到，在严密的数学理论体系中也存在着漏洞。当罗素在为自己的"理发师悖论"洋洋自得时，哥德尔却指出他的《数学原理》本身同样存在着悖论。"怪圈"成了逻辑和数学中无法驱除的幽灵。以往一直被人们奉为万能的、神圣的数学，一下子从天国坠至人间尘世——原来它也不是完美无缺的。

人类科学理论的基础——数学大厦面临着崩溃的威胁，这意味着什么呢？也许，这意味着人类的科学理论体系要从零开始，许多优秀的理论家们在不遗余力地进行着补救。可能我头脑过于简单了罢，反倒不像他们那样惊慌失措。我在想，图画和音乐中也存在着所谓的"怪圈"问题——如埃舍尔的画"升降"，及巴赫的"音乐的奉献"中的卡农技巧——那不过是因为观众和听众的视觉和听觉的错觉罢

---

① 参见皮亚杰《发生认识论原理》，商务印书馆，1981 年版，第 78 页。

了；那么，《数学原理》中存在的"怪圈"，是否也是由于逻辑推理上的错觉引起的呢？

我甚至还有点幸灾乐祸：因为我并不迷信数学有那么神奇的作用。一张纸，一支笔，一个脑袋……真让人怀疑那不过是一种数学游戏，并不比稚童数冰棍的游戏高明到哪里去。自然，我们绝不会相信与数学相符合一致的自然规律和物理现实是存在于纸笔之中的。那么，它存在于数字之中吗，抑或是存在于人脑之中？比较而言，我倒宁愿相信它是人脑的功能。

如是，我们又何必要苦苦去为数学拯救亡灵呢？当有一天，数学大厦崩溃了，我们不妨为它挽歌一曲，因为我们心里清楚：数学山穷水尽了，并非等于人类科学理论基础跟着走投无路了，人类聪明的脑袋，还会产生出比数更美妙、更神奇的东西来，自然科学以及人们的观念行为，会因此而焕然一新，别有洞天。

是故，数学之研究，就不仅仅是纯粹数字加逻辑的科学研究，它应当像物理学那样，把生命科学整合到自身中来。

事实上，在自然科学中重视生命科学的研究，人们早已付诸于行动，天上的飞机，水里的游艇，皆是仿生学的馈赠。但如今智能机器人发展之神速，又使一些忧国忧民之士对科学的未来和人类的未来产生了深切的忧虑和不安。为此，我们不妨看看下面的对话。

A君：想想科学、未来、人类，真叫人有点不寒而栗。我仿佛有一种预感，在不久的将来，人将成为机器人思想家的玩物或害虫，成为它们低级发展形式的回忆，保存在未来的动物园里。这也就是说，人最终实现了人的异化……

B君：不可能！请问：万能的上帝能造出一个万能的东西来吗？我们既承认人非万能，那么结论更加不言自明了。

我承认机器人在局部上会胜过人，如机械记忆、反应等，但这不能说机器人超过了人本身，正如马比人走得快，狗比人嗅觉灵，便说马和狗胜过人一样是可笑的。

机器人再进步，也逃不过只是一部机器的命运，永远无法具备人所具有的思维、性格和情绪，永远讲不出富有诗意和崇高的语言。"长空的明星"是什么？是太阳。"心爱的寂静"是什么？是和平。"我们生命的春天"是什么？是青春。普希金曾写道："这盏天际的明灯，我们把暮色苍茫的漫步，还有眼泪，暗自的苦恼的欢乐，统统奉献给她 ①。"机器人永远猜不出"她"是谁来。

机器人不但理解不了比喻，碰上换喻更叫它抓耳挠腮。对比喻的理解基于现象的相似之上的，而对换喻的理解却是要基于对象的各种内部和外部的联系上，它能把一般概念转换成具体表象或形象。比如，我们可以不说"但丁"而说"《神曲》的作者"；我们不说"搬家具"，而说"搬家"或者"搬房子"；当有人对我们说"把普希金拿来"，"给我普希金"时，我们会不假思索去取来《普希金抒情诗选》或者《普希金童话诗》。可你倒试着去跟机器人说说看，它要不是不停地回答：what？！便是说：不幸逝世（或沉痛悼念）。

A君：可是，我想你也略晓如下事实，现在，人脑的进化相当缓慢，而电脑的进化却以惊人的几何级数上升。如今，机器人已经能惟妙惟肖地画出蒙娜丽莎、画出山口百惠；它已经会自己谱曲、写小说，并能与国际棋类大师对弈。

这些事实不能不引起我们的震惊，我们的不安。请你想一想：当人们沉醉在自己的知识爆炸、科学突飞猛进的时代，是不是也在为自己制造沉重的镣铐和囚笼？当人们绞尽脑汁发展机器人来为自己服务的时候，会不会在不知不觉中一步步由主人沦为奴隶？有没有可能在我们这个星球毁灭之前，我们便早已为自己掘好了坟墓？

B君：你的问题确实值得深思。但也只要深思一下，我们反倒不会再杞人忧天了。不错，机器人写小说谱曲，但请问，谁是真正的创作者呢？是人！机器人不过是创作的工具罢了。我笃信，无论机器人棋师多么出色，总会有比它更高明一筹的人类棋手来击败它。象棋大师脑子里的棋局不是以每个子的位置组成，而是以子的相互关系而形成的块组成的；他不仅可以像机器人那样根据每一步去分析局势，而且可以从更高端层次去理解和把握。因此，在任何一种形式系统中，人的思维总要比机械思维更胜一筹，因为人总在这个系统之外。

是的，机器人可以改进自己，可以"反省"自己，但它不能超脱自己，不能超脱人给予它的指令，因为它不可能像人那样具有自我调节的能力，不能构成自组织系统。生命系统中的生物大分子结构上的高度有序，大大提高了自身的组织化程度，这是非生命系统所望尘莫及的。机器人的智能是机械—物理过程，它永远说不出一个自己想说的词语；而人类智能是复杂的生理—心理过程，大脑思维

---

① "她"指月亮。

是用一种灵活的、内涵的方式来认识和反映世界的。

　　电脑可以模拟人脑，而且从目前来说速度的确是相当惊人。但到了一定时候，到了人对自己的脑结构和功能也模糊不清的时候，电脑模拟便会日趋减速，它只能无穷地渐近，却永远达不到；正如人可以无限地认识自己，却永远不能超脱自己。如果有这么一天，机器人超越了现今意义上的人类，那么，无疑的，那时的人类必已有了一个质的飞跃，一如人猿变成人的飞跃。不过那时候，人仍是机器人的上帝主宰。

　　当然，人类自身也有软件和硬件之分，比如我们的四肢、躯干，以及脑壳结构皆属硬件，它们将进化（抑或是退化？）成什么样子我们无从预料，总之我们不可能人为地使其变得更加机灵，不可能将信息贮存量超过大脑的本身负荷。但我们可以不断改进我们的思维模式，控制自己的思维过程。这种改进在我们创造机器人的同时得到了有益的反馈，并且有希望在智能环境的改变过程中，使我们的大脑物质组成和化学性质得到更深一层的进化；有希望我方才的假想魔术般地变为现实——这就是人本身产生一个飞跃，由人变成超人。

　　C君：我说几句。我并不担心人造机器人会超过人自身，但我也不排除它可能给人类造成的威胁，而且威胁是巨大的、毁灭性的。你们想想，科学让人们可以制造出毁灭整个地球人类的武器，虽然它控制在一小撮人手里，但绝大部分人的生命却置于这种毁灭性武器的威胁之下。谁又敢否定，除一小撮军事独裁和政治寡头之外，这个地球上百分之九十九的人不会在某一天成为机器人的奴隶？！这委实是一种人的异化，但它绝非机器人的过错，而是我们人自己一手策划和造成的，是人的自我异化。因此，这种悲剧人们是可以避免上演的；但弄得不好，它又最不可避免成为现实。

Ⅲ　科学方法论

　　赫尔岑曾把科学比作枝叶茂盛的树，比作器官和机体相互依存的生物。他说："科学是一个整体；正如没有两个宇宙一样，也没有两个科学。"①

　　科学理论的整体化、系统化特征，是现代科学自身历史发展的必然结果。在牛

---

① 　见《西方哲学原著选读》下卷，商务印书馆，1983 年版，第 512 页。

顿时代，人们主要是各别地研究不同物质运动形态。十九世纪，开始了宏观领域的理论综合；二十世纪，科学跨入微观领域，在分门别类研究之始就出现了更高级的综合化趋势：宏观、微观、宇观之间，各门自然科学之间，科学与技术之间，自然科学与社会科学之间，一个个科学综合的小系统组合成为整体立交的科学大厦。

科学研究离不开严密的逻辑结构。试以本国科学研究为例。我常听人这样问道：中国作为四大文明古国之一，为什么至今未能建立起系统的科学大厦呢？我想，除了政治、经济、军事等种种原因外，最主要的是思维方式的不同。

中国自古以来的思维方式是意会、体验、顿悟、参透，缺乏一个像西方那样的严密的中间逻辑结构，这就决定了很难有继承性、理论性和系统性。譬如绵延至今的中医，流传下来的只有经验记录式的例案，而缺乏解剖和分析；中国古天文学很发达，然而亦仅限于经验记录，没有严密的逻辑结构以形成科学体系。

当我们把眼光指向各自的文化起源，我们就可大致看出中西方思维方式之不同的根源了。西方古希腊文化最早起源于克里特岛，其居民的主要生活方式是航海，与惊涛骇浪搏斗。出于求生的本能，他们既对大海深怀恐惧，又决心要征服它。因而他们需要有勇敢无畏、不惧艰险的气魄来对抗自然界的凶暴，需要有可靠的信息、分析、对策来应付大自然的变幻无穷。生存在中国大陆上的居民，则没有凶恶的大海的威胁，面对喜怒无常的“天老爷”产生了敬畏之心，每每总要事先祭祀一番，祈求大发慈悲、风调雨顺。对冥冥中天神的虔诚、敬畏转移到下界，便是对天子的臣服、顺从，因而使他们显得既无斗争精神亦无个性。对自然的人间和人间的自然，极少去怀疑去质问，而是殚精竭虑地去意会、体验和猜度；久之便形成了光凭意会而不求逻辑的思维方式；几千年来宝贵的经验和丰富的知识终于只是一盘散沙。

其实，在科学上，意会是比逻辑推理更高层次的把握；但若缺少了严密的逻辑中间结构，意会则往往似流星，似朝露，亦似海市蜃楼。

搞科学固然要排除诸多的干扰和假象，譬如弗兰西斯·培根所说的扰乱人心的“四假象”①之类，这自不必多说。然我们也须得学会识别真相，并从真相中汲

①　弗兰西斯·培根所说的扰乱人心的“四假象”分别为：“种族假象”、“洞穴假象”、“市场假象”、“剧场假象”。见《西方哲学原著选读》上卷，商务印书馆，1983年版，第349页至351页。

取规律要素并驾驭它。黑格尔认为，只有活动的东西才有内驱力，自然没有内驱力。他恰恰忘了活的东西不过是构成自然的一部分，自然律便是自然的内驱力。自然若是没有这种内驱力的话，人便成为凌驾于自然的上帝了。自然的这种内驱力是不以人的意志为转移的，便是太阳之子法艾东①亦不能为所欲为。

"要命令自然就必须服从自然。"归根结底，科学既不能创造一个自然律，也不能减少一个自然律；她力所能及的，无非就是从自然中发现这些规律，将散在的诸自然律因素设法集拢来形成一科学问。

科学发展到当今，所谓真相人们更多的是从信息中攫取，人们在接收和处理信息中便形成了科学创造。信息是科学从未知通向已知的中介，又是科学从已知通向未知的中介，它同此岸与彼岸的科学对象和运动过程有着密切的联系。人们正是借助于植物内金属含量测得的信息寻找地下矿藏；又通过攫取外星体发射到地球上来的宇宙射线获得宇宙知识。

如果我们说：母亲会妒忌自己的儿子，这自然是玩笑。然而，不知从何时起，哲学确是怀着妒忌和惴惴焉不安的心情对科学之子加以侧目以待的。它日益感到了科学的年轻气盛，活泼沛然，而又那么卓有成效；于是更叹息自己仿佛已老态龙钟，对世态炎凉、人心不古深怀忿怒。

诚然，此实在皆是那些病态哲学家的失望悲观。真正的哲学，它必为自己是学问之母而感到自豪，为产生出光荣的科学之子而感到骄傲。它知道自己的生命在科学身上得到了延伸并大放异彩，同时返照自身使自己更显得丰富和崇高。

说到底，哲学和科学，它们不仅是母子关系，还是相互依存、相互合作的伙伴关系，因为正如赫尔岑所说：哲学脱离科学就会陷于抽象，科学脱离哲学就不免葬身于事实的深渊之中。②科学研究的对象是自然和生命，哲学研究的对象是人和命运；他们之间成功的配合才是人类真正伟大的鹄的和激动人心的杰作。

我们不妨从另外一个角度来观照一下。我们知道，科学并不等于真理，而是真理的接生婆。假如我们把"真"当作是科学的研究之目的，而把"理"当作是哲学研究之目的的话，由于"真"离不了"理"，"理"亦离不了"真"，于是，科

---

① 法艾东为希腊神话中太阳之子，他驾驭太阳车不得法，险些将全宇宙付之一炬。
② 见《西方哲学原著选读》下卷，商务印书馆，1983年版，第512页。

学与哲学之间的关系便是一目了然的了：两者实乃藤与果的关系呵！

IV 科学与道德

狄德罗曾把科学的广阔园地看做是一个既有阴暗也有光明的广大的原野；他说那些属于创造性天才的人扩大明亮的界限，那些属于改善性智慧的人则是增加光明的中心。①

纵观科学发展史，除那些成名的、实用的发明创造外，许多伟大的成果尚一下子无法分清是拉大了光明的界限，还是增加了光明的中心。他们的成就虽然无疑也是科学体系必不可少的一环，但并不与他们所处时代的科学技术紧密衔接，因为他们往往是超越时代的，需要若干年甚至若干代后，其神奇的光华才会呈示于人类，得到人们的认可，甚至不得不回过头去为他们平反。

亚历山大·金指出："历史的证据表明，没有什么发明是由那些必须把全部精力用于克服生存的直接压力的人们做出来的。……只有摆脱需要的影响，才产生了实际应用所必需的知识。"科学研究并非总是为了当时的种种利益和目的，因而科学家应该多一点独立研究的意识，少一点参与意识和功名之累。罗素认为在创立科学方面，有四个不同凡响的伟人：哥白尼、开普勒、伽利略和牛顿。在他们身上都并存着两种长处：作观察时万分耐心，设假说时有大无畏精神。②不盲从于偏见，不屈从于权威，一心只为着追求真理，便是这四个伟人的共同特点，也是使他们成其伟大的优秀品质。

在牛顿之后，站上科学巅峰俯视万物的爱因斯坦亦是如此。他曾在一封信中说到，他从事科学研究完全是出于一种不可遏制的想要探索大自然奥秘的愿望，这种对科学的兴趣是与他酷爱正义，并竭尽全力为改善人类境况而奋斗是互不相干的。③

但我们亦须注意到，科学发展到今天，它在造福于人类的同时，又为毁灭人类提供了条件。地球上不再仅仅是永无停止地响着枪炮之声，并且已经笼罩着原子弹、氢弹，乃至更可怕的毁灭性武器的威胁的阴影，这恐怕是潜心于探索宇宙

---

① 见《西方哲学原著选读》下卷，商务印书馆，1983年版，第155页。

② 见罗素，《西方哲学史》下卷，商务印书馆，1982年版，第44、46页。

③ 见杜卡斯·霍夫曼，《爱因斯坦谈人生》，世界知识出版社，1984年版，第23页。

奥秘的科学巨匠们所始料未及的罢。

拿破仑在这一点上较希特勒聪明，就是他喜欢吹嘘自己如何保护科学，"让驴子和学者走在中间"，这是他在一次战斗之前发布的一道有名的命令。他之所以如此地喜欢同科学家说话，表示好感，并经常给予一些恩惠，乃是为了他的政治和军事的目的。他要求科学家有实际的成果，为促进他的"帝国的荣誉"服务，亦即为他的军事独裁和战争目的的服务。①

而今，科学被利用来对付人类和威胁人类已远过于"第一执政"和"第三帝国"时代，如若科学家们还只单纯地出于探索大自然奥秘的美妙愿望，而不与道理和信念的力量结合在一起，那么，人类的未来就是无法预测了。

这一点，但丁早就警告过人们，他说："智慧如若和恶念、和蛮力在一起就没有一个人类可以生存了。"②

公正地讲，科学给人类带来了福利，同时也可能给人类带来灾难。但我们赞赏科学的好处，却不能把过错强加到它身上：因为，如果说发生灾难，那也是人类自己造成的；如果说导致悲剧，那也是人类一手导演的。

不管怎么说，科学总是在以它那无坚不摧的威力日新月异地发展着。今天是先进的或神圣的东西，明天也许会过时到无人问津的地步；今天还极力炫耀的前沿科学成果，明天也许会成为博物馆里的展品。但无论什么时候，无论科学进步到何种程度，正当的和未来的科学工作者们皆应牢记：你是地球的公民，是人类的一员。你所从事的科学研究每前进一步，都应当是为增添这个世界的美好，为生存于斯世的人类造福。

在科学研究中，我们提倡少些参与意识，是为了能够潜心事业；我们提倡多些独立个性和人格，是为了坚持真理和正义。责任心和使命感，这实乃每一个真正科学工作者所不可缺少的呵！

一个不关心祖国前途和人类命运，仿佛游离于人世之外研究科学的人，纵然他的成果再大，作为人的价值也是残缺不全的，人们不会把他列入伟人之册。惟有那些为了人类共同的和平、繁荣、幸福而忘我工作的人，他的名字才会因着他的业绩与世并存，与日月同辉；而人类的未来，正是寄托在这些人身上。

---

① 参见《第三帝国兴亡》(上)，世界知识出版社，1979 年版，第 352 页；《拿破仑传》，商务印书馆，1976 年版，第 48、100、106 页。
② 但丁，《神曲》，人民文学出版社，1982 年版，第 146 页。

九、论哲学

Ⅰ 哲学是什么

　　哲学何以有如此迷人的魅力，使得人们自古至今穷追不舍呢？是不是因为在人们知道得最少、涉足者最寡的地方，人们最可以故弄玄虚、卖弄博学呢？

　　也许，那些浅薄而又自命不凡的哲学家确然如此。但还是让我们听听真正的哲学家是怎么说的吧。亚里士多德把哲学看作是唯一的一门自由的学问，研究它有助于人们摆脱无知；① 狄德罗说，哲学企图通过实验和思考这两根杠杆，去推动世界；② 黑格尔认为哲学是理解自己、解放自己的精神活动；③ 卢梭指出，哲学研究提供一条锁链，使所有的学科都跟共同的原理联系起来，一个接一个地发展；④ 而罗素则认为哲学教导人们在不能确定时怎样生活下去，而又不致为犹疑所困扰。⑤

　　休谟还告诉我们，每当他倦于娱乐和交往，蛰居室内，或者独步河边，一意沉思的时候，他的思想便完全集中在内心深处，进行起哲学深思；如果不这样他便会感到自己愉快上损失很大。⑥

　　是的，哲学就是这样一种东西：他让我们独处时能够沉思，激动时得到冷静；他使我们年轻时更显成熟，年老时变得富有生气。并且，它还教导我们如何在生活的挫折面前充满自信，如何在千百条蜿蜒小道中择取捷径；又如何从小小的贝壳里听到微波或惊涛之声，如何在万籁俱寂时辨识出历史的召唤和时代的强音。

　　然而，我们似乎还是不甚明了：哲学是什么？

---

① 见《西方哲学原著选读》上卷，商务印书馆，1983 年版，第 119 页。
② 见《西方哲学原著选读》下卷，商务印书馆，1983 年版，第 157 页。
③ 见《西方哲学原著选读》下卷，商务印书馆，1983 年版，第 437 页。
④ 见卢梭《爱弥尔》上卷，商务印书馆，1983 年版，第 224 页。
⑤ 见罗素《西方哲学史》上卷，商务印书馆，1982 年版，第 13 页。
⑥ 见《西方哲学原著选读》上卷，商务印书馆，1983 年版，第 532 页。

霍布斯认为，哲学就在于我们利用先前的认识结果来为我们谋利益；① 黑格尔认为，哲学的目的在于用概念和思维去把握真理，因而他将之定义为对于事物的思维着的考察。② 不少人把哲学看做是一个科学方法论，认为它的问题始终没有超出古希腊哲学的范围，后人不过据此回答并给出不同的方法论而已。

另一些人则认为哲学始终是科学与诗的合成；它总是蕴含有某种朦胧的、暂时还不能为科学所把握所规定的东西，而这又与人的存在和本质、人生的价值和意义纠缠在一起的。

其实，这些观点都不无道理又都并不全然有理：因为它们都是片面的，无一不是从自身特定的时代和社会背景下提出来的。

哲学是什么？哲学的意蕴不仅涵盖了上述种种观点，它委实是宇宙间纷呈万象的内在联系的有机思考，或者可以说，它是真善美有机联系的一种思维的对象化运动。

正因此，它才成了人类一切知识之母；也正因为如此，它才是永恒的。不管我们这个地球多么年老，只要人类一息尚存，它总会出现迷人的新内容新问题要我们去思考，去解答。而我们所思考所回答的又只能是它的一个层次；从而，它体现出了人类知的执着和思的不懈。

哲学本身无所谓起点，当它达到最终结论时，也就回到了起点，从而形成了自己的"哲学圈"。黑格尔也是这么说的。③

哲学最初分离了自我与世界，它却以统一二者为其鹄的。古往今来的哲人们作着孜孜不倦的努力，寻找。但他们找到的无一不是过去失落了的东西，于是再失落，再寻找，形成了一个悠悠不绝的谜团和怪圈。

哲学之研究无非是无穷尽地划圈，它旋转着，旋转着，不断地有新的东西从它的身上离心出去。等到派生而出的许多学科都向着太阳上升了时，它自己仍在原地划圈，似乎仍然为零。它永不停止自己痛苦的思考，并忠实地为那些新生儿输送养料；像一个活塞，虽是来回重复劳作，却传递出了不竭的动力。因此，哲学堪称一位具有自我牺牲精神的母亲。

请允许我再问一遍：哲学是什么？

---

① 见《西方哲学原著选读》上卷，商务印书馆，1983 年版，第 383 页。
② 见《西方哲学原著选读》下卷，商务印书馆，1983 年版，第 384、374 页。
③ 见《西方哲学原著选读》下卷，商务印书馆，1983 年版，第 385 页。

也许，它就如同读书的目的一样，哲学自身发展的过程，就在于弄清哲学是什么的过程罢。

Ⅱ　历史的发展

我听到过这样一个寓哲理于滑稽之中的故事：一天，头戴哲学博士帽的堂·吉诃德骑士出发远征。他怀着为人类攫取绝对真理的信念，要去征服宇宙间一切大大小小的谬语。他第一个碰上的敌手是拖着长辫子、长着癞痢头的"革命党人"。经过一场混战，终于认出了原来是阿 Q 小子，不禁大为扫兴。最后，两路英雄都认为自己打赢了。假洋鬼子一边骂着"儿子打老子"一边悻悻离去；堂·吉诃德则继续骑着那匹瘦驴踏上征程。他觉得没劲：赢得太容易了，他希望能打一个举世震惊的大胜仗。谁知，第二次战斗更叫他丧气——他击垮的不过是一架老朽的风车。那风车竖在那里时还神气活现地溜溜乱转，谁知道这么不堪一击，顷刻间成了一堆废物。"好的，大炮轰苍蝇……"我们的这位光荣而骄傲的哲学骑士一边愤愤不满，一边俨然像个得胜将军似的向东而行。他干脆连瘦驴也不要了，他觉得瘦驴碍手碍脚。来到一座山脚下，手搭凉棚举目一看，但见山顶上也正走下来一条好汉，同他一样的装束，又一样的雄赳赳气昂昂。"嚯，谁如此大胆，竟敢假冒爷们？！"哲学骑士不禁怒发冲冠；但他转而一想，又觉得"此番来者不善，善者不来也！"他戴起了面罩，其妙用有二：一是再打个无名之辈，不至失了身份；二是借此添些神秘色彩，更显出骑士风度。谁知道对方也同时戴上了面罩——真是英雄所见略同。两人近前，喝！好一阵恶战！最后，那还用说，当然是我们的哲学骑士大获全胜。堂·吉诃德气喘吁吁地摘下面罩，睁大被汗水刺得发痛的眼睛一看，差点当场昏厥过去——躺在他脚下的竟是一堆镜子碎片。

有人这样谈论哲学，他说：整个哲学史显得像思想冒险家的乐园，或者像是各自为政的精神骑士们的战场，几乎难得有人不自称是唯一正宗的哲学，很少有人不将击垮的哲学贬得一钱不值。在他勇猛顽强战斗的时候，他充分显示了自己的生命力；可当他战胜对手埋葬敌人的时候，他的一只脚也跟着跨进了坟墓。后来者是无情的，当他们来收拾战场的时候，并不会因为你曾经战胜过而把你看作是一个胜利者。不！你同被你战败的敌人一样是一个毫无价值的精神奴仆；并且为了加证你的没有价值，他们会抬出你敌人的魂灵来祭奠一番，在悼词中不惜大加肉麻阿谀之词。

呵！这是一个多么残酷的精神战场，不幸的哲学骑士们一个个倒下去了，堆迭在思想的无底洞里腐烂、发臭——这些人类思想的牺牲品啊！真是这样的吗？少不了会有人点头首肯，他们谈虎色变，将此描绘得比下地狱还要阴森可怖；在表示深深怜悯惋惜的同时，也毫不掩饰地流露出幸灾乐祸乃至鄙视之心。

然而，他们错了！哲学史上，确实有那么些蹩脚平庸之辈，酷似上述的堂·吉诃德式的哲学骑士，他们只会给哲学圣坛带来一阵混乱，加添一些荒唐可笑的佐料；他们的思想会同他们的肉体一样很快腐朽消失。真正的哲学家，他们的思想是时代的光辉聚焦，是历史积淀的成果，只要人类不从这个宇宙内消失，他们的思想也不会从人类的历史中抹去；他们伟大的灵魂并不随他们的躯体俱逝。因为，每一个哲学体系都是人类思想发展的全体锁链里面的一环，每一哲学流派都是从某一角度来关照浩渺宇宙的某一个侧面；尽管意见分歧，总不失为哲学精神进程中合理的或不可缺少的环节。

开放在这个地球上的一切精神之花，它们有一个共同的根，这就是自古至今大大小小、粗粗细细、无数无数痛苦纠缠在一起的哲学。人类一整部哲学史也就是一整部思想史，是一系列高贵心灵孜孜以求所刻画下来的思想痕迹和英雄群像。它仿佛是一道洋溢着生命力的精神洪流，离开源头越远，也就越开阔、深邃。

一代又一代的哲学巨匠思考和批判着前人的哲学，同时又被后来者所思考和批判。宇宙的奥妙无穷，终点永不可企及，以及人生样式的复杂性，决定了哲学的纷纭和多样性；这种多样性过去存在，现在存在，将来永远存在，它只会随哲学本质的丧失而消失。谁若企图一统哲学，那他除非祈求于上帝而别无他途。

就一个哲学家而言，他是他的时代的产儿；就一个哲学体系而言，它是哲学史上必然的一环；任何想脱离时代，脱离哲学史的"纯哲学"的企图，就好比假想拔着自己的头发离开地球。

Ⅲ 哲学家的困扰

哲学和科学本是同出一源，一道诞生于公元前六世纪初期。[①]由于自然界的

---

① 参见罗素，《西方哲学史》上卷，商务印书馆，1982年版，第24页。

一切现象，生活中的一切境遇，无时不在张开偏见和谬误的大口诱我们迷陷进去，故而在初时，科学家们不仅心怀感激地从哲学身上汲取智慧的乳汁，还心甘情愿地听从它的教诲。

可是到了后来，科学渐渐地与哲学分庭抗礼了；它认为不必再像三岁稚童那样听从哲学那种空洞抽象的说教，这样自己倒活得更自在更有成效。双方从各自的立场出发来对待世界，它们都强烈地奢望自己能掌握全部真理，至少也要独占通向真理的唯一途径。在这种互不信任，乃至互相仇视的过程中，不可避免地产生出了许多的偏见。

而今，科学似乎主宰了一切，这个逆子，居然想把母亲踩在脚下，至少不愿认可自己曾受眷顾的历史地位：谁若提起这一点，它不仅会惊愕，甚至会感到羞辱。

痛苦是巨大的，挑战是严峻的。以往，哲学一直在自以为囊括了一切学科而昂首阔步；虽然一门又一门学科不断地从它身上分裂出去，但正如亚里士多德所说："其他的科学虽然比哲学更必需，却没有一门比哲学更优越。"①

可是到了现在，眼看着自己所生的许多孩子羽毛不断丰满，在天上飞着，自己却还在地上划圈，它才感到问题的日益严重，不禁自问：这究竟是怎么回事？

是的，也只有到了今天，哲学家们才感到了困扰。因为，它不仅早就失去了昔日令人肃然起敬的威风，而且差不多快成了跟在科学后边拎包的书童。

是到了反省一下的时候了！

也许，一些头脑简单的平庸哲学家们，埋头于哲学史的故纸堆中，然后抬起头来大声抱怨道：啊，哲学是多么的不幸！在它第二个伟大时期受了天主教会的冲击和支配，在它的第三个时期则受着科学的冲击和支配。②

但是，真正严肃的哲学家并不会满足于这种自我开脱式的、显得懦弱无能的解释，他们会在阵痛中深入、全面而细致地分析个中的原因。他们始终清醒地认识到：不仅是许多的学科先后分离出去，便是哲学自身，也越来越复杂繁多，五花八门，当初一统天下的局势是一去不复返了。

---

① 见《西方哲学原著选读》上卷，商务印书馆，1983年版，第120页。

② 第二时期指十一世纪至十四世纪，第三时期指十七世纪至今。

科学是踏实的，当它遇到一座山，它仰视了半天，便一步一步地往上攀。而哲学总是自视甚高，它只肯俯视而决不仰望；然它既不肯攀上高处俯视，就只好在平地上俯视自己内心的深渊了。

科学一直在行动。而以往的哲学却躲避在名词、语义的壁垒后面，致使稀有的几个明眼的哲学家也被拉下这座昏暗的迷宫。它们本来是可以凭着自己的聪颖独树一帜的，却跟着经院哲学家们去研究起"圣灵是男的还是女的"、"一个针尖上能站几个天使"；跟着自称是"第一哲学"的专家们去观察树木而无视森林，或者满足于成为一个一掬即破的泡沫漂浮在表面；① 要不然就像唯心主义那样，逃避在思想的空旷的领域里，建立一个思想的王国反抗现实世界，或者像唯物主义那样立足于"市民"社会。②

就在伊索寓言中的"天文学家"式的哲学家们喋喋不休、夸夸其谈的时候，科学家则在默默无闻地工作着，思考着，研究着。哲学很快地便得出了结论，大胆地宣布：光是分不开的。科学倾听着，在光的面前，一言不发地待上整整几个世纪，然后指着三棱镜说：它把光分解开了。

严肃的哲学家除了反省出上述种种存于自身的弊端之外，还不难发现另一种更为可憎的现象：一些哲学骗子将哲学作为为庸俗的政治及私利服务的工具，或者作为背弃真理欺世盗名的手段。在他们手里，连哲学的独立性都丧失无遗了，人类的理性之光更无从谈起。

Ⅳ 出路何在

哲学还能恢复它曾经有过的崇高的名誉吗？哲学是否还有权在科学中真正占据它完全可以利用的中心地位呢？

我倒并不那么悲观。条件是：只要它不再硬要对这种地位提出要求，只要它有勇气甩掉身上所有累赘无用的包袱，下决心克服自己身上所有日积月累的弊端；只要它在推理时不再陷入缠绕不清的抽象概念的迷宫，在用简练的语言表达时不再晦涩和怯懦。

---

① 此处皆指形而上学。参见《马克思恩格斯选集》第三卷，人民出版社，1972 年版，第 62 页；《西方哲学原著选读》下卷，商务印书馆，1983 年版，第 256 页。

② 参见《马克思恩格斯选集》第一卷，人民出版社，1972 年版，第 19 页。

不只如此，它还应当排除一切权威性的错误学说，排除一切宗教迷信的干扰；并且，从此不再充当诠释者角色的政治秘书，不再成为统治者愚弄人民的工具。因为，无论是教皇还是皇帝，对哲学来说，同是灾难的根源。

当之无愧的哲学家，其首要的也是最根本的素质是：他要有自己的思想。

在自然科学几乎与哲学平行发展的今天，哲学固然不能再自视甚高掉首不顾，却也不可从此变得如同一个拾穗者那样只是去捡科学的成果。

哲学应当与科学携起手来，事到如今再分什么母子未免有点自欺欺人了。精神与物质属于宇宙一体，分主客体只不过是为了让人分析方便起见。现今物理学和心理学都在致力于从两端合拢；这件伟大的工程最后理应由哲学来剪彩。

事情再清楚不过：当哲学有了科学的依傍，则会变得充实、踏实、证实；当科学有了哲学的后盾，则会不断出现新的方法、新的目标、新的视野，新的高度，它将不再会被现象所迷惑，为眼界所局限，而把自己的思维向无垠的宇空伸展。

哲学与科学结合还有一个深远的意义，就是它从此不再是一种蒙着眼睛摸索前进的思维，它将把思维变为行动。"真理的利益将要求那些思考的人终于肯和那些行动的人结合起来"，费尔巴哈就这样说过。

我们则希望哲学能通过与科学的结合及其行动，以达到超越自我和自我直观，使自己从抽象的概念、名词所缠绕的虚空中回到实实在在的丰饶的大地上来，回到生活中来，而不仅是满足于在自身中编织生活。

我同意罗素的话："追求一种永恒仍是引人研究哲学的最根深蒂固的本能之一"。① 但同时，亦应像黑格尔所说的那样，努力使哲学接近科学，丢掉爱智的称号，成为真正对人类有用的知识。②

当哲学放弃掉成为启示性的浮夸的奢求，实实在在地对真善美有机联系进行科学思考的时候，它实则最能给人类的一切精神活动提供启示，赋予我们一种昂扬振奋的精神的力和气概，将人类导向那永难达到而又无限逼近的永恒的顶点。

---

① 罗素，《西方哲学史》上卷，商务印书馆，1982 年版，第 74 页。
② 见《西方哲学原著选读》下卷，商务印书馆，1983 年版，第 361 页。

十、论真理

I 伟大的名字

呵，真理！你这个伟大的名字，将永远激荡着我这颗天真纯朴的心灵。我用不着看到你才爱你，便是在黑暗中漂流的冗长的岁月，便是在严冬冷酷的令人心悸的季节，我的心仍旧充满着你的光明与温暖。在黑暗中，我的心同你对话；当我听到你那充满慈爱、充满巨大威力的声音，我的血液便在周身沸腾，我就变得自信，变得年轻，变得有力。

人们往往在拥抱自己的恋人时快乐无比，在吞食美味佳肴时一饱口福，在躺卧玫瑰花丛时觉得心旷神怡，在丝弦之乐中感到赏心悦目，在珠光宝气之中感到自己有福。

但是，有什么比拥有真理更叫人觉得快乐有福，有什么比吮吸真理之蜜更令人感到甘洌芬芳，有什么比在我们踽踽而行时，那和谐肃默的真理悄然袭上心头，如同一颗启明星升上我们头顶上漆黑的天庭，更叫人激动和感奋的呢?！

对于一个一心追求真理向往真理的人来说，他并不羡慕那些世俗的幸福，更唾弃那些背弃真理而求得的快乐。追求真理，本身就意味着受苦。不仅真理本身难以求得，而且还在于真理总是毫不留情地揭示我们的谬误、荒唐，鞭挞我们素以为常的陋习，使我们不能再慵懒地像过去那样在虚假中一劳永逸。

真理总是逼迫我们仔细审察我们不愿细看的自身的疮疤，仔细考察我们自己的苦难和不幸的根源；然后，用一根强有力的针刺入我们越来越麻木的心房，使我们面对她、转向她；使我们无论是物质生活还是精神生活方面不再停留在满足于冷漠或空疏之中，而是时时刻刻、如饥似渴地追求着她。

是的，真理不是一个喜欢换装的女人，为了炫耀自己服饰的华丽和身段的姣好，有时让这一部分露出来，有时又故作自然地露出那一部分，使痴迷她的人去想望终有一天可以一览无余她的真身。

真理可不是这样的女人，她是规矩的，严肃的。人们之所以产生这样那样的错觉，仿佛觉得真理如同缕缕若明若暗的爱丝那样叫人捉摸不透，这不仅是因为我们永不可能探求到绝对真理的本来面目，还在于我们的理智有着许许多多的可能性和局限性，因此就很难去把握必然性真理的整体。正如恋爱错觉是受了我们情感欺骗一样，真理错觉则是受了理智的欺骗。

还有人说，真理不像面包，可以随意烘制出悦人耳目的形状来供人食用。确实，真理不是食物，不可以供人饱腹。但它却是强者的食粮：它使他变得力大无比，所向无敌。当然，我们所指的是播种精神的食粮而不是肉体的食粮；我们吸收了它，最后将合于它而不是它合于我们。

Ⅱ　什么是真理

一个声音从我的心底发出，小心翼翼地问道："虽然我酷爱真理，虽然我知道所有的人都热爱着她；但如果她不是基督徒心中的上帝，如果她不是奥古斯丁所谓的永恒的天主，请你告诉我，她是什么？我们如何获得，又如何辨别真伪？

"我真的不甚明了，甚至怀疑：有没有真理这东西？抑或它只不过是随人之需应运而生的？它是否只是人类一直在寻找的一些思想，借以使他们某个时期的愿望合法化，为自己贪得无厌的欲望寻找理由和托词呢？

"我们信仰她，崇敬她，追求她，已有多少人为她献出了血肉之躯；但是如果我们只是盲目追求，像一个盲人去追求一团他永远也看不见的光明，或者像被人蒙上眼睛的驴那样转着永恒的圈子，那是多么可怕，又何其可悲啊？"

声音是那么轻，仿佛发自遥远的星际，却是如此的威严，容不得我有丝毫的畏缩和回避；否则，它只能更引起我内心的混乱和恐惧。

是的，真理究竟是什么？既然我排除了莱布尼兹所谓的两种真理：推理的真理和事实的真理；[1] 既然我否定了谢林认为的把握真理要靠直觉（悟觉）；既然我不同意斯宾诺莎所谓"真理是自明的"观点，[2] 那么，我总得要有一个我自己的见解：毫无主见而又一味地否定别人即使不是出于狂妄自大也是一件可笑之举。

我一直在想，在想，在想。只是没有想到，这一问题答案的得出竟是在一个

---

[1]　见《西方哲学原著选读》上卷，商务印书馆，1983 年版，第 482 页。

[2]　见《西方哲学原著选读》上卷，商务印书馆，1983 年版，第 413 页。

月明星稀的夜晚。

那晚，途经植物园时，我放慢了原先匆匆的脚步。夜幕悄悄地落下，周围的一切在渐渐黯淡下去，又膨胀开来，一切都静静地发散着宛如音乐般的气息。我只感到有一种清新的、朦胧的、恬静的东西缓缓地注入我的胸怀。于是，我便坐在一个树桩上，然后又坐到毛茸茸的草地上，最后索性仰卧下去。

静谧宛如一只巨大的轻柔的婴儿的手，将我记忆中应当忘掉的一切拂去。我头枕着双手，注望着星空。天庭随着一盏盏星灯的点亮无限地深邃下去。可是真奇怪，我却觉得自己离它愈来愈近，愈来愈近。是宇宙无形中缩小了呢，抑或是我神奇地扩大了呢？

我当时压根儿就没去深究这些，只依稀仿佛觉得自己渐渐地融化了，连同四周的万物都融进了广袤深邃的宇宙之中；我的耳膜上仿佛震颤着那些星空上发来的音讯，我的视觉也超出了目力所及。

一回到住处，我赶紧在日记上记下这似乎只有儿时才能感受到又难以言表的一切。写着写着，突然一个念头犹如电光一闪——真理！

真理不正在于我与自然的统一和谐之中吗？！它既非是纯客观的存在，亦非是纯自我的臆念，而恰恰在于这两者的统一。只有当万事万物无遮蔽地纷呈于人前，我才有可能用思维去照亮真理；同样，只有把我整个身心去感受去体验万象，并运用我理智的思维和反省去剔别真伪，我才可能发现她的真身。

我沿着这条思路紧追不舍跟踪下去。

我愈来愈清晰地认识到，所谓真理，本来就是宇宙万物（包括人）的一种根本要素，只不过为了方便起见，人们才把自己从自然中离析出来，成为认识的主体，赋予真理一种可以表达的客观形式。于是，真理便成了真的内蕴和理的形式的统一体。

人们为了获取真理，需要不断地从感觉（对包括自身的宇宙万物的观察）进入思考（理性的反省、分析、判断），又复从思考回到感觉；不停地进入本身、又走出自身。设若思考正确，愈实验，就愈得到证实；要是客观形式真实，愈推广，就愈包含真理，愈得到明证和力量。

真理是真的内蕴和理的形式的完美的统一，任何一方的疏漏失误都可能导致真理的扭曲，乃至成为谬误：From the truth to the ridiculous is but a step。①

Ⅲ 生成与检验

一旦弄清了什么是真理，我们也就较易懂得如何获取真理，那就是：在我们与万事万物（包括人自身）的交往和实践中，运用我们的理性，去攫取万事万物的真的内蕴。同时我们也可知道，所谓 criterium veritatis②，即在于实践和理性的统一。

真理标准在真理之中而不在真理之外。用理性去检验真理固然会产生许多偏见和谬误；但仅凭实践，由于受时空限制，它具有确定性和不确定性二重特点③，也不可能作为检验真理的唯一标准。

况且，人类的理性可以根据长期积淀下来的遗传知识原则进行逻辑思辨，其结论往往是人类暂时无法、甚至永远无法通过人类自身的实践加以明证，但未必都不是真理。

所以说，检验真理得靠实践和理性的结合④；并且还需要靠真理的伟大挚友——时间的协助。

"真理是时间的女儿。"⑤ 真理既非突发，亦非既定，而是生成。就生成而言总是走在时代的前面，而对它的确认又总是落在时代后面。

真理的生成最初就犹如轻轻细流，流过小溪、小河，流过长江、黄河，也流过尼罗河，流过密西西比河，最后，汇成海洋。

没有永恒的真理，也没有不变的真理，所谓不变和永恒的真理无疑是在为神学辩护，为上帝高唱颂歌。所以说，罗吉尔·培根在人类面前他是正确的，到了神的面前他则变得荒谬了。⑥ 宇宙是生成的，它的客观规律在变化；人类是生成的，

---

① 真理和荒诞只一步之差。

② 真理标准。

③ 实践是人的实践，与实践主体密切相关，主体由于自身的局限性和不确定性，可能导致实践结果的不确定性。

④ 在人所感觉得到的领域，以实践为主；在人所感觉不到的领域以理性为主；而在人既可以感觉又不可以感觉的领域，如内心世界，则需二者密切配合。

⑤ 达·芬奇，《笔记》，见《西方哲学原著选读》上卷，商务印书馆，1983年版，第310页。

⑥ 罗吉尔·培根说："上帝的理智中的真理是不变的。另一方面，我们的人类理智中的真理都是可以变化的。"见《西方哲学原著选读》上卷，商务印书馆，1983年版，第267页。

她的认识能力在变化；于是，就不可能有不变的真理。当然，所谓变化是从伪到真，从相对向绝对渐进。

人类的理性和实践能力具备之初便是真理发展过程的开端。它的发展始终是一个矛盾过程：每一个阶段的真理并非一定就是真的，但总隐含着假的潜因。真理每发展一个阶段，就是向绝对真理前进一步，因为它总是清除了自身一部分假的"真理"。真理越发展也就越真。最终，"理"便不复存在，"真"包容了一切，真就是一切。

值得注意的是，我们只能在后一阶段指出前一阶段不真的部分，却不应去否定前一阶段的真理性。我们无法对形式系统证明的合理性给出一种绝对的证明。我们可以给出一种证明的证明，一种证明的证明的证明。但是，仍然存在着未加证明的假设，我们都可人为地把它看成是真理。

假如我们听到有谁说：我的真理包容了一切，那就等于听到他说我没有真理一样；另一方面，倘若真理的发展观和相对性做了赫拉克利特那个最有名的见解①的注脚，则无异于抹杀了真理。

Ⅳ　真理与谬误

"真理之川从他的错误之沟渠中流过。"在真理漫长的生成过程中，谬误仿佛是伪装的朋友始终与之为伍，并且总显得比真理更聪明更活泼。因此，真理在开始之初无一不是被谬误所嘲弄。如柏拉图神话中那个最先挣脱锁链跑出洞穴的人，以及现实生活中可怜的孟伯窦勋爵。②

几乎没有一个世纪不嘲弄走在它前面的真理，从而又为下一个世纪留下笑柄。人们总是在讥笑前辈的蠢行中继续作着蠢事的。谬误不能根除，蠢事也就代代相传，只不过道具和背景改头换面而已。

可谬误总是存在的，它比真理更容易打动我们盲目的感情，因为它往往打扮成真理的尊容出现。理智知道自己的不足，便借助于感情来哄骗我们，因为它知道我们对真理有感情。我们可以整个地容下一个取悦人心的谎言，却对略带苦涩

---

① 赫拉克利特最有名的见解是："万物都在流变着"，"太阳每天都是新的"。参见罗素《西方哲学史》上卷，商务印书馆，1982年版，第74页。

② 在达尔文之前，孟伯窦勋爵曾提出过进化论的设想，却成为人们的笑柄。

的真理总是皱着眉一点一滴地浅尝。谬误越离奇夸张，就越易吸引那些耽溺于奇迹的人；真理越是简单明了，就越显得怪诞。就连那些一心追求真理的人，也免不了会在真理和谬误的波峰浪谷间被颠簸得晕头转向。于是，人们在口头上不倦地高呼真理，而谬误却在行动中畅行无阻。

但真理毕竟是真理，当傲慢自大的谬误轻易地宣布自己惊世骇俗的高见时，真理不响，默默地听着，默默地尾随于后，等到谬误的阴影走到了阳光下，她便站出来，揭去面纱，在阳光下昂首阔步。发出这道光芒的既非我们头顶上那轮永恒的巨星，亦非基督徒心中那个永久的上帝，它乃是人类自身的理性之光啊。

霍尔巴赫说过，人们有一种可悲的偏见，即认为有些谬误是有用的，有些真理是危险的；这个原则使世间的各种灾难万古长存。

"天平"从来就是不平的：它不是偏向真理就是偏向谬误。因此，要追求真理，就一定得摒弃谬误。前者我们往往是理直气壮的，而要真正做到后者，则非得有大智大勇不成。当我们将行刑的刀斧架在头上时，绝不可能有半点慈善和礼貌；不能像奉命处死查理一世的刀斧手那样，行刑之前，还匍匐在临死的国王面前请求万岁的恩赦。

当然，对谬误的无情不等于对谬误的粗暴；否则也就粗暴地对待了真理。当我们对谬误穷根溯源时，我们常常会发现真理原来就在它的旁边静静地躺着；当我们粗暴地将谬误一撸了之时，我们极可能也就连带撸掉了真理。

Ⅴ 权威和习惯

除谬误外，偏见、意见、想当然等也是真理的敌人，而权威、习俗则可能将真理导向谬误。

休谟之所以把习惯称为人生的伟大指南，[①] 是说习惯使得我们能利用自己的经验思考行动。但若是习惯为惰性和无知所利用，则人们不仅不愿听从经验和理性的引导，还会沦为习俗和权威的奴隶。

惰性使人们墨守成规，而无知使人们轻信权威。正是这种惰性和无知，使得一些人今天服从昨天的既成事实，让明天向今天的倾向让步，还自诩为恬静和谐；

---

① 参见《西方哲学原著选读》上卷，商务印书馆，1983年版，第328页。

正是这种惰性和无知，使得另一些人宁可呻吟在世代相承的积弊之下，也不愿尝试一下自救的改革；也正是这种惰性和无知，使得自以为是的意见成了支配人们行动的"皇后"，而真理反倒被搁置一旁不受重视。

意见对于双方都是件轻省易举的事：发表它的人不用去耐心地研究，听取它的人不用去认真思考。而且，懒惰的人总觉得真理穿上了衣裳过于拘束，而意见则可以在想象和随意发挥中运转自如，使人们的理智中灌注进情感色彩。

"The devil is not so black as he is painted." [1] 这便是意见的卓识！但细细想来，又暗自好笑：把魔鬼描绘成漆黑一团的人固然虚妄，可发表这种高见的人呢，岂非加倍的荒唐？

我相信，每一个意见都愿意自诩为真理；于是，各种谬误便趁机安匿在它的翅羽之下。可悲的是，每个意见无论坚持多久，终究要接受真理的审判；"在真理面前，一切意见都褪了色。" [2]

在所有的意见中，最难消除又最扰乱人心的要数权威的意见。

权威，是在为真理而斗争中树立起来的；因之在它树立的过程中确是令人尊敬的。但一旦它为了维护自己时，我们的尊敬就得小心翼翼了，这时它固执己见并非一定是为了坚持真理，常常倒是因了维护既得名望；这时它可能深陷名利的罗网而难以自拔，明知谬误却仍要舍弃其真理。傲慢和自责会使权威深信不疑自己就是真理的化身；它笼罩在谬误浓密的阴影里却还自以为置身于真理的光环中。

罗吉尔·培根反对妨碍获得真理的权威是很不彻底的，因为他把教会的权威、把所谓的完善的哲学家们的和另一些科学家们个人的优越和尊严权威皆排除在外。[3] 但我们只要翻一翻科学史和哲学史，便可知所有的权威都可能成为真理的障碍：牛顿不是在后半生去证明起上帝存在来了么？爱迪生不是在晚年由于骄傲，在他最志得意满的领域里犯了形而上学的错误了么？孔子和亚里士多德都曾是最早带有反神道主义和民主主义色彩的思想家，可连他们自己也万万想不到，一个被改头换面成了中国数千年封建主义的精神支柱，一个变成了视其著作为圭臬的经院哲学的圣者……

因此，从某种意义上讲，我更赞成这样的说法：真理是在行动中，在生活

---

[1] 魔鬼并不像描绘的那样黑。

[2] 黑格尔，《哲学史讲演录》导言。见《西方哲学原著选读》下卷，商务印书馆，1983 年版，第 378 页。

[3] 参见《西方哲学原著选读》上卷，商务印书馆，1983 年版，第 286 页。

中——不是在积满灰尘的卷籍那久经翻阅的书页里，而是在未来的涓涓不绝的细水长流中。

真理有时为少数人所掌握，譬如在权威和统治者手中；但更多的时候是为多数人所掌握，譬如在平民百姓手中；它同时为全体人类掌握是很稀有的，因为权威、统治者和老百姓总难得目标一致，除非是在权威和统治未形成之前。

VI 怀疑与真理

但丁劝诫道："希望用我们微弱的理性，识破无穷的玄妙，真是非愚即狂。人类呀！在'为什么'三字之前住脚罢！假使你们能够看见一切，那么玛丽亚用不着怀孕了……"[1]

我却不以为然：既然在人生中有许多的谬误、偏见、陋习，以及浅薄的意见和失却尊严的权威，我们在探求真理的途中为何不可高举起怀疑之大旗，上书一个赫然醒目的"?"呢？

但丁又说："像萌芽一般，在一个真理之足下又生一个疑问，真理与疑问互为滋养，自然一步一步地把我们推进到绝顶。"[2] 我觉得这才是但丁的真意所在。

认真说来，有节制的怀疑乃是动物所不具备的人的理性，是人们求得真理的一大秘诀。我担心，狄德罗要物理学家抛开"为何"单讲"如何"，会不会将科学家引入歧途？[3] 当我们知道"如何"时，我们便无需再去探求"为何"了；但"如何"并非是自然的恩赐，它必得要我们从"为何"开始，历经曲折的求索，方可抵达"如何"的彼岸。否则，真要像某个智者说的那样，也许我们拿来当作黄金和钻石的，只不过是一点黄铜和玻璃。

真理是不怕怀疑的，她倒是很希望用怀疑的砂轮来把自己打磨得更加铮亮闪光。真理每前进一步，总是抖落掉自己身上的一点谬误的尘屑。当一个新的真理从怀疑和否定中脱颖而出时，它同时也在为怀疑和否定自身创造条件，以便让位于一个更新的真理。当然，怀疑也是有两种。我们应当尽量避免那种由于异想天开、由于嫉妒和生性多疑，或者由于轻率和漫不经心的怀疑，这种怀疑只会导致

---

[1] 但丁，《神曲》，人民文学出版社，1982 年版，第 182 页。

[2] 但丁，《神曲》，人民文学出版社，1982 年版，第 378 页。

[3] 参见《西方哲学原著选读》下卷，商务印书馆，1983 年版，第 127 页。

一个人的盲目、粗暴和恶意。真正有理智的怀疑，应是由于谨慎、不盲从轻信，由比较切实的、考虑成熟的缘因而引发的，这种怀疑才有可能增进一个人的智慧和心灵的洞察能力。

第一种怀疑是墨黑一团的怀疑，它非但不能把人们导向真理而是背离真理更远；第二种怀疑是受真理之光照耀的，反过来又以某种方式增添了真理的光源。

怀疑，不仅表现出人类追求真理的勇敢，还体现出人类自身思想的执着。

怀疑，是思想的第一要素；而思想，又是对"我"的超越。人必得超越自我才能认识自我，在认识自我时追求真理，在追求真理时洞见真的内蕴，在通过主观描述真的内蕴时的客观形式才最为确切。

在思与知的进程中，知是使人欣慰的，思是使人痛苦的：因为知使人觉得真理的甘美，使人充实；而思，则是在艰辛地耕耘，既与非我搏斗，也与自我搏斗。

但同样也可以说，思是使人欣慰的，知是使人痛苦的：因为沉浸于思的人可以在知的期望中有所享受，以苦为乐；而已知的人，为了获得新的知，等待他的将是思的痛苦。

因而，知和思同样是痛苦，又同样是幸福。母亲经历了痛苦分娩出孩子，思想经历了痛苦分娩出真理。

理智中不承认任何未经怀疑和运思而自认为真理的东西，这是使人类值得自豪的一种伟大的固执。

怀疑一切的，我认为是疯子。

一切不怀疑的，在人类中便是白痴了。

Ⅶ 行动和献身精神

切不可产生这样的误解，仿佛一个人躺在绿茵茵的草地上，或者裹在软绵绵的毛毯中，故意皱起眉来，冥思苦想，真理便会源源而生。

不！这是可笑的，因为他不知道，真理是思与行的结晶。缺少了实践活动，思想便如同一架没有原料的机器在徒然地空转着。

曾有一位整日埋首书斋的学究这样感叹道："真理啊真理，当我忽视你时，你为何要背着我呢？当我在黑暗中踽踽而行时，你是那样大放光明；可当我想要在光明中携你同行，你为什么又弃我不顾，为什么要躲躲闪闪地不让一个崇敬你的急切的心看见你呢？"

可是，他既没有追求的勇气，又没有行动的决心，更说不上为真理而斗争的献身精神，光是在心中叫着真理，真理怎么会答应他呢？

这种情况往往容易发生在哲学家身上。但科学家如若将自己的研究限于实用之处，譬如做了一两个实验便得出"所有的"这一全称的结论，那么，他也只不过是期求在实用中获得有限的真理，而并不追求真理；于是，真理也就常常并不出面，而是用可变的表面现象来敷衍他。

付出了惨重代价的麦哲伦船队的航行，使得直观偏见和宗教谬说不得不向真理低头。探险家们的"地理大发现"，不仅使这个星球上的居民获得了名副其实的"全世界"的概念，更重要的是，他们的勇敢、坚毅和光辉业绩，揭示了人类永不泯灭的好奇心和对真理孜孜以恒的追求，使探索精神、献身精神与科学精神的伟大结合在人类身上得以充分地体现。

那么，在人类文明进程中理应做出杰出贡献的我们的理论家们、思想家们呢？在追求真理的道路上，"思想探险"难道就不能从"地理探险"中得到些许的启迪么？

海妖的歌声从古希腊绵延至今。[①] 在现象和生命力的普遍波动中，每前进一步都可能把我们引入新的迷宫，乃至危及生命。因而，探求真理的勇士切不可有片刻的懈怠和懦怯！

只要我们有足够的勇气和信心，并在追求真理时满怀对超越个人利害关系和意志的真理的热爱，相信终有一天，尚待揭示的真理会在人类面前一一脱去她的外衣，使得我们能够一览无余她那美妙无比的真身。

---

① 古希腊神话中传说，在地中海的一个小岛上，住着人身鸟足的美女神，她们常用美妙的歌声引诱航海者触礁毁灭。

十一、论宗教

I 宗教的意义

宗教是人类真理观发展史上一个不可逾越的阶段，是人类理性长链中的必然一环。图腾，是产生宗教的渊源之一；而《圣经》，则是现代西方文明渊源之一。

历史上每一部宗教经书，无不包容荟萃了那个时期人类思想和智慧的精华。他们不仅是优美而又含义深刻的诗篇，甚而可以说是一种独特的人生哲学。它们不仅寄托着那个时期中人们的理想和自信，甚而蕴含着真理的微光。譬如《新约》默示录中所描绘的地狱和天堂的形象，皆是出于苦难深重的奴隶对真理的憧憬和追求。

基督教并非单纯是一种精神的压迫和枷锁，它最初实则是一个叛逆者的大胆反抗，人们为了摆脱自然的束缚和对自然的恐怖，便想象出一个高于自然之上的万能的上帝，渴望从中找到托庇和心灵的港湾，找到哪怕是虚幻的谋求解放的希望。

这是人们在认识自身力量和自我解放上面的一大进步。人类文明的发展必然要否定人类自身以外的一切枷锁，从而看到人类本质上的力和度。如若把一切宗教的一切时期都看做是一种精神鸦片，那人类不啻是在嘲弄自己，而且是在极尽诬陷之能事地鄙视自己了。

上帝是什么？上帝实则是一个客观化了的人格的实体。而《圣经》，实则是人最初的自我意识，是人内心自我的宣示，是人隐秘的思想和爱的坦露。

人们需要一种秩序，需要一种力，以对抗大自然神秘而紊乱的肆虐。因而，人们臆想和创造出了对人们生活中共相的事物有支配地位的神灵：如爱神，爱便是其共相。

人们希求自己在精神方面与神灵接近，与神灵相类，以便将自己从卑污低劣的动物中超拔出来，显示出人类价值、地位的优越和尊贵。当人们还不能充分认识自身巨大的伟力时，他们便从信赖神灵和接受神灵的庇护中得到自励，积聚力量，获得勇气、信心和希望。于是，五台山的文殊菩萨便成了智慧的化身，峨眉山的普贤菩萨便成了坚毅的象征，普陀山的观音菩萨便成了慈悲的化身，九华山的地藏菩萨便成了力量的象征。

人类的这些神道主义的精神活动不仅开拓了人的抽象思维能力，创造了神道主义文明；同时，它对宇宙间各种自然力的解说也为实证科学确立了对象，奠定了攀登认识高峰的阶梯。"木乃伊"、"金字塔"等，正是古代人们为神道主义精神所激发而创造出来的不朽杰作。

故此，我们可以从自身去探索科学的奥秘；从人的本质中去解开"神圣实体"的秘密。

这种神道主义的精神活动，本身也经历了曲折、复杂、艰辛的历程，浸透了许多明哲之士的血泪。

一方面，最接近的宗教派别往往成了最大的仇敌，孟德斯鸠曾举伊斯兰教和基督教为例。[1] 另一方面，宗教自身的矛盾运动和斗争，不仅导致了自我否定，也为现代文明的形成开拓了道路。路德的"因信称义"，使人们在信仰上摆脱了罗马教廷和世俗政府的控制，开创出自由之先河；在路德之后，接踵而至的便是莱辛、席勒、歌德、莱布尼兹、康德、费希特、黑格尔、费尔巴哈等一大批资产阶级政治文化革命骁将。

这也是整个宗教的一部分。谁若是把宗教笼而统之地归结为愚昧和反动，谁若是对"圣经三命题"、"三位一体"略知一二，便自以为知道了宗教的全部，无疑地，他们聪明的程度将和那些虔诚的信徒不相上下；或者说，他们又因此成了另一种宗教的信徒。

在批判宗教时切记要避免给人造成这样一种错觉，似乎我们是在批判和否定其中真理的微光和人类美好的希望；否则，我们只会适得其反。

II 潘多拉的箱子

身为法国乡村教士的梅利叶为什么要把他的同仁贬为"蛔虫"？[2] 霍尔巴赫为什么要把上帝贬斥为"独夫"、"民贼"、"暴君"，把宗教神学比作"烟雾和怪形"，

---

① 孟德斯鸠，《波斯人信仰》，人民文学出版社，1984 年版，第 101 页。

② 参见《西方哲学原著选读》下卷，商务印书馆，1983 年版，第 30 页。

比作"潘多拉的箱子"？① 费尔巴哈为什么认为上帝只不过是一个戏剧性的形象，一旦去掉这个虚无的形象，就只剩下了一个 caput mortunm？②

这是因为，宗教发展到后来成了迷信，上帝成了虚无和伪善的象征，他无法实现的诺言成了套在人民头上的精神枷锁；连其中真理的微光也用来替谎言和谬误照明。譬如伊斯兰教，它的原意是和平、顺从，要求人们虔诚、忍耐、和善、委曲求全，把最大的希望寄托在"来世天堂"里。其结果，它被利用来驯化人心：对暴君的独裁要有狗一样的谦卑，对祭司的羁轭要有天使般的忍耐，即甘心让帝王和教皇共谋来扼杀人们的自由和思想。

这一点梅利叶最为一针见血，他指出：宗教和政治像两个情投意合的小偷，互相庇护支持。宗教甚至支持最坏的政府，而政府也同样庇护最荒谬、最愚蠢的宗教。③ 这便是宗教的秘密。

英国大主教安瑟尔谟为了使人们盲目信教，明白无误地要求人们对上帝先信仰再理解。④ 我想，虔诚的信徒大概从来没有好好考察过自己皈依宗教的理由，没好好考察过自己行为的动机，根本看不到人自古以来就是自己的偏见、希望和恐惧所欺骗的对象。他们徘徊在无限的彷徨和痛苦里，却没有想想，如果斯世果真有如逆旅，那么人又为何要活在这个世上？一个民族如果老是活在祈祷、苦恼和恐惧的呻吟之中，那么他们的勤劳又有何用？

我知道有一位女大学生曾背着人去新开的教堂做礼拜。一次病中牧师来看望她，把手轻搁在她的额上说道："孩子，忍着点，苦难是上帝对你的考验。尘世中的每个人只有用苦难来赎尽自己的罪孽，才有希望来世进入天堂……"牧师那亲切的语调和真诚的表情感动得这位女生泪流满面。然而，她却在日记中写下了深藏心底的疑问：上帝是什么呢？谁看见上帝了呢？谁又看见天堂了呢？我们为何不去获得短暂一生的幸福、温暖、甘美，却要希求死后的谁也不知道的天堂生活呢？难道我们生着是为了把自己的灵魂变成干枯的木乃伊，为着死后灵魂进入天堂，而对这蔚蓝色的天空、这鲜艳的花朵、这人间的温情、人间的爱熟视无睹吗？

---

① 见《西方哲学原著选读》下卷，商务印书馆，1983 年版，第 197、202 页。"潘多拉的箱子"：希腊神话中说，天帝宙斯为了惩罚普罗米修斯偷天火给人间，就派了女神潘多拉下凡，带着一口箱子，里面装着各种各样的灾难。

② 见《西方哲学原著选读》下卷，商务印书馆，1983 年版，第 465 页。Caput mortunm：意即骷髅。

③ 见《西方哲学原著选读》下卷，商务印书馆，1983 年版，第 25 页。

④ 见《西方哲学原著选读》上卷，商务印书馆，1983 年版，第 240 页。

的确，正如狄德罗所讥讽的那样，当虔诚的教徒跪着大声祷告："kyrie eleison"① 时，永恒的神在九霄中的宝座上听着，心里知道他的意图，接受着他那愚昧的颂扬，为他的浮夸发出微笑。②

也许，那个牧师是一个真正的基督徒，他的话语是发自内心的；然而，他的话即使不能说是虚伪，也只能算是虚假的梦呓罢了。

我们很难说清楚，总之一百个高唱"我主耶稣"颂歌的统治者中，若是找出一个真正的基督徒来，那真可谓是上帝显灵了。我不止一次地听说有的恶棍到寺庙去磕头如捣蒜呢！

统治者之所以对宗教感兴趣乃至奉为至宝，原是出于他统治的需要：当统治刚建立时用它来巩固统治，当统治岌岌可危时用它来当救命稻草。而一当统治者自以为固若金汤时，他内心的虚伪便随着对宗教的鄙视而显现出来了。中国的唐太宗是一个例子，外国的拿破仑是另外一个例子。③ 每当此时，那些上帝在尘世的选民虽恨得咬牙切齿却也徒叹奈何。他们借万能的上帝来向世人行骗，但在更大的骗子面前，上帝却不灵验了。

其实，如梅利叶所说，宗教捏造出来的东西实质上都不外是拴住牛鼻子的绳子，它决不能钳制明智的人，只不过是控制愚人和糊涂虫的心思而已。只要我们揭掉它遮脸的面幕，追本溯源，分析它的实质和原则，我们便可看出它依靠的不过是欺骗、无知和轻信。

任何宗教都是一头斯芬克斯，只要每一个误入迷途的"羔羊"最终拿出"打破神像的人"④ 那样的勇气，他肯定会如梦初醒、得益匪浅的。

III 科学与泛神论

在宗教信仰中，似乎有两种截然不同的倾向：一种是纯粹出于无知或愚昧而

---

① 希腊语："主啊，大发慈悲吧！"
② 参见《西方哲学原著选读》下卷，商务印书馆，1983 年版，第 127 页。
③ 唐代李世民因不能与他同名，而将"观世音"的"世"字去掉。拿破仑在加冕时，他竟不客气地从教皇手里夺过皇冠自己戴上，接着他把一个较小的皇冠给他的夫人约瑟芬戴上。参见叶·维·塔尔列，《拿破仑传》，商务印书馆，1976 年版，第 126 页。
④ 伊索寓言中"打破神像的人"的故事，是讲一个穷人供奉一个木质的神像，但他越祈求越穷，他一气之下摔碎了神像，却不期从神像的脑袋中掉出了金子。见《伊索寓言》，第 130 页。

对偶像盲目崇拜，另一种是出自对大自然和谐的赞美感和敬畏之心。

前一种是与科学和艺术活动水火不相容的宗教迷信，因而与愚昧、落后和巫术同义；但后一种，却为许多的哲学家和科学家奉为真正的宗教哲学和宗教精神。

我们只要翻翻人类的思想史，便知许多杰出的人物原来皆是泛神论者。如康德，他心目中的上帝并非虚无的偶像，而是宇宙结构中显露出来的秩序和美丽，他将之奉作心中的上帝；至于斯宾诺莎，干脆把上帝等同与自然。还有歌德、席勒、贝多芬以及开普勒、牛顿、普朗克和爱因斯坦，他们皆出于同一个宗教态度和精神境界。因而，海涅把泛神论看作是最伟大的思想家和优秀艺术家们的宗教。①

这可真有点叫人搞不清楚，无所适从了！但只要认真想想，我们就不难发现，无神论和泛神论尽管在概念上截然有别，但它们在某一点上确实一致的，就是同认为宇宙内有一种不以人的意志为转移的东西存在：无神论称之为自然律，泛神论称之为上帝。莱布尼兹因他所谓的"单子"解决不了物质问题，不得不推出上帝这一"必然的实体"来。②

认真想来，人生每时每刻所作所为皆为了生命体的平衡，而这平衡则需要有一个心灵的支点。于是，愚昧的信徒找到了那个无所不在而又处处皆无的上帝，而泛神论者则把自然当作上帝来加以敬畏。爱因斯坦把这种对揭示出的世界结构的无限敬畏、对宇宙中无限文明的精神所怀有的崇拜心情，看作是吸引他探索宇宙奥秘和进行创造活动强大而永在的动力。③

倘若我们撇开字面上的意义而抓住本质，也许泛神论者并无不可。但事实上，人们总是接受习惯的支配，实乃为语义所蒙骗，因而，伟人心中"上帝"也就往往被人混同于那个愚弄糊涂虫的偶像。

还是让我们彻底地抛弃上帝这个无用的字眼吧！我相信，当泛神论者彻底地站到无神论者的立场上来，他便在对宇宙的和谐、美丽和庄严怀有一颗深深敬畏和激动心情之时，不再会无端地产生莫名其妙的惆怅和恐惧，而是以无畏的英雄气概去探宇宙之秘，析天地之美，达万物之理。

---

① 海涅，《论德国宗教和哲学的历史》，商务印书馆，1972年版，第75页。
② 参见《西方哲学原著选读》上卷，商务印书馆，1983年版，第483页。
③ 参见《爱因斯坦谈人生》，世界知识出版社，1984年版，第44、58、48页。

十二、 论信仰

Ⅰ 何谓信仰

信仰是什么？是相信，太简单了！是仰慕，未免显得轻浮。我想起了托马斯·阿奎那说过的信仰就是对超出人类理性所能达到的不可见东西的确断；[①] 想起了但丁说过的信仰就是人们所希望的事物的本质，它包含了本质的意义和证据的意义；[②] 还想起了费希特所谓的信仰是使知识有效的意义决断。[③]

我还可以举出一个更特别的关于信仰的见解，这种见解认为：思考信仰就意味着不信仰，怀疑本身就是对信仰的否定。宗教存在主义的主要代表马塞尔便如是说。

托马斯和马塞尔真可谓聪明之至：因为上帝不仅不能论证，也是不能加以怀疑和思考的；否则，他们的上帝可就要完蛋了。由此，我不禁想起安瑟尔谟曾说过的对上帝要先信仰再理解的话来——这些受上帝宠爱的选民们如此同出一辙啊！

也许，我们对但丁在信仰中忽视理性的思考情有可原，因为他只一心希望他的爱人把他引导到九重天上。[④] 但作为一个无神论者，作为一个不信仰上帝的人，他理应懂得：信仰是思考而得，也即信仰是理性的产物。假如人们甩开理智仅凭直感，恐怕人人都会回答：我崇拜我的父亲，我信仰我的母亲。于是，信仰便成了各自的情感，或者成了各自的欲望。

是的，信仰来源于创造性的智慧活动和情感活动，但同时也来自于理性的深思熟虑，因为信仰也是理性思维的重要组成部分。

人是宇宙间的一分子，但人不是时间漩流中毫无动静或只随风东西的一粒尘

---

① 见《西方哲学原著选读》上卷，商务印书馆，1983 年版，第 275 页。

② 见但丁，《神曲》，人民文学出版社，1982 年版，第 494 页。

③ 费希特，《论学者的使命和人的使命》，商务印书馆，1983 年版，第 153 页。

④ 在《神曲》中，但丁是"人类精神"的象征，但丁童年钟爱过的女子毗亚德里采是"信仰"的象征。

屑，而是一个具有精神活动的创造者。人们在进行创造性的精神活动中，人们在努力保持自身生命体的平衡中，需要有一个心灵的支点，需要有一种崇高的愿望的激励和鼓舞，需要一个伟大的目标使得从心灵中迸发而出的真诚热情有所依归。因为，诚如爱因斯坦所说的那样，在我们这个为科学研究硕果累累而欢欣鼓舞的时代，单凭知识和技巧是并不能给人类的生活带来幸福和尊严的；[1] 与此相应，人们还需要一种不可缺少的品质：信仰——它就是心灵的支点！

信仰既非迷信，亦非信奉。它是一种在人类天性的基础上建立起来的，并且浸透进整个人格的心理倾向。因此，信仰是最具个性，也是最为自由的。它根植于自身的体验和理性，因此是与强权最不相容的。

武力和权力只能压抑或扭曲个人信仰的外在表现，却不能使一个人建立起真正的内在的信仰；至多只能使一些懦夫和懒汉产生一种非内在的信仰。由于这种非内在的信仰是基于对权威的屈从，对上帝的慑服，最终导致他们对自身力量的否定，和人格的丧失。——说透了，这种所谓的信仰就如天上的气候一样，易变不定。

当我们在为今天道德底线不断被突破而痛心疾首的时候，当我们在为从未消歇的犯罪活动感到头疼棘手的时候，我们是否想到罪人之所以犯罪正是由于缺乏内在的信仰呢？法律只是一种外在的强迫的力量，它既不能消除人的内心的罪欲，也不能使罪人心中增添丝毫善的观念，从而筑起一道道德准则的堤坝。惩罚无非使罪人感到一种恐惧，一种对失去作恶自由的担心。但这种恐惧和担心是决不能阻止他们恶念和恶行的。于是，建立不起内在信仰的罪人就像一只皮球，压一压，它沉到水底，松一松它就立刻冒了上来。

我无意在此贬低法制的作用，不，对一个国家来说，法制是必不可少的强大力量，尤其是在这个国家动乱之始，浩劫之后，以及改革开放之时。但归根结底，在人类文明的进程中，法制只是一种辅助的力量；若要邪恶从这个地球上消除，就非得在每个人心中建立起内在的信仰不可。

诚然，就信仰的本质而言，这种人类最高贵的精神财富不可能是不劳而获的；就如人们需要经过不懈的勘探和艰辛的开采才能得到金子一样。并且，在这勘探和开采的过程中，不仅要付出辛勤的劳动，还需要坚毅和勇气，既敢于承担风险、不畏强权，又勇于承受痛苦和失望。任何安于一隅的"囚徒"是无法获得真正的

---

[1]　参见《爱因斯坦谈人生》，世界知识出版社，1984年版，第61、62页。

内在信仰的。

另外，信仰还需要具有智慧，以免自己因无知陷入宗教迷信的泥潭，跪倒在偶像脚下。

当一个人的信仰既不是由于纯客观的影响，亦非基于纯主观的因素而建立起来的时候，当这种确立起来的信仰成为他精神活动不竭的源泉，并像灯塔一样照亮他航程的时候，这种信仰便会内化为个人的坚定不移的信念。信仰越崇高越真切，信念也就越伟大越坚定。

信念之与信仰，犹如卵巢内包孕的卵子。信仰只有一个，信念则是多方面的，如政治信念，事业信念，生活信念，爱的信念等等。这些信念如同一个母亲生下来的兄弟姐妹，情同手足，相互依存。它们通过言行举止将人的性格特征展现得淋漓尽致。

信念之于人生是如此的重要：它可以造就一个英雄或一个伟人，也可以造就一个懦夫或一个民贼。

纪伯伦说过："信仰是心中的绿洲，思想的骆驼队是永远走不到的。"如果我们不把这句话看作是虚无观的话，我们就应当这样正确去理解它：真理是发展的、无穷的，人的追求是发展的、无穷的，因此信仰也是发展的、无穷的。

就个人而言，他的内在信仰可以终其一生；但就绵延不绝的人类来说，则没有一成不变的信仰。

信仰一旦凝固，便成了宗教；进步一旦停滞，便变为反动。——这是客观事实，也是历史教训。

Ⅱ　潜能与现实

我觉得，我们在为存在和利益考虑的同时，还不要忘了自己亦是仿佛一盏孤灯似的存在于这个星球上人类整体中的一员，我们面临着并永远面临着一个共同的命运，因此需要选择一个最伟大的目标，选择一个最崇高的信仰。

人们往往用一己之愿代替信仰，用眼前的现实来揣测未来的理想；而现实与理想之间总有着距离，乃至重重矛盾，于是，便心生疑虑，悲观失望。而内在的信仰，正是在超越了这一疑虑和悲观之后才能真正建立起来的。

自然，在超越之前，必将碰到这样那样的问题需要我们的理性作出回答。我忽然想起卢梭说过的一段话："人类理性的深渊，哪一个胆大的人的手敢来揭开你的面纱？我看见那些华而不实的种种学科在这不幸的孩子周围造成了许多陷阱。"想想也真是，人们靠着自己的理性来照亮自己已属非易了，现实却还来为理性平添一重又一重屏障，设下一个又一个陷阱。

于是，便有了所谓的"信仰危机"，所谓的"渺茫论"。譬如对共产主义的信仰危机，有人怀疑共产主义只是一朵美丽的"蓝花"；① 有人疑问：共产主义是否如同数学中的"极限"，永远接近又永远不达呢？

亚里士多德认为，现实之于潜能，犹如醒之于睡，犹如已制成的东西之于尚未制成的东西。他把潜在者本身的现实化称为运动。但他认为离开事物而独立存在的运动是没有的，所以必然是现实的运动。

并非巧合，马克思和恩格斯恰曾把共产主义称为现实的运动。② 也即是说，共产主义社会的实现是一种潜能，它通过现实的运动，不断地超越现实，最终使潜能变为现实。

我们大概还都记得黑格尔那句颇费心思的名言："凡是现实的都是合理的，凡是合理的都是现实的。"

所谓"现实的"在德文中有"真实的"和"实在的"两种含义；所谓"合理"即是合"logos"。③logos 不仅是逻辑的意思，还表现为一种历史发展的规律。

实在的并不一定合 logos，只有真实的才是合 logos 的。因为实在的很可能是河面的水花，易起易破；而真实的则是河中的潜流，具有必然性。

由此来看，黑格尔所谓的"凡是现实的就是合理的"，实则是对过去的评判，即凡是过去真实存在的一定是合 logos 的；"凡是合理的就是现实的"，实则是对未来的评判，是对未来趋势的历史主义态度，即凡是合 logos 的，现在即使不是真实的存在，但通过 logos 的活力和创造性的能力，必定要在将来成为真实的存在的。

这就是黑格尔的历史发展观——"从世界史的观察，我们知道世界历史的发展是一种合理的进程……"④

---

① "蓝花"曾是德国浪漫派所憧憬的对象，是一种难以捉摸的神秘理想。
② 《马克思恩格斯选集》第一卷，人民出版社，1972 年版，第 42 页。
③ "logos"即拉丁语的"道"。
④ 黑格尔语。见《西方哲学原著选读》下卷，商务印书馆，1983 年版，第 447 页。

我相信，历史的发展绝不是钟锤的来回摆动，发展中的矛盾也不是用折衷的办法便可以解决；① 人类社会的发展必定是符合 logos 的，最终亦必是由现实的运动成为真实的现实，就如同天体演变，如同生命从单细胞生物到人的进化。总之，人类社会作为客观宇宙的一部分，它的发展规律必定要符合不以人的意志为转移的自然律：logos。

尽管人类在苍茫天宇中显得多么渺小，尽管人的天性中存在着种种缺陷，但人们对真善美的追求将世代相传、永恒不灭。此便是我内在信仰的根基。

III 真正的自由

如果你非要追问我所信仰的社会是个什么样子，我只能十二分抱歉地说一声不知道：它实在是现代人所无法具体描述的呵！总之，只有到了那个社会，人们才能谈到同被认识的自然规律协调的生活，谈到真正的人的自由。这是恩格斯曾经说过的罢。②

但什么是真正的自由？自由是一种现实的能力，还是由能力而达到的一种现实？自由是必然的认识，还是认识后的必然？自由是一种认识的动态，还是无需认识的动态？依然是疑虑重重。

而实际上，随着人类历史及其文明的不断纵横发展，人们的观念、习惯、心理、文化、素质都将随着改变和完善。谁硬要现在给未来信仰的社会画一个框框，无异于要求人类的未来削足适履，而我们知道这实际上也是根本办不到的。

未来既非凡人无法把握的某些神秘力量的偶然产物，亦非像一本先知的天书那样，可以由我们的预言家来加以阐释。未来是现实的运动的必然产物，而现实的运动同每个时代息息相关。

我们中最天才的人物也无法预见到构成未来的一切因素的复杂性；但只要我们全人类联合一体、在同一个崇高信仰下团结奋斗，就一定能够创造和建立我们的未来。

---

① 莫罗阿说："……钟锤依旧在摇摆。这便是我们所谓的历史。""……问题定会解决，而我们敢断言，此解决方式既非共产主义的，亦非资本主义的，而是采取两种主义的元素以形成的。"见《傅雷译文集》第 13 卷，安徽人民出版社，1983 年版，第 359 页。

② 见《马克思恩格斯选集》第 3 卷，人民出版社，1972 年版，第 154 页。

　　所以说，未来是我们全人类的一种正确的选择，它的实现可能遥远但并不虚无，她的风貌可能远远越出我们的想象但只会更加美好。她的实现迟早不仅端赖人类在多大程度上协调努力，还取决于我们的努力在多大程度上合 logos。

　　但人的理性还是希望能知道：什么是真正的自由？

　　真正的自由，既非是一种不受任何客观规律约束的精神万能，亦非不受任何道德规范所约束的自由意志。真正的自由，是人人都可以做自然律和道德律所允许做的一切。

　　就自然律方面而言，人的自由并不是说人人都能成为一个万能的为所欲为的上帝，而是人人都可能成为一个巧妙驾驭自然的上帝。

　　就道德律方面而言，人类真正的自由，不仅能避开自然律的束缚，而且能从社会复杂表象的束缚中解放出来。

　　真正的自由，渴望打破一切偶像和专制，渴望与他人、与自我进行最大量而又最少约束的交往，给他人、给自己除却羁绊的充分的信任。他自觉自愿、轻松愉快地融入他人、融入社会、融入整体，而又丝毫不失却和扭曲自己的个性和独立性。

　　真正的自由，是人在自然律和道德律上最健全的自我调节功能，因而他能够尽量避免哪怕是细小的挫折和打击，而以全身心去获得最大的满足和享受。因此，他总显得活泼沛然、博大丰伟。他时时热爱生活，也时时为生活所热爱；他处处挚爱他人，也处处为他人所挚爱。

　　这种真正的自由，便是我之信仰的社会中绽放出的最美妙和谐、最动人心魄的一枝奇葩。

　　但我还得说明一下：人类没有终极的信仰，因为自然律和道德律在人们所信仰的社会实现之后仍要发展变化；否则，毋宁说它是世界之末日了。

　　不过，这一信仰的更新，既不是我们这一代的事，也不是下一代的事——它还真难预测是哪年哪代的事哩。

十三、论心灵、灵魂、精神

Ⅰ 三者间的关系

我何必要隐瞒呢，很长时间以来，我对人类本质中最为根本的属性、且应在价值系统中占据更为重要地位的精神、灵魂和心灵，一直是含混不清的。真的，这三个名词对我们来说是最最抽象、最最不可捉摸的东西，尽管它们无处不在，而且被常常挂在我们的嘴边和笔端。

提起灵魂，人们总不免产生一种敬畏之感。就我所知，曾有人把它等同于心，譬如德谟克利特；[①] 亦曾有人将之设想成物质实体，譬如莱布尼兹命其名为"隐德来希"的单子。[②] 相比之下，我倒较为同意爱尔维修的观点，他把灵魂之看做是一种能力，一种感觉能力。[③]

但爱尔维修也只说对了一半：灵魂确是一种能力，不过它不仅能感觉，还能综合；因此它不仅是感觉能力，还具有综合能力。诸如美、爱、感激、宇宙等复杂观念，皆由此能力而得。

灵魂中蕴含理性和非理性两种成分。其感觉能力、综合能力是潜存于身躯载体之中与生俱来，并在后天环境、教育、锻炼中获得开掘和发展的。

精神却不具备这些思维能力，而是这些能力的结晶。但精神一旦具备，一旦形成，它便有了能动的作用。一个人的精神不仅可以使他在工作和生活中体现出一种人格，一种性格，一种风格；而且，一个人的精神还有助于他的思维能力的不断提高；也就是说，精神可以使一个人的灵魂不断得到丰富和发展。

还有人们常说的"心灵"呢？也许它的意义更其微妙。曾有人把它等同于灵魂；或者将之等同于精神。亚里士多德则把它提高于灵魂之上，因为他认为，后者推动身体并知觉可感觉的对象的东西，它以自我滋养、感觉、思维与动力为

---

① 见《西方哲学原著选读》上卷，商务印书馆，1983 年版，第 47 页。
② 见《西方哲学原著选读》上卷，商务印书馆，1983 年版，第 479 页。
③ 见《西方哲学原著选读》下卷，商务印书馆，1983 年版，第 174 页。

其特征；前者则具有更高的思维功能，它与身体或感觉无关。① 据我之见，心灵确实不等同于灵魂，因为他较灵魂更可受躯体的束缚；在这一点上，心灵偏向于精神的一面。所谓的"心灵美"实则是"精神美"的一个方面，并且是精神美中最纯洁、最精粹、最高尚的一面。心灵在每个人的精神里面都处于中心的地位；故而可以这样说，每一颗心灵都是这个人的精神世界里的一个至尊的神祇。

这样比喻很有趣：如果把灵魂比作一棵枝茂叶盛的大树的树根，把精神看做它的枝干，那么心灵便是所结的果了。

灵魂在肉体的基础上产生，精神和心灵又建立在灵魂的基础上。如果说灵魂是肉体的目的因，那么，精神就是灵魂的目的因。

一个人精神和心灵中的真善美与假丑恶皆得之于灵魂能力的高尚与卑下；而一个人的精神又反过来使得他的灵魂的高尚与卑下程度有所增减。

灵魂若被罪恶蚀损便如同一面锈镜，从里面再也看不到一个完整的、清晰的、高尚的心灵形象；而灵魂一旦为善行所镶嵌，则犹如一面明镜，可以清清楚楚地映射出他活泼沛然的精神和丰满的心灵。

如是，每个人都应当从小注意灵魂的修养和冶炼；充分利用灵魂自身的感觉能力和综合能力去汲取一切高尚美好的东西。灵魂最要紧的是用活的水、鲜的水和新的水去防止生命沟渠淤塞；死水、臭水只会使灵魂无可救治地腐朽堕落，高尚精神和美好心灵便无所依附。

Ⅱ 朽与不朽

苏格拉底在死前发表过关于灵魂不死的议论。西塞罗亦曾说过，死亡是不朽的灵魂摆脱肉体的牢狱，公正而有美德的灵魂一旦离开了躯壳便可直升天府。② 莱布尼兹则认为，虽然人常常脱去或取得有机的皮壳，但作为反映一个宇宙的镜子的灵魂是不可毁灭的。③ 据说，古埃及的木乃伊以及豪华的陵墓建筑、金字塔群的产生，正是古埃及人迷信不朽的灵魂终会回到身体里面来的

---

① 参见罗素，《西方哲学史》上卷，商务印书馆，1982 年版，第 222 页。
② 参见《西方哲学原著选读》上卷，商务印书馆，1983 年版，第 187、188 页。
③ 参见《西方哲学原著选读》上卷，商务印书馆，1983 年版，第 490 页。

结果。

但另一种观念认为，灵肉是一体而不可分割的。譬如霍尔巴赫就说过：没有身体，灵魂就是僵死的；[1] 但丁把那些肉体消亡了的灵魂称作"空虚的影子"。[2] 爱因斯坦则干脆把脱离肉体而单独存在的灵魂的观念看做是愚蠢的观念。[3]

如果要我说，我倒是偏于后一种观点。灵魂依据目的因而活动，肉体依据动力因而活动；在灵魂制作了精神的同时，也使肉体制作了物质。

灵魂和肉体是协调一致，不可分割的：肉体是外在的"我"，灵魂是内在的我。灵魂作为潜存于肉体中的一种能力，与肉体生命一样具有新陈代谢，一同承受各种变化：它们一同诞生，一同发展，一同衰老，一同死亡。

灵魂属于一个人生命中非物质的部分；它的不朽只能从人类繁衍不息角度来说才正确。在人类整体中，人类的灵魂作为其能力，它会在遗传中显示出不朽和不灭。但个人的灵魂，作为个人的能力，当他在斯世逝去时，这个能力也随之消失；虽然我们并不称之为"死亡"。

上面我已述清：一个人的精神与他的肉体没有最直接的关系，它是一个人灵魂作用的结果；因而，精神不受肉体生命衰老死亡的影响。

一个人的精神一旦形成凝固的价值，便可永存于世。难道你不信吗？难道你不可以通过某部古籍、或者某个古建筑，感受到古人的精神世界吗？倒是他的灵魂，只能通过推理加想象才有可能知道一些。

故此，一个人的精神是可以不朽的，一个人的灵魂不可能不朽。一个人的灵魂只有在生命失去时方才失去；而一个人的精神可以在他活着时失去，且又可能在他失去生命后永存。思想并非灵魂的存在所必须，但却是精神存在的前提。

瞧，万物更迭嬗变，生息不止，但人世间总有一些东西是永恒不灭的；无论是命运之手，还是时光的流逝，都不能将它磨灭——这就是人的精神！

我相信，泰戈尔的诗将永远蕴含着深邃的思想和不泯的童心；莫扎特的音乐听起来永远是那么优雅、温柔、流畅；而蒙娜丽莎的微笑也如同人们形容的那样"永恒"……这些永恒的精神永远地能使一个潜心于这些永恒的人产生出新的精神，

---

① 参见《西方哲学原著选读》下卷，商务印书馆，1983 年版，第 223 页。

② 见但丁，《神曲》，人民文学出版社，1982 年版，第 180 页。

③ 见杜卡斯·霍夫曼，《爱因斯坦谈人生》，世界知识出版社，1984 年版，第 41 页。

新的永恒。

　　所以，读者啊，请听我一声忠告吧：努力修养你的灵魂使之高尚，不断超升你的精神使之长存！

瞧！我诗意的人生

卷四　瞧！我诗意的人生

也许会有人嘴里不说心里在想：我怎么看不到作者浪漫的诗意的人生呢，而看到的大多是人生的磨难？这就对了朋友：人生是充满悲剧性的，人生不如意十之八九是注定了的。但，承认人生的悲剧性而不悲观失望，直面人生的悲剧性仍然积极向善向上，这就是做人的境界。何况，悲剧本身就充满着诗意的……人生的曲折，人生的艰辛，乃至人生的磨难，都是你诗意人生中真实的部分，都是你诗意人生过程中宝贵的财富，难得的收获。

现在，我就把我诗意人生之路坦开在你的脚下啦，踏上去吧朋友！你将不仅可以看到作者半个世纪的诗意人生经历，看到作者诗意人生中的喜怒哀乐甚至忏悔，看到作者诗意人生进程中文字功底的进步和文风的转变，而且，你如果有足够的悟性，你还可以看到作者诗意人生所折射出的时代的风云和社会的缩影。

一、初中：《红色日记》

导语：本书前文载有我的自传写到五岁，之后求学之曲折经历未及记述。作为一个农村户口的"乡下人"，我在靖江县城城北小学上学期间受尽了歧视和冷眼，小小心灵饱受低人一等的创伤。加上从我上小学开始文化大革命，父母被打成了地主成分（后又平反），母亲被乡下老家来人从瘫痪的病床上拉去批斗。记得母亲就要被来人抬走时，她拉着我的手说："儿啊，妈这一去不知能不能见到你了……你要好好读书，听好姐姐（三姐）的话……"当时我还小，还不懂事，没把母亲的这几句话放心上。听说我母亲被斗完扔在水塘边，没人敢帮她一把，后还是从小在我奶奶家当过佣人的一位"小丫头"阿姨帮助我母亲回家，她常来城里让我母亲接济她些的，因为她家穷是贫下中农所以"红"，所以什么也不怕。现在回想母亲的话，还真有些后怕呢！从靖江县中学初中毕业后，我这个黑五类子女被一封人民来信断了上高中的路，家里找门路托关系让我到乡下东兴中学重上一年初二。四十几年后，我竟然找出了初中时期的两本日记，遂选载几篇如下，以见证我的文学人生在起步时是相当落后的。

1971 年 8 月 28 日　晴　星期六

今天是开学的第一天，听了吴主任的报告，特别对我们毕业班同学提出要"一颗红心，多种准备"。我决心，时刻听从党召唤，一生献给党安排。从现在起就做好各种准备，准备着，面向农村、面向工矿、面向基层、面向边疆。

今天放学前，我们参加了打扫校园和管理生产园地的活动。我分配到的是管理生产园地、抬粪。在抬粪时有几滴粪落在我的脚上，我就不想抬了。这时我想起了贫下中农，他们中有人整天为粮食施粪的，难道他们天天挑粪就没有粪掉在身上吗？那是有的，而且比我多，为什么他们不怕脏呢？这说明他们有一个为革命、为战备、为消灭帝修反的雄心壮志，而我却没有，缺少和贫下中农结合、到三大革命运动中去的实际锻炼。今后，我一定要到实际当中去锻炼，用粪来擦洗头脑里的小资产阶级思想。

1971 年 8 月 31 日　雨　星期二

今天早上下了倾盆大雨，雷声隆隆，是去上学呢，还是不去上学？两种思想在不断地斗争着，去，眼前这样的大雨，身上不全被淋湿了吗？不去，就耽误了革命学习。这时我想起了我排（注：当时中学的班级和年级以排、连称呼）的尤金生同学，他住地离我校那么远，可是他不管狂风暴雨每天都按时到校，难道我离校比他近还比他困难吗？于是我就下决心上学校了。虽然我身上被雨淋得湿了，可是我还是很高兴，因为我又按时到校学习了。

1971 年 9 月 1 日　晴　星期三

开学四天以来，我总不能做到上课不说话，有时要回头说话，不然就和同桌的说话。这种非无产阶级自觉性的行动，完全不符合我在决心书里写到的要"遵守革命纪律"，我一定要改正说话的坏作风，培养无产阶级的自觉性。

1971 年 9 月 2 日　晴　星期四

早晨我听了吴主任的形势报告，认清了当前国际上的大好形势。当前的形势正如毛主席"五·二〇"声明中指出的那样："当前世界的主要倾向是革命。"抗美救国的运动，不是在少数国家，而是席卷全球，世界上的总趋势是："敌人一天天烂下去，我们一天天好起来。"

1971 年 9 月 21 日　雨　星期二

目前一个揭发批判资本主义倾向的城乡群众运动在我县兴起，我校也投入了这场运动。但有些人无动于衷，说什么这不关我们的事，我们是学生。学生中就没有资本主义倾向了吗？事实也恰恰遇（与）此相反，在我排就有一件事，代表了在我们学生中也存在着资本主义的倾向。我排朱建平同学，跑跑路拾到了一把生了锈的剪刀，由于自私自利在头脑里泛滥，把它拾起来放在了身边。走到河边，有人洗菜要用剪刀，就用 3 角钱向他买了过来，他还感到非常满意。这种现象在学生中应该值得注意，这个人的思想整天想着捞点外快，贪点便以（宜），整天为自己打算，而把集体丢在一边，与拾金不（"昧"字空着）的行为相比起来，显得何等的渺小，与雷锋同志比起来，相差何等远呵！我忠告这些同学，不要再在自私自利的小圈子里打转，投入到批判资本主义倾向的运动中。在批判别人的同时，我要接受教训，提高自己的觉悟，严格要求自己，积极投入到批判资本主义的斗争中去。

1971 年 9 月 22 日　晴　星期三

今天我们到红心堂，听了老贫农忆阶级仇、民族恨。在当前的大好形势下，进行忆苦思甜是深受教育的，我们今天的幸福生活是老一辈用鲜血和生命换来的，我们要保牢这个政权，使无产阶级江山永不变色。

1971 年 10 月 9 日　晴　星期一

今天我看了电影《乒坛盛开友谊花》，才真正感到我们国家的伟大，和我国乒乓外交的胜利。

1971 年 10 月 20 日　晴　星期一

今天我们到万人体育场去参加宽严大会。通过这次会议，我真正体会到我们党的政策的伟大，史玉康这人罪非常大，但他坦白态度较好，所以得到了人民政府的宽大处理，有一个叫陈××的人他罪倒比史玉康轻，但他坦白态度较差，拒不交待，被从（依）法捕了起来。

1971 年 11 月 25 日　晴　星期四

当前，全国人民都在大唱《三大纪律八项注意》。毛主席在《三大纪律八项注意》中指出"一切行动听指挥",而我有时老师布置的任务都不能执行,如老师让我们写读书笔记我不写。毛主席在《三大纪律八项注意》中说"不打人和骂人",而我有时候也要说昏话,和一些同学调搞。毛主席教导我们"提高警惕,保卫祖国,要准备打仗",而我不能到体育场锻炼身体,锻炼时也只跑一、二圈就不肯跑了。毛主席教我们要遵守纪律,而我有时开会免不了要说话,劳动不带工具。伟大领袖毛主席教导我们"好好学习,天天向上",而我上课不专心,下课又不复习。毛主席教导我们"团结紧张,严肃活泼",而我在上课间操集队时拖拖拉拉,并且围在一起说话……以上种种情况都没有按毛主席指示去做,都是不符合一切行动听毛泽东思想指挥的,我必须迅速改正这些缺点,弃旧图新,以免背离毛主席的革命路线,争取政治学习双长进。

1972 年 1 月 4 日　阴　星期二

本日我们学习了元旦社论《团结起来,争取更大的胜利》,知道了国际上的大好形势,懂得了我们当前的革命任务。我国还是发展中的国家,经济还比较落后,革命和建设的任务还很艰巨,要攀登科学技术的新高峰,还需要有文化知识,必须认真学习。我们就要在这新的一年中毕业了,能否反正快毕业了就不要认真读书呢? 没有文化知识,我们的南京长江大桥就建不起来,我国的人造地球卫星就不能上天……所有这一切的一切都是靠了文化知识,更重要的还是靠了毛泽东思想。因此,我们万万不能有反正毕业了学文化没用了的思想,万万不能有"反正只有几天混混算了"的错误思想,也不能有"我反正是农村的,不管把我分配到哪里都好"的思想,而是要坚定为革命站好最后一班岗的正确思想。

1972 年 3 月 7 日　阴　星期二

今天我打起背包向东兴中学跑。在路上,我虽然背包背在身上很重,但是我心里很高兴,我是到东兴中学来学习的第一天。到校后的下午,又和同学们一起劳动,老师同学都很关心我,问长问短,我感到无比的温暖。我在第一天里下决心要好好学习,"认真看书学习,弄通马克思主义"。

1972 年 3 月 9 日　晴　星期四

今天下午我们全校开会,算开学典礼,又算表决心,还算新加入共产主义青年团的团员入团宣誓。看着新团员同志在台上面宣誓，我是多么地眼热呵！我心里感到又惭愧又高兴，惭愧的是我没有像新团员那样勤勤恳恳地为人民服务，没有当上共产主义青年团员，高兴的是为党增添了新的血液而感到高兴。但是，惭愧是没有用的，今后只有认真读毛主席的书，"认真看书学习，弄通马克思主义"。一方面认真学习文化知识，一方面勤勤恳恳地为人民服务，争取早日加入中国共产主义青年团的光荣组织。

1972 年 3 月 20 日　阴　星期一

今天我一早起来，准备乘汽车到校，但赶到汽车站，车子已经走了，我就步行走向学校。在通向学校的路上，我看到了农村一排排瓦房，一片片绿油油正在苗壮成长的麦秧田，还有许多贫下中农，在自己新瓦房里，坐在桌上（边）吃着自己的丰收果实——香喷喷的大米粥的情景。这种农村的新气象，给了刘少奇一类政治骗子散布的所谓"农民缺吃少穿"的谬论，是一记最响亮的耳光。我一路欣赏着农村美丽的风景，也预料到农村的美好的未来，不觉已走进学校的大门。同学们正在上课，我就走进教室和同学们一起上课了，为将来建设社会主义新农村打好基础，为解放全人类而贡献自己应有的一份力量。

1972 年 3 月 28 日　晴　星期二

今天下午校批判小分队到我班来批判，把刘少奇一类骗子散布的所谓"农民缺吃少穿"、"知识青年上山下乡是变相劳改"、"毛主席是暴君毒材（独裁）者"等等批得臭不可闻。他们个个仇恨满胸膛，怒火高万丈，用铁的事实批得他们没有一点回击的余地。

下午物理课讲拖拉机的构造，我校遵照毛主席关于"实践出真知"的教导，把我们带到先锋大队去请老拖拉机手给我们讲课。今天拖拉机手讲得很好，使我学到了在课本上所没有学过的知识。

1972 年 4 月 20 日　晴　星期四

今天是我难忘的日子，我被批准入红卫兵组织了。我怀着期待的心情去参加红卫兵团成立大会。当报到我名字的时候，那高兴的程度真是无可比似（拟）。红卫兵是群众组织，是先锋队组织，我参加红卫兵，这是我政治生活中的大事，也是毛泽东思想的胜利。我今后决心戒骄戒躁，继续前进。

今天我参加了红卫兵，下午劳动起来也非常有劲，粪弄在身上也不觉得什么，只觉得：红卫兵一定要起带头作用，在各方面都要积极，要有"一不怕苦二不怕死"的精神，要为社会主义多作贡献。

1972年6月21日　晴　星期二

今天因为老师进城开会，我们放假。我本来准备回家的，因为要挑草，我就决定放弃回去的机会，留下来挑草。今天一大早我就起床，外出寻草，冒着火辣辣的太阳割了50斤草，超额完成任务。

老师布置学习写诗五至十首。1.内容要求：（1）歌颂工农兵，（2）表决心；2.形式要求：（1）要押韵，（2）可以长短句，字数不限，（3）语言精炼，思想性要好；3.参考：铁人的诗。下面学写一首：

> 明知学习有困难，
> 越是困难越要闯。
> 立下愚公移山志，
> 定叫困难脚下踩。

二、高中：《求学记》

导语：从东兴中学再一次初中毕业后，我又面临上高中的问题。当时东兴中学校长朱鹤平老师是我父亲的学生，又曾是我哥哥的班主任，所以愿意帮我冒名参加高中升学考试。记得那天上午，高中升学考试正式开始后五分钟，东兴中学校长满头大汗在厕所里找到我（因看到一个个同学走进考场，而我没有资格参考，自卑得躲进了厕所里），将一位缺考同学的准考证照片撕下换上我的，方得进教室参加升学考试。后又因一封人民来信再次失学。相当一段时间我在痛苦、彷徨、自卑中度过，不敢出家门，怕碰见同学。当年我哥哥在靖江县数学竞赛获第一名，朱校长深为赏识，再加上他见我求学心切，深感我失学之苦痛，于是继续冒风险帮我。他弄了一份假转学证明，又让我父亲的另一名学生陆尔铨老师写了封推荐信，联系了当时在我看来离家十分遥远的金湖县文教局周局长，谎说我过继给那里的一个子虚乌有的"舅舅"做儿子，请他帮忙转学。以下是我转学成功后的追记。

（一）

1973年春天某日的后半夜，月亮下去了，太阳还没有出，除了一些夜游的东西，什么都睡着了。

忽然，妈妈坐起身，拉亮了电灯，拖着瘫痪的双腿来到我床前，亲切小声地喊："小弟，起来，不早了。"我睁开了眼，望着母亲双眼的血丝，心里知道：为了我上学，妈妈又熬了一夜呵！我赶紧用手揉了揉惺忪的睡眼，一个鱼跃爬了起来。

一切准备停当，为了不引起"狗"叫（家里人一直怀疑写人民来信的就是对门邻居，但至今也不知究竟是谁），决定天亮前就出发。妈妈把我送到了门口，千叮咛万嘱咐要我小心。显然，她是对我放心不下的。此刻，我有满肚子的话，可到了嘴边却成了一句："放心吧！"

黑暗像一张无边的轻纱，笼罩着整个大地。点缀在黑色天幕上的星星像无数只顽皮孩子的眼睛闪着快活的光辉，它们尽着自己的力量，把点点滴滴的光交织在一起，不像阳光那么刺眼，也不像月亮那么清澈，却是明亮的，明亮的星光掺上了露水，变得湿湿润润，柔柔和和。"轻纱"轻轻地挂在树梢上，搭在房檐上，铺在街道上，薄薄的一层，接触到这种光辉的一切都变得那么雅致，那么幽静，那么安详……呵，这是黑暗即将消逝、曙光就要来临的静谧的前夜。

雄鸡报晓了，一声啼起，百声呼应，既好像是为我送行，又好像是催我快走。我深深地吸了口气，背起打好了的硕大的包袱，便辞别了母亲，沿着蜿蜒小道，踏碎露珠，向车站走去。

七时整，汽车徐徐开动了。此时此刻，我真像一个远征的战士，故乡的一草一木，都使我倍感亲切，都要无限深情地望它几眼。再见吧！故乡，再见吧！哺育我长大的地方，请你等待着你战士的胜利消息，请你等待着你的战士凯旋归来吧！

一个多小时后，汽车就像摇篮一样，慢慢地使我进入了醉人的梦乡。渐渐地，整个汽车变成了课堂，嬉笑着、谈论着的旅客变成了严肃认真的学生，汽车司机变成了老师，双手紧握的方向盘好像紧捧着课本，他凝视着前方的炯炯双眼好像看着黑板，窗外绿色的大地好像黑板上宏伟的蓝图……车厢里的一切都变成了课堂的形式。啊，我终于上了高中，又和同学们欢聚一堂……

"嘀……"清脆悦耳的喇叭拖长了声音，把我从美梦中唤醒，睁眼一看——呵，扬州车站到了。

<h2 style="text-align:center">（二）</h2>

扬州这座古城，比起靖江来又大又美。公路上，来往车辆川流不息，人群熙熙攘攘，好一派繁忙的景象。

从靖江到金湖，是到扬州的两倍路程，因而一天不能到达，要到我扬州三姐家住一晚。可是，扬州我从未到过，素不相识，偌大的扬州城，哪儿是我姐姐所在的扬州玩具厂呢？

我沿路走沿路问，而所答的却是不知道或不清楚，使我大失所望。虽然如此，我还是马不停蹄地跑着，同时，两眼不住地东张西望，穿大街，过小巷，走了好长时间。俗话说：远路没轻担，此刻，身上所背的四、五十斤包袱像一座小山压在肩上，两肩被绳子勒得生疼，浑身汗流浃背，胸膛仿佛是一个空气罐，嘴像一个抽气筒，虽然连续不断地紧急呼吸，这个气罐怎么也装不完。突然，我不由得惊讶了一声，心蓦地凉了半截：唉！原来我像驴子拉磨一样在转圈子，又回到了原地，心中不觉暗暗叫苦。一个多小时的跑路，使得我筋疲力尽。无可奈何，只得先在公路边休息，再继续寻找。

真是踏破铁鞋无觅处，得来全不费工夫，没多久，终于在我找过的相反方向找到了玩具厂。

晚上，姐夫的姐姐和姐夫，对我这次上学深表同情和关怀，跑到我姐姐家询问。俗话说：三个臭皮匠，顶个诸葛亮，为了使我求学更有把握、更妥当地应对各种意想不到的事，几个人在一起进行了周密细致的研究。

结果，姐夫的姐姐长长地嘘了口气，为难地说："这事就叫我也很难自圆其说。"我听后不免对这次求学又增添了一层忧愁：她况且如此，何况我呢……

但是，胜利是属于勇敢无畏的人们，胜利是属于心地纯洁、主持正义的人们，胆小鬼们是只能在即将到来的胜利面前哀叹的。是的，人们都想取得胜利，哪怕是生活中一个微小的胜利，也会给人们带来欢欣鼓舞。但胜利不是现成的，不会送到自己的面前，也不能利用捷径而取得，它需要斗，需要闯，"不吃苦中苦，怎得福中甜"，"不入虎穴，焉得虎子"。因此，我决意去闯一闯。

明天，就在明天，我将要做一件在我十四、五年生活中的了不起的大事了。山鹰在暴风雨中飞翔！不能切金，怎显得利剑宝刀？惊心动魄的斗争呀，你快些到来吧！一个从未饱经风霜的年轻人，正在等待着你的熔炼呢！

（三）

长途汽车在通往金湖的公路上飞驰。

窗外春天的田野景象是引人入胜的，可我却无心欣赏。也许因为有生以来第一次做这件冒险的事的缘故吧，心里既害怕又紧张，总想预料一点将会突然出现的情况该如何去应付，可思绪万千，老理不出头绪来，只好两眼望着车窗外定神。

春天的脸儿像小姑娘一样哭笑无常，有时是阳光灿烂的艳阳，有时又淅淅沥沥地下起雨来——为了一点小事情，她伤心啦，抽抽搭搭地变着脸儿掉起泪来。可是，用不了多久，她又睁开亮晶晶的眼睛，独个儿轻盈盈地笑开了。

刚才还是好好的天气，这会倒下起雨来了。我脑子昏昏胀胀的，便打开了窗子，想借雨点冲散满脑子的忧烦。风夹着雨从窗口吹打进来，可我却一点也不知道，甚至连同车人的责备也全然不顾。

汽车在风雨中前进。突然，全车人都惊叫起来。我随着旅客手指方向一看，前面有两匹马被汽笛声吓惊了，拖着车发狂地奔跑，前五十米处是一个水坑，眼看着一场事故将要发生了。

"吁，吁"，风声中传来了赶车人紧急的喊声，然而那马像没有听见似地继续奔跑。水坑越来越近，越来越近了。在这千钧一发之际，只见赶车人丝毫不慌，腾出右手，敏捷地挥鞭向马打去。"啪！"清脆的一声，那马就像经过训练一样，不偏不倚在水坑前停了下来。"多冒险哪！""要不是他响鞭，这事故难免发生了。"……

车上众议纷纷。我捏紧的手才慢慢松开了，为赶车人这次化险为夷的果断行动赞叹不已，嘴边露出一丝苦笑。想想自己，这次也像冒险，但后果呢，是有过还是不及？那只有天才知道。人说：不怕一万，只怕万一，万一……唉！我真不敢设想了。到什么山唱什么歌，听天由命吧！

离金湖越来越近了。我的心像十五只吊桶七上八下，毫无主张，甚至心跳的声音也依稀可闻。怎么办？汽车呀汽车，你就不可以慢点行驶，为什么要这么无情的开快，把我早早地送到那不知深浅、不明善恶的地方呢？

此刻，我就像一个孤苦伶仃的渔夫，在风雨交加的夜晚漂泊在汪洋一片的大海上。波涛汹涌，冲船欲翻，为了追求光明到达陆岸，一个人在船上挣扎着，和黑暗搏斗着。风声雨声浪声，织成了一个黑暗的世界，随时可以吞没这小小的渔船。大海呀大海，你将会给这渔夫带来什么样的命运呢？你就不能伸出同情的手，救一把这不幸落难的渔夫吗？

（四）

金湖，我可真举目无亲，人地生疏，如何着手呢？心里像一团乱麻，一个苦、辣、辛、酸的大杂烩。往常，做什么事或遇到什么困难，都依赖着父母的指点，可是，今天，眼前，只有孤单的一个人，谁来安慰我帮助我呢？真的是心急如焚，就差点儿掉泪了。

此时天色已晚，我信步走到了旅社门口，心想：住它一夜再说。

登记处，我将头探进了窗口，问道："请问同志，这儿住宿吗？"

"有证明吗？"一句话倒把我问住了，我是冒险来求学的，哪来的证明呢？我背着一个又大又重的包袱在另外地方转了转，又回到这个旅社门口。尽管现已关门，它大门前有个大屋檐，可以挡挡风雨。我把包裹放在紧靠大门的地方，伏在上面准备熬过一夜。

大概到半夜的时候，旅社大门吱呀一声开了。有个人出来到旁边墙根解小便，回来时问了一声："小鬼，你在这干什么？"我便如实告知来求学，因没有证明住不了旅馆，这让他动了恻隐之心，说"进来吧进来吧"，我便随他进去在一间很狭小的房间里住下了。晚上脱衣时感到肩膀痛，一看才知，虽然穿着厚厚的衣服，双肩还是被行李绳索勒出了两道血印。

第二天，我准备去金湖县文教局冒险碰运气了。在来之前，家人要我买一点东西带给文教局长，这对我一个没饱尝世故的年轻人，根本不懂得做人的奥妙，觉得买与不买无关紧要，但最后还是买了一斤水果，一斤蛋糕。

又跑了多少冤枉路，才在县委大院里找到了周局长的家。刚进门，我便把陆尔铨老师的信递给他。

"你就叫洪雁？"看完之后，他问道。看来他早知道，也早有准备了。随后，他略略寒暄问了几句，叙了叙家乡阔别之情，又顺便问了问家乡的情况。此时，我的有余悸的心才去了一半，开始仔细地望了他一下：年纪大约四十几岁，矮矮的个子，长得满脸的麻子，一对眼睛有着深邃的眼光，一看就是一位干事沉着老练的人。从谈话中，我觉得这位局长倒也和蔼可亲，也就不像进门时那样拘束了。

"这点小东西，请你收下吧。"我指了指桌上的水果和蛋糕说。

"这怎么行呢……"

"没关系，千里送鹅毛，礼轻人意重嘛，这是我从家乡带来的一点心意呀。"

他没有再推托，接着又问："你是来靠舅舅的吗？"

"是的，我从小就给我舅舅养的。"这句话，是我来之前编好的。其实，谁有父母不要，而给人家呢？但是，为了上学，一切的一切我都得忍着。

随后他便领我一起来到了文教局，在文教局办公室里，他倒了一杯开水给我。这时，门外有人喊他有事，临走他对我说："你先坐会儿，等文教局秘书来了，你叫他写一下转学证明。"

"好。"我答了一声，便坐在凳子上，边喝水边等，为这事如此顺利而暗暗高兴，心想：谢天谢地，总算顺利地闯过来了。

这时，外面走进来一个人，胖胖的脸上长满横肉，一对老鼠眼睛，就像汤团上的两粒芝麻，更显得阴险、凶恶。

"你干什么？"他眼睛眨了几眨，问道。

看了他那种阴阳怪气的举动，我不觉一怔，颇感来者不善。但被他问得又紧，只好把转学证给他看。不想他不看则已，一看，"啪"地把转学证摔在桌上。

"什么？转学？不行！"随即把转学证关进抽屉里，摆出了一副铁面无私、公事公办的样子。一下子，我刚刚松下的心又收缩了起来。

正是"草怕霜打霜怕日，恶人自有恶人磨"，正在这进退维谷的时候，局长从外面走了进来。

"局长。"那个秘书的凶相立刻无影无踪，皮笑肉不笑地恭维道。

"他是来上学的，请你写个转学证书。"局长指了指我说道。

"好的好的。"那胖子点头哈腰地连连答应，像个应声虫似的。

看了他那种为了阿谀逢迎自己主子而笑容可掬的样子，那种讨得了主子欢心而受宠若惊的样子，我心里又气愤又恶心。对于这种人也只能嗤之以鼻了，很明了，他决不是一个大公无私的人，而是一个欺下惘上、欺软怕硬的巧伪人。至于他如何爬到秘书的位置，我虽不甚了解，但也就不了了然了。

我坐在一边倒颇有兴致看看这场滑稽戏怎么收场。

沙沙沙，一阵笔碰纸响，那秘书赶紧将一张写好的转学证书双手递给局长。局长略略看了看，又传给了我。接过来一看，几排眼花缭乱的大字显现在我的眼前："经研究同意……"看到这里我不觉暗暗好笑，明明没有研究，他倒写经研究同意，真无耻！我接下去又看："该生转入你校。"

看完后，局长对我说："你拿着这转学证明，去金湖中学一下。"

出了县委大门，我先到旅社去安排一下，便去了金湖中学。但金湖中学的主任不在，另一个负责人硬推说住宿有问题，不肯接收。无奈，只得又转回文教局。

正是冤家路狭，不巧，在文教局门口，又遇到了那秘书。这下，局长不在，他又凶相毕露了。

他拦住了我问道："喂，你家住哪里？"

"靖江。"

"为什么到这里来上学？"

"我是来跟我舅舅的。"

"叫什么？"

"毛德民。"

"在什么厂？"

"家在这里，人在常州拖拉机厂工作。"

他看看问不出什么名堂来，老鼠眼一转，又心生一毒计，说："你等等，我打个电话去问问。"

这下，我真有点慌了。转而一想，又镇定下来：他只会吓吓人，电话是肯定打不到的，充其量没学上，能把我怎么着？抱着这样的决心，倒反而觉得无所谓，神情自若地坐在一边等着。

过了半个多钟头，大约他脚也站酸了，垂头丧气地放下了电话。

我想：先发制人，赶紧问道："打通了吗？"没等回答，又催问道："他在那里吗？"

"常州拖拉机厂没有什么毛德民。"

"怎么，他上哪儿去啦？"我明知他晓得个屁，还是故作惊讶地问他。

他没有答，两只小眼睛紧紧地盯着我，使人感到有些咄咄逼人的样子。此后，便是沉寂。一分钟、两分钟、一刻钟过去了，还是互不说话。沉默啊，可怕的沉默，不在沉默中成功，就在沉默中失败。

正在这时，有几个大概是工作人员围了过来。明白了怎么一回事后，其中的一个就自作聪明地问我："你知道他在什么车间吗？"

"那我倒不清楚。"他问话的意思是：不知道车间怎么能打通电话呢？不想这话正好救了我，我赶紧顺水推舟地说不知道。

"怎么出门不问清地址？""你还真太笨太梦了。"……

他们七嘴八舌地数落了几句，我也不作声，心想：骂吧，骂吧，越多越好，我才不笨不梦，你们才最笨、最梦呢，哼！这群猪啰！又想，跟他们磨舌没好处，夜长梦多，迟则生变，如果说漏了嘴，肯定要吃亏。不管它，六六三十六计，走为上策，便推说行李在旅社不放心，不管他们准不准，便扬长而去。

晚上，我一个人躺在床上，心想：且待明天找局长再作计较。

第二天碰巧，一去文教局就碰见局长也走了过来，手里还提了两样东西：一斤水果，一斤鸡蛋糕。

一见面我就说："金湖中学我去过了……"

"我知道了，床铺太紧张住不下是吧……你能不能转学到距城二十多里的金南中学去呢？"

我想不管哪里了，只要能尽快上到学，条件有限，知识无涯，艰苦一点有什么关系，便一口答应了。

"你最好再找一下那秘书，问问他还有什么手续要办。"

"嗯。"

临别，我叫他把东西拿上，但局长坚持不纳，我也不再勉强。

他走后，我想：哼，我才不去找那狗秘书呢，如果再被他碰上，弄个节外生枝，岂不是棉花上晒稻子——自找麻烦吗!？

这一夜，我只盼它早早的天亮，早早离开这随时可能遭难的是非之地，早早摆脱那个胖胖的恶魔。渐渐地，便把这种担忧与高兴之情带进了梦乡……

（五）

第二天上午，我坐在了去金南中学的公共汽车上，窗外下着小雨夹雪。汽车沿着一条人工挖掘的河向前开去。

金南中学离城二十里左右，只有简陋的四、五排房子。学校的西面有一排长长的土堆，正好做了天然围墙，南面有一条一米宽的小水沟，让学生洗衣洗碗。食堂的上空飘荡着几缕袅袅炊烟。初看上去，好像不是那么热火朝天。可是我的周身却通遍了学校大家庭的温暖，蕴藏着无限的热量。

下了汽车，学校没有大门，我径直朝办公室走去。只见几个老师正伏在桌上办公，我问了身旁的一个教师："哪一个是主任？"那老师向后指了指说："徐主任在那里。"

"哦，徐主任，局长打来电话了吗？"我想先下手为强，其实局长并没说过要打电话，我不过想借一借他上司的名。

"嗯，刚来过。"真是无巧不成书，不想竟真的来了电话，倒使我弄假成真，心里不觉暗暗高兴：这下有学上了！

徐主任帮我介绍了一位班主任，姓朱，教数学。朱老师要我去宿舍歇一歇，我却坚持要马上进教室，进那我渴望已久的课堂。从进课堂的一瞬间，我便掀开了自己人生新的历史一页：漫长学生时代的第三次学生生活。

"生命诚可贵，寄生如粪土，华年不虚度，何须到白头。"洪雁呀，望你努力地学习吧！切莫让时间白白地偷过，切莫辜负了父母的希望，切莫辜负了这次上学的来之不易啊！要用自己的双手，自己的知识，去解救人民的痛苦，去开拓前进的道路，去攀登人类的高峰。

> 长空似锦绣
> 山河放射光芒
> 苍鹰在碧空里翱翔
> 小鹰在云边盘旋
> 小鹰呀小鹰
> 天空任鸟飞
> 海阔凭鱼跃
> 云彩不能阻挡
> 风浪不屈坚强
> 只要你选对道路
> 你应该绝不回头
> 坚定地走下去
> 直到实现自己的理想

1974 年高一暑假追记

三、"文革"：一张大字报

导语：在金南中学度过的近两年高中生活，正值"文革"末期，学反潮流闯将黄帅，写大字报。下面录下我当年的一张大字报《尺蠖与林孔》，和一首赞开门办学的诗歌，可窥见当年批林批孔运动之一斑。记得当时学生都要造老师的反，给老师写大字报，而没有被写大字报的老师反而会感到孤立，于心不安。一位英语老师因无学生写他的大字报，还专门到我们学生寝室来动员给他写大字报。《尺蠖与林孔》后来登在了"金南中学批林批孔创作组"创立的《红卫兵战报》第一期上。该"战报"是以我为主的几个同学在语文老师戴慕瑶的指导下创办的。这里要特别提出的是，读者都会从我前面的初中时期《红色日记》看出，我在高中以前的写作水平是非常一般甚而低下的，与现今的大多数中学生压根儿没法比。我的写作水平提升正是从金南中学办《红卫兵战报》开始起步的。为此，我在内心里一直非常感激我的文学启蒙老师戴慕瑶老师，可能她还不知道呢。直到2013年夏天，我才打听到并在南京拜访了退休在家的戴慕瑶老师和班主任朱冰静老师，了却了多年心中的感恩夙愿。

（一）尺蠖与林孔

尺蠖者，毛毛虫也，亦名蚺蹴，又呼步屈。

然虽是个毛毛虫，但可以说运气是比较好的。用它的一屈一伸的爬行，使得中国的大圣人孔老二悟出了一条升官发财的道理，并博得不少反动统治者的赏识。儒家的"尺蠖之屈以求伸也"，便是从中而来的。于是乎，拜服在儒家脚下的一批骚人墨客，便在这毛毛虫身上大做文章，吹嘘什么尺蠖"食黄即身黄，食苍即身苍。"因而，《尺蠖赞》《尺蠖赋》纷纷步尘而出，简直把个毛毛虫说得玄乎又玄乎，倘若再加吹一下，恐怕要和孔圣人平起平坐了。

对于尺蠖，孔子之流为何如此器重，不言而喻是别有用心的。翻一翻孔老二本人的丑史，就会更加明白。先前，在孔老二大收弟子，大讲儒术的"仁义"、"道德"、"己所不欲勿施于人"的"爱人之心"的同时，出现了一位法家少正卯。他的法家思想学说得到了好些人的共鸣，便连孔老二的一些得意门生也被吸引过去，气得孔老二吹胡子瞪眼，恨不能食其肉、碎其尸，怎奈身无重权，且仇者学说深得人心。后来一旦做了个什么鲁国司寇，便把少正卯杀掉了。然而，官也做不长，立刻又下台了。官迷心窍的孔老二为了讨得一官半职，到处游说，而又到处碰壁。到了卫国，听说要见王后才得做官，赶紧颠着屁股到王后那里跪下求见，竭尽了奴颜婢膝的能事，但仍没有捞到官做。真不知他匍伏在王后脚下时，他所鼓吹的"男尊女婢"、"唯女子与小人难养也"的反动说教到哪里去了?! 大概就是这个"尺蠖"哲理指导着他的行动吧!

现代中国的孔夫子林彪，"继承和发展"了孔老二这一套理论和实践，并把它"推向了一个新的阶段"。明明是一个怀疑"红旗能打多久"的悲观论者，转而变成了个"岂疑星火燎原"的马克思主义忠实信徒；明明是反革命政变纲领《五七一工程纪要》的策划者，却"语录不离手，万岁不离口"，大喊"忠"呀、"紧跟"呀；明明是军事路线上的一个机会主义者，却涂脂抹粉，把自己打扮成"天才军事家"、"常胜将军"。真可谓"青出于蓝又胜于蓝"，林彪的两面派手法之绝妙，就连他的祖师爷孔老二也自叹弗如了。

其实，对于林孔，从某种意义上来说，尺蠖是他们原形，他们是尺蠖的化身。然而，既要反革命，就不能将其真相掩盖得十分彻底，狐狸再狡猾也免不了露尾巴。他们一味玩弄的这可苍可黄的两面派手法，恰如鲁迅先生所指出的阴险诡谲的"捣鬼术"。但是，"捣鬼有术，也有效，但有限，所以以此成大事者，古来无有。"儒家的祖师爷孔老二失败了，现代的孔老二林彪的自我暴露，也只不过是重蹈覆辙，进一步证实一下"尺蠖之屈以求伸也"的处世哲学必败而已!

（二）前进! 永远沿着五七指示的胜利航向
——赞开门办学

看! 东方亮，
曙光初照演兵场，
寒风凛冽，杀声震九霄；
露湿征袄，榴弹直捣"敌"心脏!
练好本领，
誓把祖国江山保!
听! 机声隆，
跃进歌儿满车间。

铁钳镙刀，学习在机器旁，
钢花飞溅，个个铸件凝心愿！
练好本领，
把祖国江山建设得更美好！
看！明月升，
银光洒遍了田野，
手攥刹把，泥土在铁牛身下欢唱，
挥舞镰刀，稻浪散发出宜人芳香！
练好本领，
叫大地献出千吨棉、万吨粮！
听！声声泪，
捋起衣袖露伤痕，
"万恶的旧社会……"
老贫农的控诉激起我们阶级仇，
辛酸泪，滋润着茁壮成长的幼苗。
啊！是毛主席"五七"指示引导的航啊，
刺刀闪寒光，把"中庸之道"捅透，
铁臂当空舞，把"上智下愚"粉碎，
血泪斑斑史，把吃人的"仁义道德"驳透！

忆往昔，怎能忘啊，
教育战线起风浪……
林彪一类骗子耍尽阴谋，
向学生强输封资修黑货：
一阵阴风："学而优则仕"，
一阵黑雨："读书无用"。
霎那间，妖风阵阵，沙飞石走，
曾几度，乌云滚滚笼罩在校园四周……
妄想把学生培养成复辟工具，
使苏联的悲剧在中国照章演奏。

是毛主席点燃了批林批孔的烈火呵——

率领我们顶妖风，战恶浪，

"长缨在手"，把修正主义捆缚。

我们要紧跟毛主席，

到中流击水，在三大革命中奋勇行走。

我们——早晨八、九点钟的太阳，朝气蓬勃；

我们——新中国的一代，风华正茂；

我们——肩挑着中国革命和世界革命的重任，决不辜负党和工农兵的殷切期望！

为了全人类的解放，

为了共产主义的理想，

战斗！把教育革命的道路开拓。

前进！开门办学的队伍浩浩荡荡。

前进！永远沿着"五七"指示的胜利航向！

1974 年 10 月于金南中学

四、高中生涯骤止

导语：一封家中发来的电报，骤然终止了我的高中生活，而距高中毕业只剩两三个月了。电报内容为"父亲病重住院速回"。我平生第一次收到这样让人胆颤心惊的电报，即刻含泪打包，第二天一大早便赶回靖江，带不回的东西请同窗好友柏广能帮我寄回。因农村户口缺乏粮票，我曾去柏广能家附近的"黑市"上买米换成粮票，这在当时是要冒风险的，如被发现会作为投机倒把分子而受处理，甚而被抓捕。因此，急难关头我求助于广能同学是绝对放心的。这里记述一下跟粮票相关的我至今还无法释怀的事：有一次食堂小李师傅将废旧饭菜票烧了，被我偶然发现有几张饭票没烧掉，犹豫再三后我还是偷偷拿来并悄悄用了。几天后班主任找到我问及此事，我是吓得要死羞愧万分更是咬紧牙关死不认账。好在班主任只教育了几句并不深究，当时我还在惊恐之余暗自庆幸呢；现在想来，班主任其实是非常清楚的，只不过同情和体谅自己的学生罢了。否则的话，我的诗意人生可能要完全改写了。

没想到的是，当我悲悲戚戚、急急忙忙赶到家中时，已经退休了的父亲竟安然无恙地迎上前来。原来，我的父亲压根儿就没病。我的在靖江县粮食局工作的二姐通过关系，帮我在团结公社的粮管所找到了卖大米的临时工作，以父病为由把我召回。一知真相，我立即大闹，继而哀求：让我回金南中学读完高中，哪怕再回去与同学告别一下也行……我多么想念那来之不易的课堂还有老师同学啊！但家里坚决不同意。我内心既痛苦又矛盾，因为我理解父母的良苦用心：在那个年代，能有一个粮站临时工做已经很难得了。万般无奈之下，我给同学薛鹤仙、柏广能及班主任朱冰静老师分别写了几封信。薛鹤仙低我一年级，也是从外地"转学"到金南中学，也许有着同样的命运，使我们同病同怜。他写得一手好字，《红卫兵战报》自然少不了他出力，而我常常模仿他的笔迹练字。

回靖江后的一段时间里，曾极度地痛苦又彷徨，因而写下了"离别辞"、"寄学友"等小诗。

（一）

亲爱的薛鹤仙朋友：您好！

在相隔较远地的我，谨以十分沉痛的心情写信给您。也许（但愿不要如此）在这封信后，咱俩就永远音容两别了。此时此刻，最大的不幸和遗憾交集在我心头。不瞒您说，曾暗暗地流下我宝贵的泪水。这也许是我软弱的标志，但实际上是忍无可忍了，不知您心里如何？

这次所造成的原因，是我父亲身体不好，又上扬州看病，家中有年迈老母一人在家，瘫痪做不了事情，需要我照顾，以至我失去将近两个多月的团聚时间，紧（金）贵的相会时间。

鹤仙，至今，我更深地体会到人生道路的不寻常、曲折迂回，更谈不到顺心如意了，甚至走一步路都要有人扶住，不然会迈不过去。但我相信，英雄终究是有用武之地的。您写的字不错，还要多看书，多挤点时间学习，把写作水平再提高。还有一年多的时间，可是光阴似箭，一晃过去很快，像我此后一生再也没有学习的机会是多可怜呀！所以，比比我，想想自己，就更应该努力了。以前，您在学校里，我每每请您抄这抄那，您都不辞劳苦，出色完成，实帮了我不少忙，现谨表示衷心的感激。

鹤仙，虽然我们相隔这么远，但"海内存知己，天涯若比邻"，以老天贴（赐）给我们偶遇在一起将近一年的战斗友谊，我决不会忘记，我请您不要（我相信也决不会）忘记。学校里或个人有什么大事，劳驾写几个字给我来封信告知，让我在离您较远的地方一起欢乐欢乐，或担点忧愁，也不枉为战友了。请您有照片寄一张来，不多写了，有事再说。

顺祝三好！

你的亲密的朋友：柔

26 日午

（二）

广能同学：您好！

首先庆祝我们自高中以来两年半（注：实际上是一年半）的非同一般的友谊牢不可破。但即使再乐观，也无法掩饰积压心头的万分遗憾之情。一封电报使我失去了预备同全班同学一道欢度将要毕业前的宝贵的时间，突然地给我下了一个结束一生学生生活的判决书。多么的不幸啊！它将成为我一生中怎样也抹不去的遗憾的痕迹。这次的不幸主要是我父亲有病，已到扬州去看，还剩母亲一人瘫痪在家，须（需）要照顾，所以脱不开身。但我相信，无论什么事也无法隔断我们的战斗友谊的，让"海内存知己，天涯若比邻"这一著名的诗句优先用上吧。

广能同学，在我的生活史上，到金湖去上高中还是比较的有意义的，虽然它是受资产阶级法权的限制而利用了资产阶级法权的。学到了不少东西，我们班上各方面的人材（才）都不算少，特别是文艺方面，更是人材（才）济济，不断涌现。只可惜没有在高一时，而到了高二才挖出了这些潜力，诸如徐后成，老师装得很像；杨云风，相声说得很滑稽，使人听了提精神，那种腔调，至今还历历在目，每每想起，便更开颜。王成宽山东快书说得也不错，就是在动作方面比起杨云风来还略逊一筹，还要多练练。体育方面，季风喜、张万忠等都不错。论美术，罗志刚、耿臣都不差，尤其是王道伟，更是一手好字，画画也很可观，望他继续努力，画出新的风光，独具一格。吴明师和陈玉奎都有进步，我看毕业前都可入红卫兵。吴明师吃亏主要在说话方面，他看的书是多的，肚子里词也是有一点的，可不要满嘴是词的，人家听起来不服气，文化学在肚子里不坏，争取写出好的文章来。在将近两年半的时间里，只和於学涛和周跃林从现在看来的微不足道的小事而进行过两次争执，请代为歉意。於学涛同学是一个好干部，工作能力也很强。周跃林同学有很多长处，就是皮（脾）气太躁（燥），改掉就很好了。我们班上的女同学也各有特长，作为同学二年多，我却和她们一句话不说，想来也太不应该了，但已悔之晚矣，无法弥补，谨代我致以歉意。还有许多的同学战友，不一一数到了，都代致意问好。可惜的是大家很快就要分离，各奔前程，这是无法回避的。我更可悲，都不能和你们共同到毕业。让我们在不同的岗位上加强和增添彼此间的友谊吧，因为她（它）是童年时代的友好所不能相比的，随着年级和岁月的增加而更进了一层。你一定要经常来信，以及问问徐后成、季凤喜、黄玉明、吴明师、陈玉奎等人写不写信给我，让我在一（极）度的无聊中得以解渴。班上毕业前又排了哪些节目，以及又发生了哪些有意义的事情，请烦劳来信告知。你毕业后如何安排也要来信。如看见赵胜华请代为谢意，我在回家时又麻烦了他一夜。再就是帮助我把毕业文凭弄到交给薛鹤仙。如毕业前全班同学摄影留念，务请寄一张来，遗憾的是我不能在其中出现，不能和你们一起合影留念。如全班不摄，请寄你个人的照片来，把你毕业后通讯地址寄来。不多写了，候等佳音。就此

　　紧紧地握您的手！

您亲密的战友：柔

（三）

朱老师：您好！

　　一封电报，突然地给我下了一个结束学生生活的宣决书，使我来不及好好告辞我的母校、告辞教育了我和我的同学们的老师，以及告辞其他全校的老师和同学，便默默地、一声不响地、大概是永远地离开了。正当我预备度过我的一生学生生活的最后两个月的时候，这样一来是多大的不幸呀！将成为我终生的遗憾，也是我学生时代的一个无法弥补的空白。

　　因为父亲有病，已到扬州去看，家中还有年迈老母一人瘫痪在家，需要我照顾，实脱不开身，致使我失去了最后一次向老师学习的机会和与同学们一起欢度最后的时光，将由另外一位"老师"来教会我社会生活。我想也许你们知道，我在老家上不了学，而自找麻烦到金南去求学，是因为受了资产阶级法权的限制而

利用了资产阶级法权。离开自己的父母，离开家乡，到对我来说比较远的地方去求学，在我短短的十几个年头中，还是第一次尝试，可我绝不是为了一张毕业文凭（说实话，这样的一张纸也没什么了不起）才来的。提起它，烦请朱老师帮我把毕业证弄好，交给薛鹤仙，不胜感激，把它作为一个珍贵的纪念品吧！但无论如何，我总归忘却不了让我度过的难忘的高中两年半的母校，忘却不了用自己丰富的经验和知识毫不保留地教育我和我的同窗们的敬爱的老师们，也忘却不了同在一起战斗了整个高中的同学们，以及在此期间学校或个人的学习生活上每个细微的值得留念的事情。我班种的菜田现在很好吗？我却不能为班级交给我的任务做到底，感到有说不出的不舒服，现在不知谁在接管我的浇菜工作，希望他比我更认真负责。我现在深深地为班级上的工作不能作出较多的贡献而觉得惭愧和难过，唯一自慰的是在毕业前，在老师的带动下，劳动方面（虽然不那么积极）比以前有了进步。曾记否："埋头苦干有无限的号召力！"

朱老师，我们整个高二班无论在文艺、体育、美术方面都有些出色的人材（才），尤其文艺方面，那更是人材（才）济济，不断涌现。学生时代大家在一起过得挺有意思，只可惜"无可奈何花落去"，好景不长，大家快要各找道而行，真是合时欢欣离悲愁。我更是不幸，结束的两个半月也不允许我和老师同学还有亲爱的母校在一起。遗憾和不幸交织在我心头，挥之不去，驱而不走，将在我心头打下了一个阴影的烙印。不多写了，草草数字，难表深情，我想您肯定是可以想到其真情的。就此

致礼！

您的学生：大柔

（四）但愿……

（忽接电报后在回老家途中车上之心情。）

是喜讯，是噩耗？
一封电报突飞到。
塞翁失马知祸福？
字里行间涌心潮。
人生无常时惊诧，

悲喜交集在今朝。

虽是窗外风光艳，

安能从容收眼帘。

嘿哟，

村镇面前又一站，

千头万绪怨隔断。

哈兮

白费心思空预料，

但愿鸡鸣啼天晓。

1975 年 6 月途中

（五）离别辞

（与同窗洒泪相别，依依怀念，耿耿于怀，下笔遥念以寄。）

离别，离别！

啊！谁能抑制，

简短的两字散发着

失望的悲伤！

别恨离愁，

怎能表达出我

滚沸的热血，

绞断的心肠！

当你去了，

我的快乐宣告死亡。

有限的生命中，

永远弥补不了离别的创伤。

不久你将用青春的辉煌，

照耀着朝霞中一片海疆。

可恨我俩相隔，

思念不能相望。

哦，是的；

后会有期待来年，

希望的魅力，

不断地把我的心房鼓荡。

但——还得把想望缓期，

用那对工作燃烧着的热情，

坚信彼此间友谊的光辉，

像天上的星星月亮，

辉映着，照耀着，

迎来那黎明希望的曙光！

1975 年 8 月于靖江

（六）寄学友

（同窗学友，一别二年，偶因想起，夜不能寐，故吟二首寄两同学以示别情。）

其一

一封书信千滴泪，袂别伤感常暗垂；

日日思念再相会，心酸啊——撕欲碎！

我今笔下你凝会，一样雪花两地飞。

四顾无人论是非，学友啊——梦见谁？

其二

同为求知真同志，相处虽短心相知。

"同是天涯沦落人，相逢何必曾相识。"

怎奈花开终有时，可叹年年春迟迟。

想象更无怀梦草，唯有孤芳独傲世。

掩面还君一掬泪，化作笔墨寄小诗。

（原注：这一同学和我遭遇相仿，亦是背井离乡，到金南求学。今注：该同学即是薛鹤仙。）

1976 年 10 月

五、知青与高考

导语：从 1975 年结束中学生涯到 1977 年文革结束恢复高考的两年多时间里，我成了一名知识青年，有一段时间曾每天从县城步行数公里到越江公社虹兴大队我祖上老家的农村去劳动。每天傍晚拖着疲惫的双腿走到家附近的布市里小街道时，总会看到老父亲在街的一头守望等候着我，满肚子的委屈和抱怨一下就减去了许多。其间也作过不少努力试图改变命运，譬如当过中小学代课教师。那时中学的物理课学的是"三机一泵"，有一次请人开来拖拉机学习，不会开的我硬着头皮在操场上"示范"着开了一圈，却停不下来了，吓得哇哇直叫，还是拖拉机手跳上拖拉机帮停了下来。还学过裁缝，据说家里还准备要让我学木匠或泥瓦匠，只有裁缝是正式拜过师吃过请师酒的，所以才有了"师傅，吃菜"一诗。这期间发生过表面轰轰烈烈、私下里许多家庭悲伤哀叹的知识青年上山下乡赴边疆的运动。人家是千方百计避免此劫，我家是托人找关系想让我去黑龙江建设兵团却不能如愿。至今还依稀记得，二姐难得送回家的螃蟹，我一个小小年纪少不更事的人硬着头皮守在人家门口"送礼"被拒的情景。由于祖上的一些恩恩怨怨，要报复到我头上，因此千方百计想离开老家农村。甚至父母想到要把我"嫁"到郊区菜农家做上门女婿，可见当时已是走投无路到何等地步。这些都反映在我的数首低沉伤感又不甘沉沦的小诗中。

后来总算靠我姐夫弟弟这样一位当时在靖江"通门路"的亲戚关系，脱离农村老家来到斜桥"五·七"苗圃农场，从那里参加了七七年的文革后第一次高考。我报考的是文科，记得填志愿我第一志愿填的是"南京大学"，写这几个字时我的手都微微发抖，还怕旁边的人看见。结果在扬州地区初试时就被淘汰了，失魂落魄之余写下了"高考初选落第有感"。值得一提的是，在这两年多时间里中国的命运发生了翻天覆地的变化，先是周恩来总理、毛泽东主席等几位伟人相继去世，随后是"四人帮"被捕十年浩劫结束，这些也在我的诗中有所反映。

（一）师傅，吃菜……

（无可奈何，学裁缝，以得一饭碗。在靖江饭店楼上设宴请师傅，此时此刻……）

呵，人生如梦，
谁没有过金贵的青年时代？

可是我虚度的年华，
整天熬着唉声叹气，愁眉不展。
不求山珍华服，
但愿吃饱穿暖，
用人民传授给我的知识，
不遗余力地为民驱寒。
唉！苦叹无法，
没有人情，逼上梁山，
一项伟大的裁剪工作，
正使我走向潦倒荒废的边缘。

师傅，吃菜，
多挟几筷，
烫烫心肠，
带这徒弟才情愿。
不要客气，理所当然。
是的——上梁不正，
怎能使下梁不歪。
面对丰盛的宴会，
我仿佛见到天地之分的将来。
回首俯视楼下，
无形的魔手把我的心掏开。
感谢你——车声阵阵，人语声声，
把欢乐的喜悦向我传染。
却只会使我的遭受了创伤的心呵，
把悲伤的忧愁填满。
二十元挥霍一瞬间，
却不明随之而来的是何处深渊……
呵，这倒无关紧要，
只是我一颗渴求真理的心愿，

眼看着，

付诸东流，毁于一旦。

1975 年 8 月，靖江

（今注：诗中"没有人情"、"上梁不正下梁歪"几句，皆是感叹自己没关系没"后门"没出路。）

（二）赏月

（离开母校数月，一无是处，其心悲凉。中秋节临。其夜，步于天井，倍加伤感。吟诗而泄愤。）

清澈的月光，

笼罩着静谧的大地。

万家灯火像天上的星星，

久久地闪烁不暗。

从一扇扇敞开的窗口，

飞出了一张张欢乐的笑脸。

在中秋夜半举首赏月，

把昔日的今天攀谈。

我独自徘徊在天井间，

手里的月饼还是整整的两半。

寂寞，令人窒息的寂寞，

紧紧地撕裂着我的心肝。

月中的嫦娥啊，你怎忍心，

怎忍心此刻不下凡，

同我共度这难得的佳节，

把你孤苦的兄弟陪伴。

我有多少痛苦的疑问需要你解释，

还有多少知心的话语在胸中滚翻。

可惜竟不能啊，

竟不能实现我这虔诚的心愿。

口含月饼千嚼难咽，

悲伤早已把肚子填满，

唯有孑立的影子是我的同志，

萧瑟的秋风是我倾心的伙伴，

而忧愁的阴暗，

却像牢笼一样把我锁关。

问穹苍大地呵，

还能给我多少个这样的夜晚？

啊，再一次中秋赏月，

该会是何种境况，怎样情感？！

1975 年中秋节，靖江

（三）默言

（在与一女友的相识中，感到她非常的善良、正直和勤劳，且又非常乐观。十天后，她将要离靖回去。在和泪出门相送时，我的确很伤感，因此题诗一首相送。）

喜逢数日喜相投，同寄青春梦中过。

谈今新闻"笑杀人"，运交华盖且作乐。

天不赐缘无奈何，悲离欢合古今有。

依依此去音容隔，何时再见共欢乐。

1976 年 3 月，靖江

（今注：诗中所提女孩子为我的隔壁邻居、大家称呼她为"胖子"的亲戚，"笑杀人"是其口头禅，其乐观开朗的情绪深深地感染了当时潦倒困境中的我。这也许是我平生第一首朦朦胧胧的情诗吧。）

（四）世感两首
其一

世上多少冤枉事，好比哑巴吃黄连。

咬破嘴唇想真理，"真理"反倒在他边。

劝尔怒气慢自叹，恍悟知其所以然。

看破红尘天地外，想尽人间万事难。

其二

俗话"有志事竟成"，可惜不应"新时代"。

鱼离大河空会游，无水痛忍烈日晒。

鸟入笼中难展翅，只怨此身早投胎。

严冬无情花难开，枯梦待春再光彩。

1976 年 1 月，靖江

（五）无题

其一

（一日在公花园竹林内散步，见竹上题一首诗，联系自己的困境，不觉伤感万分，故对联一首。）

翠竹青茂可无为，悲叹醉生敢为人？

虚度青春无奈何，抚竹犹闻叹气声。

今日欢呼孙大圣，伤感倍盼夜明灯。

1976 年 2 月，靖江

其二

（又一日信步竹园，风吹动竹叶，亦吹动了我的心房。）

风拂摇摆舞，翠叶低吟唱。

今幸身置临，依依多感想。

举手留美名，志者论沧桑。

叹吾不得志，竹叶似泣讲。

（原注："举手"、"志者"二字，均是竹竿上游客刻之。）

1976 年 3 月，靖江

（六）美人蕉赋

（一日共友人同游公花园，因尔即景吟诗，故和一首七律赞美人蕉以证。）

美名盖冠身苗条，春风拂拂舞飘飘。

百芳含羞为衬色，烟花世界独孤高。

续联一首

何作绝名美人蕉？美人为谁舞招摇？

而今我至下瞻仰，春风迟迟谁知傲？

1976年6月，靖江

（七）赠师友

（在长里中学任代课教师，师友中有考取高等院校者高义民，一无后门，实属不易，故吟几句，感怀以赠。）

渴求真理心，送汝入青云。

从此倍勤奋，师友盼佳音。

雄鹰展翅飞，休断鱼水情。

骏马驰万里，莫忘共闻铃。

相同俩妙龄，相反两命运。

无言笔下泪，感怀寄诗吟。

1976年12月

（八）无题偶感

舞文弄墨知无用，为之奋斗一场空。

皆因漫漫无限梦，致使凝墨生愁风。

恐为人嗤世难容，故书章句寂寞中。

记下历历艰辛步，偏向绝处攀绝峰。

1976年底，靖江

（九）万团飞絮一点感

天丁震怒，青娥撒娇：掀翻银海迷魂阵，粉碎珠箔随风摇；玉龙酣战，柳絮飞跃；玉龙残甲漫天舞，柳絮缤纷盖地飘。银迷小道，只见万片鹅毛；玉填江河，不见千里滔滔。莫愁莫愁，待天晓，红日高照，皑皑一片光耀。

1977 年 2 月

（十）无题

玉虽无瑕，怎奈压在乱石堆中；虎固勇猛，只好孤卧荒丘险峰。常存壮志，骏马千里驰骋显威风；每在梦中，巨龙腾云驾雾跨彩虹。只道是，无才岂能补苍穹，甚叹那，金钱能使鬼眼红。默泪洒天倾作雨，怒气冲天刮飓风。旦夕若遂平生志，敢逊先贤笔画工。

1977 年 3 月

（十一）读红楼梦后感

其一

几回掩卷泪两旁，红楼复梦曹侯相。

只怨神笔半途亡，此书何尺可度量？

其二

满卷深情牵心肠，遗此墨迹千古芳，

含悲忍饥作传奇，后世同志可效仿？

其三

人生在世本无常，花落水残又何妨，

满腔缱绻梦一场，安能人间莫悲伤？

（十二）好了歌解了

人生空空，一场大梦。梦罢试回首，可叹可庆颂。好亦恶梦本无常，暂时得势不为终。正记歌舞青春，未了鬓霜重重。说什么发号施令多威风，一旦命终众人讽。空里梦，梦里空，世间梦汉吃西风，越是尖刁越贫穷。忠厚原来世难容，谁笑最后谁英雄。

（十三）题帕诗思
其一
善感因帕沸五内，湘妃斑竹亦逊辉。
多情多愁多暗垂，二帕安断枕袖泪。
其二
金玉良缘惹是非，木石前盟志无摧，
顽石寄意赠绞绡，仙草定情题帕谁。

（十四）续吟白海棠
其一
玉为精髓，白絮肌骨，冰雪相辉难比洁。
孤傲痕月秋夜色，偏慕冷——喜净偶何立？
其二
青娥昨临，添花冰盆，风干烛泪谁为诉？
无言相思易陶魂，宜清洁——几何凋落尘？

（十五）看破红尘方觉悟
灵河仙草日枯萎，引来神瑛浇甘露。
长生还当思报恩，缱绻连绵垂泪珠。
风缘了归离恨天，一楼香魂随风雾。
此系天数理应当，何断痴情焚稿绢？
两番阅册历幻境，看破红尘方觉悟。
只恨天生连理枝，情思缠绵空悲楚。

1976 年 8 月，靖江

（十六）水浒传读后感
盖世水浒真英雄，开辟鸿蒙谁与共。
替天行道呼保义，保国安民尽献忠。
一百零八应天星，情投聚义梁山中。

妙手神笔笔回天，水浒传传忠义颂。

1977 年 3 月

（十七）感夏完淳
（读郭沫若所著《南冠草》剧本，悉主人翁夏完淳十七为国殉难，忠烈之言行
感人至深，故赋诗以念。）

存古奇篇今朝知，几回越悲越壮志。

今古文章多薄命，洁玉埋没石垒世。

命薄更叹薄命人，神童虽奇不逢时。

梦里依稀遥相织，觉醒当防世人嗤。

（原注：存古，为夏完淳笔名。）

1977 年 2 月

（十八）新年偶言
冬夏复春秋，不尽水东流。

悠悠除一载，爆花坠万头。

小雀忙觅食，少年闲街楼。

恍惚临十九，鸿鹄忍淹留？

1977 年春节

（十九）周恩来之死（节选）
我扭开了收音机……

突然，播音员沉痛地播送起

　　晴天霹雳的讣告，

　　传出了令人窒息的

　　哀悼的曲调。

于是，我仿佛看到

微风中的五星红旗

在半杆上沉重地飘摇；

于是，我仿佛看到

镰刀斧头的党旗

覆盖着举旗人的身躯。

虽然，它刺痛了我的灵魂

使我心如刀绞，

虽然，我不禁低首肃立

悲泣如雨倾倒，

但是，在我的心灵深处

在我整个思想的头脑，

这个全国人民奔走相告的噩耗

如果有谁来向我告晓

我一定会

愤怒地抨击：

造谣！造谣！！造摇！！！

1976 年 1 月 9 日，靖江

（二十）普天同庆，举世叫好（节选）

红色电波划长空，红旗猎猎舞东风；

江山巍巍迎朝阳，芙蓉国里喜气浓！

一颗颗激动的心啊，在胸膛里庄严地搏动；

珍珠般晶莹的热泪，挂满了喜悦的面容。

震撼全球的喜讯，像吹绿万物的春风——

人们奔走相告，发自肺腑的声音心心相通……

啊！为什么战旗这样红？因为有了英明领袖华国锋，

为什么大地春常在？因为消灭了"四人帮"害人虫！……

1976 年 12 月，靖江

（二十一）高考初选落第有感——为了永远记住

人生真有意思，犹如江河的水流，一会儿平静，一会儿汹涌，刚才欢乐地跳跃，继而又狂怒地奔流……人就生活在这变幻莫测的水流之上。为了生存，并且使自己生活得好些，人不但要能熟练地掌握游泳的本领、技巧，还得精通水性，随时准备应付突如其来的转折……可是，就在这转折面前，致使多少人感到悲观失望啊……难道说，在这人生的洪流之中，一个坚强的人就没有悲观失望的时候吗？不！一个坚强的人，在失败了的时候，感情总是悲伤的，甚至会有绝望的情绪。但是，这种人却不是屈服于这种情绪，而是克服了它，怀着一颗破碎的同时又充满希望的心继续生活下去，继续向前迈进，不辞辛苦地与困难作斗争，终于获得了胜利，这，就是坚强的人……

当值落选之初，惭愧、自责、懊丧、遗憾，交织在我的心头，我的心快要被这样挥之不去的魔神撕裂了。这是我一生无可弥补的损失啊……怎么办？然而，正确的答案是：跌倒了，爬起来，再前进！做坚强的战士！这次的高考，使我用无可言状的痛苦和理想的代价换得了如下铭刻于心的名言：

> 坚决取缔华而不实，言之无物；
> 严禁下笔千言，离题万里！
> 坚决反对粗枝大叶，一知半解，
> 严禁差之毫厘，谬以千里！
> 坚决要做到虚心进取，刻苦不苟，
> 坚决做到足踏实地，一步一个脚印！

失败和挫折教训了我，使我变得聪明起来，使我头脑变得清醒起来。我要鼓足勇气，不为失败所屈服，奋力前行地为实现自己的宿愿而苦战，迅速医治好心灵上的创伤，不遗余力地为实现自己宏伟理想而奋斗！我要进取一生！我要奋斗一辈子！直到这颗激荡的心最后停止跳动而永恒的宁静来临为止。

1977 年 11 月 17 日

（二十二）青春的脚步

（这是我在 1977 年第一次高考落榜后、准备 1978 年复考期间写的关于高考的小说，登载在 1978 年 5 月《靖江文艺》上，是我平生第一篇由稿纸变为铅字的习作。）

钟表，总是随着时间的推移，永不知疲倦地旋转着。它之所以备受人们珍惜，并不在于它本身价格的高低，而是在于它忠实地、准确无误地为人们提供工作、学习、休息的时间，并用它那"滴嗒滴嗒"的声音时刻提醒人们要爱惜时间，抓紧时间，走在时间前面。这会儿，钟表上的指针已经指在十一点上。下中班了，我更换了工作服，穿上了棉大衣，步出热气腾腾的厂房。

寒冬的夜幕，像一幅无边的轻纱，笼罩在忙碌了一天的城市上空。点缀在黑色天幕上的星星，像无数只调皮孩子的眼睛，闪烁着点点快活的光辉。月光如水，照得周围一切都发了白。水汪塘里盖上了厚厚的一层冰，如果踏在这充满水汽的冰上，它并不破碎，只是像干面包那样吱吱发响，里面留下白色的缝隙。

街道上寂静无声，仿佛整个世界都睡熟了。我走在这清冷的街道上，只觉得刺骨的寒风从衣领、袖口、衣摆下往皮肉上直钻，使我禁不住阵阵战栗。于是，我赶紧翻起了大衣领子，把双手插进口袋，微低着头，疾步向家走去。

忽然，我的手指无意间触到了棉衣口袋里的一封信。这封信是我在新疆的表妹寄来的，由于急着上班，还没来得及拆开看。然而，不用看，我也会想出这封信的内容。表妹比我小两岁，是应届高中毕业生。所写的，一定不外乎这次高考的事吧。说真的，我这次也参加了高考，但考试的结果……唉，真糟糕！她究竟考得怎样呢……我边走边想，不知不觉地加快了脚步。

明澈的月光掺着湿润的露水，轻轻地披在树梢上，挂在房檐上，铺在街道上，一切都显得那么幽静、那么安详……不一会儿，我便走到街道的尽头，拐进一条小巷。小巷里还没安装路灯。离小巷口不远，有一幢五层楼房，我的宿舍就在五层楼上。

我一走进小巷，只见前面有一扇小窗迎着寒风闪烁着灯光，灯光划破了寒冷的夜幕，使我这个夜行人突然感到温暖起来。

这是我料到的灯光，也是我久已熟悉的灯光。但我对这灯光的主人，比对这每夜都亮着的灯光，更有着深刻的印象……"呵，又一个不眠之夜啊！"在我的肺腑深处，情不自禁地感叹了一声。

也许灯光对我有了什么新的魅力吧，我在这扇小窗跟前停下了脚步。

一个叫小林的二十左右的青年，端坐在临窗的桌子跟前。他的右手撑着头部，五个指头探进那长长的头发，一支红色的自来水笔，在他手里不停地划动。他微皱着眉头，神情是那么专注。时而，他把手捧到嘴边哈口气，搓一搓，又继续进行工作。那神态，那形象，足以构成摄影艺术的一个特写镜头。然而，我不是摄影艺术家，只好站在这小窗前，站在刺骨的冷风中，目不转睛地注视着他。他那种不怕困倦，不惧艰难的精神，深深地打动了我的心。于是，一幕幕的回忆掠过了我的脑海……

我想起，在迎接高校招考的日子里，他是如何送走了一个又一个的不眠之夜，迎来了一个又一个战斗的黎明。人，变瘦了，可精神却仍然饱满旺盛。可是人们都说，一个人的面部表情，是这个人内心世界的寒暑表。自从省里统考结束，我就留心地注意到——他变了！他变得沉默寡言，脸上失去了先前的那种令人愉快的笑意。我一看就看出来了，他这次考得跟我一样：不理想！为此，我不知怎么想出了这么一个怪念头，躲开他，免得和他接触。这并不是因为他考得不好，要说不好，我说不定还不如他呢。因为我和他自小儿就在一块长大，一块儿上学。在复习迎考的那一段时间内，咱俩又在一块刻苦攻读，并都发誓要以最好的成绩接受祖国挑选。但是万万没想到，在考试前几天的那一个深夜，由于过度疲劳，他竟伏在书桌上悄悄地睡去，明天就发起了高烧。考试那天，他是带着高烧顽强地坚持下来的。他这次没考好，我非常为他惋惜。因此，我就尽量少和他接触，以免一提起这件事，增添他内心的痛苦……

忽然，屋里一阵悉悉的响声打断了我的回忆。抬头一望，只见他正做着一系列奇怪的动作。他把两张长方形的白纸，放在桌上弯曲成瓦一样的形状，挂在两根细棍子上，把凸出的部分靠近，然后不住地在两张纸之间吹气。说来也怪，那两张纸非但不被吹开，反而靠得更近了。

他突然立起身来，搓搓两手，揉揉双眼，脸上露出了满意的笑容。这种情形，把我一下子给懵住了。"笃！"我轻轻地敲了一下窗子的玻璃。大概他没听见，只是瞧了瞧窗子，又坐下身去。于是我又举起手，重重地敲着——

"笃、笃笃、笃笃笃……"

"谁?!"他惊讶地问道。当他看到是我的时候，马上露出了欣喜的笑容，"啊，是你……"他赶紧把门打开，把我迎进屋里。

"我已经下中班了。"我话中有话地说。

"啊，"他对我看了看，故意打趣地说，"怎么这么早？"

"早？"我对他调皮地眨眨眼，"我说你是上早班呢，还是上深夜班？"

"我吗？早班夜班一块儿上。"说完，他又大大咧咧地笑起来。看来，他今天精神挺好。"噢，对了，"他指着桌子上的纸片，"刚才被你偷看了，这会儿，就让你看个清楚。"说着，他又一次在桌上表演起来。

"你看，"他边做边解释，"当我在纸片间吹气的时候，纸片间空气的流速就增大。流速越大压强越小。当压强小于外面的大气压时，两边的大气压强就往里压，于是两个纸片就靠在一起了。"做完后，他又进一步给我讲："这就是自然规律！过去，我也碰到过这种现象，但不能解释它们的原理。通过学习，我对它算弄懂了。就靠它——流体力学，飞机才能像鸟儿一样，自由自在地在天空中飞翔……"他见我迷惑不解，又接着说："怎么？你不相信？那就照着书本亲自试试吧，我相信你一定会豁然开朗的。而且，不单是这种现象有它的规律性，世界上许许多多看来简单的事物，都有它极其深刻、极其重要的规律。英国著名物理学家牛顿，就是因为苹果坠地的偶然启发，创立了万有引力定律。发明家瓦特，也是根据蒸汽能掀起铁盖这一现象，试制成功了蒸汽机……你看，大自然多有意思，它就是这样大量而慷慨地提供给人们智慧和力量，教给人们改造自然、为人类造福的本领。当然喽，"他把桌上的一本厚书拿起来，递到我手里，"这些知识决非现成的东西，也决不会从天上掉下来。因此就需要我们每个人勤奋刻苦地去钻研，去总结，以开拓新的科学道路，攀登新的科学高峰……"

不知为什么，小林今天的话特别多，越说越激动，越说声音越高。一张宽大的脸轻轻地颤动，两只眼睛亮晶晶地微笑着，眉毛在飞舞，使那双发光的眼睛更加炯炯有神。从他这一番话语中，我丝毫听不出有一点儿愁苦的腔调，因此我心里也不由得一阵高兴，浑身感到轻松起来。

"嗨，多厚的一本书！"我翻开他递给我的那本用洁白的纸包得棱角分明的书。当我发现原来是文化大革命之前出版的《物理》之后，不由得惊讶起来："哎，物理书！你不是考文科吗！"

"是啊！"他好像早就料到我会提出这样的问题，不慌不忙地说道，"我报考文科，我酷爱文学，这是你知道的。还在学校读书的时候，当同学们在舞台上朗诵我的第一首诗，在我的心灵深处就产生了一个强烈愿望：我要为我们伟大的党高歌，为我们可爱的祖国高歌。但是，我这个美好的愿望被万恶的'四人帮'破坏了。这次高校招考之后，我深深地体会到：我们现在的知识水平太差了，我们所掌握的建设社会主义的本领太少了。像这样，我们怎么能够继承老一辈无产阶级革命家的遗志，用什么来实现敬爱的周总理提出的四个现代化的宏伟蓝图呢？……于是我下定决心，刻苦攻读数理化，钻研自然科学，为实现四个现代化、把我国建设成繁荣富强的国家而贡献出自己的全部智慧和力量！"说到这儿，他停了停，对我抱歉地笑道："不过，我和你一样，过去喜爱文学，现在喜爱文学，将来永远喜爱文学！因为它是一种能把精神变成为巨大物质力量的锐利武器！"

这最后两句话，我知道他是在安慰和鼓励我这个考文科的同伴，但我相信，他说话是算数的。我赞同地点了点头。但是，当我翻了翻那本又厚又沉的《物理》书，心又收缩起来，仿佛是谁把一副重担压在我肩膀上似的。

"这么厚……"我说了一半，把另一半话吞到肚子里，只对他咂咂嘴，做出一副为难的模样。

"你是说……"

"难！"我不由自主地脱口而出，"难得很哪！"

我注意到，我这句话刚说出口，小林的双眼便对我射出逼人的光。从这眼光里，我看出了责备的味道，禁不住低下头去。然而他却大声笑起来。

"对呀，是难。"他说，"那么，我问你，红军两万五千里长征难不难？"

"当然……"

"我再问你，把我们这样一个贫穷落后的旧中国，建设成为一个初步繁荣昌盛的新中国难不难？"

"那还用说……"

"那就想一想吧，对比之下，我们这难又算什么呢？我们现在在攻科学堡垒，攻技术难关，不正是要具备这种万难不屈、勇往直前的革命精神吗？咱俩，同处在宝贵的青春时期，有热情、有干劲、有精力，难道，我们能让珍贵的青春白白地浪费掉吗？不！万万不能！如果这样，那你将来会遗憾终身的！"停了一停，他继续说，"你翻一翻世界科技发明史吧，许多生动的事例说明，有作为的科学家，大都是在二、三十岁左右做出重大成果来的。牛顿在创立万有引力定律时，还不到三十岁；瓦特在蒸汽机试制成功时也才三十岁。发明火车的史蒂文生，著名生物学家达尔文，我国南北朝时代杰出的科学家祖冲之，以及最近被中国科学院提升为研究员的数学家陈景润，大都是在青年时代，就作出了具有世界先进水平的科学成果……"讲到这儿，他停了下来。为了缓和一下内心的激动，他轻轻走到窗子跟前，但又猛地回转身来，脸上闪现出奇异的光彩：

"你试想一想，在几年、几十年后，当我们这代人青春的火花燃出熊熊烈火的时候，当一切积极因素都调动起来，人民的智慧更加发扬光大的时候，那时候，将会有多少发明创造涌现，将会创造出多少赶超世界先进水平的科学成果……啊，那时候，生产力大大解放了，物质基础更加雄厚了，人民的生活水平大大提高了，将会不分工农，不分城乡，没有体力劳动与脑力劳动的差别，我们的祖国将是多么美好啊！"

小林一口气说完这些话，差点儿没把我的心从胸腔里说蹦出来。他陶醉在一种崇高的理想里。他把引起他心情激动的一切，把他所感受到的一切，全都灌注到这种思想里去，又把这种思想置于容量巨大的、由光辉言词凝成的结晶体中，熠熠生辉，光耀动人。一时，我们俩都不说话，沉浸在美好的遐想之中了……

过了一刻，他从我手里接过了《物理》书，小心翼翼地抚摸了一阵，然后轻轻地吐了口气。显然，他的心情又变得沉重起来。

"可是，"他轻轻地叹了一声，"想想我们现在，二十岁了！青春偷偷地从眼皮底下溜去了不少，可自己呢，为人民服务的本领掌握得这么少！真叫人痛心啊！"

"小林，别难过。"不知怎么，我却安慰起别人来了，"失败是成功之母，这次考不好，下次……努力！"

他看着我，用劲点点头。但双眉仍然紧紧地皱在一起。

"你想想，我怎能不难过呢？在'四害'横行的时期，乌云垂拂在人们心头。我，你，以及全中国千千万万个有抱负的青年，全部默默无语地等待着——等待着向党交出自己的青春，向祖国贡献出自己的智慧和才能。可是，一天一天过去了，一滴一滴的鲜血从痛裂的心叶上流下来……春天，人们所向往的春天终于来了！英明的领袖华主席，一举粉碎了祸国殃民的'四大帮'，对招生制度采取了无比英明的改革措施，为每个有抱负的青年开辟出了一条通往理想的光辉道路。可是，当华主席、党中央对我们充满着期望的时候，我却辜负了党的期望！你说，我能不感到痛心吗？"

蓦然，一股热泪模糊了我的双眼。啊，这就是一个中国青年的言语，一个革命战士的心声，多么动人的肺腑之言啊！

"小林，你不要过于责备自己了，"我进一步安慰他道，"在前进的道路上，总会有这样那样的挫折，你能料到你在考试前会发高烧吗？"

"不！"他打断我的话，"发高烧并不能成为我考得不好的理由。这次不能考好，主要是我所掌握的文化知识太少了。万恶的'四人帮'，搞什么'闹而优则仕'，他们对每个青年学生，像毒蛇对鸟儿一样施行催眠术，以满足他们那贪婪的口腹。每个渴求真理的青年，是多么痛恨这帮丧尽天良的坏东西啊！"

夜，更深了；霜也越降越大。两扇小窗被风一吹，玻璃就"格郎郎"响起来，使人更加感到寒冷。小林又一次走到小窗跟前，向外望着。他嘴里哈出一团团热气，吹在玻璃上，化成几个小圈，随后就消失了。

"说真的，"过了一会儿，他转过身来，说，"这次没能考好，对我来说痛苦是巨大的。一段时期，我甚至悲观失望了。可是，难道一个充满理想的人能够这样吗？不能！所以我想，这次能够考上大学进一步深造，那最好；然而，向科学的深度和广度进军，上大学并不是唯一的途径。工厂、农村就是很好的课堂，只要我们坚定志向，奋发努力，不怕困难，不怕挫折，一定是大有作为的……"

他的声音越来越响，在这万籁俱寂的时候，听起来就像轰隆轰隆的雷鸣！在这雷鸣般的响声中，我感到有一股巨大的力量在我血液里奔腾，激起我苦战的勇气，鼓起我奋发的热情。

"小林！"我大叫一声，扑过去，一把将他紧紧地抱住，"说得好！好极了！你要做一个坚强的人，我也要做一个坚强的人，全中国所有的有志青年都要做坚强的人！马克思说过：'在科学上没有平坦的大道，只有不畏劳苦沿着陡峭山路攀登的人，才有希望达到光辉的顶点。'"

"对！"他兴奋得大笑起来，"那么，你还怕难吗？"

"不！"我说，要牢记叶副主席的光辉诗篇，"'攻城不怕坚，攻书莫畏难，科学有险阻，苦战能过关！'"

"好！"他快活得当胸擂了我一拳，"让我们从现在起就开始苦战，迈出自己真正的青春脚步吧！"说到这儿，他不由地看了看腕上的手表。

"怎么，准备送客了吧？"我笑着问。

他没有回答，只是对我一笑。的确，时针已经指在两点上了。

"好，咱们再见！"我立起身来。

他把我送到门口，紧紧地握了握我的手。

告别了小林，我轻松地向家里走去。

月亮，不知什么时候躲到楼房后面去了。房檐上的霜色更重了，天上的星星，像一只只明净的笑眼，高高地眨巴在天幕上，它亲切地俯视着大地，仿佛在寻觅它爱听的歌声，寻觅能跟它媲美的灯光……不多一会儿，我便踏上五层楼，走进自己的宿舍。

我突然想起表妹给我的来信，赶紧扭亮台灯，从棉衣口袋里掏出信，在灯光下认真地读着。她在信中写道——

表哥：

你的来信收到。我知道，自从你将你自己的信投进邮箱，就迫切地盼望着我的复信，可是，我和你一样，这次考得也不理想。

但是我决不灰心！我一定提起十倍的勇气，争取百倍的时间，把"四人帮"干扰所没有学到的知识学到手，把被"四人帮"耽误了的青春夺回来。我深深知道，这决不是一件轻而易举的事，它需要有毅力，有恒心，坚持不懈，知难而进。

最近读了《钢铁是怎样炼成的》，我记住了保尔·柯察金的一段名言："人生最宝贵的东西是生命，生命属于人只有一次。一个人的生命应当是这样度过的：当他回首往事的时候，他不因为虚度年华而懊恨，也不因为碌碌无为而羞耻；这样，在临死的时候，他就能够说，我整个的生命和全部的精力，都已献给世界上最壮丽的事业——为人类的解放而斗争。"

我想，时间，年复一年；人，一代接一代。世界上所有的列车能去而复返，只有时间的列车，一去便不复返了。而且它消逝得又是这样地迅速，要是你不会掌握时间，一转眼就是几年、几十年！所以鲁迅先生说得好："时间，就是生命。"那么，也就是说，抓紧了时间，就等于延长了青春，延长了生命，你说对吗，表哥？

目前，我们面临着一个伟大的时代。祖国关怀我们，教育我们，对我们寄予无限的希望。现在，我们应该不是用语言，而是用行动来热爱她，建设她，使她增添光彩的时候了。

此刻，夜已经很深了，我刚把《数学》看完了一章，突然想起要给你复信，于是我就这样写了。我想，这时候的你，也许正坐在灯光下，全神贯注地看书吧？在你们那儿——我那遥远的故乡，一定有很多有抱负的青年和我一样，正在灯光下刻苦攻读吧？

不多写了，让我们珍惜自己的青春，从现在起，就鼓起勇气，振奋精神，为攀登世界科学高峰而战。让我们共同宣誓：为了革命事业，为了人民利益，为了实现四个现代化和共产主义的崇高理想，在华主席开辟的金光大道上，携手前进！

表妹爱华于凌晨二点

我把这封信看完，不相信地揉了揉眼睛，又重看了一遍，一点儿不错，落款的地方分明写着：凌晨二点！啊，这难道是偶然的巧合吗？

我拿着信，轻轻地走到窗前，把窗子打开。顿时，一股寒流扑面而来，使我禁不住抖了一下。然而，我并没有把窗子关起，反而把它开得更大了。

我怀着激动的心情、俯瞰着已经沉睡的城市，忽然，我仿佛觉得一种有力的、清新的、宛如慈母般体贴的东西注入我的胸怀，于是，我感到我的心胸从来没有像现在这样宽阔、深远……

很快，我找到了小林房间里那盏还没熄灭的灯光。我抬起头来，放眼远眺，于是，仿佛在相隔千里之遥的新疆，我表妹书房里的灯光也在黑暗中闪耀着。灯光越来越多。千千万万盏灯光交相辉映，织成美妙的图案，恰似在我面前铺开一幅壮丽的画卷……

很久很久，我就这样伫立在窗子跟前，忘记了疲劳，也忘记了瞌睡。我只感到热血在胸脯里奔涌，无限的思绪在脑海里像骏马一样驰骋，激动而喜悦的泪珠在眼眶里盈盈欲坠……

六、大学时代

导语：1977 年第一次恢复高考，我连数学"联立方程"都不会解，惨败可想而知。虽然我爱好文学，但觉得文科太难考了，便下决心改考理科。由于十年浩劫考生落选人数太多，连上补习班也要考试，而我连补习班考试也通不过。后来通过关系上了靖江县城中学补习班，坐在"挤挤"一堂教室的最后一排靠门处。记得第一次物理摸底考试，我差点交了白卷，那一位"嘴一歪爱迪生脚一拐华罗庚"的很牛的物理老师不客气地当面对我说:"你可以回家了……"说得我羞愧满面,恨不得有个地洞钻下去。但我还是硬着头皮厚着脸皮坚持下来了。所幸我哥哥当年全县数学竞赛夺冠,各科学业成绩都很优秀,并且他"文革"前的教科书作业本都齐全地吊在老家屋梁上"幸存"下来了。刚开始我看文革前的数理化教科书真有点像看天书一样,做题目也只是照哥哥的作业本抄一遍,直到第三遍才有一点感觉。接下来我真的是拼了命复习,几乎白天黑夜不睡觉。1978年夏天奇热,背上起了很多疙瘩,至今还留有不少黑块没消除。入冬后又冷又困,我用冷水擦擦脸,站起来跳几下又继续看书。有一段时间我真奇怪自己怎么能这么白天黑夜连着学习,怀疑自己是不是有两个脑子:一个脑子学习另一个脑子休息,交替轮流。虽然如愿以偿进入高校,但也为此付出沉重代价,患上严重神经衰弱症,大学每学期考试都要吃安定片。1977年高考结束到1978年高考只隔半年时间。1978年一考完我就彻底绝望了,自我感觉考得很差,因为我不知道高考阅卷是一步步给分的,我把答案错的直接算作零分了。高考填志愿我的第一志愿是镇江农机学院(后为江苏大学),最后一个志愿是一个很小的中专,只要录取中专我已是"鲤鱼跳农门",改变命运了。让全家喜出望外的是,我竟考了全县前十几名。于是,我便自作主张,瞒着家人去县教育局改志愿,第一志愿改成浙江大学,而把原第一志愿改为最后一个志愿。家人着急万分催我改回来,我则坚决不肯。后来常有人问我为什么报考浙江大学电机系,因为按我410左右的分数可以录清华北大的,是不是喜欢西湖?说实话,我改志愿时压根儿就不知道浙江大学在杭州,更不知道杭州有如此美丽的西湖。因我哥哥是文革前最后一届大学生,读的是合肥工大机电系,而我在做文革前各高校考卷时,觉得浙江大学的数理化考卷不比清华容易,因此就对浙大产生了好感,最后误打误撞进了坐落在西子湖畔的浙大。

在所有新生欢天喜地跨进浙大校门之时,我却在不安、紧张、恐慌中煎熬了三个月。因为我怕又一封人民来信,说我没有在农村劳动锻炼满三年,政审通不过,三个月之内是会取消录取资格的。这段时间我经常独自立在宿舍二层楼梯窗口,望着楼下菜农掏粪挑走,心里想着:如果我考不上大学或上不成大学的话,连他们也不如……也许正是这些人生感受,使我形成了一辈子谦和、无傲气、从不会看不起任何人的品性吧。谢天谢地,三个月总算熬过去了。最为我感到高兴的自然是我的父母了,二位老人总算过上了几年扬眉吐气的开心日子。我母亲瘫痪在床几十年,因此我每年放寒暑假是一天也不在校耽误就赶回家,寒假还会背许多年糕之类的年货回去。回到家就成了"家庭妇男"，洗菜烧饭洗衣洗被样样全干。过年哥哥嫂嫂姐姐姐夫全回来，我则或做一顿馄饨或烧一桌饭菜招待大家。考大学之前我为母亲倒马桶都是半夜里偷偷起床去倒，考上大学我自信心大增，白天也敢拎着马桶去街上公厕倒了，尽管作为一个大男人还是有些不好意思。因此，我是邻居们口中出了名的"孝子"，而我的老父母，则在我每次开学前将要离开家时，经常会念叨一句话："小伙计，用不长！"

大学四年级乃至大学毕业后的几年，我都是在父母身边度过寒暑假，从没经历过二人世界的浪漫恋爱。尽管如此，我的大学时代还是非常丰富多彩的。我不是团干部不是学生会干部也不是班干部，只当了个寝室长。为了在寝室里做榜样，我带头不申请困难补助，尽管我母亲重病父亲退休，但我觉得父亲的退休工资够我们生活了。直到大三时我才知道一些比我家经济条件好的同学一直在享受国家助学金，便补了个申请也跟着享受起来。大二时我跟电机系分团委书记顾苗泉老师搞好关系，便在分团委里成立了一个"干事组"，我自封了个干事长当当。不过平心而论，我们这个干事组还是挺干事的。当时浙大电机和化工是两个最大的系，我们干事组十天半月便会组织全系的活动，如歌咏比赛、演讲比赛、诗歌朗诵比赛等等，为电机系赢得了不少荣誉。我的干事组里有不少"笔杆子"，如朱韵丽、范顺事、周玉江等，一道办起了《电机学生》《电机歌声》等刊物。《电机学生》在我毕业留校十年后改刊名为《电机传真》，连着办了二十几年，可谓是全国高校系刊刊龄最长的学生刊物吧。《电机歌声》里刊载了几首我作词、我的同班同学青小渠作曲的歌曲：《浙大校园之歌》、《白云啊，请把歌声带向远方》、《怀梦草》等。

凭着对文学的热爱，进校不久便加入了校广播台、校刊通讯员。大二时，进入了由热物理系学生主办的刊物《STAR》编辑部，后成为全浙大影响最大的学生刊物，主编是我和叶健勇、王晓东、洪钢、吕炎，编委成员还有魏仲权、楼丽达、李立新、李桦、林春、马驰等。洪钢在《STAR》上发表的一篇反官僚反腐败的政论文在全校引起很大的反响。1980年西湖区竞选人民代表，浙大学生有一个名额，竞争很激烈。化工系联合了几个系推举了一位学生参选，我便组织了电机系、热物理系、光仪系等几个系的学生，推举洪钢参加竞选。我为他写了"人民代表候选人洪钢同学简历"和草拟了竞选纲领。记得那天中午一放学，大家便赶往一食堂，只见化工系的那位竞选同学已站在一张油腻腻黑乎乎的四方餐桌上慷慨陈词，我们赶紧用两张"八仙桌"叠起来，让洪钢站得更高演讲拉选票。我们《STAR》

编辑部也常外出联谊，如1980年元旦，我和叶健勇、洪钢、王晓东、楼丽达泛舟西湖，吟诗作乐。遗憾的是，《STAR》没出几期便黯然收场了。当时，全国非正式刊物都要清查，学生刊物也不例外。风声甚紧，甚至有传言要追查《STAR》，听说校党委会上也讨论过。校党委张黎群副书记和校团委书记陶松锐老师力主爱护我们几位"有思想、有能力、有文学功底"的学生，并把我们"招安"到陶老师主办的《浙大团讯》麾下。为避免意外，《STAR》编委同意接受"招安"。《STAR》1980年第2期也是最后一期上，我撰稿了首页的《新年贺词》和最后一页的《编后》，并写了一首《落叶》诗以纪念《STAR》的落幕。最后一期我们决定将编辑部全体成员名单刻上。记得那天我在用铁笔钢板刻字时，有同学走过来，问我刻的什么，我脱口而出："治丧委员会名单！"到《浙大团讯》后，我先后发表了诗歌《大地恋歌》，随笔《影子集》和小说《路》、《舞会》等。那时校园里刚兴起舞会热，我一次也没进过舞场，写《舞会》纯粹是心理揣摸。据说一位化工系女生看后，断定作者不会跳舞，并要主动来教作者怎么跳舞。后来《浙大团讯》改为《求是园》大型综合性文艺刊物，以其独特的风格在全国各大专院校中赢得了较高声誉，上海交大团委学生会曾专门组织人来浙大《求是园》"取经"。

大学四年，我主要的时间精力都投入了文学习作，电机专业学习只是应付而已，一点不感兴趣。记得有一次第二天要考《电磁场理论》，晚上还通宵在油印"地下刊物"《STAR》，结果可想而知：挂了红灯。那一年暑假回家什么也没有写，全用在准备补考上。记得开学补考那天我进入补考教室是很难为情的，一考完赶紧溜之大吉。从此我变得老实了，每学期考试前半个月，我便什么都不干专心准备考试。我很佩服同寝室一位农村来的同学顾小龙，好像他也并不怎么刻苦用心，但考试成绩总能得优。于是，我便同他结下了"同窗情谊"，并且每次考试都争取坐在他的边上（这个相信读者都懂的），考完后请他到校大门外的小吃店吃碗肉丝面，那个年代到餐饮店撮一顿还有点小小的奢侈呢。但有一次差点"露馅"，让我刻骨铭心后怕了好些年。那天上午考《电机学》，我坐在顾小龙身后，一道题整个运算过程我来不及抄，只抄了个结果。结果任课老师让课代表传话给我，让我下午去他那说清楚……我心里紧张得要命，预感到有人去老师那儿打了小报告，万一被问倒了露馅了可不得了，我甚至想到了被退学。中午睡在床上，在万分紧张恐惧中想着那道题。上帝保佑，居然在时限快到时让我想出了整个运算过程，而且与顾小龙的运算路径不一样，殊途同归。否则的话，我的诗意人生可能会又一次改变了。至今我还记得任课老师那开始严肃提问，随后半信半疑、颇感意外的表情，而我表现出的颇受委屈的样子倒让老师不好意思起来，最后他不仅没责备还鼓励了我几句。这次惊吓太深刻了，以至我大学毕业自己当老师后几十年还经常做恶梦，梦见在阶梯教室进行微积分之类的考试，自己感觉要上刑场一样。直到"知天命"到来时方才彻底摆脱了下意识中的紧张感，不再做诸如此类的噩梦了。

以上是我大学时代的诗意人生。其实，值得记述、值得怀念的远不止这些。

（一）新年贺词

在浩瀚的宇宙间，运行着一颗存在生命的星球。自有年代可计起，它已围绕着太阳运转了1979个周期。这在人类历史波澜起伏的长河中只不过像流星一样的稍纵即逝，可是——却发生了多么巨大的变迁啊！从以柴薪计数，到电子计算机；从钻木取火，到原子能发电站；以及从桎梏下的奴隶到逐渐解放的公民……正义与邪恶在奋战，人性与兽性在搏斗，黑暗与光明在交替，岩浆奔突，沧桑沉浮，火山沉寂了又迸发，冰山凝结了又消融……然而，地球仍在运行，并没有因之而偏离它的椭圆形轨道。它忠实地、一丝不苟地为生存在它上面的一切生灵履行自己的义务，并衷心地祝愿他们平等、自由、幸福……

地球在运行。今天，人类社会开始跨入了二十世纪80年代，动荡的世界仍继续不断地闪射着雷电、变幻着风云。然而，在这隆隆的轰响声中，在这阳极和阴极所触发的闪电光里，我们依稀看到，在世界的东方，一个一度曾被迷信所愚弄得昏睡、日益濒于穷困潦倒边缘的巨人正在隐现，一个一度曾遭受文化大革命的罕见的浩劫、而在悲壮的血泪凝成的"四·五"运动的暴风雨中所惊醒的伟人即将崛起。她将那些秦桧之流的民族败类永远钉在了历史的耻辱柱上；她将毅然地砸碎束缚思想的枷锁，迅速地医治好心灵的和肉体的创伤；她将结束几百年来多灾多难的耻辱的历史，发扬起悠久而灿烂的文化，向着光明的未来，向着文明的王国，迈出自己使地球亦为之震颤的步伐；她的睿智的光芒，将把全世界照得通明透亮，在科学桂冠耸叠得像金字塔一样的顶尖上，一颗使其余都为之逊色的东方明珠正在熠熠生辉；当她走遍天涯海角，人们都会肃然起敬，瞻仰这从美丽富饶的东方来的贵宾……

这就是中国，这就是中华民族，这就是中国人民！他们将要在新的年代开拓新的纪元，脚踏实地地去创建理想乐园；他们将要在新的年代怀着尊严和自信，为使自己历尽艰辛饱经风霜的祖国母亲屹立在世界的东方而奋斗！在那永恒的宇宙间，刻下不可磨灭的业绩，在那千秋万代的人类文明史上，写下光辉的不朽的诗章。

啊！多么崇高的事业，多么神圣的职责——一切中华民族的优秀儿女们，努力呵！

（二）人民代表候选人洪钢同学简历

洪钢，22岁，北京籍，热物理系内燃七八（一）班学生。该同学遵守公德，平易近人，学习刻苦努力，工作稳重踏实，加之有充沛的精力，赢得了全系同学及其他系相当数量同学的信任和支持，有较为广泛而扎实的群众基础。

洪钢同学在紧张的学习之余，酷爱泛读一些哲学、政治经济学等经典著作，具有较高的分析能力和自己独到的见解。入校以来，他尤为关注同学们的学习、生活等问题，勇于为同学们正当的要求和呼声呐喊，并曾多次就一些具体问题致信校领导及有关方面。去年9月11日，他出面并联络了热、电、土、地等系的十二名代表，就大U宿舍周围长期存在的噪音和污染问题与校领导面商，获得妥善解决。

洪钢同学具有较深的文学修养和较高的组织才能及魄力。早在中学期间，便组织过学习会，注视当时的时事政治。1976年，他和当时的广大青年一样，积极投身于反"四害"的"四五"行列之中。入校后，他一贯主张大学生应充分解放思想，丰富生活，并应为他们的学术见解和政治观点开辟自由的园地，认为唯此才能开掘才智之源泉。1979年，他曾倡办和编辑过我校学生自己的刊物——《STAR》（由热、电、科、光、机等系同学参加），并在《STAR》第一期发表了颇有见地的政论性文章。

洪钢同学认为，大学应建设成科学与民主相结合的现代化文明的摇篮，主张人民代表的人民性，反对依赖性。学生代表是代表学生根本利益说话的唇舌。他认为，只有事事处处以广大同学的切身利益为己任，才是一个名副其实的人民代表，才能得到广大同学的信任和支持，否则学生有权将之淘汰（详见其本人的竞选纲领）。

为此，由热、电、科、光等系部分同学所组成的本竞选委员会讨论、研究了目前我校的人选问题，认为洪钢同学较为兼具各方面的才能和胆识，决定提名洪钢同学作为竞选人参加竞选，并希望得到广大同学的热情支持，选出能为学生服务的我们自己的真正代表。

洪钢竞选委员会

1980 年 10 月 12 日

（三）大地对我说

春晨，润湿而清新的空气静静地流动着，晶莹的露珠从湿漉漉的树叶尖上滴下来，落在鹅黄娇嫩的依依小草上。小鸟在枝头喞啾，向复苏万物的春之女神发出了爱的呼唤。

我双手捧着专业书，沿着植物园蜿蜒的小道走向园林深处。微鸣的小溪如同一曲轻柔的小夜曲，从我脚边淙淙流过。在这小溪的深处，在这小径的岔口，几株秀挺的樱花正盛开着，那枝头束束合着春的节拍微微颤动的花儿，穿过薄薄的晨雾，送来阵阵清香。随着这瑟瑟花束，伴着这淙淙水声，如同一只纤细的手在轻轻拨动琴弦，我的心被牵动了。于是，尽管我的眼依旧瞧着手中的书本，我的口中仍念念有声，可我的思绪却像一只自由的鸟儿，飞翔起来……

……樱花，樱花，我看见了，遥远的异国土地上，花的山，花的海，花的世界，花前树下，身着和服的人群川流不息；我看见了，一位年轻的中国学生，站在异国的土地上，停留在作为日本国花的樱花树下，年轻的脸上露出与众不同的神情，明亮的双眼映出的不是鲜丽的樱花，而是……

"……千枝万束芬芳美丽的樱花在日本盛开了，日本人民都十分珍爱它，园林里到处都是前去踏春赏花的人们，不知怎么的，站在樱花树前，我想起了我们的国花牡丹，想起了我曾经在那幽静的环境中念过书的植物园；想起了那淙淙泉水，那蜿蜒的小道……春天来了，祖国大地早已万物复苏，百花齐放了吧？记得我离别母校的时候，也正是这阳春艳月。一年过去了，多少个夜晚，我在梦中想着，索求着……我终于看见了一个无比美丽、无比辉煌的大陆……啊，我在那里出生，不久还将要回到她的怀抱，用我的青春，我的热血，我的生命，去开拓，去装点，去成就她不朽的事业……"

我向前走着，走着，离开了小道，站在了樱花树下，颤动的花束带着露气向我点着头，尽管晨风还有些寒意，但春天毕竟是来到了。我望着花儿，心里却在想着站在异国土地上的他……

忽然，一滴冰凉的露珠从树上滚落下来，钻进了我的衣领，把我惊醒了。我抬起头去寻找那一滴滴躺在花瓣上的水珠，在洁白、粉红的花瓣上，它们忽然变得浓厚了，像哺育了我的母亲的乳液，那么纯，那么白……又是一滴露珠钻进了我的衣领，我心里仿佛产生了一种难以言喻的渴求……

我的母亲的乳汁……

"……我不迷恋这万花筒般的物质世界，虽然这是遭受了十年浩劫的祖国无法相比的，但我的祖国是孕育我，生养了我的母亲，我是那样爱我们那不屈的母亲，她正带着伤残的躯体在盼望着她的儿女们，等待他们能治愈她的创伤，肉体上的和心灵上的；等待他们能发奋自强地接过母亲肩上沉重的担子。因此，我们每个从中国来的学生都非常刻苦、勤奋，没有周末，也没有休假，我们是多么盼望自己的祖国能强盛起来啊！每当日本同学有意或无意间流露出对我们祖国落后的科学技术表示蔑视的时候，我们的心中就会涌起一股无法表达的痛苦、屈辱感。对他们说祖冲之吗？说张衡吗？说活字印刷术，说指南针吗？！不！不！！我们的祖先为人类建立了不朽的功绩，但今天，我们扪心自问：我们这些炎黄子孙、龙的传人，为人类作了些什么呢？"

"……今天晚上，我们全体中国同学都放下手中的课本，谁也没去实验室，都围在电视机前，凝神屏息地看完中国和南朝鲜队的男排决赛。当先负二局后又奇迹般地力扳三局荣执牛耳的时候，当五星红旗庄严升起的时候，我的心兴奋得差点儿没蹦出来。在男排健儿身上，我看到了我们中华民族不屈的气质，看到我们的未来。一个颤动的声音在我们每个同学的心灵深处回响着：振兴起来吧，中华！"

……飘扬的五星红旗，雄壮的国歌；闪亮的荧光屏，一双双紧张、凝神的目光，一张张欢欣的笑脸，这是多么熟悉的一幕幕，这难道是偶然的巧合？！

那是一个多么兴奋的夜晚！脸盆和牙缸代替了欢庆的锣鼓，小提琴、二胡拉响了心弦的颤音……欢笑啊，跳跃啊。"祖国万岁！"大洋两岸，长城内外，不夜的城，广漠的乡，在同一时刻沸腾了，亿万颗殷红的心在凯旋的音律中搏动！看啊，这就是现代中国青年奔流的热血，燃烧的激情！谁要是能认识这年轻的生命，谁就能看到沙漠中的绿洲，看到正在重新组合的星云，正在酝酿中的宇宙；看到闪现在荧光屏上的新的粒子射线的光辉！这是无限的生命，这就是一切！

太阳升起来了。我已经走完了曲径，站在了水明如镜的湖边。温暖的阳光透过茂密的枝叶轻轻地撒在我的衣衫上，跳跃着，组合着千变万化的图案；白云岛屿一般在水中静静飘浮。天是那么蓝，水也是那么蓝，蓝得那样沉着，那样明澈。忽然，这深沉而纯洁的天空在我心上引起了同它一样的微笑：春天降临了！它给人们带来了万丈光芒，醉人的花香，绿色的芬芳……远处，青翠的山峦下，耸立着一幢幢高大的教学大楼，一座座刚刚立起来的脚手架。"多么明亮，多么有生机的世界。"我的心在喊着，从很远很远的地方，传来了我的回声："春天——，早晨——，美好的世界，我该为它做什么——"

是的，我该做些什么呢？我下意识地用手按了按贴胸的口袋。那里，装着那封来自日本的信。是的，我一直把它放在那里面，我时时感觉得到那炽人的热量，那一颗眷恋祖国的赤子之心早已溶进我的脑海中……于是，我在草地上坐下，又打开了手中的书本……

灰色的冬天已经过去，绿色的春天已经展现在我们面前。"还有繁华的夏天，丰硕的金秋呢！"大地对我说。

（该散文刊载在 1981 年 5 月 25 日《浙江大学》校报上）

（四）白云啊，请把歌声带向远方

　　　　白云轻绕老和山巅，
　　　　歌声回荡浙大校园，
　　　　叩响心灵的门窗，
　　　　点燃青春的热望。
　　　　白云白云请你等等，
　　　　带着歌声飘向远方。

　　　　天空蔚蓝多么神往，
　　　　歌声悠扬多么欢畅，
　　　　那是生活吐芬芳，
　　　　充满智慧和力量。

　　　　蓝天蓝天多么宽广，

　　　　乘风扬帆我们远航。

（这首歌由电机 78 级同学排练后参加了校歌咏比赛并获奖。）

（五）1980 年元旦泛舟西湖并吟诗

　　今天，我和《STAR》编委几位同学外出游览，并借了照相机留影。今天是我生日，故而我请客。我的诞辰是正午。12 时，在西湖无名岛上，我捧起湖水洒向湖面，反复三次，并说："愿我这无名的水滴，融进祖国秀丽的山水之中"。他们戏称我为"老寿星"，并照相留念。在小岛上用餐后，即重返小舟，荡于湖面。一行即席吟诗。

　　叶健勇赠我一首藏头诗：

　　　　题诗赠君弄班斧，

　　　　陈句掘硒贺大寿，

　　　　大山高耸森森茂，

　　　　柔风疾涛阵阵吼。

　　我亦写诗一首：

　　　　桨击欸乃乱身影，

　　　　小舟悠悠漾碧波，

　　　　浓雾迷蒙归何处，

　　　　水鸟溅处是征帆。

　　今天泛舟西湖有一事值得记下：当船划至"花港观鱼"旁时，岸边有一柳树，枝纵横，拦于水面。王晓东提议让舟从下划过。人须平卧在船内方能过去。第一次船行较慢且稳都过去了。第二次叶健勇被挡住半身，不上不下，差点勾落水中，待立起，衣背已被舟内污水染黑，众大笑不已。

（六）路

无论命运将你抛向哪儿，你只管朝光明的方向走。

——一个过路人的题记

一

晚霞开始暗淡下去，又渐渐隐退了，给西边连绵的山峦洒下了一道光亮的银带，天空倒反显明亮起来。征雁坐在植物园的草坪上看了一会儿外语，觉得有点累了，便躺下去，用书盖在脸上……

蓦地，他被一声响亮的声音惊醒。他猛地坐起身，揉了揉眼睛。他吃惊了——一抹朝霞开始从东方燃烧，一轮火红的旭日像一颗玻璃球被宛如汪洋大海似的彩霞承托上来。他立起身，四周瞧了瞧。英语书没了。他气恼地跺了跺脚，空着两手往回走去。

然而，更让他惊奇的是，朝霞刚刚露出半个脸庞，又悄没声儿地往霞光里沉了下去；不一会儿，东方的朝霞像火焰一样熄灭了。于是，黑暗仿佛一只巨大的鹏鸟，从天上石头般掉落下来，在这绿色的植物园上空伸展出乌黑的翅膀，吞没了残存的一丝微光。

天，黑得伸手不见五指；风，阴森森地呼啸着掠过面颊。两旁的树木，亦仿佛变成了一个个魔怪似的在乱摇着自己畸形的身躯；那"沙沙沙"的树叶声，变成了一片"杀杀杀"的疯狂叫喊，一会儿又变成了"砸砸砸"的歇斯底里的狂呼声，令人毛骨悚然。

忽然，无数个幽灵在眼前忽隐忽现，每个人胸前都挂着黑板大小的牌子，一个个脸上像用了炭灰抹了似的乌黑，分不清眼睛、鼻子和嘴，只有当他们呻吟、祈祷时，才从各自的口腔里露出一排排洁白的牙齿。不时地，有人长叹一声倒下了，便骨碌碌地滚进面前的万丈深渊里去。泪水和鲜血从每个人的眼睛、鼻子和嘴里直往外淌；不久，他们跟前一条万丈深渊，变成了一条掺杂着血泪的河流。在这红色的河流上，轻悠悠浮起一条小船，上面乘坐着的几个魔头正频频高举着酒杯（酒杯里分不清是红酒还是鲜血），庆祝他们史无前例的胜利……

征雁停下脚步——难道来到了悲惨世界，误入了魔鬼的王国？！……忽然，一只手在他的腰里使劲操了一把，接着，许多只毛茸茸的爪子在他的腰里、脊背上又推又操，嘴里骂道："你他娘的走哇！""牛鬼蛇神的臭小子！""……"他踉踉跄跄地向前闯去。

正当他迷迷蒙蒙，不知去向，忽听得半空一阵狞笑，夹着一声凄厉的哭喊："哥哥——！"一只黑手正把一个小女孩恶狠狠地向深渊里甩去。"妹妹！"他大叫一声扑了过去……

征雁猛地睁开双眼，额头上的汗水直往下流，两手仍然死死地抓住草根不放。

"小燕！"他轻轻地哼一声，孩提时代妹妹的音容笑貌又清晰地浮现在他的眼前……

他们家原是个音乐世家，妈妈是某市音乐协会的副主席，家住在海滨的 H 城。一幢小小的阁楼，开门见海。在海边，他经常和妹妹一起追逐海浪的飞沫，寻找美丽的贝壳，捕捉被浪花遗弃在沙滩上的各类小鱼儿……童年的生活就像欢跳着的浪花一样。

一天，妹妹坐在海边的一块岩石上，面对波光粼粼的海面，唱着妈妈谱写的歌儿。浪花时不时地拥抱她一双赤裸的小脚，波浪为她伴奏，美妙的童音，飞上西边的晚霞：

　　　　在高高的海岸，
　　　　我久久地凝望。
　　　　海风轻抚我的面颊，
　　　　浪花鼓荡我的心房，
　　　　海鸥在海面溅起浪花，
　　　　海水颤动着琴弦歌唱。
　　　　啊，大海——
　　　　快点儿张开你的臂膀
　　　　我的一颗希望之星，像一叶轻舟
　　　　在你茫茫的大海上远航。
　　　　……

他的哥哥悄悄地走到她的身后。他比她大三岁。

"放手，放手。"小女孩先是吃了一惊，接着使劲地摇晃着小脑袋，想摆脱蒙在自己眼睛上的两只小手。

"你猜是谁？"征雁咯咯地笑出声来。

"哥哥，哥哥！"小女孩旗开得胜地大叫道，"我猜中了——哥哥！"

"小燕，你唱得真好，"征雁松开手，和妹妹并肩坐在岩石上，"真的，不是我吹你，你将来真的可以成为一个呱呱叫的女高音歌唱家呢……你乐意吗？"

"噢，要真的那样可太好了！"小女孩快活地拍起手来。"我长大了要到妈妈的剧团里去。……我还要拉小提琴"小女孩偏着小脑袋，拉住哥哥的手说道，"哥哥，你小提琴拉得真好；我要妈妈教我，她答应了，你也教我好吗？"

"好的。"

……

无边无际的夜幕开始慢慢地向植物园撒开，给绿色的草地蒙上了一层淡淡的灰色，知了在树上不辞劳苦地亮着嗓子，一阵悠扬的小提琴声荡漾在草坪上空。

在离他不远处的花丛里，一位姑娘正全神贯注地拉着。她穿着一身连衣裙，腰间束着一条阔带，使得全身柔滑的曲线轮廓分明。

征雁被姑娘娴熟的琴音迷住了。对于一位音乐爱好者来说，一支好的歌曲正如一首动人的诗篇、一部感人的小说，使得人们心荡神驰；而那娓娓的琴音，又如甘甜的乳汁源源地注入他的心田；它的每一个音符，不但能渗透到他身上每一根纤维中去，而且一直渗透到他的灵魂深处，他的灵魂也随之燃烧起来。

天暗下来了，姑娘拉完了曲子，将小提琴收进皮箱，准备回家了。就在她转身的当儿，她的容貌及胸前佩戴着的一枚新的 Z 大学的白底红字的校徽一下子映入他的眼帘。

二

D 系准备举行一次迎新晚会。征雁为晚会创作了一首《迎新曲》，而宣传部长挑选了一位独唱的女生，恰是那天他在植物园遇见的拉小提琴的姑娘。

下午，征雁来到俱乐部练琴。宽敞的俱乐部打扫得干干净净，不知谁用花瓶插了一束芬芳洁白的茉莉花放在靠墙边的钢琴上。

征雁打开琴盖，试弹了几个音阶，他原打算弹一首《大学生圆舞曲》，结果却弹起"在高高的海岸上"那首歌。他故意拉长歌中的节拍，使本来比较轻松明快的调子，弹奏得低沉迴婉……

这当儿，一位女生拎着一只小提琴箱走进了俱乐部。她走进门，见他正聚精会神地弹琴，便不去打断他，站在一旁认真听着。等他一曲弹完，才发现有人站在身后。他转过身，用眼睛向这位并不陌生的女生询问。

"我叫晓燕，79 级的新生，"年轻的姑娘落落大方地自我介绍道，"如果我没有猜错的话，你就是替我伴奏的陈征雁同学。"她见对方点头，便将手里的箱子放下，想了想，说："要是你乐意的话，请将刚才的曲子再弹一遍好吗？"

"你对它很感兴趣吗？"征雁一字一句问道。

"嗯，也许……一首好歌，并不只几个人喜爱它……"

于是，征雁又弹了一遍刚才的曲子。他一边弹一边不时地瞥她一眼，想看看她对这首歌感兴趣的程度如何。而事实上，她的脸上也确实不断起着微妙的变化。

"看来你很爱这支歌，虽然我弹得不怎么好……"弹完后，征雁试探着问道。

"噢，我不但爱听，也很爱唱，"说着，她对他莞尔一笑，"不但现在爱唱，而且从小就爱唱它了。"

"小时候？"征雁情不自禁地打量了她一下，刚想说出口的话又一下子咽了回去。

姑娘好像在想什么心事，也一声不吭地站在那里。当她从沉思中清醒过来，感到这尴尬的沉默与即将排练所需的热情太不协调了，便试探着用幽默的话来打破这使人难堪的沉默。

"呃，大学真有意思，学生是五湖四海，语言是南腔北调，前天我们上高等数学课，老师一个劲地给我们讲'雨果'啊'雨果'，起先我们觉得莫名其妙——怎么给我们上起语文课来了？后来才知道，不是什么'雨果'而是'如果'。"说着，她自己先咯咯笑了起来。见他正心不在焉地向自己微笑，便接着说道，"还有更好笑的呢，我们寝室有个福建闽南的女生，有一次英语课回来，嘴里哼着歌，说是唱'继母歌'，其实是'字母歌'……可把我乐坏了。"

她又看了他一眼，可他只是淡淡地笑了笑，转过身去看钢琴上的茉莉花出神，她倒反而觉得不好意思起来，低下头去，摸弄自己的裙摆。

"听说你小提琴拉得挺好……请拉一段给我听好吗？"过了一会儿，征雁转过身来说道，随后又加补一句，"我不但爱听，而且爱拉，不但现在爱拉，而且从小就爱拉它了……"说完，他对她意味深长地笑了笑。

"嗯。"姑娘乐意地从皮箱里取出小提琴。

她调了调弦音，想了想，便拉舒伯特的《小夜曲》。这里且不说她拉得多悠扬动听，情深意长，征雁压根没去欣赏，他只拿起皮箱，仔细地瞧着，抚摸着，回忆着……

这是一只普通的皮箱，只不过是旧了，也许已经用了几十年了，但可以看出它的主人是很爱护它的。征雁打开盖子继续抚摸着……他发现小盒子内有一张纸条，顺手取了出来，这是一张发黄但折叠得很好的纸条。她拉完了曲子，向他转过身来。

"呃……对不起，我原来想是一张乐谱呢，所以……拿出来……"征雁结结巴巴地说道，满脸通红，连忙将纸条往盒子里塞。

"噢，没什么保密的，"姑娘笑了，"那不是信，也不是乐谱，是一首诗——一首唐诗。"

征雁又重新将纸条取了出来，慌忙将它打开，生怕它会突然插翅飞去一样。于是，唐朝诗人孟郊的《游子吟》便跃入他的眼帘。字迹带着几分稚气却十分工整，最后两排字迹已经变得模模糊糊了。

征雁感到一片漆黑，泪水模糊了他的双眼。诗里的每一句话都在扩张，在跳跃……但他什么都看不见了，眼前是一片宽阔的大海，大海中的浊浪，浊浪上的孤舟，孤舟里的诗……

他正准备说什么，门外涌进一阵银铃般清脆的笑声，几个女生走进俱乐部，叽叽呱呱不知说了些什么，随后便不由分说将晓燕拉走了。

三

星期六，玉泉。

游园的人渐渐多起来。不少人拿着照相机忙着留影。林荫道上开来了几辆外宾的漂亮的旅游车。不一会儿，从拐弯处，响起一阵尖细悦耳的童歌，接着便走出了三十几个幼儿园的孩子。这群孩子在两个年轻姑娘的带领下，走到湖对面一处树丛里的草地上，围个圈子坐下来，做起了丢手帕的游戏……看着这些两小无猜，天真可爱的孩子，使征雁想起了自己金色的、幸福的童年，想起了烟波浩渺的大海和他跟妹妹嬉戏过的银色沙滩……呵，也许那幸福的生活又会重新开始——谁知道呢，生活本身就是这么捉摸不定，当你在黑暗中被痛苦、忧愁压迫的同时，光明的天使也许会悄悄地潜入你的生活中，使你突然间感到豁然开朗起来……

"早上好！"

征雁转过头去。晓燕拎着小提琴站在背后。他点了点头："早上好。"

晓燕走过去，伏在他身旁湖畔的栏杆上："看什么？"

"看那些小孩，"征雁朝那个方向指了指，"他们现在的生活我也曾有过……在那蓝色的海边……"

"是吗？我也是在海边度过童年的，"晓燕欣喜地说道，两只瞧着征雁的大胆的眼里燃烧着热情，"我和哥哥经常坐在海边沙滩上，一块儿唱歌，歌是妈妈自己谱的曲，嗐，就像你昨天弹的那首曲子，所以我请你再弹一遍……"

征雁点点头。

"咱们到别的地方走走好吗？"

两人走出亭子，横穿过沥青路，沿着人少的那条幽径走进植物园深处。

"你是……"这时征雁的脸刷得红了起来，鼻尖上沁出了汗珠子，他真恨自己的表达能力太差，就是找不到合适的词，他下意识地从树上摘下一片叶子，揉得挤出水，忽然转过身，将一支红色钢笔送到她的面前。

"看看，这是不是你遗失的钢笔？"

"没有没有，我没有丢掉钢笔。"晓燕以为他在开玩笑，连连摇头否认。

"你仔细看看，上面的姓不是你的姓，名倒是和你一样……"

晓燕不相信地看起笔来。

"啊——！"她突然短促而尖利地叫一声。这支笔是她八岁生日那天妈妈特意买给她的，上面还有一位雕刻书画的叔叔给她刻的名字：陆晓燕。后来，妈妈把她带到边区五七农场，才改姓了妈妈的姓，叫李晓燕。离别时，她把这件心爱的东西送给了哥哥留念。"你，真的是……？""你原来的名字？""陆程雁，现在的名字是后来改的。"

她的脸一会儿通红，一会儿煞白。她感到自己有点支持不住了，一下子靠在了旁边的树身上。突如其来的幸福也就如同飞来横祸一样叫人一下子接受不了。

"真的，远在天边近在眼前……"征雁困难地吐出这几个字，竭力克制自己内心的激动，可声音却是颤抖的。

"哥哥……"幸福的雨点，压弯了茵茵的绿草，宛如在清晨初绽的百合花上滚动的露珠。几朵白云从头顶上悠悠飘过。几只大雁又重新排成人字形，飞向辽阔的大海……大海，波光粼粼的海面，金波跳跃，两只白色的小船，同时驶到了彼岸……

"我是多么想念你呐！"过了许久，晓燕才轻轻地、断断续续地说道，那声音仿佛不是她自己发出的，而是从遥远的海边飘过来一样，"我……还有妈妈……"

"妈妈！妈妈在哪儿?"征雁眼前一亮，急促地抓住妹妹的两只肩膀，一双眼睛里注满了希望——呵，亲爱的妈妈，要是您知道您的儿女，离散了十一年后，在西子湖畔的Z大学奇迹般相逢，您那颗做母亲的心该会感到多么快慰呵……

十一年前……一天，放学回家的征雁像只归巢的小麻雀又是蹦又是跳，左手的红小兵袖章在阳光下一闪一闪。他是多么的幸福啊——三年级甲班黑五类子女参加红小兵了，他是第一个。他想把这一喜讯快快地告诉妈妈，让妈妈一起来分享他的欢乐。

但他一进屋就惊呆了：所有的书柜和衣橱全部都大大地张开，原先满满的书架上的书现在所剩无几，乱七八糟撒了一地。妈妈无言地坐在书桌前，面前一面镜子，碎了，映出了她脸上破碎的泪痕。征雁吓坏了，扑过去紧紧地抱住妈妈。

"妈妈，怎么啦? 怎么啦妈妈——这是为什么啊……"

妈妈转过身，捧起跪在跟前的儿子的面庞。

"为什么……"妈妈凄凉地笑了一下，两滴泪珠掉在了他的红小兵袖章上。叫她怎么跟儿子说呢……

不久，妈妈就要被押到一个偏僻的山区劳动改造去了。临行前，妈妈怀着巨大的悲楚将征雁送给了已故的爸爸的密友、一个叫陈挚的独身科学家当继子，改名陈征雁。为了过继有法律保障，他们私下举行了托孤仪式。妈妈带着不懂事的妹妹走了。

在那混沌的岁月，征雁亦曾背着老学者给家里捎过几封信，询问妈妈和妹妹的情况。在信里他工工整整地抄了一首唐代诗人孟郊的《游子吟》，最后两排浸湿了他的泪水。他相信妈妈一定会理解儿子的心的。

然而，他没有收到一封回信。先听说他们被"解放"到某一农村的牛棚，后听说几番更换牛棚，再后来，便如同石沉大海，音信杳无了。

一九七八年，他凭着一股坚毅不拔的勤奋和进取精神，考取了Z大学D系。一年来，那深深的母爱和兄妹之情，有着一股神奇的力量，使征雁永远怀念着妈妈和妹妹，并带着一颗破碎的心希望着，期待着……

沉默。

渐渐的，晓燕一双失神的眼里注满了泪水，接着便像断了线的珠子往下滚落。

她猛地掉过头去，咬着嘴唇呜咽着。

犹如晴天霹雳——他全明白了，用不着说明了……这一意外打击，使得坚强的他也感到支持不住了。他慢慢地松开妹妹，让她倚在树上。他转过身去，无目的地向前走去，两脚像灌了铅似的沉重；揉碎了的树叶从指缝间飘落到地上。

这天晚上，征雁没有到教学大楼去自习，一个人躲在宿舍里，怀着悲喜交集的心情，噙着泪水给继父，那个孤老头写了信。

四

一个星期后，D系在校俱乐部举行了盛大的迎新晚会。

红色帷幕在一片掌声中徐徐分开……

报幕的女生走到麦克风前。

"同学们！告诉大家一个好消息：李晓燕和陈征雁，他们是——离散十一年的——兄妹俩！"

这一意外的消息使全场顿时沸腾起来。不少人从椅子上站起身向台上的征雁和晓燕祝贺。他们向大家鞠了一躬。报幕员接到从台下递上来的一张纸条。她展开看了看，便笑着大声读道："我们最坚决、最强烈地要求晓燕同学唱一首——《妹妹找哥泪花流》！"

台下同学一听，可乐坏了，一迭声表示赞成。于是，晓燕在征雁的钢琴伴奏下唱了这首歌。

歌咏情，诗咏志。此刻，晓燕将自己内心无限的情感都倾注进歌声里去，用歌来把要对哥哥说不完的话全部都倾泻出来。清脆的歌喉，宛如一股清澈溪水在汩汩流动，娴熟的颤音，把听众带进了崇高的艺术境界。曲终，台上人泪流满腮，台下人掌声如潮。

演出继续进行着。

"小燕，你唱得真好。"在后台，征雁向她说道。他显得有些激动，本想去拉她的手，不知为什么又触电似的缩了回去，犹豫了片刻："我们出去走走好吗？"

他们走出了气氛热烈的俱乐部，身后传来了《青春圆舞曲》。

满天星斗在天幕上调皮地眨着眼睛。它们尽着自己的力量，把点点滴滴的光辉交织在一起，又掺上了露水，越发显得湿润、柔和；这柔和的、清澈的光辉轻轻地挂在树梢上，披在草地上，使周围的一切都变得那么雅致，那么幽静，那么安详，静悄悄地散发着醉人的宛如音乐一般的各种气息。

兄妹俩一前一后地走着，并不搭话。他们跨出校门，拐个弯，向植物园走去。

在一处小路口，征雁转过身。他似乎想说什么，但嘴动了几下终于没出声。

"想不到，小燕……你唱得那么好。"过了一会儿，他没话找话似地说道。

"嗯，今天唱得比以往都好，因为歌声里注入了我真挚的感情。"她说，笑了。

"晓燕……呃……陈伯伯来信了。"尽管陈挚伯伯抚养了征雁十几年，待他像亲生儿子一般，但征雁总不习惯叫爸爸，今天见到妹妹更是这样。

"啊——是吗?！陈伯伯一定祝贺我们吧……"晓燕快快活活地大声说道，激动地一下子拉住哥哥的手。他的手微微发烫。

"也许……是的……"由于夜间的冷气他颤抖一下。

晓燕接过信。她在一盏路灯下念道：

征雁：

　　来信收阅。悉知你已经找到了多年不见的妹妹，而且是在同一所被誉为"东方剑桥"的Ｚ大学……祝贺你们！这样我多年的心事也该了却了。我总算对得起你们父母的在天之灵。

　　征雁，有件事你妈一直没跟你讲。她要我在适当的时候再告诉你们。我想，这一适当时候到了。征雁，你曾看到你爸爸和你叔叔的照片吧？也许你身边就有这张照片……那在你旁边的叔叔，并不是你爸爸的亲兄弟——他是晓燕的爸爸……也许对你们来说太突然了，但事实是这样的……晓燕的爸爸在解放前就和你爸爸在一起搞党的地下宣传工作。他们并肩战斗，结下了深厚的友谊……"反右"时期，他被错划成右派，不久便含冤去世了。临死前，他把还不懂事的晓燕托付给你爸爸……后来，你爸爸病逝，你妈妈便担负起抚养你和晓燕的负担……你妈妈对晓燕比亲生女儿还疼爱。他一直没把这事跟你们讲，怕引起晓燕的痛苦……

两滴晶莹的泪珠又轻轻地挂上了晓燕的双颊。弯弯的月牙悄悄地躲到了一片云的背后。一颗流星从天边划过。四周静极了。

"呵……"过了一会儿，征雁长长地吁了口气，边深思边说道："我妈妈，你爸爸，不，我们的爸爸妈妈死得好冤呐！他们没有倒在敌人的屠刀下，却倒在老佛爷的经堂里,死在 20 世纪宗教复兴的祭台上。"他停了一下,抬头朝前看去,似乎想看到什么。但他什么也没看到。在夜幕的笼罩下,前面是模糊一片。他们不明白,人生的道路为什么如此多灾多难,八步九折。解放前,父辈走过的路固然是印满殷红血迹的路,可是,在五十、六十,直到七十年代,两代人走过的路,却依然是曲折迷离,举步维艰,甚至越走越窄……

征雁不说了,他们默默地向前走着,各人的思想就像一个巨大的乱线球。

月亮重新露出脸儿。周围的一切都仿佛可触摸似的扩张、膨胀,然后沉浸在温暖的昏暗中。青草弯下腰,吻着大地;树叶享受了一天阳光的沐浴,开始低垂下脑袋。一切都显得更加柔软更加茂盛了。天幕上这里那里不时地闪现出新的明亮的星星,天空也不断深邃下去,将世界上所有事物都悄然而神秘地糅和在一起。

"到大路了。"在丁字路口,征雁意味深长地说道。他深深地吸了口气,感到心旷神怡。

"是的,我们走上大路了。"晓燕会意地点点头。此时此刻,晓燕的心情又何尝不和征雁一样呢!奇怪的是,她总是想避开那白炽的路灯灯光。

忽然,她站住了,一颗心莫名并且抑制不住地跳个不停。她低下头去,满脸绯红,这也许就是所谓的"心灵感应"罢……在某种场合,某一时间内,女性的那架微妙的天平要比她的异性灵敏得多;而就在这一时刻,心的跳动会把热烈的生机传给大脑,变成一种朦胧的意念潜入她们纯洁而美妙的心坎。花蕾含苞欲绽!蜻蜓颤动着翅膀!蜜蜂围绕着花儿!呀!优美的旋律的共鸣,神秘的心的共振……

他们开始往回走了。两个人一声不吭,两旁的树叶在他们头顶喁喁私语,小草温柔地抚摸着他们的脚,透过树隙的月光在他们身上描画。四周散发着的一种迷人的,清新的,宛如慈母般体贴的东西正在注入他们的胸怀。俩人都很想说几句话,却又生怕侵犯了这夜的宁静,并且也不知说什么是好……雨果说:"我们对黑夜和朦胧必须加以区别。黑夜是绝对的,朦胧是复合的。所以语言的逻辑,不许黑夜用复数,也不许朦胧用单数……"在今天这样一个月色溶溶的夜晚,两人又有着各自朦胧的意念,该用什么样的语言呢?

也许,"此时无声胜有声"罢……

1980 年仲夏于靖江,1980 年 10 月于浙大

(该小说原载 1980 年《浙大团讯》第 21、22 期)

（七）舞会

他走进了俱乐部。乳白色的灯光充满了整个舞厅，使处处都洋溢着和谐恬美的气氛。两架收录两用机播放着《溜冰圆舞曲》，对对舞伴随着轻松明快的舞曲翩然起舞，大多是男男女女。场地略嫌小些，容易互相干扰，但这样也不妨碍各自沉浸其中。

他走进了观众的行列。平时，教室、食堂、宿舍三点一线成了他生活的规律，很少和女娃接触，每每还因第六感觉的功能而满面绯红，但这并不妨碍他内向的热烈。他颇赞赏舞会，正如罗曼·罗兰说过的那样："浸润心灵的青春的甘露，力与欢乐的神圣的光芒，都是美的，都是有益健康而使一个人心胸伟大的。"他讥讽衣着发型模式化的教条，反对动辄干涉年轻人无碍宏旨的行为。但另一方面，为他所赞成的事物一旦出现在眼前，又眼花缭乱了，觉得一下子接受不了。譬如说现在罢，那一对男舞伴的喇叭裤和女舞伴的流线型披在脑后的乌发，他感到特别的刺眼，甚至厌恶了，且夹杂着说不清是羡慕还是妒忌的感情，或许兼而有之，因为它们是双胞胎，常常在每个人的心的深处怀孕。

噢，魂归来兮，艰苦朴素的本质，以苦为荣的精神！中华民族是勤劳勇敢、任劳任怨的民族，他们具备人类先天的自私心和献身精神，小小的利益就可以使他们的私欲得到满足而安分守己，但献身精神却像巨人一样沉睡了几个世纪。正因为这样，中国这占据着在无垠的宇空间小得可怜的地球上的偌大一块土地，像一只古老的碾盘一样不慌不忙地、缓慢而沉重地滚动。他们喜欢保守自己的一切，特别是过去的一切，认为过去的一切都是神圣的，改变了就意味着背叛。"凡是"曾一度奉为格言……值得庆幸的是，我们这些黄帝的子孙，还有博物馆里的青铜器可引以自豪。几世纪来，人类的灵性还未完全泯灭，还在闪烁着点点银辉，有如寒夜的星空一样，后代人继承了又否定了前代人的事业，一代否定一代，直至现今，这个沉睡的巨人才开始揉起惺忪朦胧的睡眼，摘掉"盲公镜"，实事求是地来看这个迅猛发展着的万千世界。他一下子还适应不了，感到头昏目眩，但确确实实地感到不能再夜郎自大了，于是从地上爬起来，抖掉积尘，背着像喜马拉雅山似的沉重包袱开始迈步向着光明的前途……就服装而言，不也是随着朝代的更替而有所更新的吗？每一次的更新就是一个否定过程，而每一次的否定总会招致非议和讥讽——现代中国人穿的服饰，不也被过去的中国人责之为"洋鬼子"的么……那么，"否定之否定"呢？

他厌烦地挥了挥手，不愿再想下去了，"留给哲学家罢。"他想。舞曲一完，跳舞的人陆续退下，准备等下一个舞曲响起再跳。就在这时，一股不知从何涌溢出来的热情攫住了他的心，有如被春天的阳光融化的冰块顺流而下，怎么也抵挡不住。年轻人心头确实有一种抵挡不住的热情，好比隐藏在石头里的火，偶尔碰一下就会蹦出来。他在人群中走动起来。

两双求索的目光不期而遇了。那是一双多么灼人的目光呀！像炭火一样，他浑身颤栗了一下，似乎看到划过夜空的流星，看到漆黑的夜晚中的萤火。她的一束松散纤柔的乌发，像松鼠尾巴似的披在脑后，灯光照着她唇边一层淡淡的、纤细的茸毛，两片血红而富有肉感的嘴唇微启着……噢，多美！今天他也不知打哪来的这股勇气，这么大胆而热烈地瞧她。《青春圆舞曲》奏起来了。平静的河面渐渐开阔起来。要是再过片刻，他或许就会……可就在这当儿，她迅速地低下头去，用两排长长的睫毛遮住眼睛。他若无其事地走了开去，自尊心支撑了他的矜持，可失望像冰水一样灌了他一身。最后，他竟连自己也莫名其妙地将这一失望归咎于她的美貌。

美么？美值几个钱？！谁知道在一副天生丽质的皮囊里面包裹着的是怎样的灵魂？可是，谁又能说它不值钱呢？不正是一副姣好的外表，引起世上多少怨男愁女，演出了一幕幕又天真又动人的悲剧？古今中外，概莫能外……噢，万能的造物者为何如此捉弄人类，相貌平平的人，常常赐给他（她）以伟大的胸怀和高尚纯真的心灵，（他（她）是你生死的朋友，终身的伴侣）；而如花似玉的容貌，却偏偏给他（她）按上庸俗鄙小的双眼，他（她）唯能满足你一时的感官却似浮水之萍……啊！要是嘎西摩多的那颗善良纯朴的心装在菲比斯的胸腔里该有多好？或者不妨重复一句，要是嘎西摩多具有菲比斯的容貌该有多美啊！

他低着头慢慢地踱到墙隅，又折回身来。等到失望的心情稍稍平静了一点，从心的深处又响起了另外一个人的声音……

美有什么不好呢？谁不爱美呢？老子曰："天下皆知美之为美。"外表美不正是心灵美的外露么？也许，她内心有什么顾虑——这么多青年男女，在众目睽睽之下搂在一起，这是正常的娱乐么？这合乎礼教么？这不是伤风败俗么？曾几何时，可敬的宣传家还在报纸上起劲地提倡舞会，扫除"舞盲"，可现在不是又来了个180度的大转弯么？然而，中国革命的元老们，诸如周总理、朱总司令，不都曾上过舞场吗？早在那延安时期的艰苦年代……呵，是的是的，生命的长绿之树，要是没有阳光，没有欢乐，"在这种没有水分与阴影的光明底下，心灵会褪色，血会干枯的"。那么，假如你是一个年轻的姑娘，你会怎么办呢？主动去邀请人家吗？哦，不！羞涩腼腆与含情脉脉同样是女性的美德，正如谦逊和进取同样是人类美德一样。当蜜蜂飞向初绽花蕾的时候，花儿总是在枝头半迎半拒地抖动着，而采蜜的多少全在于蜜蜂的本事……

舞曲鸣奏起《蓝色的多瑙河》。"我们再跳一次，好吗？"旁边的一个男生问他身边的女生道，她没有回答，娇弱地把两只小手伸给了他。这情景，似乎给他增添了不少勇气，于是他第二次向她走过去。但一走到她身边就停住了，不知如何向这位素不相识的姑娘开口，只得默默站在一旁，等待着。终于，她的目光又一次掠过了他的面颊，就在这一瞬间，他的心紧缩了，来不及想一想便冲动地伸出一只手去：

"我……"

这一突如其来的举动，让女娃不禁一愣，目光停留在他的脸上。晚霞在碧澄的湖水中燃烧。她明白了是怎么回事，白皙的脸上倏地红到耳根，两边太阳穴上清晰可辨的蓝色脉管鼓了起来，胸脯急剧地起伏着。可他受不住了，好不尴尬地干咳几声，将手抽回放在头上，好像他原来就想梳理一下自己的头发似的。

第二次又失败了，反倒更激发了他的热情。从她那瞬间一盼的眼神中，他似乎看到了那深邃莫测的内涵，那美妙的欲望，那梦幻般温柔的魅力，那永无休止地寻觅的幸福……倘若你稍加注意，就不难发现在我们年轻人的周围，在你对面，你的身旁，随时都有这双朦胧的光波在作脉冲振动。中国几千年来遗留下来的传统美德之一，就是男女授受不亲，泾渭分明，年年代代，至今仍有一层透明薄膜隔在他们之间，谁都感到讨厌，可是谁都没有力量捅破它，甚而羞于提及。不然就怀着妒忌这一可鄙而可怜的心情加以歪曲……看来"优生学"是当代最紧迫的课题，不但是动物"优生学"，更其重要的是社会"优生学"，要毫不悯惜地根除那些使后代畸形生长的遗传因子……巴尔扎克说过："精神生活与肉体一样，有呼也有吸：灵魂要吸收另一颗灵魂的感情来充实自己，然后以更丰富的热情送回给人家。人与人之间要没有这点美妙的关系，心就没有了生机：它缺少空气，它会受难、枯萎。"是的，人类离不开空气，不可能在真空中生存；而人类的灵魂更需要空气，这个空气就是温暖而友爱的情感。为什么我们正常的感情要自我折磨地加以压抑呢？为什么我们不可以建立起自然的、纯洁的、兄弟姐妹般的友情，偏要厮守那种狭小而偏见、自私而孤独的病态心理呢?! 我们是大学生，是的——但这又怎么样?! 更主要的我们是青年人，是社会的未来，必须具备那种博大的胸襟。理想，事业，浩瀚的知识大海，都在向我们频频招手，万花筒般的生活在向我们微笑。轻松活泼的舞会，扣人心弦的冲刺，沁人心脾的琴音，优美的诗的韵律，都有助于调剂我们充满微积分的头脑，有助于分泌出一种进取和奋发的激素，有助于灵感的闪光……在树林的喧闹声中，在冰块的轰响声中，在群鸟的鸣叫声中，在春天滚滚的流水中，在烈日的照射下，才能有无休无止的生命!

舞会正推向高潮。开阔的河水开始涌溢了，他的心头荡漾起一种幸福的微波。阳光照进了她的心坎，春鸟在心的深处深情地呼唤着。一对对新的舞伴，踏着舞曲的节奏，渐次离开人群，荡进舞圈，宛如在波光激滟的西湖泛舟。忽然，他推开人群，大步径直走到她的跟前，向她伸出双手:

"请你……"

刚说出两个字咽喉就好像被什么东西堵塞住了，声音小得几乎听不见，可他自己却觉得像打雷一样的响。他屏住了呼吸，低下头去，以掩饰自己飞红了的脸。电唱机再次奏起了震颤心弦、使人跃跃欲试的《青春圆舞曲》。他的胸腔里响起一种甘美恬耳的音乐;不久，从那遥远的海边，那奥秘莫测的心底深处，同样响起了一种神秘的生命的和声。这两种妙不可言的音乐结合到一处，在上空盘旋了几圈，随后便冲出了俱乐部，融化在月光如水、馥郁幽秘的夜色之中。

(该小说原载 1980 年《浙大团讯》第 23、24 期)

七、毕业留校

导语:快乐而充实的大学四年转瞬即逝。1982 年我从浙大电机系毕业，留校宣传部校刊室工作，工转文，180 度大转弯。那时大家都注重专业，不愿意留校搞政工。回老家有亲戚朋友问:"毕业分配在哪里呀?""留校。""留浙大? 真不错!干什么?""做政工。""政工?!……哦，那也好，那也好……"我听出了他们的弦外之音，但我不喜欢电机而爱好文学，因此铁定了心。记得留校不久碰见带我毕业论文的孙云鹏老师，他让我跟他继续研究我毕业论文方向"微特电机"，说完善后可发表，这样顺理成章就可以成为他的研究生了。换个人这也许是求之不得的好事，但我嘴里答应"好的"心里一点都不为所动，甚至故意躲着他不见面，至今内心还感到有点对不起他。

既然转向了，就想努力实现我小时候的作家梦。我尝试着写诗，写小说，翻译诗作，也满心期待地投过稿，但皆石沉大海，甚至连回音也没有。1985年我寄到《西湖》文艺编辑部一篇小说《不是死，是爱！》，编辑高松年在退稿中写道："把爱与死写得过分地抽象，纯粹作为某种理念的剖析，这种思路应改变；即使用了不少感情的字眼，也仍显得干巴巴的没有味道。"连这样的退稿信我都十分珍惜地收藏着。文学的敲门砖就这样在希望和失望的交替中东敲敲西敲敲，直到有一天敲开了上海人民出版社的大门，我的文学人生才真正踏上了坦途。因为失败得多了，所以给上海人民出版社青读室去信时也不抱多大希望，只是说了我准备写一本关于大学生的书的想法，没想到很快有了回音，鼓励我写出来，我的兴奋心情真是难以言表。要知道，那个时代不像现在只要有钱阿狗阿猫都能出书，出一本书是很难的，何况是上海人民这样的出版社，在我的心里视作高不可攀的神圣殿堂呀！于是，我就全力以赴地写作《心路》了。1984年至1986年我在职就读浙大思政双学位班，但我经常逃课，跟同学交流很少，他们也不知道我在埋头写《心路》，由此生发了不少误解，说我不会与人交往，不会说话，甚至说我"不关心人"。1985年9月30日晚，我专门给许为民老师写了《关于"不关心人"的一封信》，这封近万字的信在校刊室从晚上8点写到12点。后来有人知道了我在写书，有人观望，有人怀疑，有人支持，社科系主任孙育征老师的支持我是一直铭记于心的。那时写作的最大困难是没有一个固定写作的地方，大多是在行政楼校刊编辑室里写。但行政楼大门晚上是要关的，于是我干脆在里面写个通宵，反正我已把吃饭睡觉当作多余的浪费时间的事了，偶尔实在太困我会半夜里请看门师傅起来开门让我回单身宿舍楼。我是住在校外求是村3幢6楼，但半夜3点我常会晃晃悠悠到5楼去敲另外单身老师的门，惹得他们把我当成了小偷。还有一次半夜回宿舍，楼道灯没开，我一脚踩空滚下楼梯，门牙摔折半颗。《心路》初稿写了五十几万字，考虑到读者购买力，削减到25万字。

付出终有回报：1987年《心路》出版后大获成功，在社会上尤其在高校中形成了一股"心路热"，报刊、杂志、电台、电视台争相报导、转载。当年电视还较稀罕，电台唱主角，杭州某一电台将《心路》当作长篇连续小说播出，浙江电视台编辑麻宝洲（现为浙江卫视副总监）则专门找我欲将《心路》改编成剧本，后由杭州另一家电视台拍了专题片。同时，江、浙、沪等地几十所高校请我去跟学生对话，进行大学生思想政治教育。因此，那时我们这帮搞政工的经常半夜会被叫起，穿上棉军大衣，守候在食堂门口、校大门口，劝阻学生上街游行。当然，有时也会半夜套上军大衣，到校园树丛里用手电筒四处照，看看有没有谈恋爱的……这在现在看来已是笑话了。我去各高校与学生对话，一般是我讲一两个小时，还有半小时让学生现场或站起或递条提问。每次必有一问题会提到："陈老师，你的名字是哪里来的？"《心路》之后我又出版了《灵河》、《情殇》，三本书让我收获了近千封热情洋溢的读者来信。有一段时间，我常常回信到深夜。那时，我在浙大校园里用"红得发紫"来形容也不为过。几个学生自己去上海人民出版社联系，进一批书来浙大、杭大等高校卖，卖完再进，他们可谓是大学生中的市场经济先驱者了。学生是排长队签名购书，甚至每一个寝室派代表来排队购书。走在校园路上，眼睛的余光常会看到男生女生用手指我悄悄说："这就是陈大柔……"我则装作没看见昂首而过。为了扩大影响，我还在浙大教工活动中心、老和山下防空洞举办了几场"大柔舞会"，自己设计印制的舞票真的是一票难求。

老天是公平的：也许是我太得意了，要用一些事来平衡平衡，让我清醒清醒。正所谓"感也萧何，败也萧何"，《心路》给我带来成功，同时也给我带来烦恼，这烦恼可不是一点点，也不是一段时间，而是整整三年！一位浙师大的女生给我写了一封《心路》读者来信，我热情洋溢地回了。后她希望我继续指导，我按有信必回原则与她保持通信。临到她毕业分配时遇到问题我便想帮助她，但都进去以后我才知道有多大困难：她是来自泰顺（当时被看作是浙江的西伯利亚）的"定向生"，毕业后必须回泰顺的。那时我正春风得意，自以为是"救世主"，越是困难越向前，坚决帮到底！动用了我所有的关系上百个，从浙师大校长、书记，到浙大系主任、路校长，到省教委杨主任，从泰顺县委书记、县长，到金华市副市长……往往是托几个关系，集中到一个关键人身上，盼到他说"没问题"，于是我们抱着老大希望，可一夜之间就会变得"没法解决"了。于是我再找关系托人，再抱希望，再彻底绝望；然后再……我和她及她一家就在这似乎无穷无尽的希望和绝望循环中捱着日子。直到我帮得她全家整年只闻叹气不见笑容，直到我都得她母亲因太揪心而突然撒手人寰，直到我都得省教委与温州市教委与泰顺县教委关系紧张矛盾重重，直到我都得省教委那位具体办事员有一天因矛盾吓得大汗淋漓，直到我都得心力交瘁差点儿下跪……直到有一天，她来信说：你放手吧，如果因我拖累而把你（的才气）弄没了，我的罪过更大了……但，这是我陈大柔吗?! 不！她越是这样想我越要帮，再苦再难也帮到底了！为了取得浙大和省教委支持，我与她确定为朋友关系，后升级为"未婚妻"关系，最后，我们登记了成为了"夫妻关系"了才彻底解决：杭州进不了，帮她落实到了金华尖峰集团。但不久，也许是我太专注于"事业"而对她疏于情感关怀，导致她行为发生突变，一夜未眠的我毅然选择了分手。当时只觉得一个小红本子换成了另一个小本本而已，后来方知"已婚"的光环要罩我好久。而且，一旦分手我就再也没跟她联系过一次。人真是一个复杂的矛盾体，是多重性格的组合。我给人普遍印象是温和，是宽容甚至大度，然而，我有时刚毅起来几近冷酷无情了。譬如对她，几十年后的今天想想也许不应该……但，既不想也没法回头了。

噢，我说多了。总之，当时的人们只看到我表面风光，断然想不到我正经历如此磨难的。因为我即使前夜刚从希望跌入深渊，第二天照样会信心满满、充满激情地出现在学生面前，出现在一场又一场的对话会上，扮演我的"牧师"角色。但，受伤的心总要有所宣泄和平衡。当时正好股市刚在杭州兴起不久，我从她那儿要来了尖峰集团原始股票，待上市后我便把许多时间贡献在股市上，不管刮风下雪都会骑车去东方红展览馆股市（现武林广场展览馆内）报到，一发工资和奖金便第一时间投入股市。从1400点左右一直炒到300多点才彻底绝望割出来（我一割肉它就飙涨），已经被股市"抽筋剥皮"得所剩无几，后连出书的钱都拿不出了。心疼自不用说，但我好像也麻木了：不仅是大家都亏，而且我还故意以此疗伤。这段当股民的经历对我而言未必坏事，自那次退出股市后，我就再也没套进去过，顶多认购一下新股，因为我看清了中国股市的本质，就两个字：吃人！"一个（人）赚两个（人）平七个（人）亏"是它的铁律。从某种角度而言，我很庆幸自己当年股市的付出和贡献，为我几十年来节约了大量的时间、精力和金钱，更主要的是我能保持快乐的心情从而提高生活的质量，不像我周围许多亲戚朋友一谈股市便摇头叹气，黯然无光，父子夫妻间为此吵得不可开交甚至反目为仇。这大概再一次以我的人生经历证实了我国那句古老的格言吧：福兮祸所伏，祸兮福所倚。

曾有知情者替我惋惜：大柔，你要是不陷入那一段经历，可能会写出更好的东西来，可惜你的才气了……也许，或者很可能，我真的会多出几本书，甚至会践行当时与学生对话时许下的诺言：写一本传世之作……但，且不说这种可能性有多大，即使真的兑现了，那又怎样呢？就一定比今天比当下好吗？……我的回答是：未必！

（一）《心路》构思与责编通信

马嵩山、周以恒同志：您们好！

很高兴收到您们的信。自给您们写信后，我一直在对我想写的《父女通信录》（或《一个女大学的四年家书》）边充实材料边构思。可以说，现在书稿的主体轮廓差不多了，材料也非常丰富。除了收集大量的关于大学生生活、学习、思想的素材外，我还读了不少参考书，如《当代大学生丛书》、《走向未来》丛书，以及哲学、美学、心理学、伦理学、文艺理论等等。我总想充实些，再充实些，这两天在看《西方哲学原著选读》，觉得其中有不少给人以启迪的思想，对我想写的东西也极有裨益。我要认真地读读，有的是我要借鉴吸收的，有的是我要批判吸收的。尽管我很想早点动笔，也可以说我现有的材料已基本具备了条件，但我还是想把该读该看该想的事先准备充分。当然，我也深知书是看不完的，到了适当时候我应该动笔。

现遵嘱，把我的主体构思告之如下。

书稿以父女间通信形式写，反映一个女大学生（女儿）从进校直至毕业，也即她大学四年的思想成长过程，她把自己的喜怒哀乐、欢欣与泪水，在四年中碰到的问题，写信给她的父亲，以求得教导。她的父亲是五十年代的大学生，现在某大学做学生思想政治工作，有丰富的经验和生动的事例，加上他较为成熟的思考，回信给女儿予以启迪和教育。

从第一学期到毕业的父女间的通信大致按以下构思进行：（1）论专业、论自立；（2）论爱国（1981年10月18日中国足球队胜科威特队，大学生上街游行。），兼谈大学生形象；（3）论如何适应大学生活，论集体；（4）论命运，谈如何对待痛苦、热爱生活（81级的女儿在学校听到一位78级同学的坎坷历程所引起的思考）；（5）谈如何学习，提高学习效率，论体育；（6）论博与专；（7）论生与死（一男生跳楼引起的思考）；（8）论成功与失败，女性的成功；（9）论名利与地位；（10）论友谊和孤独；（11）谈同学关系，男女同学之间的友谊；（12）论妒忌、猜疑；（13）谈女大学生（在十八、九岁时的）"心理危机"；（14）关于个人设计、自我价值问题；（15）论自我教育；（16）二十岁集体生日晚会（大学生中颇盛行）所引起的思考；（17）关于理论热，如何看待信仰危机，论信仰、宗教和真理；（18）论爱情；何谓爱情？大学生中可不可以谈恋爱？恋爱注意什么？高学历大龄单身青年为何多？（19）论正直、善良、善恶转化；（20）团日活动、共青团作用；（21）关于文学、艺术、音乐对大学生的陶冶；（22）论美；（23）论男性美、女性美；（24）读书活动兴起、论读书；（25）毕业实习，论实践的重要性；（26）"周末俱乐部"，谈论人生、幸福；（27）从一女生自杀引起的思考；自尊与虚荣；（28）关于毕业分配，走向社会，论理想和事业。

以上是所要涉及到的问题的粗线条勾勒，结构前后写时会有更动。下面我将我的构思说明几点：

第一，我之所以采用通信形式，是考虑到大学生情感较细腻丰富，寓理于情较易为他们所接受，这也可以说是我的体会。不错，我也想到，现在有好多思想修养的书都采用书信形式，我再用是否流俗了？但我想不会的，现在许多作者用了书信形式，但仅仅是形式而已，甚至仅仅是称谓，几乎没有书信的味道，书信情真意挚、娓娓交谈的特色失去了，因而显得说教味浓厚，并没有起到以情动人的效果。我则要充分利用书信的优点，向《傅雷家书》和苏霍姆林斯基的《给儿子的信》学习。

第二，现在尚未有一部系统性地反映四年大学生思想成长过程的作品问世，同样也没有一部系统地针对大学生四年中产生的问题和苦恼给予教育和启迪的作品问世（也许我孤陋寡闻了），我则想作一次系统性的尝试，让两代人（父亲与女儿）对话，而父亲和女儿都是许多大学生和许多家长的代表。这样，虽然主要是写给大学生看的，同时教育工作者、家长、社会各界也能各有所取，让人们了解当今中国的大学生活，同时也给刚刚兴起的研究大学思想教育的工作者提供参考。

第三，为了更好地反映思想内容，我将努力做到具有哲理性、可读性（文学性）和丰富的情感性。现在的大学生对灌输式的教育、缺乏感情的语言很反感，我想这也是现在许多青年修养的书并不怎么受人重视的原因。我比较欣赏《爱弥尔》以及苏霍姆林斯基的《公民的诞生》，深刻的思想在优美的文笔和动人的形象中展现，给人以启迪，给人以潜移默化，尽可能地让人从中体会到什么，领悟到什么，而不是简单地接受什么。我初步考虑，父亲以论说为主，辅之以大量丰富生动的事例，女儿以描述大学生活为主，同时反映出当代大学生的思索、需求、理想等等。我甚至考虑是否在某几个阶段都各有一个能互相关联的情节，这样就可以避免各个问题之间的孤立脱节，避免落入过去说教味浓的俗套（要做到这一点不容易）。总之，很可能，我写出来的东西从形式上看不合正统的规范，但主观目的上是为了提高思想教育的效果。

第四，现在有些思想修养的书籍，除了书名标题外，内容并不生动新颖，因而也失去了效应。当代大学生求知欲较强，喜欢信息量既多且新的、有新思想新内容的作品。鉴于此，我想尽可能所使用的例子既生动又比较新颖，别人用来用去的就尽可能不用，如非用不可也尽可能简略，尽量通过父亲的口谈出自己的看法，自己的思想，甚至是探索性的思想，而有许多新的并不成熟的思想可从女儿口中说出，表达大学生的思考。当然，也不能让人产生错觉，认为父亲是一个完美无缺的、无所不晓、绝对正确的人，是真理的化身，这同样也会失去可信性。

以上仅仅是我的一些考虑，仅仅是我要努力做到的想法，能否做到和效果如何还有待检验。我想尽可能地走出一条新路子来。当然，困难不少，还有些问题，也在此提出。

其一是父亲信中的口吻基本稳定，女儿则要用女儿的口气，且入学到毕业变化较大，不易把握。书中所涉及的问题多，知识面广，要把握好也并非易事，我当努力为之。好在我已掌握了大量资料素材，包括大学生们的信和日记。

其二是我所构思的写作顺序，基本是按大学四年学习生活规律安排，并将1981年至1985年大学生学习、生活和思想等方面的动态作为社会背景（我已将浙大、杭大等几所高校这几年来的校刊作了记录整理），我想这样会更有历史真实感。但如出版时间过长，则时效性便差了。当然，书中所涉问题不仅对现在、对以后的大学生来说也会碰到的。但若能在时间上尽量吻合则更佳。

其三是我自己也不知要写多少字，似乎现在很难确定一个数字。从内心说，我不希望被字数束缚，当然我要力求精炼。但若是出版需要，我现在只能说一个不很确定的数字，大约二十至二十五万字吧。

以上是我大致的一些想法向您们作一汇报，因时间关系没有来得及好好整理。我深知，这将是一件浩大的工程，也算是我初生牛犊不畏虎吧。而且，我的时间又非常紧，一个星期有近四十节课（我现正脱产学习，双学位班），不过，如有可能，我将力争不负你们的信任。我想，有你们的远见和支持，加上我的热情和努力，我们定会"进行一次成功的合作"的！

顺颂编安！

陈大柔

1985 年 11 月 29 日

又：另外寄一份我写的一篇《给伊杰等出海人的信》给你们看看，并顺寄一本我自编自费印出的《别》集，是我的朋友们、同学们写的，望指教。同时寄一本《给儿子的信》，大学生们很喜欢看这样的书。

再提一个建议：《当代大学生丛书》的封面设计及装潢是否能再新颖一点，要能适应大学生的心理要求，这虽是个形式问题，但也比较重要。《走向未来》丛书的装帧比较新颖吸引人，它的主要读者也是大学生们。我直言不讳了，仅供您们参考。

（二）给伊杰及诸"出海人"的一封信

伊杰及诸"出海人"：你们好！

看了《求是园》第 10—11 期上《出海人的思索》，心中似有话要说，倘若是可说可不说的呢，我也就罢了。怎奈是非得说出不可的，尽管是"良药苦口"，但不说便深感对不起自己，更对不起你们，尤其是你们几位正在"思索"着"人生、命运、追求"的朋友。

老实说，我在开卷伊始，是非常认真看《思索》的，我的理智默默地跟在我的感情身后，可以说是被感情俘虏了。可是，我不得不坦率地指出，当我尚未看到一半，我便痛苦地意识到我的感情已身不由己地变得淡漠了，柔弱了，迷惘了，这时，一直悄悄尾随的理智便适时地拉住感情的衣襟，轻声而坚决地说道：站住，你要跟它往哪里走？！流浪么？漂泊么？你只要看看你走过的或正在走的路，你便可知道你将要走的路了，那不过是过去和现在的重复和叠加罢了。希望既然渺茫，你为何还要不明不白地走下去呢？……感情在流泪，她受了伤，不无感慨地叹息道：唉，真是的，你们这一群年轻人，干嘛要这样一遍又一遍地诉述下去呢？倘若只奉献其中的一段（随意地取一段）我都会承认你们不愧是这所"东方剑桥"

近万名学生中的文学佼佼者，更赞叹你们不畏痛苦的思索，这些思索，会宛如一只婴儿的手轻抚我愈合了的伤痕，既使我不忘过去，又让我正视现在，更激我向往未来。可是，你们却任凭这伤感的流露，任凭呻吟的堆砌，结果连自己也始料未及地变成了"同病相怜"者的"麻木"，它们仿佛在我的已愈的伤痕上使劲地摩擦，重新磨破了，鲜血淋漓，你们却任凭鲜血流淌，不为所动，甚至以此感到快慰，似乎以痛治痛是你们唯一高妙的本领……

当然，你们肯定会说：我们是纯真的，我们说的都是真心话，我们相信年轻人的心是相通的，一颗真诚的心定然会赢得另一颗真诚的心的共鸣。的确，有不少同学来跟我谈起你们的《思索》，虽然各抒己见，但也不乏心灵感应之人。一位电机系 82 级女同学便来打听过作者的名字，她坦诚地说自己颇有同感，对别的同学不以为然感到不可理解，她怀疑作者如此的苦苦思索开去，又怎能看得进专业书？毋庸讳言，这位女生具有代表性，而且往往代表着一些善于思索的青年学生。但是，思索而不成熟，漫无目标而找不到答案，问题的关键就出在这里。其实，平心而论，你们的"思索"并没有发现"新大陆"，只要愿意思考一下的年轻人都能想到并且已经想到了的，只不过你们用了别人缺乏而你们擅长的文笔表现而已。因而，你们"思索"中一些对人生的迷惘，对尘世的烦扰的痛苦的宣泄，在刚从中学进入大学的青年中是不难觅得知音的。然而，对于进一步思索，并期望从《思索》中获得教益和希望的人来说你们就不免令他们大为失望了。因为你们仅指出了他们的病情，却没有诊断出病因，或开出良方，因而只会使他们感到莫名其妙的恐怖和痛苦；而对于一些较为成熟，看问题较为全面，层次站得较高的人来说，你们简直就像受了点委屈的小孩子似的撒娇了，要不就会认为你们不过是小资情调的表露。

让我们来看看"附录"，便可侧面地了解一些你们的"思索"的效果。初看，你们的读者似乎都感动了，感染了，你们的纯真和痛苦，拨动了他们（脆弱的）心弦，引起了共鸣。然而，当你从自我的羁留中摆脱出来，不在感情的旋涡中过于沉溺而将思想境界上升到更高层次来观照，你就会感到不安，为他们深深地担忧了。笆节的《怀念》是一首往昔的哀怨的恋歌，因而她甘愿"一万次独自走向旧的怀念"；鹿姁的《一只美丽的狼》，则是在痛苦的思索中"看透"了这个世界的假丑恶，因而她随时提防着"摆出一副温顺的姿态／准备去捕食善良"的"恶狼"；CXD 同学则坦率地承认你们表达了他"想表达但表达不出的感情"，他从你们写的东西中"看见了我自己"，更确切地说，他观照到了自己的过去，却不敢正视自己的现在，更不敢去设想自己的未来，"否则我周末考试时再是这种心情就完了"；WL 是一个感情丰富而又脆弱的人，她自以为"一两岁之差"或一两次生活的劫难便可把自己真正"推向思想和理智的境界了"，其实不然！不过，也唯其他或许是经历了真正的痛苦，真正痛苦的思索因而才使她导向更深一步的思索，问道："那个冥冥之中决定着我们理想，追求，目标，爱，以及幸福与痛苦的伟大的'神'在哪里？也许你们写了，我没有看出来。"毋庸讳言，我对你们这些忠实的读者在感情上能够理解，而在思想上是不能苟同的。

有一点我必须说明，我写这封信的目的决不是为了否定你们的作品、不是的！你们的思索有其可贵之处，一句话，你们的作品不是没有意义，没有价值的，它引起我的思考，引出我这封信来本身就是一大成功。我之所以写这封信，是我深切感到你们在人生道路上，在人生思索上面临着新的转折，新的起步。我一再说过你们有超于一般同学之上的思想基础（人的思想向更高层次发展是要经历这番痛苦的思索过程的），但你们的人生观、世界观还不成熟，尚未定型，仍极有可能向两个截然不同的方向发展：升华或者消沉。这对于你们来说是严峻的课题，真理和谬误，成功和失败，往往不过相差一步之遥。而你们的这篇作品，引起我隐隐的忧心，我恐怕你们本来很可能造就结果变得难以造就，本来很有才气结果自己的聪明才智被这种"才气"窒息，甚至连自己蓬勃的生机亦被扼杀。那真是太遗憾，太可惜了！因此，我写了这封信，不惜在"苦口的良药"中加大黄连的剂量，甚至还撒了点"砒霜"，我相信凭了你们的修养，凭了你们异乎寻常的思索，你们一定会经受得了并正确理解我的一番苦心的。

由于你们社会交往的局限，由于你们人生阅历的短暂，限制了你们思想的深刻和全面，而往往仅是自我感情的流露和宣泄，爱情呀，苦闷呀，矛盾呀……说句实话，你们当中又有谁真正亲身经历过大的痛苦和挫折呢！许多的痛苦只是自己想象和夸大的罢了。话说回来，这个世界上，又有谁没有痛苦过和挫折过呢？又有谁的内心不幽隐着可歌可泣的动人故事呢？问题是，不同的人对待挫折和烦恼的态度不同，因而结果也不尽相同。我可以明白地说，你们将来毕业后走向社会，一定会碰上比现在大得多的挫折、比现在大得多的痛苦，倘若你们连现在一点小小的烦恼都对付不了，又如何去对付将来的烦恼呢？怎能不会产生悲观绝望厌世的念头呢……当然，你们现在是毫无必要去想象将来走向社会将多么可怕，

"社会不像悲观的人想得那么可怕，生活也不像单纯的人想得那么简单。"我们需要"思索"，不过是将心敞向人类，敞向世界，敞向宇宙的思索，而不仅仅是深入自我的思索。只要我们站到更高的层次观照人生，便会感到自我较之宇宙是多么的渺小，自我的痛苦较之人类的痛苦是多么的微不足道，因而，你便能在顺境中不骄，在逆境中不馁，既不会被眼前的烦扰所羁绊，也不会被暂时的挫折所"一叶障目"，而是始终能主动地"扼住命运的咽喉"，不屈不挠地去达到自己高尚的目的。我是这样地衷心祝愿你们的，也同样地希望你们能在今后的作品中，痛苦而不泯希望，悲壮而给人力量，崇高而四溢优美。我不怀疑，你们未来的前途是远大而光明的，而未来的道路是漫长而曲折的……

我写了这封信，虽然我知道其中的一些看起来似是大道理的话并不是你们马上就能接受并真正理解的（这需要时间，需要经历），但若能对你们有些启发，或者即使要在将来某一天你们才真正理解，我也将感到莫大欣慰了。我不再在此重复请你们正确领会我的用意，并对一些过于尖锐甚至不太适当的字眼表示谅解的话，因为我信任你们，因为我问心无愧，也唯此才能问心无愧。

我写了，是因为我把你们当作我的挚友！

我写了，是因为我爱你们！

你们的朋友：陈大柔

1986 年冬于求是园

（发表在《求是园》第 12 期上）

（三）百年辉煌

一百年你走过了多少回风雨沧桑，

一百年你培育了多少个华夏栋梁，

一百年你攀登过多少次科学高峰，

一百年你托举起多少位学海巨匠。

啊！

百年历程，壮哉求是；

玉琢金熔，科教兴邦。

浙大！啊，浙大！

古老学府年轻之鹰，
萦系着我们的光荣和梦想。

一百年你化合着众英贤海纳江河，
一百年你解析着宏微观大小宇宙，
一百年你精理工荟人文一流学堂，
一百年你耀乾坤誉四海大气泱泱。
啊！
百度春秋，伟哉创新；
万代基业，世纪辉煌。
浙大！啊，浙大！
古老学府东方之鹰，
飞扬起人类的文明和希望。

（这首歌词是为浙大百年校庆而写。当时浙大为一百周年庆典在海内外校友中有奖征集歌词，我作为评委发现优美的"小花小草"不少，但没有一首大气恢弘的歌词。遂花了一个星期写就此歌词，成为了浙大百年校庆文艺汇演压轴歌曲，男女声领唱，并配以大型伴舞，可谓大气磅礴，彰显了浙大一百年的历史，一百年的成就，一百年的辉煌！）

八、新千年以来

导语：人类进入了新世纪、新千年，我也进入了不惑之年。对我而言，这一"不惑"并非常人所想的那样上个境界，而是顺其自然。进入新千年不久，我有了自己的家庭，有了一个可爱的女儿（不是《心路》中虚拟的"笛儿"）；晋升了正高职称，出版了学术专著：《美的张力——科学与艺术的审美创造》；上的课也随形势而变，从教美学到大学语文到心理学到管理学到领导学到广告创意与企划；甚至走出书斋进入社会为企业做创意与策划，如为浙江大学第一家上市公司取名为"浙大海纳"，为学生创业咨询公司取名为"周弈"（他姓周，且极欣赏《周易》文化），以及为贝因美、孔凤春、民生药业、美特斯·邦威、东方通信、舜宇集团、帅康集团、上沪特钢等众多企业进行了文化包装和营销策划，成为了一名品牌塑造和 CIS 战略专家。

生活上也变得悠闲自在起来，从老浙大求是村四十几平方米的小屋搬进了浙大新区紫金文苑二百多平方米的住宅。手机上存储的名单不是领导，不是同事，不是学术同道，也不是带来经济效益的企业家，而是围棋和乒乓球两大爱好方面的朋友，各有三十几名，因此我随时都能如愿找人玩乐。这些朋友中既有大学教授、政府官员，也有退休老人、小商小贩，在我这里不分贫富贵贱，一律以友相待，只图开心快活。自从下了围棋后我对象棋便没了一点兴趣，迷恋在变幻无穷的黑白世界之中。朋友送我几本围棋书没看一页，而实战上我则投入了大量的时间和精力，常常废寝忘食是一点也不夸张的，有段时间突然消瘦了二十斤大概与此也不无关系。最长战斗纪录，是与我的好友、号称"浙大名嘴"之一的余潇枫教授在他家从傍晚一直下到次日天亮，然后两人一个满脸通红、一个脸色煞白，摇摇晃晃去求是村教工食堂喝稀饭。"大腿一伸"（大飞）就是他教我的。棋下得虽然很烂，但斗志却十分高昂，跟我差不多水平的对手我是没兴趣下的，至少要能让我三颗子以上。与一位退休小老头下了近十年，从开始让我九子直下到现在让我三子。当然，与他们下是要有动力的，每次都是要贡献"教练费"的，因而，他们赢得很开心，而我，输得更痛快！经常，我会在乒乓桌上或围棋盘上忘乎所以、不顾身份地尽情宣泄乃至大呼小叫，从而让平衡过后的我在日常工作生活中都能保持泰然处世，宠辱不惊。

也许，有人会想：陈大柔可惜了……甚至：陈大柔堕落了……确实，自那场人生变故后便基本结束了我的文学人生，进入新千年后，我甚至结束了我的学术人生。客观上，我已不再是创造力最旺盛的年龄了，更主要的是主观上，我觉得在这个道德底线不断被突破的年代，在这个因一切向钱看而"假大空"横行的时期，写什么都没有激情，没有意义，甚至没有价值，还不如为社会、为他人做点实事，譬如帮助困难人群。我与大学时期《STAR》编辑部战友洪钢一起建立了"呼吸纯真·刚柔共济助学基金"，帮助了几十位浙大困难学生。在助人为乐这一点上，我和我现在的爱人毛卫胜可谓志同道合。2006 年，她从报上看到四川省某高校一位女大学生的家长因车祸突然双亡，没跟我商量便立即汇出万元人民币给那位女生；如今该女生已工作并成家，仍然与我们做"叔叔、阿姨"的保持亲密联系。

如果硬要从文字方面来看我新千年来的努力，也只是写了几篇小文章发表在《人民论坛》等杂志，如《全民媚俗与"小沈阳"蹿红》《从"惊人之语"看官场革弊》《小沈阳差不差学术道德》等，试图为构建一个公平、正义、高尚、和谐的社会鼓与呼几下。另外，尚值一提的是，我为浙江大学教学、科研和文化建设做了一点小小贡献。2005年我赴东京大学做访问学者，结合自己所见所闻与思考，给当时就任的浙江大学潘云鹤校长写过一封信：《关于浙大科研战略的一点思考》。2009年，我就浙大文化建设上书当时就任的张曦书记，直接或间接导致了浙大将2011年确定为文化建设年，并让我承担起草了《浙江大学十二五文化建设规划》。几年后，浙大真的如我的建议书中所言成立了"浙江大学文化建设委员会"。2014年浙大开展了"浙大核心价值观大讨论"，我为"浙大价值观"核心词凝练贡献了一点自己的思想。

对了，还得加一句：我于今年（2014年）九月份拿到了驾照，我是全体考生中年龄最大的，四道关皆一次性通过。对于我这个连手机都懒得用、微信更不感兴趣的"老传统"而言，也算是我诗意人生中的一个亮点吧。

（一）全民媚俗与"小沈阳"蹿红

曾几何时，占据着中国文化主流地位的高雅文化日渐衰微，以诗人、戏剧家、歌唱家桂冠为荣的艺术家退避三舍，而"地摊文学"、网络文学等快餐文化则铺天盖地席卷而来，并以迅雷不及掩耳之势红遍中国。

毋庸置疑，正如任何新事物都有其合理性和先进性一样，快餐文化在形成之初，亦有其合理性甚至变革性的功能，它为随着改革开放不断深入而导致高节奏、紧张感的中国百姓带来了一种崭新的文艺样式。譬如以赵本山春晚小品为代表的快餐文化，就曾十几年让国人在劳碌了一年后全家老小在一起开怀大笑，共度良宵。因此，快餐文化的合理的历史功绩是不可抹杀的。

然而，谁都不曾料想，快餐文化竟将传统的高雅文化全然取而代之，并从初始的雅俗共赏、通俗化，进而低俗化，发展到今天的媚俗。并且，这种媚俗文化潜移默化地引导着全民的审美趣味，渐渐地形成了一种病态的审美倾向，并最终导致了全民媚俗。其标志性事件就是今年春晚"小沈阳"的一夜蹿红，身价百倍。单就"小沈阳"上央视春晚而博取全中国老百姓眼球这一事件为标志，我们不得不说，中国已步入一个全民媚俗的境地了。

稍加思考，以"小沈阳"蹿红为标志性事件的全民媚俗，其实有着广泛的现实社会基础，它同时也折射出了当今中国人的两大心态，即在竞争激烈、危机四伏、节奏太快的今天，人们处于"非常紧张"、"非常无聊"的心理状态。"非常紧张"显示了心理焦虑，"非常无聊"显示了心理空虚；前者让人难以承受生命之重，后者让人难以承受生命之轻。于是，快餐文化应运而生且红得发紫；于是，快餐文化快速蔓延发展最终导致了全民媚俗。

人们在想着"小沈阳"能"火"多久的同时，也在思考着另一个更大的问题：快餐文化在中国还能主导多久，高雅文化就此一蹶不振了吗？历史经验证明：物极必反！快餐文化引起了全民媚俗，而全民媚俗则必然加速快餐文化的俗不可耐。要让处于"非常紧张"和"非常无聊"的中国人笑起来已是越来越难了，快餐文化要想达此目的也是越来越黔驴技穷。我们没有理由不相信：快餐文化即将走到尽头，而高雅艺术即将复兴。

当然，我们说快餐文化随着全民媚俗时期的到来即将走到尽头，并不等于说快餐文化将会一夜之间消失，它在相当长一段时间内还不会自动退出历史舞台，它的存在与中国社会、政治、经济环境和民众素养都将息息相关。而我们说高雅文化即将复兴，恐怕也要等待相应的一段历史时间，与快餐文化取代高雅文化成为主流相比，高雅文化要取代快餐文化成为主流要困难得多，决非靠一人之能、毕一役之功，很可能要经历非常痛苦的文化变革。

中国文化变革不外三种途径：一是如夺取政权成立新中国后，进行彻底的文化变革；二是"文化大革命"式的文化变革；三是通过文化渐变使一种文化替代另一种文化，即让文化变革软着陆。我们相信，无论是中国的管理高层、文化精英层，还是大众百姓，终有一天会意识到"全民媚俗"后果很严重，会有足够的智慧和手段，让文化变革实现软着陆，让高雅文化正常发挥它应有的教化和引导功能。

（二）从"惊人之语"看官场革弊

与温暖民心篇的"十条惊人之语"相比，瞠目结舌篇这十条"惊人之语"可真是"惊人"。之所谓"惊人"，是因为这些官员的话语有着如同哈哈镜般的黑色幽默效果——尽管扭曲，却能透露出来自一些官员的让人吃惊的内心世界，有意无意地折射出了官场生态。剖析一下这些真实到令人惊诧的言语，其所折射出的官场陋习不难归纳为以下几个方面：

其一，某些官员对人民的感情和敬畏已经异化成了对特定阶层的感情和畏惧。农民收自家的庄稼，却被政府工作人员殴打；有人非法开采珍贵的公共资源数年且造成多名工人死亡，却一直得不到有效查处，直到矿难惊动中央才得到严惩。如果因为占有的财富或权力资源少，就更加容易成为被侵害的对象，这样的"马太效应"对于构建和谐社会的破坏恐怕是毁灭性的。一个和谐社会的治理者，必须能保护所有公民的利益（包括富人的利益），只是被权力和财富所"绑架"的个别官员不可能做到这些。

其二，历史已然进入21世纪，却仍有个别官员将民众视为欺瞒的对象。在中国高层不断努力推进社会诚信、公民道德建设的今天，极个别官员欺骗民工兄弟、危言耸听地恫吓公众。民工们对副县长的信任本质上是对执政党和政府的信任，信任的丧失意味着什么，毋须多言。这些将公众视为愚民的官员，是诚信社会的毒药。另有一些官员工作有缺陷，不是检讨自己，却急于诿过于人，似乎问题不是客观存在而是媒体制造出来的，信息只要不透明，问题自然也就不存在。

其三，政府的收入增加了，个别官员并未谋划如何将资金用于造福百姓，而是"私天下之公"。公共资金用起来最潇洒，哪怕农村学生人均经费只有城市的几分之一，哪怕许多农民因病致贫，哪怕公共服务和基础设施供给严重不足，也要修建"豪华办公楼"，也管不住"公款吃喝"的嘴。如果这样的现象并非偶然，公共财政的透明性和责任政府怎样才能成为现实？

其四，"数字政绩"导致个别官员对GDP和自身利益的关注远远胜于对民生的关注。烟草局不喜欢禁烟力度太大可以理解，但将"稳定"拿来陪绑实在是太能吓唬人了。本来已经很高的房价使普通百姓买不起房而痛心疾首，面对许多人买不起住房的现实却不打算拿出有效举措。更可怕的是，由于我国独特的土地供应体制，官员对于房价上升的期望很可能还暗含着对政府自身或者部门利益的追求，房价高了，政府收入才高。相应的问题是，公共决策的主导力量应该是什么？

其五，对于棘手的事、得罪人的事，"不想管"的官员并不在少数。官员口中"不好管"是因为某些违法势力过于强横，"不想管"则在于很多情况下没能对失职的公职人员进行问责。只有有效解决对权力的约束问题，"不想管"一词才能从官员的词典里剔除。

其六，极少数官员不仅不廉洁奉公，而且"东窗事发"后还不知悔改。对于那些贪戾之徒，笔者不想多费笔墨，只想说一句：看来清理腐败，官场革弊，不仅需加大力度，更要拿出些从根子上挖掉孳生腐败根源的新办法才行。

以上官场陋习也只是局部现象，我们也看到绝大部分的官员是真正心系百姓的。看到弊端，我们更能理解胡锦涛同志为何早在 2003 年就提出"权为民所用，情为民所系，利为民所谋"；更认同党的十七大报告中所指出的"行政管理体制改革是深化改革的重要环节"。那么行政管理体制革弊的重要环节是什么呢？一些官员"惊人之语"所折射出的官场生态，也许能有助于我们加深此方面的认知。

（此文发表时《人民论坛》署名上漏了我的合作者王诗宗教授，他大度称无所谓，我则一直心存歉意。）

（三）小沈阳差不差学术道德

引言：

小沈阳与学术道德是时下国人两大热点议题。风马牛不相及的两回子事怎么能扯在一起呢？其实，笔者想问的是：学术造假引来了全国上下口诛笔伐，而"小沈阳"（小品）"造假"人们不禁不声讨而且非常可乐，为什么？进一步的问题便是：小沈阳差不差学术道德，学术造假缺不缺"小沈阳"？这看上去是个非常奇怪的研究课题，但深入思考一番，还真有些意义和价值。

正文：

笔者先给答案再加以论述：小沈阳差学术道德，学术造假不缺"小沈阳"。之所以说小沈阳差学术道德，道理很简单，小沈阳本来就不是治学的，无需学术道德。不过笔者并不认为小沈阳缺戏德，因为笔者相信，无论是小沈阳还是编剧，在尽心尽力演好"不差钱"等小品上是不缺德的。笔者在此更无意去评价"小沈阳"艺术品位的高低优劣，因为他本人就这么个层次，就这么个品位，无论你对他加以苛求还是期待都将枉然。

那么，"学术造假不缺'小沈阳'"又作何解呢？其实，笔者正确而完整的答案是：好比小沈阳通过虚构捏造从而在小品中抖包袱那样，当今的学术界不乏虚构造假之人。2009 年伊始，便有一系列的"学术腐败"事件被首次摆到了"两会"的桌面上，从知名学府到资深院士都被牵扯其中，令国人震惊之余深感痛心，以致有全国政协委员大声疾呼："学术上剽窃和造假的人就是偷钱的小偷和造假币的罪犯，如果大家都恨不起来，不予制止，那么学术就没有希望了。"

在学术道德"悲剧"频仍发生、"学腐"事件不断升级、学术公信力严重缺失之时，人们不禁要问：为什么那么多高智商的人会沦丧至此？学术道德底线在哪里？科学界变味了吗？其实，历史先哲已然告诉我们：这种现象不是中国特色，更非中国独有。卢梭的"文明的发展必然导致道德的衰弱"的论断，早已在法国启蒙运动之初就提出并引起了激烈的回应。学术不端行为在世界各国、各个历史时期都曾发生过：早年有"皮尔当人"这种历史上最著名的骗局，近期有从"民族英雄"到"国耻"的克隆先锋黄禹锡，以及美国科学家因学术不端行为获刑、日本惊爆考古丑闻等等。

然而，像目前中国这样如此泛滥、严重到被称为学术腐败的地步，却是史上罕见的。孔子说过："有言者不必有德"，两千多年来，许多人的言论和行为注解了孔老先生的话，在当今中国则有过之而无不及。有记者曾探访过北京某高校凌乱而散发着怪味的一间研究生寝室，因为这间可谓"学术重镇"的几位主人，在一年多时间里马不停蹄地写出了好几本关于某一领域的著作及教材，而这些书的作者无一例外地都挂上了他们导师的大名。导师俨然成了学术"包工头"，成了课题"老板"，甚至将学术研究变成了谋取个人暴利的工具。这样炮制垃圾成果还算"好"的，更严重的如剽窃他人研究成果、伪造虚假数据等学术缺德行为亦屡见不鲜。一份调查显示，有64.3%的学术研究者用"严重"一词，来形容现今学术腐败现象。难怪有人感叹，导师、领导不当挂名等学术不端"就像演艺界的潜规则一样无处不在"。

名与利本身并不具有道德判断上的意义，追逐名利本来无可厚非，但怎样获取名利就存在着"当"与"不当"的问题，就成为一个道德范畴。究其当今学术道德沦丧，固然与当前学术成果评估上的重量不重质、用人制度上的急功近利、重"短平快"效益而轻长期积累的取向有关，也与学术规范的缺失、官本位及权力至上的体制、乃至深层次的利益驱动相关。然而，这些原因只是一些现象，实质上则是反映了当今相当一部分知识分子的精神出了问题，他们对真理已丧失了基本的尊重，把学者追求真理看成了上世纪的古老观念。正如先哲在反省法国大革命时所尖锐指出的那样：新的时代精神消灭了古典主义的德行与情操，从而"进入一个人性冷酷，道德沦丧的时代"。

学术不端行为不仅直接损害了公共利益，造成了学术不正当竞争，而且败坏了科学界的声誉，阻碍了科学的进步。在世界第一论文发表数、每年几百项科技大奖的繁荣假象下，学术的真实生态却趋向荒凉，"逼"出的只是一些"富贵险中求"的所谓专家、学者。

"怎么办？！"——学术的良知让一切有良心的学者从内心里这样发问。学腐必须清除，绝不可像演艺圈那样在媒体的炒作中演变成一场场"大众娱乐事件"。诚然，仅仅依靠伦理道德的感召以求清除学术腐败，其力量还是不够的，甚至是仅仅囿于学术规范自身的变革也是不够的，必须辅以相关的配套改革，如"院士退出机制"、高校及研究机构行政革弊等等。但最终革除学界弊端、还学界清净，归根到底还得仰仗学者自身自律，因此，像浙江大学那样在全校"加强学术道德建设"是必要的和及时的。山东大学校长徐明显就曾深有感触地说过：没有德性的大学是不受人尊重的，大学的德性是大学的生命。在徐校长看来，只有把大德和大学集于一身的人才能成为大师。

孔夫子还有一句话："有德者必有言。"尽管在中国现代知识分子中，有德有言的还太少太少，但我们希望并提倡，应当在现代中国社会大力推崇并实践"有德有言"。笔者认为，真正有德有言的中国学者必定是这样的人：追求真理——具有极大的学术动力，学品高尚——具有崇高的学术动机，学术自信——具备极强的学术能力。

话再说回来，笔者认为小沈阳只差学术道德而不缺戏德，只是针对小沈阳个人的客观评价。但就"小沈阳现象"所反映出的时下国人病态的审美倾向——全民媚俗——而言，却是笔者深为担忧并值得加以深究的又一个课题了。

结语：

今年春晚，当全国老百姓都被小沈阳的那句经典台词"有……还是没有？"乐翻时，笔者的脑海里突然冒出了哈姆雷特的那句更经典的台词：生存，还是死亡？发表学术论文固然重要，更重要的是我们国家的科学前途；通过逗乐让人开怀大笑固然可行，更值得注意的是国民素质的高低关乎着民族的兴衰和"中国梦"的实现……更明显的结论就不说了。

（四）2013 年公管学院聘岗会上的另类述职

各位老师、各位评委：上午好！

如果对照聘岗的条条杠杠，我实在是没理由申报 B4 岗位的，之所以报了，是

一
卷
四
瞧
！
我
诗
意
的
人
生
—

487

想争取到在聘岗大会上的一个发言机会，因为也许这是我最后一次参加聘岗了。没想到今天是小会，早知如此，我就不参加了。但既然来了，我也就说几句另类的话吧。

改革开放以来，有许多东西都涨价了，只有两样东西贬值最快又影响最大：一个是人民币，一个是教授头衔。我们在体制内按游戏规则自娱自乐、自以为是的同时，殊不知社会上却对我们大不以为然，颇有微词：什么申报课题是为了"捞钱"、"当老板"，什么短平快地发论文出书90%以上是在制造垃圾、浪费宝贵的社会资源……这些当然有失偏颇，但我们也不妨扪心自问：我们这些在外人眼中的专家学者，内心里真的有成就感吗？有幸福感并快乐吗？好像没有多少吧？！

如何解这个"结"？我给支个招，就九个字"三个一"：一本书、一门课、一生情。

"一本书"，就是在学术上提倡"一本书定终生"，而不追求短平快出多少成果。当然，这一本书是要独特的、创新的、有价值的、标志性的。我曾出了十几本书，从学术角度看其实就一本《美的张力》，它是关于科学与艺术、科学家与艺术家审美创造的比较研究。四年前的聘岗大会上我曾大言不惭地说过："这本书的内容四十年不会过时，"四年过去了，今天，我可以厚着脸皮说一句：十年内恐难有同类研究超过我的。这倒不是说我的学术水平有多高，而是我发觉现如今几乎没有人愿意花几年、几十年时间，甘于寂寞地潜心学问了。仅从科研角度而言，我凭这一本书可以心安理得地当我的教授，而对聘岗中的高高低低、是是非非也可以坦然处之了。

再说"一门课"，我认为大学里教学应重于科研，而现在聘岗中教学科研的比重颠倒了，教学甚至成了聋子的耳朵——摆设。当然，不要去追求上多少门课，尤其是我们文科类老师，应当力求上出一门受学生欢迎、乃至让学生终生受益的课就好了。试想，浙大每个老师都能上一门好课，学生来浙大还愁没好课上吗？

"一生情"，就是要对学生、对同事、对员工有真情有真爱，始终珍惜这难得相处的情缘情份。尤其对学生，不仅要对他们学业负责，还要多关爱他们，始终心存"不要误人子弟"的敬畏之心。

"一本书，一门课，一生情"，真心希望我们的高教体制能以此为导向深化改革，我们浙大的相关部门能以此为导向设计和挥舞聘岗机制中的"指挥棒"，我们公管学院新的党政领导能以此为导向为全院教师、尤其是年轻教师创设一个宽松的教学科研环境条件。也许，只有这样才能真正践行大学精神、大学之道，只有这样才能解"钱学森之问"，只有这样才能让每个教师有尊严地、有成就感地、快乐地教学科研。

果真如此，我作为一名浙大老教师将全力支持、鼎力相助。我会积极响应建兴院长的号召，一到时间尽快交出教授"桂冠"，为年轻教师让路，如有特殊需要，我也可以提前"光荣"，为特殊人才创造条件。（建兴院长带头鼓掌）当然，要我提前"光荣"是有条件的：一是不能提前解除我为学生上课的权利，每次课后能听到学生的掌声，是我作为大学老师唯一的一点快乐；二是不能少我的工资，我的孩子还很小哦……

另类述职，一吐为快；不计结果，重在参与。

谢谢大家！

（五）关于浙大科研战略思考致书潘云鹤校长

尊敬的潘校长并各位校领导：

我是经济学院教师陈大柔，有幸获汤永谦基金资助，现正在日本东京大学高访。东大比较重视，专门为我配备了有电话等设备的办公室和两位博士生做我的助手。对我的研究方向"科学审美创造"颇感兴趣，尽管东大的教授不太了解我的研究，在国际上也很鲜见，但觉得有新意，准备专门让我给他们做一次讲座。

感谢汤永谦基金，使我有机会置身于世界一流大学进行学术交流，并能以世界一流高校的眼光和视角来审视并思考浙大的发展。现我对浙大发展成世界一流大学颇有信心，同时有一些想法，提出来供您和各位校领导参考。

浙大欲要成为世界一流大学，则必得先成为研究型大学；而要真正成为研究型大学，则其科研的战略思想不仅要准确而且要明晰。在此，我不揣冒昧提出浙大发展成研究型大学第二阶段的科研战略思想："一个中心两个基本点"，即以"孵化精品"为中心，以"重点突出，多元发展"为基本点。对其要义略作阐释如下：

首先，我认为，浙大经过数年的激励和努力，成功实现了以科研总量取胜的第一阶段的战略目标，并在量化上不断使浙大（在国内高校排名上）名列前茅，不可以不谓成效卓著。但仅仅如此，离国际一流大学还有相当差距。现在，我觉得浙大科研实现从"量变到质变"是正当其时了，浙大科研的战略中心（及其"指挥棒"）可适时从"多出成果"向"多出精品"转变，使整个浙大成为科研精品的孵化器和孵化基地。惟此，浙大才能不断与世界一流大学进行接轨和对话。

诚然，什么是"精品"，这本身就值得研究。毫无疑问，一级杂志和权威刊物不等于精品。我的初步想法是，精品应符合以下标准之一：从理论角度看，在国际上提出有创见的学术思想和理论体系；或从实践角度看，能解决国内外较重大的现实问题。

至于什么是科研精品可以商榷，但从多出成果向多出精品的科研战略转变我想是不大会错的。这不仅可以使浙大向世界一流大学的目标踏踏实实地迈进，而且可以使浙大在国内高校发展中总能高瞻远瞩，胜人一筹：当许多高校效法浙大拼命多出成果时，浙大已转换了新的科研策略，继续担当国内高校科研的"风向标"和"领头羊"。

再来谈谈"两个基本点"："重点突出，多元发展"。这两个科研基本点是围绕"孵化精品"的科研中心而提出来的。所谓"重点突出"，即是各院系、研究所要抓住重点来实现"孵化精品"，如 211 工程、国家 863 项目、国家重点实验室、以及像经济学院的"民营经济研究中心"等重点科研基地，这些项目（基地）因有人才、设备、资金等保证，较易孵化出科研精品。

所谓"多元发展"，这也是围绕"孵化精品"的中心而提出的。重点科研项目可能易出精品，但不一定都能出精品，非重点、非主流科研项目，就不一定不能出精品。浙大之大，卧虎藏龙，只要真正使浙大成为科研精品的孵化基地，树立起浙大人的精品意识，激励其创新精神，则难说不会出现陈景润式的人物。放眼世界，政治多元、文化多元已是世界潮流；具有百年辉煌历史的浙大，理应不缺学术民主、容纳不同学术流派、不同（乃至对立）学术思想的胸怀，给一些怪才、奇才、乃至天才一个宽松的、良好的发展环境，给"鸡蛋"孵化成"小鸡"的适宜"温度"，则我"海纳江河、大气泱泱"之浙大，不愁学术"战国时代"不会来临，不愁"诸子百家"不会出现，不愁"世界一流"不会应验！

总之，可以将"一个中心两个基本点"的科研战略思想概括成三句话："鼓励多元发展，培植重点项目，孵化精品之作。"展开而言就是：提倡和鼓励学术科研多元发展，在此基础上发现、培养和扶植重点项目，以孵化出能与国际先进学术水平对话和交流的精品之作，最终使浙大屹立于中国、东方、世界一流大学之林。

以上是我一管之见，可能有些粗浅，或者校领导早已有超然于我的治校方略，提出来，算是作为正在海外的浙大一员对母校的一份关爱，对浙大未来的一份心愿。借此机会，对您和其他各位校领导为使浙大发展成世界一流大学所付出的心血和努力深表敬意。此致

敬礼！

陈大柔

2005 年 2 月 25 日

于日本东京大学

（六）关于浙大文化建设上书张曦书记的一封信

尊敬的张曦书记：

11 月 24 日参加了"浙江大学院系文化交流"，参观完后感想良多。纵观我校院系文化建设，虽各有千秋和亮点，如医学院的"院史文化"、信电系的"校友文化"和能源系热能所的"团队文化"，但总的来说还缺乏规范性和系统性，这与整个浙大的文化建设尚不成体系不无关系。长此以往，浙大要想成为世界一流大学永远只能是一个理想或梦想，浙大只能以一个"暴发户"的形象挤身（而非跻身）于国内高校的前列。为此，我有三点关于浙大文化建设的想法，供您和浙大领导参考。

第一，正如哈佛大学成为美国的文化符号，浙大首先要成为浙江经济的文化符号，成为浙江发展的强大的科技文化动力，进而成为中国经济发展的代表性文化符号，成为中华文明复兴和大国崛起的强大的科技文化动力，则浙大必将自然而然地、顺理成章地、水到渠成地跻身于世界一流大学。

第二，浙大建成世界一流大学，可以遵循"一个中心两个基本点"的发展思路，即以"建成世界一流大学"为中心，以"学校文化建设，教学科研管理"为两个基本点。前一个基本点主要由党委抓，后一个基本点主要由行政抓，二者再有机结合，协同打造浙大品牌，塑造世界一流大学形象。

第三，建议学校设立"浙江大学文化建设委员会（或"浙大品牌文化建设委员会"）的专门机构，有专门编制和经费，各学院设立分委会或"院系文化建设领导小组"，尽快制定出"浙大（及各院系）成为世界一流大学的文化建设十年规划"。

在校文化建设委员会下再设一执行机构：浙江大学 PIS 战略研究中心，整合浙大所有设计策划精锐组成。PIS 战略即公共形象战略，与企业界的 CIS 战略（企业形象战略）相应。CIS 战略在企业做大做强塑造品牌过程中发挥了重大作用，PIS 战略将为政府、为科教文卫及各公共部门塑造品牌形象发挥重大作用。浙江大学 PIS 战略研究中心将为浙大文化建设和塑造世界一流大学的品牌形象做具体规划和落实。

　　以上三点思考供您和校领导参考。这次看到您和王玉芝副书记如此重视浙大文化建设，倍感欣慰和鼓舞：浙大成为世界一流大学有望了！作为浙大的一员，我再次重复在上次浙大文化建设交流会上讲的最后一句话："若能为浙大成为世界一流大学贡献一己之力，此生无憾！"

　　恭祝身体健康、工作顺利！

公共管理学院教师：陈大柔

2009 年 12 月 6 日

张曦书记批示：

① 衷心感谢陈老师对学校工作的关心支持；

② 请王玉芝并文华同志提出工作建议。

（七）浙大核心价值观核心词凝练

　　志道正德　开物笃行　博雅致和　求是创新

　　（本人提出了"开物"、"致和"、"明志"几个核心词并加以释义，于 2014 年 5 月 23 日电邮浙大宣传部。）

　　释义：立志明道，厚德正身；格物开智，踏实敦行；引领文明，凝聚交融；惟是惟真，追远弥新。

　　再释义：胸怀大志，明辨大道；以德化人，公正守法。科研格物，教学开智；务实前行，实践验之。博雅专精，引领文明；团结协作，兼容并蓄。追求真理，自由独立；传承历史，开创新境。

　　"致和"释义：1."海纳江河，兼条总贯"：兼容并蓄，文理交融。

　　　　　　　　2."无咎于宗，乐主和同"：胸襟宽大，团结协作。

　　　　　　　　3."树我邦国，天下来同"：汇聚英才，和谐共创。

跋

　　一天，我跟友人说起想出本《诗意人生》的书，不想被他反问了一句：你所谓的诗意人生是什么样的呢？一时语塞：不问好像还清楚，一问倒答不上来了。是啊：什么是诗意人生呢？我们怎样才能做到像荷尔德林所言"诗意地栖居在地球上"呢？

　　也许，一提诗意人生，人们马上想到的是李白"仰天大笑出门去"般飘逸洒脱的人生，是陶潜"采菊东篱下"般悠然自得的人生，是庄子梦蝶般浪漫逍遥的人生，或是阮籍率意独驾那样放荡不羁的人生……其实，达摩祖师面壁顿悟禅理传禅道的人生，王阳明龙场悟道"致良知"的人生，曹雪芹"披阅十载"历尽艰辛创作《红楼梦》的人生，阿基米德光着身子在大街上喊"我发现了，我发现了"的人生，海伦·凯勒在87年的无声无光世界中向往光明、传播光明的人生，乃至文天祥"留取丹心照汗青"的浩然正气从容就义的人生，皆可谓诗意人生。

　　定会有人说：这都是些先人、古人、圣人啊……今人呢？常人呢？也可以拥有诗意人生吗？

我的回答是：完全可以！难道诗意地生活只青睐古人，而将忙碌的现代人摒弃在外？听我说朋友：生命是不分高低贵贱的，一切的物种都是茫茫宇宙中的一粒微尘；自然界的生命各有其美丽，人的生命亦如是。关键是你能不能感受这美丽，体味这美丽，享受这美丽，也就是你的人生能不能"诗意地栖居"之所在。就如月在当空，照临我们每个人，但每个人的生活都不一样……

用哲理的眼光来看，诗意的人生就是跳出自我的圈子，跳出主客二分的世界，把自己从"技术性"的工具"存在"中解放出来，在纷繁复杂的世界中回归人的本真存在和精神家园，用审美的心情去发现和体验宇宙中无限的美丽，去向往和追求心灵的富足和灵魂的怡然，从而找到自己的人生归宿和终极关怀。用现实的眼光来看，要能诗意地生活，就是要能在物欲横流中摆脱世俗的羁绊，在滚滚红尘中照顾好我们的精神家园，在物质富足的同时千万不要亏待了自己的灵性世界。

一杯茶，一朵花，一抹斜阳，一泓清水，一串音符，一方静夜……这些是谁都可以拥有的呀！为什么有的人能"诗意地栖居"而另一些人就不能呢？这些人大概就是马克思老人所谓的"忧心忡忡的穷人"和"贩卖矿石的商人"吧？他们之所以不能在现实中诗意地生活，是因为他们太想或已满足于实际生存的需要，也就是功利目的性太强的缘故吧！而我们知道，无论是席勒所追求的人性的自由，还是康德所追求的心灵的自由，抑或是黑格尔所强调的理念王国的超时空自由，都带有"无目的"的特征，正因了"无目的"，才让我们在现实生活中具有了诗意地栖居与生活的可能。

是的，只要摆脱了过度功利目的的羁绊，我们就能摆脱生命机械化地运转，让生存变为生活，并让生活趋于艺术化。其实，现实中平凡与淡泊是最能够体现诗意的生活的；不仅如此，便连在失意的人生、苦难的人生中，我们照样能活出诗意来，前文所提到的文天祥和海伦·凯勒便如是。这也让我想起"绝代才人、薄命君王"李煜的一生，这位"千古词帝"在被囚期间，甚至被宋太宗赐予毒药死难之时也过着诗意人生，因为诗就是他的生命，诗词就是他生命绿洲上的阳光雨露，他把自己的生命诗意化了！换个角度看，宋太宗也是一位悲剧性人物，他的可悲之处在于，成就了李煜让人扼腕叹息、假想无限的诗意人生。

于是，我们可以说，诗意人生总是伴随着失意，伴随着缺憾，伴随着困顿，甚至伴随着苦难。因此，我才在自己的诗意人生中既表现了阳光、正能量的一面，又记述了缺陷、灰暗的一面。我认为，如果没有挫折、没有困苦、没有缺陷，"我的诗意人生"是不充分的，不完满的。譬如读者可以在书中看到，倘若不是在我最春风得意的日子里，老天磨难了我两三年时光，恐怕我是写不出《情殇》这一让我自己都会读得泪流满面的作品来的。

这本《诗意人生》文集是与我第一本文集《呼吸纯真》相呼应的，从某种意义上说是后者的延续。如果人不能在万千繁华面前保持内心的纯净安宁，生活是一定不可能充满诗意的。在物欲横流的社会里，在急速变化的当代生活中，诗意其实就是一种乐观积极向上的心态，一种不以物喜、不以己悲的恬淡悠然的情怀，一种释怀从容，感恩豁达的人生态度。生活虽不是至善至美，心灵却可以充满诗意。

既然是《诗意人生》，自然就少不了诗，因而诗在文集中就唱起了主角。诗歌是中国文学的大宗，从唐诗宋词元曲到现当代诗歌，许多脍炙人口的好诗成了千古绝唱。人生因诗歌而美丽，因充满诗意而更加绚丽多姿。其实我只是一个普通的诗歌爱好者，写诗权当在工作生活之余寻找心灵休憩的一片绿荫，在自娱自乐中释放心情，感受快乐。

文集卷一中第一曲《心潭影》是我在云南人民出版社出版过的诗集，其余都是第一次与读者见面。第四曲《别》不是我个人的作品，是我的学生和朋友们的集体之作。我想，当年在杭州植物园聚会的浙大学子们告别母校时的那一份情、那一份意，肯定不会随风华流逝而流逝，不会随容颜老去而老去。《别》中每位作者的内心一定开放着不老的诗心，不老的诗意。当真正年老来临时再幕幕回放这或轻吟浅唱或激昂高亢的"别"，将留给岁月一份念想，并让回味绽放出一朵朵真实的生命之花。

卷一第二曲《童心集》是我读了泰戈尔《新月集》半年内写就的，三十年后的今天再拿出来瞧瞧，居然仍会让我怦然心动，为那一份纯，为那一份真，为那一个纯真的童稚世界。《童心集》中原来有几首想不好标题，便冠以《无题》。一天我侄女陈晓的小儿刘博闻来家中玩，他与我小女陈羽歆同岁，都是小学二年级学生。我将《童心集》读给他们听，两人饶有兴致地听完后，居然为我的几首诗起名并为我所用。譬如《我和我的世界》、《鸟和鱼》、《妈妈的怀抱》、《小天真》是陈羽歆起的名，《长大》是刘博闻起的名。记得当我读完那首诗我的小女脱口而出"我和我的世界"时，我还愣了一下，因为我感觉有点文不对题，但马上，我就使劲点头赞同：也许这更加切题，或者干脆将我原诗的内涵外延都大大拓展了。儿童的头脑里是没有任何程式、没有任何框框的，因而更具想象力，更具创造性。听到我的赞扬，两张纯真的小脸笑得如花骨朵般灿烂美丽，活脱脱就是村上春树笔下的"小确幸"。这不由得让我想到：他们何尝不是在过着这个年龄段的孩子们的诗意人生呢！一花一世界，一叶一菩提。在这个千变万化的世界里，任何东西都蕴藏着诗意；生活的一点一滴中，平凡的"小确幸"无处不在。人生并不缺乏诗意和"小确幸"，只是看你有没有发现她们的眼光，有没有消受她们的福气。

　　卷二是我早期的小说习作，其中第一部是我孩提时代的自传体小说，第二部是反映"文革"结束恢复高考后一代人的处境和思考。第三部借古今中外名人之口，进一步表达了那个时代对名与利及爱情的思考，其原作将名人名言皆作了注释，但有一百多条，收录本集时作了简化。卷三是《心路》拾遗，当年写《心路》时通过笛子父女两代大学生探讨了许多问题，几乎除经济外无所不及，但出版时因字数所限割舍了。文集中收录的内容是我在九十年代对《心路》的整理，还有诸如伟大与渺小、悲观与乐观、妒忌与宽容、自卑与自尊、诚信与荣誉等尚未整理出来。我忽然想到，如果说卷三是我对《心路》这本书的"拾遗"，那么，这本文集又何尝不是对我整个人生心路历程的一次"拾遗"呢。

　　卷四接续了卷二第一部《涉世》自传，版画式地勾勒出了"我的诗意人生"，几乎不作任何修饰地将我人生中真善的一面和假丑的一面都袒露在读者的面前。我想，若是虚构的作品则需要精心构思精美表述，而一个真实坦诚的人生经历，只需原汁原味地素描出来就足够显示自身的意义和价值了。首先，我们从卷四中不难看出，笔者个人的命运其实是与整个民族和国家的命运密不可分的。"我的诗意人生"表面看只是个人跌宕起伏的人生经历，但实际上也是中国近半个世纪以来时代变迁和社会风云的缩影，从新中国成立不久后的"大跃进"、"三年自然灾害"、"文化大革命"、"知青上山下乡"、"学黄帅反潮流"、"批林批孔"、"四人帮"倒台，到"文革"后恢复高考、竞选人民代表、学潮、高校思政工作，再到改革开放后的"股市风云"、"小沈阳"现象、官场革弊、世界一流大学建设等等，读者都可以在文集中觅得相关的历史记忆。其次，我想用这本文集来鼓励那些正在艰辛山路上奋力前行想有所作为的人们："人只须坚定，向着周围四看，这世界对有为者并不默然。"这也是卷二第三部《理哲在海边》结尾众先哲合唱的圣歌。我还想用自己的亲身经历来昭告读者：一个人经过奋斗最终获得了成功，回望自己走过来的路，越艰难越曲折越挫败，越是你人生宝贵的经历和财富，并都是你诗意人生不可再得的一部分。再者，我在我人生的各个阶段选录了一些文字作品，一方面可以让读者看到我文学人生中文字功底的进步历程，另一方面让读者从我身上看到人的文学才能可以从上中学时起经努力而达到一定水平的（从我的初中"红色日记"中读者应能感觉到我的语文水平是相当差的），从而打破那个让千百万中国年轻父母们纠结不已的魔咒：不要让孩子输在起跑线上……

这本文集的出版，首先要感谢我的父母，他们不仅给了我生命，而且给了我德性和灵性。母亲毛玉娟小时锦衣玉食，有了这个家后受尽了磨难，瘫痪在床几十年，但她从不叹苦叫痛，如果可能，她甚至不愿麻烦别人一丁点，总是宽以待人，从来没跟邻里红过脸，因而被邻里称为"活菩萨"。父亲陈曼予虽然生性耿直狷介，但实际上也是"菩萨心肠"，母亲最后几十年主要由他照料服侍；由于几十年如一日递茶送饭、端洗脸水给母亲，最后背竟弯曲得非常厉害。父亲原是上海浦东"浦泾中学"的二级教师，在平面几何、立体几何方面是权威，为照顾母亲退休回了靖江，之后仅有一次随靖江县教育局组织的退休教师旅游团来杭州看过我一回，除此再也没离开过靖江、离开过母亲的病榻，唯一的乐趣是每日下午去公共花园下二三小时象棋，然后赶紧回家。如果要在现如今，我的父亲真可当得起"感动中国"的道德模范呢！有时，我会对自己没能让父母过上高质量的生活而心怀内疚；但有时，我也挺释然：谁又能说我的父母不是度过了他们大半辈子相濡以沫的诗意人生呢?！当然，我的父母都能高寿（母亲活81岁，父亲活90岁），与几个子女的悉心照顾是分不开的，他们是我的二姐陈其兰、三姐陈其秀、哥哥陈大刚，以及早年去世的大姐陈其美，作为"小弟"，在此也深表手足之情和敬意。亲情，在诗意人生中是不可或缺的。

还要感谢上海人民出版社和世纪文睿公司，能冲破常规之见出版我这本别具一格的"混搭"文集。是的，这是一本非常规意义上的书，因为它既非单纯诗意的，亦非单纯关乎人生的，而是诗意与人生的有机结合，文学与励志的有机结合。如果说我的第一本文集《呼吸纯真》是校园的诗性记忆，那么，这本文集则是人生的诗性记忆，历史的诗性记忆。因此，我希望读者既不要用纯诗意的、纯文学的眼光来评判它，也不要用纯人生的、纯励志的角度来打量它。若是读者能从各自的眼光与角度来读出其中的味道并取得各自的收获，则作者不胜欣慰。

陈大柔

2014年11月18日于紫金文苑

图书在版编目(CIP)数据

诗意人生 / 陈大柔著.—上海:上海人民出版社,
2014
ISBN 978 - 7 - 208 - 12708 - 1

Ⅰ.①诗…　Ⅱ.①陈…　Ⅲ.① 诗集 – 中国-当代
Ⅳ.①I227

中国版本图书馆 CIP 数据核字(2014)第 287007 号

出 品 人　邵　　敏
责任编辑　邵　　敏　　崔　琛
封面装帧　Topman　五行人平面艺术设计
　　　　　　　　　　　TEL:021-64750087

世纪文睿出品
Century Literature

诗意人生

陈大柔　著

出　　　版　世纪出版集团 上海人民出版社
　　　　　　(200001　上海福建中路 193 号　www.shsjwr.com)
出　　品　世纪出版股份有限公司上海世纪文睿文化传播分公司
发　　行　中国图书进出口上海公司
字　　数　650 000
I S B N　978 - 7 - 208 - 12708 - 1 / I · 1322